"十四五"
国家重点出版物
出版规划项目
—
中国国家治理
现代化研究丛书

人才发展治理与国家治理现代化

郑亨钰 著

中国工人出版社

图书在版编目（CIP）数据

人才发展治理与国家治理现代化 / 郑亨钰著.
—北京：中国工人出版社，2022.9
ISBN 978-7-5008-7964-0

Ⅰ.①人… Ⅱ.①郑… Ⅲ.①人才—发展—研究—中国 ②国家—行政管理—现代化管理—研究—中国 Ⅳ.①C964.2 ②D630.1

中国版本图书馆CIP数据核字（2022）第150679号

人才发展治理与国家治理现代化

出版人	董　宽
责任编辑	傅　娉
责任校对	丁洋洋
责任印制	黄　丽
出版发行	中国工人出版社
地　　址	北京市东城区鼓楼外大街45号　邮编：100120
网　　址	http://www.wp-china.com
电　　话	（010）62005043（总编室） （010）62005039（印制管理中心） （010）62379038（社科文艺分社）
发行热线	（010）82029051　62383056
经　　销	各地书店
印　　刷	三河市东方印刷有限公司
开　　本	880毫米×1230毫米　1/32
印　　张	15
字　　数	360千字
版　　次	2023年1月第1版　2023年1月第1次印刷
定　　价	88.00元

本书如有破损、缺页、装订错误，请与本社印制管理中心联系更换

序　言

《人才发展治理与国家治理现代化》一书是郑亨钰同志的第一部著作，在这本专著即将问世之际，我以老同事、老朋友的身份先睹为快并致以衷心的祝贺。以人才发展治理现代化推进国家治理体系和治理能力现代化，是一个崭新的研究视角，也是一个具有时代性和前瞻性的命题。作为一位长期在省级人社部门科研机构从事人事人才理论政策研究和管理的工作者，能够准确把握新时代实施人才强国战略的重大理论前沿，聚焦当前我国人才发展治理的热点难点问题，从理论与实践相结合的视角，去探索、思考、总结，并系统地把这一成果呈现给社会、读者，实为难能可贵。

“为之于未有，治之于未乱”，古今中外对治理的认知都是问题导向，在破与立中做出制度选择，这是本书选题的重大意义。构建具有中国特色和国际竞争力的人才制度体系是习近平总书记关于新时代人才工作重要思想的核心内容，也是中央人才工作会议确定的改革治理目标。党的十八大提出，加快人才发展体制机制改革和政策创新，形成激发人才创造活力、具有国际竞争力的人才制度优势。2016 年 3 月中央印发《关于深化人才发展体制机制改革的意见》，提出“构建科学规范、开放包容、运行高效的人才发展治理体系，形成具有国际竞争力的人才制度优势”。党的十九届四中全会审议通过的《中共中央关于坚持和完善中国特色社会主义制度、推进国家治理体系和治理能力现代化若干重大问题的决定》把“坚持德才兼备、选贤任能，聚天下英才而用之，培养造就更多更优秀人才”列为中国特色社会主义国家治理的十三个显著优势之一。

2021 年 9 月习近平总书记在中央人才工作会议讲话中深刻指出：人才发展体制机制改革“破”得不够、“立”得也不够，既有中国特色又有国际竞争比较优势的人才发展体制机制还没有真正建立。要坚持问题导向，着力解决多年困扰、反映强烈的突出问题，必须破除人才培养、使用、评价、服务、支持、激励等方面的体制机制障碍，破除“四唯”现象，向用人主体授权，为人才松绑，把我国制度优势转化为人才优势、科技竞争优势，加快形成有利于人才成长的培养机制、有利于人尽其才的使用机制、有利于人才各展其能的激励机制、有利于人才脱颖而出的竞争机制，把人才从科研管理的各种形式主义、官僚主义的束缚中解放出来，形成具有吸引力和国际竞争力的人才制度体系。

前不久，剑桥大学与哈佛大学肯尼迪学院贝尔弗科学与国际事务中心发布了《伟大的科技竞争：21 世纪的中国与美国的较量》的咨询报告，该报告对过去 20 年来中美两国之间的科技竞争进行了分析与预测，重点对中美在人工智能、5G、量子计算、半导体、生物技术和绿色技术等 6 个领域的科技竞争进行了分析评估，由此得出“中国将在未来十年内超过美国”的预测。报告认为，中美在科技领域的竞争不仅仅表现在特定科技领域的领导力方面的竞争，在科技人才吸引、科研生态系统构建和效率、国家政策等方面也存在竞争，并将决定科技竞争的发展走向。特别是在人才领域，美国一直受益于从全球范围吸纳优秀人才，但现在美国正失去前沿科学的人才竞争优势，失去新技术的掌握能力和扩展能力，最终将损害到创新能力；报告分析认为中国有着自己的制度优势，包括领导层与政府的重视，国家宏观政策制定，如人才计划、高科技园区等重点投资、政府支持高新企业等，中国在促进科技创新人才发展方面优势明显。

由此可以看出，科技创新人才竞争越来越体现为人才制度优势竞争，取决于谁能占领人才发展治理现代化的制高点，谁拥有先进、科学、高效的人才制度体系，谁就能在日趋激烈的国际人才竞争中争取主动、赢得优势、抢占先机。我国实施人才强国战略20年，取得了举世瞩目的历史性成就，一个基本经验就是发挥中国特色社会主义制度优势。今天我国进入高质量发展的新阶段，中央做出了建设世界人才高地的重大决策部署，人才发展治理现代化必然成为未来我国人才竞争比较优势的重中之重。

从传统的人才管理体制机制转向现代人才发展治理体系，是人才发展的重大制度创新。人才发展治理的概念应归属为社会治理的范畴，其内涵是坚持党对人才工作的全面领导，坚持人才引领发展和坚持四个面向的战略方向，持续深化人才体制机制改革，确立人才在经济社会发展中的主体地位，发挥企业、高校、科研机构和社会组织等用人主体的积极作用，构建人才发展多元治理共同体，实现人才发展治理体系和治理能力现代化。管理与治理虽然只有一字之差，但在管理主体、管理手段、权力运行方式和管理目标上都将发生很大变化，必然导致人才发展方式的重大转变。我理解人才发展治理现代化是国家治理能力现代化的重要标志，集中体现为人才工作的体制机制现代化、激发人才创新活力的社会生态现代化、全球人才和创新资源的配置能力现代化。

本书综合运用哲学、经济学、政治学、公共管理学、历史学、文化学、社会学、人才学等多学科研究方法，从政治、经济、法律、科技、教育、文化、社会、网络、老龄化等多个维度，聚焦政党治理、依法治理、政府治理、经济治理、教育治理、科技治理、社会治理、文化治理、网络治理、老龄社会治理等推进国家治理现代化的重点领域治理实践，对国家治理体系和治理能力现代化的制度内涵和实现路径作系统阐释；深度解读党的十八大以来以习近平同志为核心的党中央关于推进国家治理体系和治理能力现代化的一系列新理念新思想新战略，充分吸收借鉴国内外相关领域专家的最新研究成果；坚持问题导向，对人才发展治理的重点领域、突出问题，认真梳理思考，提出对策建议，涵盖顶层设计、制度和政策创新。本书总体框架设计合理、学术视野开阔，逻辑思路清晰，语言表达简练准确，体现了作者敏锐的时代洞察触角、扎实的学术研究功底和对复杂问题研究的驾驭能力，相信对于从事人才发展治理现代化等相关领域理论和实际工作者的思路有所启发，提出的对策建议有一定的参考价值，有助于国家治理体系、治理能力和治理效能的提升，为相关领域理论和实际工作者提供参考借鉴。

郑亨钰同志是中国人才研究会理事、福建省人事人才研究所所长、高级经济师，十七年坚守科研一线，初心不改，难能可贵。我与郑亨钰同志相识十六年，主要在科研工作上联系交流比较多，他的治学严谨、淡泊名利、为人忠厚、任劳任怨的作风给我留下了深刻印象。看到他在人才发展治理相关问题研究方面取得了丰硕成果，由衷为他高兴。也希望郑亨钰同志再接再厉、勇攀高峰，为中国人才发展理论事业做出新的贡献。

是为序。

吴　江[①]

2022年8月于北京

---

① 吴江：中国行政体制改革研究会副会长、中国人事科学研究院原院长。

前　言

推进国家治理体系和治理能力现代化，是以习近平同志为核心的党中央探索中国特色社会主义治国理政的重大创新举措。

党的十八届三中全会首次提出“推进国家治理体系和治理能力现代化”这个重大命题，指出全面深化改革总目标是“完善和发展中国特色社会主义制度，推进国家治理体系和治理能力现代化”。党的十九届四中全会把“坚持和完善中国特色社会主义制度、推进国家治理体系和治理能力现代化”上升到最高层次的“总体目标”和全党的一项重大战略任务，把实现中国制度和国家治理现代化提升到战略决策、战略部署的高度；围绕“坚持和完善中国特色社会主义制度、推进国家治理体系和治理能力现代化”这个主题，形成了一系列重大理论判断和重要制度安排；全会审议通过的《中共中央关于坚持和完善中国特色社会主义制度、推进国家治理体系和治理能力现代化若干重大问题的决定》，是推进国家治理现代化、引领中国特色社会主义治国理政走进新时代的行动纲领。

党的十八大以来，以习近平同志为核心的党中央创立了习近平新时代中国特色社会主义思想，明确坚持和发展中国特色社会主义的基本方略，提出一系列治国理政新理念新思想新战略，实现了马克思主义中国化时代化新的飞跃；找到了自我革命这一跳出治乱兴衰历史周期率的第二个答案，中国特色社会主义制度更加成熟更加定型，国家治理体系和治理能力现代化水平明显提高。

党的二十大报告提出以中国式现代化全面推进中华民族伟大复兴，明确全面建成社会主义现代化强国、实现第二个百年奋斗目标的使命任务，丰富拓展了国家治理体系和治理能力现代化的内涵外延，为探索新时代中国特色社会主义治国理政提供了遵循和引领。

中国式现代化是全方位的，包括法治、政治、经济、教育、科技、人才、文化、社会、安全、体育、健康等现代化，也包括国家治理体系和治理能力现代化，以及人才发展治理现代化。人才发展治理现代化，是坚持党对人才工作的全面领导，坚持人才引领发展，坚持面向世界科技前沿、面向经济主战场、面向国家重大需求、面向人民生命健康的战略方向，持续深化人才发展体制机制改革，确立人才在经济社会发展中的主体和引领地位，发挥企业、高校、科研机构和社会组织等用人主体的积极作用，构建人才发展多元治理共同体，实现人才发展治理体系和治理能力现代化。

深化人才发展体制机制改革、推进人才发展治理现代化是全面深化改革、推进国家治理现代化和中国式现代化的重要组成部分和战略支撑，人才发展治理现代化是国家治理现代化和中国式现代化的重要标志和显著特征，集中体现为人才工作的体制机制现代化、激发人才创新活力的社会生态现代化、全球人才和创新资源的配置能力现代化；人才引领驱动的现代化，人才高质量发展的现代化，聚天下英才而用之的现代化。

以人才发展治理现代化推进国家治理现代化和中国式现代化，是新时代实施科教兴国战略、人才强国战略、创新驱动发展战略的重大理论前沿，是一个具有时代性和前瞻性的命题。“坚持德才兼备、选贤任能，聚天下英才而用之，培养造就更多更优秀人才”是中国特色社会主义国家治理的十三个显著优势之一。中共中央印发的《关于深化人才发展体制机制改革的意见》首次提出“构建科学规范、开放包容、运行高效的人才发展治理体系”，体现了党对新时期人才工作规律的深刻认识和把握；习近平总书记在中央人才工作会议上关于“八个坚持”的重要论述，深化了对人才事业发展的规律性认识；党的二十大报告提出，“教育、科技、人才是全面建设社会主义现代化国家的基础性、战略性支撑”“教育优先发展、科技自立自强、人才引领驱动”，表明人才在国家和民族发展中的基础性、战略性地位凸显，教育优先发展是基础，科技自立自强是核心，人才引领驱动是保证，人才是塑造高质量发展新动能新优势的根本。上述重要论述，构成了我国人才发展治理现代化的里程碑式坐标。人才发展治理现代化集中体现在人才强国战略的制定和实施，两次全国人才工作会议和中央人才工作会议的召开，标志着我国人才强国战略不断拓展，引领中国特色人才发展治理步入新时代。

全面建设社会主义现代化国家、全面推进中华民族伟大复兴，是新时代新征程中国共产党的使命任务。实现国家治理体系和治理能力现代化，是中国式现代化的总体目标之一。本书以人才发展治理现代化——国家治理现代化——中国式现代化为主线，对人才发展治理现代化、国家治理现代化的相关理论和实践问题进行系统探索和思考，并呈现给读者和社会。

全书共十章，由理论篇、实践篇和展望篇构成。理论篇，阐述人才发展治理的基本概念、总体框架和运行机制；实践篇，阐述人才发展治理理论在重点治理领域的实践运用；展望篇，阐述人才强国战略的制定实施、深化拓展及未来展望。

第一章，中国国家治理现代化追本溯源。国家治理语义本源；中国国家治理现代化；推进我国人才发展治理现代化；以人才发展治理现代化推进国家治理现代化。

第二章，人才发展治理体系的总体框架。从价值体系、目标体系、制度体系、政策体系和支撑体系五个维度，构建人才发展治理体系的总体框架。

第三章，健全人才发展多元治理主体。从多元主体、党管人才、行政统筹、主体用人、市场配置、人才自治、社会协同七个方面，阐释人才发展多元治理主体。

第四章，完善人才发展治理机制。从源头治理、依法治理、系统治理、综合治理、协同治理、动态治理、柔性治理、社会治理、风险治理九个视角，阐述人才发展治理机制。

第五章，提升依法治理水平。加强党对国家治理现代的领导；推进依法治国建设；提高政府治理能力；加强公务员队伍建设。

第六章，人才发展治理现代化推动经济高质量发展。深化教育供给侧改革，优化高质量人才供给；人才发展治理现代化推动科技创新、助力乡村振兴。

第七章，人才发展治理现代化促进社会和谐发展。人才发展治理现代化与社会治理创新、文化繁荣发展。

第八章，推进网络强国建设，提升国家治理水平。以信息化推进国家治理现代化；推进网络空间发展治理；推动人才发展治理数字化转型；加强信息化人才资源开发。

第九章，开发老龄人力资源，创新老龄社会治理。实施积极应对人口老龄化国家战略；积极开发老龄人力资源，激发老龄化正面效应；构建老龄人力资源开发支撑体系；强化老龄人力资源开发的服务保障。

第十章，人才强国的历史路径与未来图景。人才强国战略演进、未来愿景、显著优势和策略措施。

本书以习近平新时代中国特色社会主义思想为引领，以党的十九大、二十大和中央人才工作会议精神为指导，综合运用多学科研究方法，从政治、经济、法律、科技、教育、文化、社会、网络、老龄化等多个维度，聚焦政党治理、依法治理、政府治理、经济治理、教育治理、科技治理、社会治理、文化治理、网络治理、老龄社会治理等推进国家治理现代化和中国式现代化所涉及的重点领域治理实践，坚持问题导向，梳理现状，分析问题，提出对策建议；对国家治理体系和治理能力现代化的制度内涵和实现路径作系统阐释；深度解读党的十八大以来以习近平同志为核心的党中央关于推进国家治理体系和治理能力现代化的一系列新理念新思想新战略；同时，注意吸收借鉴国内外相关领域专家的最新研究成果，拓展对国家治理现代化探究的深度和广度；涵盖顶层设计、制度和政策创新，助力推进国家治理体系、治理能力和治理效能的提升，为相关领域理论与实践工作者提供参考借鉴。

目 录

第一编 理论篇

第一章 中国国家治理现代化追本溯源 003

一、国家治理语义本源 003

二、中国国家治理现代化 013

三、推进我国人才发展治理现代化 019

四、以人才发展治理现代化推进国家治理现代化 025

第二章 人才发展治理体系的总体框架 033

一、价值体系 034

二、目标体系 037

三、制度体系 042

四、政策体系 047

五、支撑体系 048

第三章 健全人才发展多元治理主体 055

一、多元主体 055

二、党管人才 057
三、行政统筹 062
四、主体用人 065
五、市场配置 068
六、人才自治 073
七、社会协同 074

第四章　完善人才发展治理机制　077
一、探索源头治理、依法治理、系统治理、综合治理 077
二、推进多元主体协同治理 083
三、构建以需求为导向的动态治理 087
四、实施开放包容的柔性治理 089
五、坚持共建共治共享的人才社会治理 091
六、重视人才发展安全的风险治理 095

第二编　实践篇

第五章　提升依法治理水平　101
一、加强党对国家治理现代化的领导 101
二、推进依法治国建设 109
三、提高政府治理能力 117
四、加强公务员队伍建设 129

第六章　人才发展治理现代化推动经济高质量发展　155
一、深化教育供给侧改革，优化高质量人才供给　156
二、人才发展治理现代化推动科技创新　204
三、人才发展治理现代化助力乡村振兴　215

第七章　人才发展治理现代化促进社会和谐发展　231
一、人才发展治理现代化与社会治理创新　231
二、人才发展治理现代化与文化繁荣发展　251

第八章　推进网络强国建设　提升国家治理水平　281
一、以信息化推进国家治理现代化　281
二、推进网络空间发展治理　321
三、推动人才发展治理数字化转型　336
四、加强信息化人才资源开发　349

第九章　开发老龄人力资源　创新老龄社会治理　361
一、实施积极应对人口老龄化国家战略　362
二、积极开发老龄人力资源，激发老龄化正面效应　376
三、构建老龄人力资源开发支撑体系　387
四、强化老龄人力资源开发的服务保障　398

第三编　展望篇

第十章　人才强国的历史路径与未来图景　409
一、人才发展治理历程：人才强国战略演进　409

二、人才发展治理目标：人才强国未来愿景 416
三、人才发展治理制度：人才强国显著优势 423
四、人才发展治理路径：人才强国策略措施 450

后　记 459

主要参考资料 461

第一编　理论篇

第一章　中国国家治理现代化追本溯源

一、国家治理语义本源

（一）治理概念溯源

1. 我国古代治理

在汉语中，“治理”一词古已有之，其含义与英文的“govern”对应，指的是“管理”“统治”，即治国理政[①]。如《荀子·君道》中有：“明分职，序事业，材技官能，莫不治理……”又如《孔子家语·贤君》中有“吾欲使官府治理”[②]。

2. 西方治理概念

英文中的“治理”（governance）一词出现于13世纪末到14世纪初，原意为驾船、行舟，后引申为控制、引导和操纵的行为或方式[③]。20世纪80年代，“治理”一词被用于公司管理领域，公司治理成为公司管理的代名词。

---

① 许耀桐. 推进国家治理体系和治理能力现代化（1）[EB/OL]. 宣讲家，2014-09-22.

② 王绍光. 治理研究：正本清源［J］. 开放时代，2018（第2期）.

③ 程同顺等. 新时代大国治理［M］. 武汉：湖北教育出版社，2018：17.

1989年，世界银行首次使用“治理危机”（crisis in governance）概括当时非洲的情形，此后“治理”被广泛地应用于政治发展研究中。联合国还专门成立了全球治理委员会①。

3. 全球治理委员会的界定

治理是各种公共的或私人的个人或机构管理其共同事务的诸多方式的总和。它是使相互冲突的或不同的利益得以调和并且采取联合行动的持续的过程。这既包括有权迫使人们服从的正式制度和规则，也包括各种人们同意或以为符合其利益的非正式的制度安排。治理不是一套规则，也不是一种活动，而是一个过程；治理过程的基础不是控制，而是协调；治理既涉及公共部门，也包括私人部门；治理不是一种正式的制度，而是持续的互动②。

4.“治理”被引入中国

从1994年开始，“公司治理”概念进入中国，其中“治理”更多是“管理”的意思。同样在20世纪90年代，西方公共管理与公共行政领域出现不久的“治理”概念也被引入中国。1995年，“governance”被翻译为“治道”。党的十八届三中全会之后，“治理”一词开始被大规模使用。王绍光认为，回到英文“governance”与中文“治理”原本的含义，它指的是公共管理（包括治国理政）的方式、方法、途径、能力③。

5. 国家治理概念

“治理”是国家治理现代化的核心和灵魂，不仅是国家治理方

---

① 许耀桐. 中国之治：国家治理现代化的发展路径［M］. 北京：东方出版社，2020：15-16.

② 许耀桐. 中国之治：国家治理现代化的发展路径［M］. 北京：东方出版社，2020：16.

③ 王绍光. 治理研究：正本清源［J］. 开放时代，2018（第2期）.

式和手段的一种变化，也是权力配置、行为方式和观念上的一种深刻革命。“治理”的形成不是一蹴而就，而是经历了从“统治”到“管理”再到“治理”的演进进程[①]。治理经历了原始治理、国家统治、国家管理、国家治理四大阶段[②]。

6. 著名学者观点

英国学者格里 · 斯托克认为“治理”有五个论点：第一，治理可以来自政府，但也不限于政府；第二，责任不限于政府；第三，权力不限于政府；第四，权威不限于政府；第五，能力不限于政府。可见，国家治理不同于统治、管理[③]。

美国学者詹姆斯 · 罗西瑙从治理主体、治理范围、治理向度、治理原则四个维度来界定“治理”[④]：治理是一系列活动过程；治理过程不是控制，而是协调；治理不是由谁授权，权力也不是唯一性；权力不完全由政府来主导甚至要用强制力量来实现[⑤]。

7. 治理与统治、管理的区别

一是主体多元。主体由一发展为多，多主体、多中心；二是权源不同。治理是一个活动、过程，在活动、过程中产生授权，而且大家参与，权力可能是由大家决定授给某些组织的。授权也不只授给某一个机构，可以是多方面、多组织的；三是方式不同。采取的

① 唐任伍．国家治理现代化：中国共产党的理念与实践［EB/OL］．人民论坛网，2021-03-03.

② 许耀桐．推进国家治理体系和治理能力现代化（1）［EB/OL］．宣讲家，2014-09-22.

③ 同上。

④ 唐任伍．国家治理现代化：中国共产党的理念与实践［EB/OL］．人民论坛网，2021-03-03.

⑤ 许耀桐．推进国家治理体系和治理能力现代化（1）［EB/OL］．宣讲家，2014-09-22.

方法是商量、沟通、合作[①]。

8. 治理的三个维度

治理最突出的特征是要求人们重新理解政府的作用，科学合理界定政府、市场、社会组织与公民之间的关系。一是治理主体从一元到多元，即从以政府为唯一治理主体的治理模式转向以政府、市场、企业、社会组织、公民为多元主体的共同参与治理模式。二是治理结构从垂直型走向扁平化，即从科层制垂直治理结构向扁平化网络治理结构转型。三是治理运作机制从垄断走向竞争，即在公共产品与公共服务的提供方面，引入竞争机制，实行社会化与市场化改革[②]。

9. 治理兴起的背景

一是国际经济一体化的必然产物。国际合作增加，很多事需要共同商量、共同来办。国际间合作要讲治理。二是国家、组织和社会公共事务需要大家平等参与、平等商量。三是信息技术广泛应用。人与人之间随时都可以进行联络，获得的信息也多了。四是民主发展。国家与社会、公民都是平等的，要良好合作；社会、公民、市场都可以共同参与公共事务[③]。

10. 国家治理的目的

即达到善治或良治（good governance）。为此，需要达到六个要素：一是合法；二是透明；三是责任；四是法治；五是平等；六

① 许耀桐．推进国家治理体系和治理能力现代化（1）[EB/OL]．宣讲家，2014-09-22.

② 刘世军，刘建军等．中国之治：国家治理体系与治理能力现代化［M］．上海：上海人民出版社，2020：30-31.

③ 许耀桐．推进国家治理体系和治理能力现代化（1）[EB/OL]．宣讲家，2014-09-22.

是有效[①]。国家治理水平越高、治理能力越强，经济社会发展就越健康繁荣；国家治理不善、治理不力，经济社会发展就丧失了基本前提和保障[②]。

（二）中国国家治理

1. 探索国家治理现代化

2002 年，党的十六大形成“党领导人民治理国家”的认识，正式确立治理理念。2007 年，党的十七大提出“保证党领导人民有效治理国家”。2012 年，党的十八大提出“坚持依法治国这个党领导人民治理国家的基本方略”“更加注重发挥法治在国家治理和社会管理中的重要作用”等[③]。

2. 开启国家治理新阶段

2013 年 11 月，党的十八届三中全会首次提出“国家治理”概念，并把“完善和发展中国特色社会主义制度，推进国家治理体系和治理能力现代化”作为全面深化改革的“总目标”。2019 年 10 月，党的十九届四中全会把“坚持和完善中国特色社会主义制度、推进国家治理体系和治理能力现代化”上升到最高层次的“总体目标”和全党的一项重大战略任务，把实现中国制度和国家治理的现代化提升到战略决策、战略部署的高度[④]。

---

① 许耀桐．推进国家治理体系和治理能力现代化（1）[EB/OL]．宣讲家，2014-09-22．

② 唐任伍．国家治理现代化：中国共产党的理念与实践 [EB/OL]．人民论坛网，2021-03-03．

③ 许耀桐．中国之治：国家治理现代化的发展路径 [M]．北京：东方出版社，2020：19．

④ 许耀桐．中国之治：国家治理现代化的发展路径 [M]．北京：东方出版社，2020：10．

3. 国家治理相关概念阐释

习近平总书记在党的十八届三中全会第二次全体会议上指出："国家治理体系是在党领导下管理国家的制度体系，包括经济、政治、文化、社会、生态文明和党的建设等各领域体制机制、法律法规安排，也就是一整套紧密相连、相互协调的国家制度；国家治理能力则是运用国家制度管理社会各方面事务的能力，包括改革发展稳定、内政外交国防、治党治国治军等各个方面。"①

（1）国家治理体系。我国国家治理现代化是在中国共产党领导下的一整套国家治理正式制度和非正式制度体系，包括经济、政治、文化、社会、生态文明、党的建设、意识形态和价值观念等制度安排和体制机制、法律法规设计，它们之间紧密相连、相互协调②。推进国家治理体系现代化，就是"为党和国家事业发展、为人民幸福安康、为社会和谐稳定、为国家长治久安提供一整套更完备、更稳定、更管用的制度体系"③。包括国家治理的价值追求、治理主体及其结构、具体的体制机制与法律法规安排。

（2）国家治理能力。国家治理能力是运用国家制度治理社会各方面事务的能力，包括改革发展稳定、内政外交国防、治党治国治军等各个方面④。治理能力主要指各级党政干部和治理者对于制度的执行力；是执政党和干部的"科学执政、民主执政、依法执政"

① 习近平．切实把思想统一到党的十八届三中全会精神上来［EB/OL-N］．人民网—人民日报，2014-01-01．

② 唐任伍．国家治理现代化：中国共产党的理念与实践［EB/OL］．人民论坛网，2021-03-03．

③ 习近平在省部级主要领导干部学习贯彻十八届三中全会精神全面深化改革专题研讨班开班式上发表重要讲话［EB/OL-N］．人民网—人民日报，2014-02-18．

④ 唐任伍．国家治理现代化：中国共产党的理念与实践［EB/OL］．人民论坛网，2021-03-03．

的水平与“管理社会各方面事务的能力”[①]；是以问题和结果为导向，运用国家制度管理和解决社会各方面事务的实际能力与效果。推进治理能力现代化，就是要增强“制度执行能力”。

（3）两者之间关系。习近平总书记指出：“国家治理体系和治理能力是一个国家的制度和制度执行能力的集中体现。”[②]国家制度和国家治理能力是一体之两面。国家制度更多体现在国家治理体系上；国家治理能力更多体现在制度执行能力上。国家治理既包括治理体系，即价值、制度和政策；也包括治理能力，如体制吸纳力、制度整合力和政策执行力。“国家治理体系和国家治理能力是一个有机整体，相辅相成，有了好的国家治理体系才能提高治理能力，提高治理能力才能充分发挥国家治理体系的效能。”[③]

（4）国家治理现代化。民主化、法治化、制度化、多元化，是国家治理现代化的基本含义和内在规定。国家治理要走向现代化，就要求国家的公共事务治理必须达到民主化、法治化、制度化、多元化。这“四化”使国家治理更有章法、更富有效率[④]。

（三）中西方国家治理差异比较

1. 与西方治理比较，我国国家治理有如下特点：

一是治理主体层次感更清晰。党在治理体系中居于领导地位，是顶层设计者；政府作为国家治理主体，扮演着举足轻重的角色；工会、共青团、妇联等群团组织，非政府组织等社会组织在治理中

---

① 许耀桐．中国之治：国家治理现代化的发展路径［M］．北京：东方出版社，2020：7．

② 习近平．切实把思想统一到党的十八届三中全会精神上来［EB/OL-N］．人民网—人民日报，2014-01-01．

③ 同上。

④ 许耀桐．中国之治：国家治理现代化的发展路径［M］．北京：东方出版社，2020：46．

扮演协同角色；公民在治理中扮演参与角色。二是治理范围更广泛。涉及经济、政治、社会、文化、生态、政党等多个领域，以及基层、地方、全国、区域乃至全球等多个层次。三是治理向度更垂直，国家治理结构是“十字型”治理模式，强调通过顶层设计驱动协同，然后上下互动，纵横结合[①]。

2. 具体来说，有以下几个方面的不同：

一是文化传统不同。我国传承和改造了中华民族优良传统，以天下一体的眼光看待个人、国家与世界。二是制度设计不同。中国人民经历多次“试错”后，选择了中国特色社会主义道路，确立了中国特色社会主义制度。三是治理主体不同。我国治理主体多元，党委领导、政府负责、社会协同、共同参与、法治保障以及用协商的方式来解决问题；治理主体有中心，中国共产党是中国特色社会主义的领导核心，是实现国家治理现代化的最根本保证。四是价值导向不同。以民为本是中国特色社会主义的出发点和落脚点。宪法规定国家的一切权力属于人民。中国共产党把全心全意为人民服务作为根本宗旨，把为人民谋幸福作为初心和使命。坚持以人民为中心的执政思想，把人民是否满意作为衡量一切工作的根本标准。五是经济基础不同。我国建立社会主义市场经济体制，在国家宏观调控下优化资源配置，充分发挥市场在资源配置中的决定性作用。六是历史条件不同。我国传承国内、区域、全球一体的治理观；继承中国传统“内圣外王”的理念，是基于历史传统与现实需求，吸取人类治理经验进行的创造性转化和创新性发展。

① 唐任伍. 国家治理现代化：中国共产党的理念与实践［EB/OL］. 人民论坛网，2021-03-03.

（四）中国国家治理的优势和特点

1. 中国特色社会主义国家治理的十三个显著优势

坚持党的集中统一领导，坚持党的科学理论，保持政治稳定，确保国家始终沿着社会主义方向前进的显著优势；坚持人民当家做主，发展人民民主，密切联系群众，紧紧依靠人民推动国家发展的显著优势；坚持全面依法治国，建设社会主义法治国家，切实保障社会公平正义和人民权利的显著优势；坚持全国一盘棋，调动各方面积极性，集中力量办大事的显著优势；坚持各民族一律平等，铸牢中华民族共同体意识，实现共同团结奋斗、共同繁荣发展的显著优势；坚持公有制为主体、多种所有制经济共同发展和按劳分配为主体、多种分配方式并存，把社会主义制度和市场经济有机结合起来，不断解放和发展社会生产力的显著优势；坚持共同的理想信念、价值理念、道德观念，弘扬中华优秀传统文化、革命文化、社会主义先进文化，促进全体人民在思想上精神上紧紧团结在一起的显著优势；坚持以人民为中心的发展思想，不断保障和改善民生、增进人民福祉，走共同富裕道路的显著优势；坚持改革创新、与时俱进，善于自我完善、自我发展，使社会始终充满生机活力的显著优势；坚持德才兼备、选贤任能，聚天下英才而用之，培养造就更多更优秀人才的显著优势；坚持党指挥枪，确保人民军队绝对忠诚于党和人民，有力保障国家主权、安全、发展利益的显著优势；坚持“一国两制”，保持香港、澳门长期繁荣稳定，促进祖国和平统一的显著优势；坚持独立自主和对外开放相统一，积极参与全球治理，为构建人类命运共同体不断作出贡献的显著优势[①]。

---

① 本书编写组.《中共中央关于坚持和完善中国特色社会主义制度、推进国家治理体系和治理能力现代化若干重大问题的决定》辅导读本［M］. 北京：人民出版社，2019：3–4.

2. 中国特色社会主义国家治理的四大特点

一是党的领导坚强有力。中国共产党的领导是中国特色社会主义最本质的特征，是中国特色社会主义的最大优势，是国家最高政治领导力量。二是能够保持社会稳定。我国实行人民当家做主制度和党领导的多党合作和政治协商制度，广泛开展协商民主，化解各种社会矛盾，从而有力保持社会稳定。三是治理效率更为高效。党委、人大、政府普遍实行责任制，保证了效率。四是人民权利真实可靠。我国实行民主选举、民主协商、民主决策、民主管理、民主监督，能够把人民最广泛地、最大限度地涵盖进来、包容起来、动员开来，有效实现人民群众的各项民主权利①。

3. 中国特色社会主义国家治理的四大核心

一是基本政治制度。即国家治理权力产生的方式，我国坚持和发展中国特色社会主义。二是价值体系。即国家治理现代化的理念，我国坚持以人民为中心的执政理念。三是治理体系。即国家治理结构功能定位与组织体系相互关联的内在逻辑，涉及运行机制、行政机构、监管型机构、服务型机构及中央与地方协调机制等。四是治理能力。即国家拥有的智力资源、配置方式和有效使用的能力。这四个要素之间密切联系，又各自相对独立。基本政治制度是基础，价值体系是前提，国家治理体系和治理能力是核心。国家治理现代化最重要的就是要实现治理体系与治理能力现代化②。

---

① 许耀桐. 中国之治：国家治理现代化的发展路径［M］. 北京：东方出版社，2020：26.

② 唐任伍. 国家治理现代化：中国共产党的理念与实践［EB/OL］. 人民论坛网，2021-03-03.

二、中国国家治理现代化

（一）中国特色社会主义国家治理体系和治理能力现代化

1. 对推进国家治理体系和治理能力现代化命题的系统探索

党的十八届三中全会首次提出“推进国家治理体系和治理能力现代化”这个重大命题。习近平总书记指出，坚持和完善中国特色社会主义制度、推进国家治理体系和治理能力现代化，是关系党和国家事业兴旺发达、国家长治久安、人民幸福安康的重大问题。《中共中央关于坚持和完善中国特色社会主义制度、推进国家治理体系和治理能力现代化若干重大问题的决定》全面回答了在我国国家制度和国家治理体系上应该坚持和巩固什么、完善和发展什么这个重大政治问题，是一篇马克思主义纲领性文献和政治宣言书[①]。

2. 中国特色社会主义国家治理体系具有深厚的历史底蕴

在几千年历史演进中，中华民族形成了关于国家制度和国家治理的丰富思想，包括大道之行、天下为公的大同理想，六合同风、四海一家的大一统传统，德主刑辅、以德化人的德治主张，民贵君轻、政在养民的民本思想，等贵贱、均贫富，损有余、补不足的平等观念，法不阿贵、绳不挠曲的正义追求，孝悌忠信、礼义廉耻的道德操守，任人唯贤、选贤与能的用人标准，周虽旧邦、其命维新的改革精神，亲仁善邻、协和万邦的外交之道，以和为贵、好战必亡的和平理念等，成为中华优秀传统文化和民族精神的重要组成部分；逐步形成一整套包括朝廷制度、郡县制度、土地制度、税赋制

---

① 习近平．坚持和完善中国特色社会主义制度推进国家治理体系和治理能力现代化［J］．求是，2020-01-01.

度、科举制度、监察制度、军事制度等制度在内的国家制度和国家治理体系，为周边国家和民族所学习和模仿①。

马克思主义传入中国后，科学社会主义的主张同我国传承了几千年的优秀历史文化和广大人民日用而不觉的价值观念融通。中国共产党成立后，中国人民和中华民族找到了实现民族独立、人民解放和国家富强、人民幸福的正确道路。新民主主义革命、社会主义革命和建设、改革开放以来的不同历史时期，我们党团结带领人民开创了中国特色社会主义，不断完善中国特色社会主义制度和国家治理体系，使当代中国焕发出前所未有的生机活力②。

中国特色社会主义制度和国家治理体系是以马克思主义为指导、植根中国大地、具有深厚中华文化根基、深得人民拥护的制度和治理体系，是在我国历史传承、文化传统、经济社会发展基础上长期发展、渐进改进、内生性演化的结果③，是将马克思主义基本原理与世情、国情和民情相结合，通过推动中华优秀传统文化创造性转化、创新性发展，使中华民族文化基因与现代社会发展相协调，将古代国家治理理念和文化基因，根植到中国人内心，潜移默化地影响着中国人的思想方式和行为方式，为国家治理现代化培育了文化之根，使国家治理现代化丰硕成果源远流长、行稳致远。

3. 中国特色社会主义制度和国家治理体系具有显著优势

邓小平同志 1980 年在《党和国家领导制度的改革》中说过，“我们进行社会主义现代化建设，是要在经济上赶上发达的资本主

① 习近平. 坚持和完善中国特色社会主义制度推进国家治理体系和治理能力现代化［J］. 求是，2020-01-01.

② 同上。

③ 习近平在省部级主要领导干部学习贯彻十八届三中全会精神全面深化改革专题研讨班开班式上发表重要讲话［EB/OL-N］. 人民网—人民日报. 2014-02-18.

义国家，在政治上创造比资本主义国家的民主更高更切实的民主，并且造就比这些国家更多更优秀的人才”“党和国家的各种制度究竟好不好，完善不完善，必须用是否有利于实现这三条来检验”。

我国国家制度和国家治理体系之所以具有多方面显著优势，很重要的一点就在于我们党在长期实践探索中，坚持把马克思主义基本原理同中国具体实际相结合，把开拓正确道路、发展科学理论、建设有效制度有机统一起来，用中国化的马克思主义、发展着的马克思主义指导国家制度和国家治理体系建设，不断深化对共产党执政规律、社会主义建设规律、人类社会发展规律的认识，及时把成功的实践经验转化为制度成果，使我国国家制度和国家治理体系既体现了科学社会主义基本原则，又具有鲜明的中国特色、民族特色、时代特色，具有强大生命力和巨大优越性[①]。

4. 中国特色社会主义国家治理体系具有丰富实践成果

中国共产党团结带领人民，坚持把马克思主义基本原理同中国具体实际相结合，赢得了中国革命胜利，并深刻总结正反两方面经验，不断探索实践，不断改革创新，建立完善社会主义制度，形成和发展党的领导和经济、政治、文化、社会、生态文明、军事、外事等各方面制度，加强和完善国家治理，取得了历史性成就。

党的十八大以来，我们党领导人民以中国式现代化推进中华民族伟大复兴，统揽伟大斗争、伟大工程、伟大事业、伟大梦想，统筹推进“五位一体”总体布局、协调推进“四个全面”战略布局，推动中国特色社会主义制度更加成熟更加定型、国家治理体系和治理能力现代化水平明显提高，为政治稳定、经济发展、文化繁荣、民族团结、人民幸福、社会安宁、国家统一提供了有力保障，创造

① 习近平. 坚持和完善中国特色社会主义制度推进国家治理体系和治理能力现代化[J]. 求是，2020-01-01.

了国家治理效能的“中国奇迹”[①]。

新中国成立70年来，党领导人民创造了世所罕见的两大奇迹。一是经济快速发展。我国用几十年时间走完了发达国家几百年的工业化进程，跃升为世界第二大经济体，综合国力、科技实力、国防实力、文化影响力、国际影响力显著提升，人民生活显著改善，中华民族以崭新姿态屹立于世界东方。二是社会长期稳定。我国长期保持社会和谐稳定、人民安居乐业，成为国际社会公认的最有安全感的国家之一。除了中国特色社会主义制度和国家治理体系外，没有任何一种国家制度和国家治理体系能在这样短的历史时期内创造出我国取得的经济快速发展、社会长期稳定的奇迹[②]。

（二）推进国家治理现代化的新理念新思想新战略

以习近平同志为核心的党中央创立了习近平新时代中国特色社会主义思想，明确坚持和发展中国特色社会主义的基本方略，提出一系列治国理政新理念新思想新战略，实现了马克思主义中国化时代化新的飞跃[③]。“政治引领、法治保障、德治教化、自治强基、智治支撑”的综合型“五治”模式，成为中国共产党领导中国人民探索马克思主义国家治理理论中国化的最新成果和实践结晶，也是新时代推进国家治理现代化的基本方式[④]。

---

① 唐任伍．国家治理现代化：中国共产党的理念与实践［EB/OL］．人民论坛网，2021-03-03.

② 习近平．坚持和完善中国特色社会主义制度　推进国家治理体系和治理能力现代化［J］．求是，2020-01-01.

③ 习近平．高举中国特色社会主义伟大旗帜　为全面建设社会主义现代化国家而团结奋斗——在中国共产党第二十次全国代表大会上的报告［EB/OL］．新华网，2022-10-25.

④ 唐任伍．国家治理现代化：中国共产党的理念与实践［EB/OL］．人民论坛网，2021-03-03.

1. 政治引领是体现中国道路的特色标志

“政治引领”在国家治理现代化中具有先导性、决定性、根本性作用，尤其面临世界百年未有之大变局，“政治引领”关系到国家治理现代化的政治认同、思想认同、理论认同、情感认同，是凝聚人心、加快推进国家治理现代化的磅礴伟力和根本保证。

2. 法治保障是体现社会进步的重要标志

法治是固根本、稳预期、利长远的有效方式和有力保障。只有坚定不移走中国特色社会主义法治道路，坚持依法治国、依法执政、依法行政共同推进，坚持法治国家、法治政府、法治社会一体建设，才能推动新时代国家治理在法治轨道上行稳致远。

3. 德治教化是体现传统文化精髓的重要标志

法治和德治相结合的传统文化基因，为国家治理现代化提供源源不断的道德滋养。以爱国主义为核心的民族精神和以改革创新为核心的时代精神，铸就了博大精深、内涵深刻、意义深远的“中国精神”，是推进国家治理现代化的兴国之魂、强国之魄。

4. 自治强基是体现人民当家做主的重要标志

人民当家做主是社会主义民主政治的本质和核心。在国家治理体系中，民族区域自治、基层群众自治在我国国家治理现代化中发挥着独特作用，也是中国特色社会主义民主政治的重要内容，是凝聚各种力量、共画国家治理现代化同心圆的中国方案。

5. 智治支撑是新科技革命的重要体现

运用互联网、大数据、人工智能、区块链等新科技革命成果，引入新范式、创造新工具，构建融“四个全面”战略布局、“五位一体”总体布局和新发展理念于一体的国家治理现代化的“中国智治”新模式，是持续提升国家治理现代化水平的重要途径[①]。

（三）推进国家治理现代化的指导思想和总体思路

1. 完善国家治理是新时代发展的内在要求

进入新时代，我国的发展正处于新的历史方位，也是实现中华民族伟大复兴的关键时期。首先，我国社会主要矛盾已转化为人民日益增长的美好生活需要和不平衡不充分发展之间的矛盾[②]；其次，我国已实现从“站起来”到“富起来”再到“强起来”的主题转换；最后，我国还面临与“百年未有之大变局”相关联的国际格局的转换[③]。我国国家治理面临许多新问题、新挑战、新任务、新要求，必然要求国家治理体系更加完善、不断发展[④]。

2. 坚持科学理论引领国家治理现代化

坚持以马克思列宁主义、毛泽东思想、邓小平理论、“三个代表”重要思想、科学发展观、习近平新时代中国特色社会主义思想为指导，增强“四个意识”，坚定“四个自信”，做到“两个维护”，坚持党的领导、人民当家做主、依法治国有机统一，坚持解放思想、实事求是，坚持改革创新，突出坚持和完善支撑中国特色社会主义制度的根本制度、基本制度、重要制度，固根基、扬优势、补短板、强弱项，构建系统完备、科学规范、运行有效的制度体系，加强系统治理、依法治理、综合治理、源头治理，把我国制度优势

---

① 唐任伍．国家治理现代化：中国共产党的理念与实践［EB/OL］．人民论坛网，2021-03-03．

② 习近平．坚持和完善中国特色社会主义制度推进国家治理体系和治理能力现代化［J］．求是，2020-01-01．

③ 刘建军，邓理．国家治理现代化：新时代的治国方略［M］．上海：上海人民出版社，2020：5．

④ 习近平．坚持和完善中国特色社会主义制度推进国家治理体系和治理能力现代化［J］．求是，2020-01-01．

更好转化为国家治理效能，为实现“两个一百年”奋斗目标、实现中华民族伟大复兴的中国梦提供有力保证[①]。

3. 实现国家治理现代化的总体目标和时间表

《中共中央关于全面深化改革若干重大问题的决定》和党的十九大报告都明确提出，全面深化改革总目标是完善和发展中国特色社会主义制度、推进国家治理体系和治理能力现代化[②]。

《中共中央关于坚持和完善中国特色社会主义制度、推进国家治理体系和治理能力现代化若干重大问题的决定》提出：坚持和完善中国特色社会主义制度、推进国家治理体系和治理能力现代化的总体目标是，到我们党成立一百年时，在各方面制度更加成熟更加定型上取得明显成效；到二〇三五年，各方面制度更加完善，基本实现国家治理体系和治理能力现代化；到新中国成立一百年时，全面实现国家治理体系和治理能力现代化，使中国特色社会主义制度更加巩固、优越性充分展现[③]。

三、推进我国人才发展治理现代化

新时代经济社会高质量发展对人才发展治理能力和治理方式提出了新要求。人才是经济社会发展的第一动能，是实现民族振兴、

---

① 本书编写组.《中共中央关于坚持和完善中国特色社会主义制度、推进国家治理体系和治理能力现代化若干重大问题的决定》辅导读本［M］. 北京：人民出版社，2019：5.

② 程同顺等. 新时代大国治理［M］. 武汉：湖北教育出版社，2018：23.

③ 本书编写组.《中共中央关于坚持和完善中国特色社会主义制度、推进国家治理体系和治理能力现代化若干重大问题的决定》辅导读本［M］. 北京：人民出版社，2019：5–6.

赢得国际竞争主动的战略资源。当今世界人才国际竞争是国家综合实力竞争的聚焦点，并已日益演变成国家地区之间人才发展治理体系和人才制度的较量。决定人才流向和作用发挥的因素，越来越体现为政策环境、发展空间、文化认同、社会氛围等综合性实力。人才发展治理理应纳入国家治理体系与治理能力现代化全局之中加以设计[①]，从实现“两个一百年”奋斗目标[②]的高度进行谋划，更好地实施新时代人才强国战略，提升人才发展治理现代化水平。

（一）构建科学规范、开放包容、运行高效的人才发展治理体系

1. 人才发展理论重大突破

2016年3月21日，中央印发《关于深化人才发展体制机制改革的意见》，以“聚天下英才而用之”为目标，创造性地提出“构建科学规范、开放包容、运行高效的人才发展治理体系”的构想，把人才发展纳入国家治理体系和治理能力现代化的逻辑框架中来，这是人才发展理论的一个重大突破[③]，也是推进国家治理体系和治理能力现代化战略目标在人才工作中的体现。贯彻落实全面深化改革部署，把人才发展纳入国家治理体系进行重点布局，着力提高人才发展治理体系现代化水平，体现了党对新时期人才工作规律的深刻认识和把握，为统筹推进人才发展各项制度改革，加快形成具有

---

① 胡鞍钢.《关于深化人才发展体制机制改革的意见》系列解读之十　以人才为本　推进人才发展治理现代化［N］. 中国组织人事报，2016-04-25.

② 中国组织人事报评论员. 加快构建现代人才发展治理体系［N］. 中国组织人事报，2016-06-01.

③ 吴江. 人才发展制高点的重大转折，《人才发展体制机制改革理论与实践研究》［M］. 北京：中国人事出版社，2016：52.

国际竞争力的人才制度优势，指明了方向[①]。

2. 人才发展理念创新发展

人才发展治理核心是构建现代化人才发展治理体系[②]。推动人才事业兴旺发达，就要建立与“聚天下英才而用之”相匹配的人才发展治理体系。“人才发展治理体系”写进中央文件，是我党历史上第一次，也是国家治理体系在人才工作中的具体体现，反映了党对人才工作规律认识的不断深化和对人才发展理念的创新发展。

3. 人才发展治理体系解读

胡鞍钢认为，构建人才发展治理体系，就是在党的领导下，沿着法治轨道，通过完善制度安排，实现多元、科学、开放、高效共治[③]。吴江认为，人才发展治理是在坚持党管人才原则下，充分发挥人才主体作用，激励企业、高校、科研机构、社会组织和个人等多元主体积极参与，形成由政府、社会、市场、个人协同治理的责任共同体，实现人才优先发展的共治、共赢、共享[④]。江游等提出，构建以政府能力和职能为主导、以人才效能充分发挥为核心、以市场机制决定人才配置为基础、以社会组织参与为协同、以用人单位拥有用人自主权为保障的现代化人才发展治理体系[⑤]。

---

① 中国组织人事报评论员. 加快构建现代人才发展治理体系［N］. 中国组织人事报，2016-06-01.

② 董博. 中国人才发展治理及其体系构建研究 [D]. 吉林：吉林大学，博士学位论文，2019：186.

③ 胡鞍钢.《关于深化人才发展体制机制改革的意见》系列解读之十　以人才为本推进人才发展治理现代化［N］. 中国组织人事报，2016-04-25.

④ 吴江. 人才发展制高点的重大转折，《人才发展体制机制改革理论与实践研究》［M］. 北京：中国人事出版社，2016：52.

⑤ 江游，张新岭，焦永纪. 现代人才发展治理体系的内涵、框架及构建策略研究［J］. 中国集体经济，2018（29）：25-26.

（二）推动"人才管理"向"人才治理"的变革

1. 转变人才发展治理理念

习近平总书记指出，"治理和管理一字之差，体现的是系统治理、依法治理、源头治理、综合施策"。[①] 从"管理"到"治理"，虽只有一字之差，却是一个巨大的理念变化。例如，人才发展治理主体已从一元走向多元，强调政府、市场、社会等各类主体共同参与；改变单一向度的治理模式，注重过程治理、动态治理、协同治理、柔性治理；等等。

2. 明确人才发展治理主体职责

将政府主管部门在人才治理中的职责定位明确为政策"制定者""监督者"，从主导者转向引导者，加强开放式人才环境制度建设，根据发展需要扩大用人主体；针对不同人才特点来评价、使用和激励人才的自主权，改进由行政力量决定的资源分配体系及支撑这些体系的评估体系；构建分类施策和有利于人才长远发展的治理体系，促进形成具有国际竞争力的人才资源优势[②]。

3. 提升人才发展治理水平

改革人才发展体制机制，完善人才发展制度体系，进一步解放发展人才生产力，促进我国人才数量、质量全面发展，人才效能显著提升，是"党管人才"重要原则内涵的丰富与深化。无论是国家治理还是人才治理，治理能力的基础都是治理体系，人才发展治理与国家治理有着内在统一性[③]。要有效提升人才治理的透明度、开

---

① 习近平参加上海代表团审议［EB/OL］. 中央人民政府门户网站，2014-03-06.

② 刁榴，张青松. 深化人才评价制度改革 提升人才治理能力水平［EB/OL］. 光明网－理论频道，2020-08-25.

③ 胡鞍钢.《关于深化人才发展体制机制改革的意见》系列解读之十　以人才为本　推进人才发展治理现代化［N］. 中国组织人事报，2016-04-25.

放度和自由度，实现由“人才管理”向“人才治理”的重大理念变革，形成与经济社会高质量发展需求相适应的人才队伍结构和人才资源优势，实现具有中国特色的人才发展治理现代化。

（三）以人才为本，解放人才、造就人才、使用人才

1. 坚持“以人才为本”

以人才为本是构建新型人才发展治理体系、推进人才发展治理现代化的核心，是以人为本思想在人才工作中的具体体现①。人才治理抽象内核是社会每个人都有成才的自由和追求幸福的权利，每个人才也都有施展才华的自由和创业创新的权利②。用治理的方式推动人才发展，能最大限度地解放人才、释放人才活力、促进人才自由全面发展，反之又能促进创新驱动，为创新驱动提供新动能。

2. 解放人才生产力

构建人才发展治理体系，是使人人享有这些权利的制度和文化环境，而不仅仅是选拔发现、培养使用、激励保障这些具体用人政策的完善③。坚持以人才为本，根本上是因为社会主义的本质是解放和发展生产力，人才是最活跃的先进生产力，解放和发展生产力关键是要解放、造就、使用人才。要围绕“四个全面”战略布局，落实“五大发展理念”，更好地解放、造就、使用人才，畅通成才之路，敞开用才之门，凝聚人才之心，汇聚人才之力④。

---

①　胡鞍钢.《关于深化人才发展体制机制改革的意见》系列解读之十　以人才为本　推进人才发展治理现代化［N］. 中国组织人事报，2016-04-25.

②　吴江. 人才发展制高点的重大转折，《人才发展体制机制改革理论与实践研究》［M］. 北京：中国人事出版社，2016：53.

③　同上。

④　胡鞍钢.《关于深化人才发展体制机制改革的意见》系列解读之十　以人才为本　推进人才发展治理现代化［N］. 中国组织人事报，2016-04-25.

3. 破除人才发展体制机制障碍

随着改革发展的深入推进，人才发展体制机制中的一些不健全、不适应的问题也日渐显现，一些制约人才活力的制度藩篱亟待打破。把握大局势，适应事业发展，必须全面深化人才发展体制机制改革，破除思想观念和体制机制障碍，转变政府人才管理职能，改变政府主管部门的行政主导作用，推动政府简政放权，向用人主体和人才放权松绑，将人才评价、人才发现、使用与管理等权限真正下放到用人主体，最大限度地激发人才活力，集聚人才优势。

（四）推进人才制度体系建设，提升人才发展治理能力

1. 完善改革顶层设计

推进中国特色人才发展治理体系和治理能力现代化，手段是治理创新，目的是人才发展。《关于深化人才发展体制机制改革的意见》凸显了推进人才管理体制改革的顶层设计，其核心问题是处理好政府和市场、政府和社会的关系，使市场和社会在人才资源配置中起主导性作用，同时更好地发挥政府的管理作用。

2. 完善人才发展制度

完善人才培养、评价、使用、流动、激励等制度，改进人才培养支持方式，突出需求导向，完善人才培育模式，优化人才发展环境；突出品德、能力和业绩导向，建立科学化、社会化、市场化的人才评价制度；健全人才流动机制，促进人才合理流动，实现人才合理配置和资源共享；强化人才激励机制，尊重和实现人才价值，推动知识、技术、管理、技能等生产要素按贡献参与分配，促进科技成果资本化、产业化，实施股权期权激励，让人才合理合法享有创新收益；实施更开放的人才引进政策，树立全球视野和战略眼光，提高全球范围内配置人才资源的能力。

3. 创造人才制度优势

人才管理体制改革的重点包括调整政府人才管理职能，发挥市场在配置人才资源中的主导作用，保障和落实用人主体自主权，完善人才公共服务，纠正人才管理中的行政化、“官本位”倾向，促进人才发展与“五位一体”建设深度融合，主动参与国际人才竞争等一系列改革措施；通过人才管理体制创新，持续创造出最具活力和最具国际竞争力的人才制度优势①。

四、以人才发展治理现代化推进国家治理现代化

实现治理体系和治理能力现代化是人才发展治理的核心目标。《关于深化人才发展体制机制改革的意见》从国家治理现代化的高度，系统回答了“党怎样管人才”这一关键问题，创造性地构建了“聚天下英才而用之”的人才发展治理框架，是党和国家人才工作的重大创新，对以人才发展治理现代化推进国家治理体系和治理能力现代化建设具有重要指导作用。要深刻领会“中国特色人才发展治理体系”的丰富内涵，准确把握人才发展治理现代化在国家治理能力和治理体系现代化中的战略定位，更好发挥人才发展治理现代化在推进国家治理现代化和中国式现代化中的支撑引领作用。

（一）构建具有全球竞争力的人才制度体系，转化为国家治理现代化的制度优势

1. 切实增强构建有国际竞争力的人才制度体系的紧迫感

人才发展已进入全球共享时代，随着中国对世界影响力持续提

---

① 吴江. 人才发展制高点的重大转折，《人才发展体制机制改革理论与实践研究》[M]. 北京：中国人事出版社，2016：53.

升，所面临的人才制度挑战也从隐性走向显性，面临的全球人才竞争已趋于常态化、制度化，以致对国家人才安全都提出了严峻挑战，世界竞争越来越聚焦于科技创新和人才资源的争夺。面对这一日益紧迫形势，更需要增强大国定力，推进人才管理制度向人才治理体系的战略升级，建立起相对稳固的、具有全球竞争力的、可持续治理的人才制度体系①，更好聚天下英才而用之②。

2. 更加重视人才发展治理制度创新

重视制度创新是习近平总书记提出的最为深刻的人才发展治理思想，也是贯穿人才发展体制机制改革的一条主线。党的十八大提出，加快人才发展体制机制改革和政策创新，形成激发人才创造活力、具有国际竞争力的人才制度优势。《关于深化人才发展体制机制改革的意见》提出“构建科学规范、开放包容、运行高效的人才发展治理体系，形成具有国际竞争力的人才制度优势”。党的十九大报告提出“要坚持党管人才原则，聚天下英才而用之，加快建设人才强国。”党的十九届四中全会《决定》把“坚持德才兼备、选贤任能，聚天下英才而用之，培养造就更多更优秀人才”列为中国特色社会主义国家治理的十三个显著优势之一③。党的二十大报告提出，“实施更加积极、更加开放、更加有效的人才政策”，“形成具有全球

① 吴江．关于构建具有全球竞争力的人才制度体系的几点思考［J］．中国人才，2020（第9期）．

② 孙锐．推动人才治理体系的战略升级［EB/OL］．中国管理科学研究院网站，2020-12-16．

③ 吴江．关于构建具有全球竞争力的人才制度体系的几点思考［J］．中国人才，2020（第9期）．

竞争力的开放创新生态”、“着力形成人才国际竞争的比较优势”[①]。一是打造国家战略人才力量比较优势；二是打造全球人才高地比较优势；三是打造人才自主培养的比较优势；四是打造全球智慧资源、创新要素为我所用的比较优势；五是打造高质量人才发展体制机制的比较优势[②]。

3. 着力提升人才发展治理效能

创新人才发展治理体系，把党管人才原则落实到人才治理各领域、各方面和各环节，转化为人才治理效能；深化人才发展体制机制改革，源头治理、依法治理、系统治理、协同治理多措并举，形成优于西方发达国家的人才制度优势，构建具有全球竞争力的人才制度体系，使“聚天下英才而用之”成为治理制度优势；把党管人才的政治优势转化为人才引领发展的体制机制优势，把具有全球竞争力的人才制度优势转化为中国特色社会主义现代化治理优势[③]。

（二）为实现“两个一百年”目标奠定坚实的人才支撑和人才制度基础

1. 为实现“两个一百年”目标提供战略支撑

新时代国家治理的终极目标，就是要在实现“两个一百年”目标的过程中，实现国家治理制度的定型。国家治理现代化最终与民族复兴、中国梦连为一体[④]。实现中华民族伟大复兴的中国梦，是

---

① 习近平. 高举中国特色社会主义伟大旗帜　为全面建设社会主义现代化国家而团结奋斗——在中国共产党第二十次全国代表大会上的报告［EB/OL］. 新华网，2022-10-25.

② 吴江，蔡秀萍. 为中国式现代化强化人才支撑［J］. 中国人才，2022（第 11 期）.

③ 吴江. 关于构建具有全球竞争力的人才制度体系的几点思考［J］. 中国人才，2020（第 9 期）.

④ 刘建军，邓理. 国家治理现代化：新时代的治国方略［M］. 上海：上海人民出版社，2020：1.

我国现代化建设的战略目标。实现中国梦，人才是关键，在实现中国梦的过程中具有战略性的作用[①]。构建现代人才发展治理体系，就是要建立一个有助于实现中国梦的人才体制[②]。党的二十大报告提出“为党育人、为国育才”，人才发展就是要为全面建设社会主义现代化国家、全面推进中华民族伟大复兴提供强有力的动力[③]。建设人才强国，就是要发挥党管人才的政治优势，使更多的人才团结在党的领导下，为实现“两个一百年”目标而不懈奋斗。

2. 为实现中国式现代化奠定人才制度基础

中国式现代化包括国家治理体系和治理能力现代化，以及人才发展治理现代化。深化人才发展体制机制改革、推进人才发展治理现代化是全面深化改革、推进国家治理现代化的重要组成部分，也是实现国家治理现代化和中国式现代化的重要支撑。《关于深化人才发展体制机制改革的意见》、中央人才工作会议和党的二十大报告中关于人才工作的重要论述和实施新时代人才强国战略的重要部署，在我国人才发展治理现代化进程中具有里程碑意义，为加快推进国家治理现代化和中国式现代化奠定了人才制度基础。

3. 落实好实施新时代人才强国战略的各项举措

围绕基本实现国家治理体系和治理能力现代化，基本建成法治国家、教育强国、科技强国、人才强国、文化强国、体育强国、

---

① 罗洪铁，唐斌．习近平人才思想初探，《人才发展体制机制改革理论与实践研究》[M]．北京：中国人事出版社，2016：2–3.

② 孙锐．推动人才治理体系的战略升级 [EB/OL]．中国管理科学研究院网站，2020–12–16.

③ 习近平．高举中国特色社会主义伟大旗帜　为全面建设社会主义现代化国家而团结奋斗——在中国共产党第二十次全国代表大会上的报告 [EB/OL]．新华网，2022–10–25.

健康中国等基本实现社会主义现代化的奋斗目标[①]，深入贯彻落实《关于深化人才发展体制机制改革的意见》、中央人才工作会议和党的二十大报告关于实施新时代人才强国战略的部署，抓好《国家"十四五"期间人才发展规划》的落实，为实现"两个一百年"目标提供坚实人才支撑[②]。

（三）提升人才发展治理能力，发挥人才治理效能，为推进国家治理现代化提供有力人才支撑

1. 推进国家治理能力现代化

实现国家治理体系现代化和中国式现代化，关键在于国家治理能力现代化。推进国家治理能力现代化，关键在党，关键在人。关键在党，就要确保党在发展中国特色社会主义历史进程中始终成为坚强领导核心。关键在人，就要建设一支宏大的高素质干部队伍[③]。国家治理体系和治理能力现代化，就是要实现人才素质和能力与新常态、高质量发展高度匹配，起到对全面治理的推动作用。建立人才能力与素质全面提升的人才发展治理体系，是推进国家治理体系和治理能力现代化、引领新常态、高质量发展的核心环节。

2. 提升干部队伍治理能力

《中共中央关于坚持和完善中国特色社会主义制度、推进国家治理体系和治理能力现代化若干重大问题的决定》把提高治理能力作为新时代干部队伍建设的重大任务，要求通过加强思想淬炼、政

---

① 习近平. 高举中国特色社会主义伟大旗帜　为全面建设社会主义现代化国家而团结奋斗——在中国共产党第二十次全国代表大会上的报告［EB/OL］. 新华网，2022-10-25.

② 胡鞍钢.《关于深化人才发展体制机制改革的意见》系列解读之十　以人才为本　推进人才发展治理现代化［N］. 中国组织人事报，2016-04-25.

③ 刘建军，邓理. 国家治理现代化：新时代的治国方略［M］. 上海：上海人民出版社，2020：203-204.

治历练、实践锻炼、专业训练，推动广大干部严格按照制度履行职责、行使权力、开展工作，提高推进“五位一体”总体布局和“四个全面”战略布局等各项工作能力和水平。坚持党管干部原则，落实好干部标准，树立正确用人导向，把制度执行力和治理能力作为干部选拔任用、考核评价的重要依据①。

3. 提升人才队伍治理能力

把中国特色社会主义制度优势转化为治理效能，需要充分发挥各类人才的智慧和潜能。人才是国家治理体系的重要组成部分，是重要的治理主体和依靠力量。完善治理体系、提升治理能力，需要从人才队伍抓起。要深刻领会党的十九届四中全会《决定》精神，尊重知识、尊重人才，加快人才制度和政策创新，统筹推进各类人才队伍建设，着力提高各类人才素质和能力水平，不断提升人才发展治理能力，充分发挥人才治理效能，支持各类人才为推进国家治理体系和治理能力现代化贡献智慧和力量②。

（四）为加强党对人才工作的领导提供组织保证，为加快建设人才强国提供强大动力

1. 坚持党管人才原则，健全党管人才领导体制和工作格局

强化党的全面领导，是深化人才发展体制机制改革、推进人才发展治理现代化的根本保证。党管人才是中国特色人才制度优势的集中体现。坚持党管人才，有利于巩固和扩大党的执政基础，提高党的执政能力。必须全面加强党对人才工作的领导，发挥党总揽全局、协调各方的作用，完善党委统一领导，组织部门牵头抓总，有

---

① 本书编写组.《中共中央关于坚持和完善中国特色社会主义制度、推进国家治理体系和治理能力现代化若干重大问题的决定》辅导读本［M］. 北京：人民出版社，2019：46.

② 同上。

关部门各司其职、密切配合，社会力量发挥重要作用的工作格局。要积极探索党管人才规律，创新党管人才方式方法，切实管宏观、管政策、管协调、管服务。要充分发挥党的思想政治优势、组织优势、密切联系群众优势，健全党委联系专家等制度，做好团结、引领、服务人才工作，把更多人才凝聚到党和国家的事业中来[①]。

2. 源源不断培养造就爱国奉献、勇于创新的优秀人才

《中共中央关于党的百年奋斗重大成就和历史经验的决议》指出："党和人民事业发展需要一代代中国共产党人接续奋斗，必须抓好后继有人这个根本大计。""要源源不断培养造就爱国奉献、勇于创新的优秀人才，真心爱才、悉心育才、精心用才，把各方面优秀人才集聚到党和人民的伟大奋斗中来。"[②]党的二十大报告提出："引导广大人才爱党报国、敬业奉献、服务人民""把各方面优秀人才集聚到党和人民事业中来"[③]。要深入实施新时代强国战略，加快建设世界重要人才中心和创新高地；深化人才发展体制机制改革，加快建设国家战略人才力量，全方位培养、引进、用好人才；加强党对人才工作的全面领导，为加快建设人才强国提供坚强保证。

3. 完善人才发展治理体系，聚天下英才而用之

深入实施《关于深化人才发展体制机制改革的意见》和党中央关于新时代人才强国战略的一系列重大部署，探索建立既有中国特色又有国际竞争比较优势的人才发展体制机制；把人才发展体制机

① 中国组织人事报评论员．加快构建现代人才发展治理体系［N］．中国组织人事报，2016-06-01．

② 本书编写组．党的十九届六中全会《决议》学习辅导百问［M］．北京：党建读物出版社　学习出版社，2021：69．

③ 习近平．高举中国特色社会主义伟大旗帜　为全面建设社会主义现代化国家而团结奋斗——在中国共产党第二十次全国代表大会上的报告［EB/OL］．新华网，2022-10-25．

制改革放到推进国家治理体系和治理能力现代化的全局和战略高度，统筹谋划、有序推进，在更高层次上形成一套更加成熟定型、完善巩固的人才制度体系，在更大范围内创造一个更加公平宽松的制度环境，最大限度地激发释放各类人才创新创业创造活力，加快推进我国从人才大国迈向人才强国行列，为全面建设社会主义现代化国家、全面推进中华民族伟大复兴[①]提供强大人才支撑。

① 习近平．高举中国特色社会主义伟大旗帜　为全面建设社会主义现代化国家而团结奋斗——在中国共产党第二十次全国代表大会上的报告［EB/OL］．新华网，2022-10-25．

第二章　人才发展治理体系的总体框架

习近平总书记在主持中央政治局第二十一次集体学习时强调，要深化人才发展体制机制改革，破除人才引进、培养、使用、评价、流动、激励等方面的体制机制障碍，实行更加积极、更加开放、更加有效的人才政策，形成具有吸引力和国际竞争力的人才制度体系，努力聚天下英才而用之[①]。他的重要讲话，为构建新时代人才发展治理体系，指明了前进方向，提供了根本遵循。

从系统视角看，人才发展治理体系是推动多元主体协同共治格局形成、促进人才发展实现和保持治理状态的一系列完整的要素结构及其功能，从人才发展治理过程中产生，又对人才发展治理进行规范和引导，其产生本身也是治理的产物。人才发展治理体系包括价值体系、目标体系、制度体系、政策体系、支撑体系。

---

① 习近平在中央政治局第二十一次集体学习时强调　贯彻落实好新时代党的组织路线　不断把党建设得更加坚强有力［EB/OL］. 新华网，2020-06-30.

一、价值体系

（一）人民性的价值立场

坚持以人民为中心的发展思想，体现了党的理想信念、性质宗旨、初心使命，是履行新时代新征程中国共产党的使命任务必须牢牢把握的重大原则，是习近平新时代中国特色社会主义思想的重要内容和治国基本方略之一[①]；“坚持人民至上”是中国共产党百年奋斗的宝贵历史经验[②]，是把握好习近平新时代中国特色社会主义思想的世界观和方法论必须坚持的立场观点方法[③]，也是推进国家治理体系和治理能力现代化的根本价值取向。

党的根本宗旨和中国特色社会主义制度的根本属性决定了推进国家治理现代化是为了实现好、维护好、发展好最广大人民的根本利益。人才是推进治理体系和治理能力现代化的重要实践主体。人才全面发展是推进治理体系和治理能力现代化的实践要求[④]。

1. 人才是推动改革和发展的动力

完善国家治理体系、提升国家治理能力，必须坚持以人为本，尊重人才主体地位，发挥群众首创精神，把各类人才的智慧和力量

---

① 习近平．习近平谈治国理政．第三卷［M］．北京：外文出版社，2020：14、16．

② 本书编写组编著．党的十九届六中全会《决议》学习辅导百问［M］．北京：党建读物出版社　学习出版社，2021：62．

③ 习近平．高举中国特色社会主义伟大旗帜　为全面建设社会主义现代化国家而团结奋斗——在中国共产党第二十次全国代表大会上的报告［EB/OL］．新华网，2022-10-25．

④ 赵世明．加速推进治理体系与治理能力现代化［EB/OL］．中国社会科学网，2020-10-27．

凝聚到推动改革发展上来，同人民一道把改革发展推向前进。

2. 构建以人才为本位的制度体系

推进国家治理现代化，就是要构建出一套“以人民为中心”“以人才为本位”的制度体系，并把各方面的制度优势转化为国家治理效能，既让广大人民群众平等参与社会主义现代化进程，也使全体人民在共建共享发展中有更多获得感[①]。

（二）科学性的价值导向

推进国家治理体系和治理能力现代化，要求改革不适应经济社会发展和人才发展要求的体制机制和法律法规，不断提高治理公共事务和实现公共价值的有效性[②]。

1. 构建驯服资本逻辑的治理体系

2021 年中央经济工作会议指出，要正确认识和把握资本的特性和行为规律。要发挥资本作为生产要素的积极作用，同时有效控制其消极作用。要为资本设置“红绿灯”，依法加强对资本的有效监管，防止资本野蛮生长[③]。推进国家治理现代化，要完善发展当代中国的政治法律建制，解决或规避资本逻辑所带来的负面效应，保证生产社会化发展的科学性及资源分配的合理性。

2. 构建多元交互共治的治理体制

推进国家治理现代化，社会治理主体应由单一走向多元，治理方式由政府部门单向管理转向多元主体交互共治，即加快形成党委领导、政府负责、社会协同、公众参与、法治保障的社会管理体

① 陈晓斌．国家治理体系和治理能力现代化的价值维度［N］．光明日报，2017-11-06（第 11 版）．

② 同上。

③ 中央经济工作会议举行 习近平李克强作重要讲话［EB/OL］．新华社，2021-12-10．

制，及时反映和协调人才群体多方面、多层次的利益诉求①。

3. 尊重市场经济和人才成长规律

新时代人才发展治理，一要遵循社会主义市场经济规律（包括价值规律、供求规律、竞争规律等）；二要遵循人才成长规律；三要遵循科学发展规律、科研活动自身规律②和科研管理规律③。

（三）正义性的价值目标

1. 把公平正义作为人才发展价值目标

随着经济社会发展水平的提高，人民群众的公平意识、民主意识和权利意识不断增强。推进人才发展治理体系和治理能力现代化，必须把公平正义作为价值目标，促进对社会不公正问题的解决，使改革发展成果更加公平地惠及所有人才和全体人民。

2. 为实现公平正义提供人才制度保证

制度是实现社会公平正义的重要保证。要坚决破除束缚人才发展的各方面体制机制弊端，不断构建新的体制机制，努力形成符合所有人才发展和最广大人民根本利益的正义性制度安排④，使人才发展制度更加科学和完善；坚持党管人才原则，引导广大人才群体在中国特色社会主义伟大实践中最大限度地实现人才价值⑤。

---

① 陈晓斌．国家治理体系和治理能力现代化的价值维度［N］．光明日报，2017-11-06（第 11 版）．

② 习近平．在科学家座谈会上的讲话［EB/OL］．新华网，2020-09-11．

③ 习近平在中国科学院第十九次院士大会、中国工程院第十四次院士大会上的讲话［EB/OL-N］．人民网—人民日报，2018-05-29．

④ 陈晓斌．国家治理体系和治理能力现代化的价值维度［N］．光明日报，2017-11-06（第 11 版）．

⑤ 吴江．推进人才治理现代化的机制与路径 [J]．中国人才，2020（第 3 期）．

二、目标体系

（一）总体目标

1.《关于深化人才发展体制机制改革的意见》相关论述

深入贯彻习近平总书记系列重要讲话精神，坚持聚天下英才而用之，牢固树立科学人才观，深入实施人才优先发展战略，遵循社会主义市场经济规律和人才成长规律，破除束缚人才发展的思想观念和体制机制障碍，解放和增强人才活力，构建科学规范、开放包容、运行高效的人才发展治理体系，形成具有国际竞争力的人才制度优势。通过深化改革，到 2020 年，在人才发展体制机制的重要领域和关键环节上取得突破性进展，人才管理体制更加科学高效，人才评价、流动、激励机制更加完善，全社会识才爱才敬才用才氛围更加浓厚，形成与社会主义市场经济体制相适应、人人皆可成才、人人尽展其才的政策法律体系和社会环境①。

2.《中国共产党组织工作条例》有关规定

坚持党管人才原则，确立人才引领发展的战略地位，遵循社会主义市场经济规律和人才成长规律，破除束缚人才发展的思想观念和体制机制障碍，构建科学规范、开放包容、运行高效的人才发展治理体系，全方位培养、引进、用好人才，着力集聚爱国奉献的各方面优秀人才，推进实施人才强国战略、创新驱动发展战略，为民族复兴伟业提供强大人才支撑②。

---

① 中共中央印发《关于深化人才发展体制机制改革的意见》[EB/OL]. 新华网，2016-03-21.

② 中共中央印发《中国共产党组织工作条例》[EB/OL]. 新华网，2021-06-02.

3. 中央人才工作会议部署要求

全面贯彻习近平总书记关于新时代人才工作的新理念新战略新举措，坚持党管人才，坚持人才引领发展的战略地位，坚持面向世界科技前沿、面向经济主战场、面向国家重大需求、面向人民生命健康，立足新发展阶段，贯彻新发展理念，服务构建新发展格局，推动高质量发展，深入实施新时代人才强国战略，全方位培养、引进、用好人才，加快建设世界重要人才中心和创新高地，聚天下英才而用之，为 2035 年基本实现社会主义现代化提供人才支撑，为 2050 年全面建成社会主义现代化强国打好人才基础①。

4. 党的二十大报告部署要求

坚持党管人才原则，坚持尊重劳动、尊重知识、尊重人才、尊重创造，实施更加积极、更加开放、更加有效的人才政策，引导广大人才爱党报国、敬业奉献、服务人民。完善人才战略布局，坚持各方面人才一起抓，建设规模宏大、结构合理、素质优良的人才队伍。加快建设世界重要人才中心和创新高地，促进人才区域合理布局和协调发展，着力形成人才国际竞争的比较优势。加快建设国家战略人才力量，努力培养造就更多大师、战略科学家、一流科技领军人才和创新团队、青年科技人才、卓越工程师、大国工匠、高技能人才。加强人才国际交流，用好用活各类人才。深化人才发展体制机制改革，真心爱才、悉心育才、倾心引才、精心用才，求贤若渴，不拘一格，把各方面优秀人才集聚到党和人民事业中来②。

---

① 陈希．必须抓好后继有人这个根本大计，党的十九届六中全会《决议》学习辅导百问［M］．北京：党建读物出版社　学习出版社，2021：92.

② 习近平．高举中国特色社会主义伟大旗帜　为全面建设社会主义现代化国家而团结奋斗——在中国共产党第二十次全国代表大会上的报告［EB/OL］．新华网，2022-10-25.

（二）具体要求

1. 科学规范

科学规范是对人才发展治理的基本要求，是确保人才发展治理正确方向的关键。“科学”是指人才发展治理目标、原则、机制要符合规律，治理主体职责清晰，治理对象边界明确；“规范”是指人才发展治理模式、方式、运作规则要有所遵循，治理行为权责一致、依法依规。实现科学规范治理应从三个方面入手：

（1）强化科学治理。科学治理要体现科学理念，具备科学规划、科学运作能力，为科学决策提供科学原则；要遵循社会主义市场经济规律和人才成长规律，顺应人才集聚规律、人才创新规律、人才流动规律以及人才作用充分发挥的规律；强化参与治理多元主体的整体能力和素质，运用科学的方法、手段和工具强化治理绩效，不断提升人才发展治理的科学化水平。

（2）强化制度治理。坚持制度化规范化方向，建立完善制度体系，推动人才发展健康有序可持续。要出台推进人才培养、评价、配置、使用、激励等制度体系的调整规范。政府要提供制度供给、优化制度环境，规范人才发展治理主体边界，实现治理多元主体利益统一。构建具有全球竞争力的人才制度体系，将人才制度优势转化为人才治理优势，形成以人才为核心的资源优势。

（3）强化依法治理。良好的治理必须以法治为基础，要学习西方发达国家依法治理人才的有效做法，借鉴深圳、珠海等地人才立法经验，引导社会各界树立法治化思维，加强人才权益保障和知识产权保护，不断强化人才发展治理规范性[①]。

---

① 董博．中国人才发展治理及其体系构建研究 [D]．吉林：吉林大学，博士学位论文，2019：150–151．

2. 开放包容

开放包容是人才发展治理顺畅实施的保障。人才开放，包括视野、理念、对象、方式方法的开放。要以收获人才价值、享有人才红利为直接目标，树立全球视野和战略眼光，在人才发展上坚持"两条腿走路"，既要立足国内，做好本土人才资源开发和使用，又要放眼全球，延揽五湖四海优秀人才，在国际人才竞争中更加积极有为，使更多优秀国际人才集聚中国、为我所用。

（1）面向各类治理主体开放。人才发展治理多元主体机制要求治理体系是开放的、治理主体是包容的。如政府人才项目等，可通过授权委托或招标方式，交由第三方来组织实施，让更多治理主体参与到人才治理之中，导入各主体的优势，增进市场主体、社会公众对人才发展的支持，拓展治理空间，形成市场、社会和政府相互竞争、相互促进、相互补充的治理格局。

（2）全球范围内配置人才资源。要有开放胸怀和全球眼光，重视海外一流人才在中国未来发展的重要价值和战略地位，面向全球 70 亿人选才用才。我国改革开放以来各类出国留学人员累计已达 519.5 万人；我国已成为全球第四大移民来源国。要正视面对日趋加剧的国际人才竞争，用开放包容的姿态对待国际人才环流，推动人才活力充分迸发、人才自由发展[①]。

3. 运行高效

运行高效是对人才发展治理成效的要求。同时，也提出了人才体制机制的评价标准，是对人才发展治理体系科学性的检验，更是人才发展治理能力现代化水平的重要标志。实现运行高效要求治理主体间协作到位、合作顺畅；要求治理环节严密合理、衔接有序；

① 董博. 中国人才发展治理及其体系构建研究 [D]. 吉林：吉林大学，博士学位论文，2019：151–152.

要求治理体系形成闭环，有顶层设计、有执行推动、有监督反馈，能够形成“聚天下英才而用之”的人才发展秩序。

提升人才竞争力是人才发展治理成效的体现。在本土人才培养能力、国际人才引进能力、人才创新和持续成长能力、尖端人才对相关领域的引领和影响能力以及经济社会发展中的人才贡献率等方面，实现对发达国家的赶超，这也是未来中国在全球治理和公共产品供给中发挥更大作用最为关键的支撑。

（1）优化人才发展治理方式。充分运用现代科学技术进行治理，建立人才发展治理信息系统，推进人才发展信息共享共用共管，推行人才发展电子治理，开发人才大数据、人才治理云等应用，不断创新人才发展手段，提高人才发展治理效率。

（2）推动政府简政放权。建立政府人才管理部门“权力清单”和“责任清单”，进一步厘清政府人才管理权力和责任边界，减少和避免人才发展治理多元主体间治理职责交叉重复或越位缺位，实现政府角色从前台转向后台，从操作转向监管，从管理转向服务，增强市场和社会力量在人才管理服务中的作用。

（3）建立主体信任机制。人才发展治理要求人才个体、用人单位等市场主体、社会组织等社会主体以及政府之间建立全方位的信任体系。参与人才发展治理的信任源于对发展的共同诉求。基于共同发展诉求、价值追求形成共同的利益，多元治理主体间才能够彼此信任、彼此融合，共同面对人才发展的重大问题。

（4）建立合作协商机制。治理主体之间通过多种协商平台、协商形式，围绕事关各自利益和公共利益的人才发展相关问题进行充分协商，对各自利益、诉求充分表达，增进相互理解和合作。要畅通治理主体间信息沟通和协作渠道，健全完善多方合作流程和合作制度，提高冲突应对能力和跨部门合作能力[①]。

三、制度体系

改革开放以来特别是党的十八大以来，具有中国特色的人才制度体系日益完善[②]，也面临人才结构失衡，创新能力不强，顶尖人才匮乏，人才管理体制不顺，人才机制不够完善等问题，造成人才资源浪费和配置低效，影响了人才创新创业积极性的发挥[③]。对比世界发达国家，我们在大规模集聚吸纳世界一流人才智力，有效配置全球创新创业资源，产生有世界影响力的大家大师和原创性成果，形成具有全球竞争优势人才制度方面，还存在一定差距[④]。

要把建立和完善人才制度体系放到推进国家治理体系和治理能力现代化的高度，统筹推进，在更高层次、更高水平上形成一套更加成熟、定型、完善、巩固的人才制度体系，把各类优秀人才集聚到党和国家事业上来，夯实国家治理现代化基石[⑤]。

要从人才发展治理理念、结构、体制、机制等多个层面，从党与政府和其他国家机关，政府各部门之间、政府与市场和社会之间

---

① 董博. 中国人才发展治理及其体系构建研究 [D]. 吉林：吉林大学，博士学位论文，2019：152–153.

② 孙庆聚. 人民观察：聚天下英才而用之 [EB/OL–N]. 人民网—人民日报，2020-07-03.

③ 沈荣华. 习近平人才观的核心：聚天下英才而用之 [EB/OL–J]. 人民网 - 人民论坛，2017-06-29.

④ 孙锐. 推动人才治理体系的战略升级 [EB/OL]. 中国管理科学研究院网站，2020-12-16.

⑤ 付杰锋. 建立和完善人才制度体系　夯实国家治理现代化基石 [EB/OL]. 新浪网，2020-01-10.

等多关系的角度，探讨中国人才发展治理体系的主体、结构、关系以及运行，为人才发展治理和制度创新的顶层设计提供科学依据，构建一整套具有中国特色的“法治化、市场化、国际化、协同化、智能化”的现代人才制度体系[①]。

（一）深化体制机制改革，加快人才制度和政策创新

1. 加快人才制度和政策创新

深入贯彻党的十九届四中全会《决定》关于“加快人才制度和政策创新”[②]的要求，认真落实《关于深化人才发展体制机制改革的意见》，破除束缚人才发展的思想观念和体制机制障碍，推进人才管理体制改革，完善人才引进、培养、使用、评价、流动、激励和保障等机制[③]，加快构建具有吸引力和国际竞争力的人才制度体系，努力建设规模宏大、素质优良、创新能力强的人才队伍。

2. 深化人才管理体制改革

转变政府人才管理职能；保障和落实用人主体自主权；健全市场化、社会化的人才管理服务体系；加强人才管理法治建设。改进人才培养支持机制。创新人才教育培养模式；改进战略科学家和创新型科技人才培养支持方式；完善科研经费管理办法；优化企业家成长环境；建立产教融合、校企合作的技术技能人才培养模式；促进青年优秀人才脱颖而出。创新人才评价机制。突出品德、能力和业绩评价；改进评价考核方式；改革职称制度和职业资格制度。

---

① 吴江. 关于构建具有全球竞争力的人才制度体系的几点思考 [J]. 中国人才，2020（第 9 期）.

② 本书编写组.《中共中央关于坚持和完善中国特色社会主义制度、推进国家治理体系和治理能力现代化若干重大问题的决定》辅导读本［M］. 北京：人民出版社，2019：46.

③ 付杰锋：建立和完善人才制度体系　夯实国家治理现代化基石［EB/OL］. 新浪网，2020–01–10.

（二）强化市场导向作用，优化人才资源配置

1. 发挥市场机制决定作用

改革开放以来，我国已成功实现人才资源从计划分配向市场配置转变，但市场配置的效率还不高，人才使用还存在短板。要按照深化改革的要求，切实解决影响人才合理配置使用的体制机制问题，保障和落实用人自主权，健全人才管理服务体系，构建统一开放的人才市场体系①，推进人才资源合理流动和优化配置。

2. 健全人才顺畅流动机制

贯彻落实《中共中央 国务院关于加快建设全国统一大市场的意见》，健全统一规范的人力资源市场体系，促进劳动力、人才跨地区顺畅流动②。要通过深化人才发展体制机制改革，进一步破除人才流动障碍；切实打破堵点难点，畅通党政机关、企事业单位、社会各方面人才流动渠道；实施更加优惠政策，鼓励、引导、推动各类人才向艰苦边远地区和基层一线流动。

（三）实行更加开放的人才政策，聚天下英才而用之

1. 完善海外人才引进方式

树立开放理念、全球视野和战略眼光，实行更加积极、更加开放、更加有效的人才政策，充分开发利用国内国际人才资源，完善更加开放、更加灵活、具有国际竞争力的人才培养、吸引和使用机制，健全工作和服务平台，扩大人才对外交流，以更大抱负、更宽胸怀和更有竞争力的政策，让更多天下英才为我所用③。

---

① 付杰锋. 建立和完善人才制度体系　夯实国家治理现代化基石［EB/OL］. 新浪网，2020-01-10.

② 《中共中央 国务院关于加快建设全国统一大市场的意见》发布［EB/OL］. 新华网，2022-04-11.

③ 付杰锋. 建立和完善人才制度体系　夯实国家治理现代化基石［EB/OL］. 新浪网，2020-01-10.

2. 推进国际人才竞争合作

构建更加开放的国际人才交流合作机制，大力引进国际高层次人才，为海外人才离岸创业提供方便；完善中外人才交流合作机制，加大高端猎头机构引进培育力度，加强与境外人力资源服务机构合作；绘制海外高端人才分布地图，实施全球顶尖科学家及创新团队引进计划，整合国际创新资源；深入推进外籍人才出入境管理改革，主动参与国际人才竞争与合作①。

（四）完善培养激励机制，更好发挥科技人才的作用

1. 完善科技管理体制和政策体系

我国经济已由高速增长阶段转向高质量发展阶段，创新是引领发展的第一动力，是建设现代化经济体系的战略支撑。要深入贯彻落实党的十九届四中全会《决定》精神，"完善科技人才发现、培养、激励机制，健全符合科研规律的科技管理体制和政策体系"②，为科技人员施展才华提供更加宽松的体制机制和政策支持。

2. 支持科技人才创新创业创造

加快实现高水平科技自立自强，攻克核心技术"卡脖子"问题，必须把科技人才放在更加突出位置，在科技人才及团队发现、培养、激励机制上下功夫③，加强创新成果知识产权保护，加大对

---

① 姜志刚. 加快构建首都现代化人才发展治理体系（深化人才发展体制机制改革）[EB/OL-N]. 人民网—人民日报，2016-06-21.

② 本书编写组.《中共中央关于坚持和完善中国特色社会主义制度、推进国家治理体系和治理能力现代化若干重大问题的决定》辅导读本 [M]. 北京：人民出版社，2019：22-23.

③ 付杰锋. 建立和完善人才制度体系　夯实国家治理现代化基石 [EB/OL]. 新浪网，2020-01-10.

创新人才激励力度，鼓励和支持人才创新创业[①]，培养造就更多的国际一流的高科技人才，更好地支撑和引领经济高质量发展。

（五）加强人才立法工作，推进人才发展治理法治化

1. 强化人才发展治理法律保障

建设社会主义法治国家是坚持和发展中国特色社会主义、推进国家治理体系和治理能力现代化的内在要求。要借鉴美、德等西方发达国家以完备法律法规来开发、管理和保障人才的经验，加快推进人才工作法治化建设，建立形成一整套独具中国特色和中国实践的人才法律体系，夯实国家治理体系和治理能力现代化的基石[②]。

2. 加大人才治理立法力度

提升人才治理法治化水平。要梳理人才工作的法律法规，研究制定促进人才开发、人才评价、人才流动、人才安全等方面的法律法规，将人才队伍建设、人才资源开发工作中已经成熟的政策和制度，用国家法律形式固定下来，形成与社会主义市场经济相适应的法律法规体系，为推进人才治理现代化提供法治保障。

3. 加强人才工作执法和监督力度

全面推进依法治国，是由立法、执法、司法、守法环节组成的完整“链条”。坚持依法治才，要加强人才工作执法和监督力度，保证人才法律法规的严格实施，运用法治思维和法治方式于人才治理的一切领域，将人才培养、使用、激励、流动、保障和权利救济等全过程纳入法治轨道，加快推进人才治理法治化进程[③]。

---

① 中共中央印发《关于深化人才发展体制机制改革的意见》[EB/OL]. 新华网，2016-03-21.

② 付杰锋：建立和完善人才制度体系　夯实国家治理现代化基石 [EB/OL]. 新浪网，2020-01-10.

③ 吴江. 推进人才治理现代化的机制与路径 [J]. 中国人才，2020（第 3 期）.

四、政策体系

围绕培养、吸引、激励、留住、发展等环节，着力提高人才政策质量，在创新实践中发现人才、在创新活动中培育人才、在创新事业中凝聚人才，充分激发人才创新创造活力，为人才治理制度创新和人才治理能力建设奠定基石，更好地支撑引领高质量发展。

（一）树立以人才发展为本位的政策理念

1. 提高人才政策质量

围绕服务高质量发展，将人才政策的制度优势转换为治理效能，是提升人才政策质量的关键。要高度重视人才的重要作用，变“人口红利”为“人才红利”，以人才政策创新为支撑点，以人才引领、撬动乃至带动社会的进步与发展。

2. 彰显人才价值实现

统筹树立服务人才、促进人才发展的政策理念，强调政策的“人本性”，以促进人的全面发展为核心，更加关注公共性等公平正义的价值追求。重点彰显人才价值实现，完善回应人才需求的政策内容，从服务经济社会发展与人才成长规律的综合角度制定实施人才战略，打好政策组合拳，更好地吸引、培养、留住人才①。

（二）实施更加积极、更加开放、更加有效的人才政策

1. 深化供给侧结构性改革

坚持供给侧结构性改革主线，不断在人才培养、引进、配置、评价、激励、保障等人才发展各关键环节取得新突破。坚持政策创

① 罗哲，唐迩丹. 以高质量人才政策助力高质量发展［EB/OL］. 搜狐网，2020-02-03.

新的系统性、整体性、协同性，增强政策叠加综合效能，提升政策供给体系对人才队伍建设需求的适配性。

2. 建设全球人才政策高地

构建具有国际竞争力的人才政策体系，激发各类人才创新活力。要构筑集聚全球优秀人才的科研创新高地，完善海外人才来华工作、科研、交流的政策。实施更加开放包容的人才集聚政策，完善相关政策体系和相关法律制度，提高人才创新创业获得感。

（三）优化人才助力高质量发展的政策环境

1. 开展人才服务流程再造

要站在方便人才的角度，优化人才服务流程，落实一站式、"一条龙"服务，并及时调查人才需求变化、重视人才反馈，聚焦人才普遍反映的重点问题，打通人才政策落地"最后一公里"，助力人才创新创业。打造适应人才队伍建设需要、助力高质量发展的人才政策体系，引导人才向各重点产业、行业和区域集聚。

2. 支持多元主体参与治理

人才政策不仅要关注政策结果，更应关注政策过程的效率、成本，以及市场、企业、社会组织等多元主体的参与度、满意度等内容，要进一步打造助力高质量发展的政策环境，使人才政策达到吸引集聚人才、助力高质量发展的良好效果[①]。

五、支撑体系

人才发展治理是一个复杂系统，是一个动态演变的过程，需要

---

① 罗哲，唐迩丹. 以高质量人才政策助力高质量发展［EB/OL］. 搜狐网，2020-02-03.

多元主体密切配合、协同推进，也需要各级党委、政府等人才管理职能部门营造优良的人才发展环境、创造良好的外部条件，为构建具有国际竞争力的人才制度体系提供坚强有力的制度保障。

（一）形成支持全面创新的基础制度

1. 支持科技攻关

加强原创性、引领性科技攻关，坚决打赢关键核心技术攻坚战。强化国家战略科技力量，提升国家创新体系整体效能。推进科技体制改革，深化科技评价改革，加大多元化科技投入，加强知识产权法治保障[①]，形成支持全面创新的基础制度。健全新型举国体制，发挥国家作为重大科技创新组织者的作用。

2. 完善评价制度

抓好完善评价制度等基础改革，坚持质量、绩效、贡献为核心的评价导向，优化评价标准和方法，完善同行评议制度，优化第三方评价制度，全面准确反映成果创新水平、转化应用绩效和对经济社会发展的实际贡献，发挥科技人才奖励制度的激励导向功能。完善监督约束机制，确保评价过程和结果的公信力[②]。

3. 为科研人员减负

转变科技管理职能，强化规划政策引导，给予科研单位更多自主权，赋予科学家更大技术路线决定权和经费使用权，精简优化科研业务管理、优化科研项目经费管理、改进科研项目验收管理、深入推动监督检查“瘦身”，为科研人员松绑，让科研单位和科研人

① 习近平. 高举中国特色社会主义伟大旗帜　为全面建设社会主义现代化国家而团结奋斗——在中国共产党第二十次全国代表大会上的报告［EB/OL］. 新华网，2022-10-25.

② 亢升，陈翠峰. 以质量为导向完善科技人才评价制度［EB/OL-N］. 中国社会科学网 - 中国社会科学报，2020-11-02.

员从繁琐、不必要的体制机制束缚中解放出来。

4. 强化竞争激励机制

健全公开平等竞争择优的人才制度体系，打造法治化的人才发展环境。遵循人才成长规律和社会主义市场经济规律，发挥市场机制的决定性作用，激发市场主体活力，促进优秀人才脱颖而出。改革重大科技项目立项和组织管理方式，实行“揭榜挂帅”“赛马”等制度，让有真才实学的科技人员有用武之地。

（二）建立人才优先发展保障机制

1. 坚持人才引领创新发展

将人才发展列为经济社会发展综合评价指标，促进与经济社会发展融合。综合运用区域、产业政策和财政、税收杠杆，加大人才资源开发力度。坚持人才发展与实施重大国家战略、调整产业布局同步谋划、同步推进。研究制定重大发展战略、国家重大项目和重大科技工程等人才支持措施。创新人才工作服务发展政策，鼓励和支持地方开展人才管理改革试验探索。编制地区、行业系统及重点领域人才发展规划。鼓励优秀人才投身国防事业，促进军民深度融合发展，建立军地人才技术成果转化对接机制。

2. 建立多元人才投入机制

优化财政支出结构，完善人才发展投入机制，加大人才开发投入力度。统筹安排重大建设工程和项目人才开发培养经费。调整规范人才工程项目财政性支出，提高资金使用效益。发挥人才发展专项资金、中小企业发展基金、产业投资基金等政府投入的引导和撬动作用，建立多元投入机制。创新人才与资本、技术对接合作模式。研究制定鼓励企业、社会组织加大人才投入的政策措施。发展天使投资和创业投资引导基金，鼓励金融机构创新产品和服务，加大对人才创新创业资金扶持力度。落实有利于人才发展的税收支持政策，完善国家有关鼓励和吸引高层次人才的税收优惠政策①。

（三）加强人才发展治理能力建设

1. 加强干部队伍治理能力建设

干部是治国理政的重要主体。把提高治理能力作为新时代干部队伍建设的重大任务，通过加强思想淬炼、政治历练、实践锻炼、专业训练，推动广大干部严格按照制度履行职责、行使权力、开展工作。加强干部教育培训，使广大干部政治素养、理论水平、专业能力、实践本领跟上时代发展步伐②。让党员干部在实践中摸爬滚打，在矛盾集中的地方、纷繁复杂的局面中经受政治考验和历练，检验和锤炼本领，提高制度执行力和治理能力。把制度执行力和治理能力作为干部选拔任用、考核评价的重要依据③，大力选拔重用政治素质好、制度意识强、治理能力高的优秀干部④。

2. 加强人才队伍治理能力建设

人才分布在各类社会组织之中，是国家治理体系的重要组成部分，是重要的治理主体和依靠力量。完善治理体系、提升治理能力，需要从人才队伍这一战略资源抓起。要注重发挥各领域专业人才的作用，打好培养、使用、激励的“组合拳”，为推进国家治理体系和治理能力现代化贡献智慧和力量⑤。要持续提高各类人才素

① 中共中央印发《关于深化人才发展体制机制改革的意见》[EB/OL]. 新华网，2016-03-21.

② 习近平在中央政治局第二十一次集体学习时强调　贯彻落实好新时代党的组织路线　不断把党建设得更加坚强有力［EB/OL］. 新华网，2020-06-30.

③ 本书编写组.《中共中央关于坚持和完善中国特色社会主义制度、推进国家治理体系和治理能力现代化若干重大问题的决定》辅导读本［M］. 北京：人民出版社，2019：46.

④ 武欣楚：增强治理效能必须强化人才支撑［N］. 吉林日报，2019-12-09.

⑤ 同上。

质，加大各类人才培训教育力度，把各类优秀人才培养成推进国家治理体系和治理能力现代化的骨干力量。

（四）优化人才发展环境

1. 营造人才创新创业良好环境

要遵循社会主义市场经济规律和人才成长规律，贯彻落实党的人才工作政策，以识才的慧眼、爱才的诚意、用才的胆识、容才的雅量、聚才的良方[①]，支持各类人才成长和干事创业；完善创新创业服务体系，改善创新创业投融资环境，搭建创新创业载体和平台，营造开放包容的创新创业文化氛围；做好联系服务人才工作，提升人才服务保障水平，优化人才创新创业生态。

2. 营造人才发展的社会氛围

要努力营造识才用才的工作环境、引才聚才的政策环境、留才厚才的生活环境、爱才敬才的文化环境，使各类人才在政治上受重视、社会上受尊重、经济上得实惠、能力上受锻炼。要加强舆论引导，不断提高人才的社会地位；要表彰奖励一批有突出贡献的人才，增强他们的自豪感、获得感，并获得社会认同。要提高技能人才的经济待遇；大力弘扬工匠精神，激励技能报国。

3. 大力推进人才制度建设

深化人才发展体制机制改革，破除人才发展体制机制障碍，保障和落实用人主体自主权，营造公开平等竞争择优、有利于集聚人才的体制机制和制度环境，充分激发各类人才创新创造活力。构建保障技能成才的制度体系，拓宽技能人才职业发展通道。推进世界重要人才中心和创新高地建设，探索建设人才发展引领区，着力政策创新，构建具有全球竞争力的人才制度体系。

---

① 习近平. 习近平谈治国理政. 第三卷［M］. 北京：外文出版社，2020：50.

（五）加强党的全面领导

1. 发挥党的政治引领作用

切实加强党对人才工作的集中统一领导，完善党的集中统一领导体制，强化党对人才的政治吸纳和政治引领，把各级各类优秀人才集聚到党和人民的伟大奋斗中来；树立强烈的人才意识，真诚关心、爱护、成就人才，激励广大人才为实现“两个一百年”奋斗目标、实现中华民族伟大复兴的中国梦贡献聪明才智[①]。

2. 形成人才发展治理合力

坚持“党管人才”，充分发挥党的思想政治优势、组织优势和密切联系群众优势，更好地统筹人才和经济社会发展，统筹人才和其他工作，统筹人才引进培养使用等各个环节；在宏观层面上形成一个引领性、协调性总体治理顶层构架，发挥执政党总揽全局、协调各方的领导作用及其强大的动员力、协调力和感召力。

3. 健全人才治理运行机制

完善“党管人才”治理框架，充分调动各参与主体推动人才发展治理的积极性、主动性和创造性，把“党管人才”原则落实到人才治理的各领域、各方面和各环节。推动中国特色人才制度不断完善和发展、更加成熟、更加定型，把“党管人才”的政治优势转化为人才发展治理的制度优势和治理效能。

4. 完善党管人才工作格局

发挥党委（党组）总揽全局、协调各方的领导核心作用，加强党对人才工作的统一领导。改进党管人才方式方法，完善党委统一领导，组织部门牵头抓总，有关部门各司其职、密切配合，社会力量发挥重要作用的人才工作新格局。建立和落实各级党政领导班子

---

① 习近平. 向用人主体放权，为人才松绑［EB/OL］. 新华社，2016-05-06.

和领导干部人才工作目标责任制。

5. 坚持对人才的团结教育引导服务

完善党委联系专家工作制度，建立党政领导干部直接联系人才机制。加强各类人才教育培训、国情研修，增强认同感和向心力。完善专家决策咨询制度，畅通建言献策渠道，充分发挥新型智库作用。加强优秀人才和工作典型宣传，培育识才爱才敬才用才的社会风尚，营造关心支持人才发展的良好氛围。

第三章　健全人才发展多元治理主体

完善人才发展治理体系、推进人才发展治理现代化，是落实人才强国战略的重要内容。人才发展治理是一项系统工程，需要党委政府、用人单位、市场体系、人才主体、社会组织等多元主体共同参与，建立协同治理责任共同体，构建协同治理机制，形成多元共治的人才发展治理格局，发挥齐抓共管的最大效应。

一、多元主体

现代治理更加强调多元主体管理而不是单一主体管理，手段上更注重参与式和互动式，目标上更强调合作一致。从人才管理向人才治理转型，其核心是实现多元共治，应着力于在人才引用育留过程中运用治理理念，采用多种治理工具，实现管理主体从一元化走向多元化转变，管理重点从优惠政策供给向营造综合生态环境转变，管理范畴从政府内部管理向全社会治理转变[①]。

① 陈丽君，金铭．从管理到治理：构建多元共治式人才治理体系［J］．中国人才，2021（第1期）．

（一）重塑政府市场社会关系

改革开放以来，我国的人才工作取得了显著成就。进入新时代，我国的发展站到了一个更高层级的历史方位上，当前的人才发展治理体系，对新时代的发展需求来说还存在着不适应之处。主要表现为政府、市场、社会三者之间界限不够清晰，有效互动不足。推动政府简政放权，充分激活市场和社会，重塑政府、市场、社会三者间的关系，是创新人才发展治理体系的关键①。为此，要处理好政府与人才、政府与市场、政府与社会的关系②。

（二）构建人才发展治理大格局

人才发展治理主体，不仅是政府，还包括各类群体组织、社会组织和一些特定的市场主体。构建现代人才发展治理体系，需要破除人才管理中的体制、权力和条块分割局面，优化政府、市场、社会的关系，形成三者相互协同、相互促进、互为补充的人才工作大格局③；需要解决人才发展不平衡、不充分的突出问题，推动形成人才资源与高质量发展相协同，与“聚天下英才而用之”和创新驱动发展、动能转换相适应的人才发展治理体系④。

（三）推动人才治理主体走向多元

人才发展治理主体要实现从一元化管理到多元化治理转变，明确各自权责边界，由政府的单一管理转向政府、市场主体、社会组织、人才个体的共同治理，由政府计划推动为主转向政府主导下的

---

① 许婵，张怀民．创新人才发展治理体系关键在简政放权［J］．中国人才，2018（第6期）．

② 陈丽君，金铭．从管理到治理：构建多元共治式人才治理体系［J］．中国人才，2021（第1期）．

③ 孙锐．政府在人才工作中扮演什么角色［N］．中国青年报，2016-10-27．

④ 孙锐．推动人才治理体系的战略升级［EB/OL］．中国管理科学研究院网站，2020-12-16．

用人主体市场竞争为主，转向以市场为主配置人才资源，从人才部门、单位所有转向社会开放系统，从优惠政策供给转向法治环境营造，形成既有分工又有合作的多元治理格局。

二、党管人才

（一）发挥党管人才的制度优势

1. 党管人才是人才工作的重要原则

党管人才是党的组织制度的重要组成部分，是我国人才工作必须坚持的重要原则①，是推进人才发展治理现代化、激发广大人才创新创造活力的政治保障和制度保证。党的领导是最高政治力量，是我国人才发展治理体系的核心治理主体。党管人才是我国人才发展治理体系的独特制度优势。建立具有国际竞争比较优势的人才制度体系，需要集中全党智慧，动员各方力量，在党管人才格局下持续探索和推进。坚持党管人才原则，加强党的全面领导，是为了更好地统筹“人才”这个战略资源，更好地统筹人才和经济社会发展、统筹人才和其他各项工作、统筹人才工作的各个方面，更好地用好用活人才，为人才成长和发挥作用提供支持和服务②。

2. 新时代要求进一步加强党管人才工作

世界多极化和经济全球化深入发展，使人才在综合国力竞争中的地位和作用更加凸显。我国正处于全面建设社会主义现代化国家

---

① 中共中央办公厅印发《关于进一步加强党管人才工作的意见》[N]. 人民日报，2012-09-27.

② 孙锐. 推动人才治理体系的战略升级 [EB/OL]. 中国管理科学研究院网站，2020-12-16.

的关键时期和深化改革开放、加快转变经济发展方式的攻坚时期，人才越来越成为推动科技自立自强、实现高质量发展的关键因素。实施新时代人才强国战略，实现“两个一百年”奋斗目标和中华民族伟大复兴的中国梦，要求进一步加强党管人才工作，加强和改进党对人才工作的领导，把各类优秀人才团结凝聚在党的事业周围，推进建设人才强国宏伟目标的顺利实现①。

3. 发挥党在人才发展中的核心治理主体作用

坚持党管人才，强化推动人才发展的战略协同和议程协同能力，发挥集中力量办大事的体制优势，形成多元参与、有序分工、优势互补、协同高效的新型治理结构②。党管人才主要是管宏观、管政策、管协调、管服务，包括规划人才发展战略，制定并落实人才发展重大政策，协调各方力量形成共同参与和推动人才工作的整体合力，为各类人才干事创业、实现价值提供良好服务③。要把是否有利于激发人才创新创造活力、是否有利于人才更加扎实地专心于本职工作创新、是否有利于人才更好地投身于社会主义现代化建设事业，作为评价各组织、各单位党管人才成效的重要依据；鼓励不同类型单位探索党管人才原则具体实现形式④。

（二）健全党管人才领导体制和工作格局

1. 加强党委统一领导

发挥党委（党组）的核心领导作用，保证党的人才工作方针政

---

① 中共中央办公厅印发《关于进一步加强党管人才工作的意见》[N]. 人民日报，2012-09-27.

② 孙锐. 推动人才治理体系的战略升级 [EB/OL]. 中国管理科学研究院网站，2020-12-16.

③ 中共中央办公厅印发《关于进一步加强党管人才工作的意见》[N]. 人民日报，2012-09-27.

④ 苏中兴. 完善人才治理体系　激发人才创新活力 [N]. 中国教育报，2021-05-31.

策贯彻落实。党委（党组）要及时研究部署人才工作，谋划大局，把握方向，解决问题，整合力量。党委（党组）书记要带头抓好人才工作，党委常委（党组成员）要按照分工抓好分管领域或系统的人才工作。县级以上地方党委建立人才工作领导小组。

2. 发挥组织部门牵头抓总作用

各级党委组织部门要在党委领导下，切实担负起人才工作牵头抓总的责任，当好参谋，创新实践，整合资源，示范引领，积极支持配合其他部门在职责范围内开展工作。中央和省级组织部门要重点抓好战略思想研究、总体规划制定、重要政策统筹、创新工程策划、重点人才培养、重大典型宣传等工作。

3. 促进职能部门各司其职、密切配合

人社部门要在制定人才政策法规、构建人才服务体系、培育和发展人才资源市场等方面积极发挥作用。承担党政人才、企业经营管理人才、专业技术人才、高技能人才、农村实用人才和社会工作人才队伍建设的主要责任部门要明确职责，各司其职。各职能部门和企事业单位要共同推动人才工作各项任务的落实。

4. 切实发挥用人单位主体作用

引导督促各用人单位认真贯彻执行党的人才工作方针政策，自觉做好本单位人才培养、引进和使用工作。不断深化干部选拔任用制度改革，深化国有企业和事业单位人事制度改革，鼓励和引导非公有制经济组织和新社会组织做好人才服务和管理工作。

5. 调动社会力量参与人才工作

引导和支持工会、共青团、妇联、科协、文联、作协等人民团体和各民主党派、工商联、无党派人士等各方面力量积极参与人才工作。鼓励支持各类人才培训机构、中介机构及从事国际人才交流的民间机构为人才提供个性化和多样化服务[①]。

（三）完善党管人才工作运行机制

1. 建立科学决策机制

凡涉及人才工作的重要文件、重要活动安排等，都要提交人才工作领导小组审议。提请人才工作领导小组审议的文件和事项，要事先征求相关部门意见。涉及经济社会发展全局的重大事项，要面向社会广泛征求意见，听取专家意见和建议。

2. 完善分工协作机制

人才工作领导小组按照同级党委（党组）人才工作部署，及时将年度人才工作要点、重点工作任务分解到各有关部门，明确工作质量和进度要求。有关部门要细化任务分工，提出具体落实措施，部门之间要加强协作配合。

3. 建立沟通交流机制

建立人才工作领导小组例会制度，交流工作进展情况，研究解决重点难点问题。领导小组各成员单位要确定联络员，加强同领导小组和其他成员单位的工作联系。加强人才工作信息交流。

4. 健全督促落实机制

人才工作领导小组采取年度检查与日常督查相结合的方式，对本地区本部门工作落实情况进行检查，检查结果以适当形式通报。加强重点工作跟踪指导和专项督查，探索建立通过第三方对人才发展情况进行监测、分析和评估的有效办法[②]。

---

① 中共中央办公厅印发《关于进一步加强党管人才工作的意见》[N]. 人民日报，2012-09-27.

② 同上。

（四）创新党管人才方式方法

1. 推进人才资源整体开发

统筹推进各类人才队伍建设。统筹城乡、区域人才开发，支持农村基层和革命老区等地区人才开发，引导人才向农村基层和艰苦边远地区流动。统筹国内国际两种资源，坚持自主培养人才与引进海外人才智力并举。

2. 加强人才工作分类指导

根据不同类型人才特点，有针对性地制定培养措施、评价标准和激励办法，促进人岗相适、才尽其用。指导机关、企事业单位和社会组织根据各自特点开展人才工作。

3. 党管人才与市场配置相结合

发挥党的思想政治优势、组织优势和密切联系群众优势，加强对人才工作的宏观管理和综合协调；充分发挥市场机制在人才资源配置中的基础性作用。

4. 推动人才工作改革创新

引导各类用人主体及时总结推广人才工作新鲜经验。鼓励各地探索建立人才管理改革试验区。探索运用现代科技手段特别是网络信息技术开展人才工作①。

（五）加强党管人才工作的保障措施

1. 落实工作责任

实行县级以上地方党政领导班子人才工作目标责任制。科学设置考核指标，建立完善考核办法，合理运用考核结果，推动人才工作任务落实。

---

① 中共中央办公厅印发《关于进一步加强党管人才工作的意见》[N]. 人民日报，2012-09-27.

2. 加强机构队伍建设

省（自治区、直辖市）、市（地）和有条件的县（市），党委组织部门要建立健全人才工作机构，配齐配强工作力量。党委、政府有关职能部门可根据实际需要建立人才工作机构。加强人才工作队伍的教育培训和实践锻炼，不断提高队伍能力素质。

3. 强化理论指导

大力宣传普及习近平总书记关于人才工作的重要论述，深入开展人才理论研究，重视研究成果运用，提高成果转化率。加强人才学科、研究机构和研究队伍建设。

4. 保证人才投入

坚持人才投资优先保证，建立健全政府、社会、用人单位和个人多元化投入机制。加大人才发展资金投入力度，保障重大人才项目实施。鼓励支持企业和社会组织建立人才发展基金。

5. 营造良好环境

加强政策引导和舆论宣传，营造尊重人才、见贤思齐的社会环境，鼓励创新、宽容失败的工作环境，待遇适当、无后顾之忧的生活环境，公开平等、竞争择优的制度环境，有利于人才发展的法治环境①。

三、行政统筹

（一）更好地发挥政府的积极作用

当前我国政府职能转变还存在一定差距，有些该政府管的事没

① 中共中央办公厅印发《关于进一步加强党管人才工作的意见》[N]. 人民日报，2012-09-27.

管或没管到位，有些政府该下放的权力没下放或没下放到位，存在政府职能错位越位缺位现象。如政府部门内部职能界限不清晰，导致人才工作出现不统一、不协调、效率低等，政府服务理念还未完全形成，人才服务产业发展不足，公共服务机构数量服务质量无法满足人才发展需求；人才资源市场配置机制尚未完全建立，社会力量难以参与到人才治理工作中来，人才发展的法治环境也还不完善。市场和社会在人才发展治理体系中尚未发挥其应有的效能。

创新人才发展治理体系，需要进一步深化认识，加快推动政府职能的转变[①]，明确政府在人才管理中的职责边界，让市场在人才资源配置中发挥更大作用；更好发挥政府的职能作用，包括优化宏观人才发展环境、制定人才政策法规、完善知识产权等创新激励机制与人才公共服务体系、规划国家级战略科学家和“卡脖子”领域科技领军人才、评估人才政策和人才资金的使用效果以及国家创新体系顶层设计、体制机制改革系统协调等方面[②]。

（二）推动政府从管制到服务转变

一是在关涉整体利益领域发挥作用，承担起非排他性、非竞争性人才政策供给责任，对人才发展主体予以鼓励、激励和引导。二是在关涉市场失灵或不作为领域发挥作用，做好愿景规划、制度设计、机制构建和多方协调工作，通过战略规划、政策调控等向市场发出信号、对市场进行调控，优化人才环境，减少人才发展阻力。三是在坚守底线方面发挥作用，特别是在维护公共产品秩序和人才权益、公共安全领域、社会和谐包容底线等方面，通过提供制度供给及外部约束，对其他治理主体进行必要资格审查和行为规范，依

① 许婵，张怀民．创新人才发展治理体系关键在简政放权［J］．中国人才，2018（第6期）．

② 苏中兴．完善人才治理体系　激发人才创新活力［N］．中国教育报，2021-05-31．

据法律和规章制度进行监督、仲裁、处罚。

（三）适时调整政府角色定位

在不同历史发展阶段，政府在人才工作中的角色和定位有所不同。在人才工作启动阶段，政府发挥主导作用，扮演引导角色，对人才工作起引导、培育和助推作用，有利于创造人才工作的良好开局。当人才工作走上轨道之后，政府适时调整自己的角色，考虑退出问题，依靠市场化手段，进一步增强市场激励、社会评价和行业规制的力量，不再扮演“全能”角色。在此基础上，推动市场化运作、突出社会化参与、建立法治化保障、瞄准国际化竞争，形成市场、社会和政府相互竞争、相互促进、相关补充的人才工作大格局，这是政府人才工作改革创新的重要方向①。

（四）转变政府人才管理职能

加强宏观管理，通过制定政策、创新机制、改善环境、提供服务，为人才提供更多发展机遇和更大发展空间。包括制定人才发展战略和法律法规政策，协调人才治理主体间的关系，减少对人才具体工作和微观事项的干预。政府相关职能部门各司其职，企事业单位、各类社会团体发挥各自优势参与人才治理活动。政府改变传统、单一的行政手段，以法治手段维护人才的合法权益，为人才的生存和发展提供一个公平公正、宽松和谐的社会环境②。

（五）推动政府部门简政放权

推动政府人才工作从“重微观”“重操作”“重政策”，从直接介入、干预人才具体工作逐步过渡和转变到营造充满活力的创新创业生态系统、公平公正的人才竞争环境上来，转变到健全人才公共服务、

① 孙锐．政府在人才工作中扮演什么角色［N］，中国青年报，2016-10-27．

② 许婵，张怀民．创新人才发展治理体系关键在简政放权［J］．中国人才，2018（第6期）．

加强平台载体建设，完善人才权益保障、建立公开透明的市场监管机制上来；通过加强法治建设、完善行政许可，加大政府采购等宏观管理和间接调控手段推动人才工作，重点解决和弥补市场失灵问题。坚持政企分离、政资分离、政事分离、管办分离，建立政府人才管理服务权力清单和责任清单，减少和规范行政审批和收费事项。通过重点加强事中和事后监管，为实现人才发展有效均衡让出空间[①]。

（六）提高政府简政放权的科学性

不能仅仅量化式地精简机构、减少行政审批程序、下放权力，还要保证简政放权的“含金量”。要明确哪些权力该“松手”、哪些权力该“放手”，做到放管结合；要明确各机构、部门的权责，做到职责匹配；要切实解决人才管理中存在的“多头管理”、行政干预多、限制过多、协调不足等问题[②]；要强化政府公职人员专业素质和法治思维，建设高素质人才队伍，达到“人适其位，人尽其才，才尽其能”的效果[③]。

四、主体用人

（一）发挥用人主体主导作用

用人单位是人才发展治理体系的重要组成，是人才政策能否得到有效执行的关键所在[④]。习近平总书记强调，“要着力破除体制机

---

① 孙锐．政府在人才工作中扮演什么角色［N］．中国青年报，2016-10-27.

② 孙锐．推动人才治理体系的战略升级［EB/OL]，中国管理科学研究院网站，2020-12-16.

③ 许婵、张怀民．创新人才发展治理体系关键在简政放权［J］．中国人才，2018（第6期）.

④ 苏中兴．完善人才治理体系　激发人才创新活力［N］．中国教育报，2021-05-31.

制障碍，向用人主体放权，为人才松绑，让人才创新创造活力充分迸发，使各方面人才各得其所、尽展其长[①]”。要落实《关于深化人才发展体制机制改革的意见》，保障用人主体自主权，充分发挥用人主体在人才培养、引进、使用、评价、激励中的主导作用，营造有利于人才辈出、人尽其才、才尽其用的政策环境。

（二）克服行政化、“官本位”

当前地方人才工作中，存在着“不松手”“不放手”的问题。例如高校职称评定行政色彩还较浓厚，影响高校人才队伍建设。还有地方政府在扶持一些自主创新项目时，习惯于采用“自上而下”的行政命令手段，忽视了创业项目自身的性质，限制了创业者主观能动性的发挥[②]。市场经济中，用人主体对人才的需求是多元的，对人才使用和评价也有各自的特点，需要拥有相应的用人自主权，才能更好地发挥用人主体主导作用。当前人才管理服务上选才用才的行政化、“官本位”倾向还比较严重，职称评审的行政主导缺乏有效性，人才吸引和使用上层层审批，难以适应专业性、多样性、特殊性的用人需求，这些问题制约了人才活力，也影响着事业发展。

（三）落实用人自主权

充分发挥用人主体在人才培养引进使用中的主导作用，要让用人单位能够自主决定、自担风险、自行调节、自行解决的问题，放手让用人单位去解决。用什么样的人、放在什么岗位、如何考核评价、享受怎样的待遇，更多地由用人单位说了算。人才适不适用，怎样用好，用人主体最有发言权，“谁管理、谁评价，谁使用、谁激励”。只有这样，才能够有效稳定和激励优秀人才，最大限度地

① 习近平. 着力破除体制机制障碍　为人才松绑［EB/OL］. 新华社，2016-05-06.

② 许婵，张怀民. 创新人才发展治理体系关键在简政放权［J］，中国人才，2018（第6期）.

发挥人才积极性，使人才发展和事业发展紧密结合。为此，要坚持向用人主体放权、为人才松绑，推进用人制度改革，充分尊重、保障和发挥各类用人主体在人才培养、引进、使用、评价和激励等方面的自主权，消除对用人主体的不当干预①。

（四）发挥企业重要主体作用

促进人才培养供给侧和产业需求侧结构要素全方位融合，培养一大批高素质创新人才和技术技能人才，为加快建设实体经济、科技创新、现代金融、人力资源协同发展的产业体系，增强产业核心竞争力，汇聚发展新动能提供有力支撑②。尊重市场规律，充分发挥企业用人主体作用，有效发挥政府宏观调控作用，选拔配置、培育集聚人才；深化人事和收入分配制度改革，完善竞争激励机制；优化人才发展环境，拓宽人才成长途径。

（五）拓展提升人才公共服务

人才是经济社会高质量发展最重要的因素，要牢固树立以用人单位为主体的理念，贯穿人才工作始终。要在建立以用人单位为主体的评价体系基础上，为用人单位“量身定制”人才扶持政策和服务举措，帮助觅得最适合其发展所需的人才；坚持问题导向，根据产业发展需求，围绕补齐短板，加大引才力度，提升公共服务水平，为人才发展提供优质、精准服务。

---

① 人力资源和社会保障部关于充分发挥市场作用促进人才顺畅有序流动的意见（人社部发〔2019〕7号）[EB/OL]，中华人民共和国人力资源和社会保障部政府信息公开，2019-01-11.

② 国务院办公厅关于深化产教融合的若干意见（国办发〔2017〕95号）[EB/OL]. 中华人民共和国中央人民政府网站，2017-12-19.

五、市场配置

随着社会主义市场经济快速发展，人力资源市场体系不断完善，已实现从统包统配的计划分配向市场化配置人才资源的根本性转变，但人才流动配置机制尚不健全，妨碍人才顺畅流动的体制机制性弊端尚未根除，人才无序流动问题仍然存在。

要按照深化改革的要求，破除妨碍人才流动的各类体制障碍和制度藩篱，充分发挥市场在人才资源流动配置中的决定性作用，促进人才顺畅有序流动，不断解放和增强人才活力[①]。凡是市场机制能够充分发挥作用的，要尽量减少政府干预，要引导政府在人才工作中做到有所为有所不为[②]。凡可以通过市场机制解决的，政府不介入，已经介入的要逐步退出[③]。

（一）明确市场主体职责

1. 资源配置

对于用什么样的人、把人用在哪儿，用人主体最有发言权，因此要将选拔人才、配置人才、开发人才的责任交给市场主体，建立机制健全、运行规范、服务周到、指导监督有力的人才市场体系，促进各类人才资源优化配置。

---

① 人力资源和社会保障部关于充分发挥市场作用促进人才顺畅有序流动的意见（人社部发〔2019〕7 号）[EB/OL]，中华人民共和国人力资源和社会保障部政府信息公开，2019-01-11.

② 苏中兴. 完善人才治理体系　激发人才创新活力 [N]. 中国教育报，2021-05-31.

③ 孙锐. 政府在人才工作中扮演什么角色 [N]. 中国青年报，2016-10-27.

2. 评价激励

市场主体是人才资源的直接责任者和受益者，什么样的人是真人才、有贡献，市场主体最清楚，要将人才评价、人才激励等责任还给市场，建立基于价值基础上的人才选拔、评价、激励、保障机制，使市场主体作用深入参与到人才发展各个方面。

3. 人才竞争

人才流动受人才成长规律和市场经济规律影响，要保证作为市场供需双方的人才与用人单位及介于两者之间的人才中介服务者三方的市场主体地位，创造自由竞争的环境，确保人才在竞争中成长、资源在竞争中优化、事业在竞争中提升；推动人才、资本、技术、信息等市场间有效贯通，促进市场主体在人才、科技、资本的快速结合和高度融合中发挥作用。

（二）健全人才流动机制

1. 健全统一规范的人力资源市场体系

实施《人力资源市场暂行条例》，健全统一规范的人力资源市场体系，打破城乡、地区、行业分割，消除身份、性别歧视，统一市场运行规则；发挥市场在实现人才流动中的主渠道作用，促进劳动力、人才跨地区顺畅流动[①]。深化人才公共服务管理体制改革，理顺政府与市场的关系，推动公共服务与经营性服务分离。

2. 完善人才市场供求、价格和竞争机制

深化人才供给侧结构性改革，建立产业发展、转型升级与人才供求匹配机制，保护人才平等就业和自主择业权利。健全体现人才价值的收入分配机制，改进人才评价机制。坚持公开平等竞争择优，规范招人用人制度，取消妨碍公平竞争的行政壁垒。

---

① 中共中央 国务院关于加快建设全国统一大市场的意见［EB/OL］. 新华网，2022-04-11.

3. 全面落实用人主体自主权

完善事业单位公开招聘制度，规范事业单位招聘行为。事业单位可以按照国家有关规定设立流动岗位。合理增加国有企业经理层中市场化选聘职业经理人比例，畅通现有国有企业经营管理者与职业经理人身份转换通道[①]。

（三）畅通人才流动渠道

1. 健全党政机关和企事业单位人才流动机制

引导党政人才、企业经营管理人才、专业技术人才、高技能人才合理流动。畅通国有企事业单位优秀人才进入公务员队伍的渠道。完善党政人才、企业经营管理人才交流制度，扩大党政机关和国有企事业单位领导人员跨地区跨部门交流任职范围。支持鼓励事业单位专业技术人员到企业挂职、兼职和离岗创新创业。

2. 畅通人才跨所有制流动渠道

加强非公有制经济和社会组织人才队伍建设。鼓励党政机关、国有企事业单位人才向非公有制经济和社会组织流动。完善吸收非公有制经济和社会组织中的优秀人才进入党政机关、国有企事业单位的途径。

3. 完善人才柔性流动政策

强化柔性引才理念，创新柔性引才方式，实现人才智力资源共享。鼓励高校、科研院所建立人才驿站，推行特聘教授、特聘研究员、特聘专家制度。完善柔性引才政策措施，建立以业绩为导向的柔性引才激励办法。

---

① 人力资源和社会保障部关于充分发挥市场作用促进人才顺畅有序流动的意见（人社部发〔2019〕7号）[EB/OL]，中华人民共和国人力资源和社会保障部政府信息公开，2019-01-11.

4. 促进国际人才交流合作

面向全球引进高层次急需紧缺人才和优秀外国人才。探索精准定向引进人才和走出去培养人才有效策略和机制。鼓励支持留学人员回国创新创业，实施留学人员回国创业启动支持计划[①]。

（四）规范人才流动秩序

1. 强化人才流动的法制保障

加快制定人才流动相关配套法规，完善人才流动法规制度体系。加大对知识产权、科技成果转化收益分配等保护力度。加强人才市场监管。加强劳动人事争议处理，完善多元处理机制，维护人才和用人单位合法权益。

2. 引导鼓励人才向艰苦边远地区和基层一线流动

实施边远贫困地区、边疆民族地区、革命老区人才培养支持计划、人才服务基层行动计划。选派优秀年轻干部援藏援疆援青、到老少边穷艰苦地区工作。实施高校毕业生志愿服务西部计划。

3. 深化区域人才交流开发合作

建立协调衔接的区域人才流动政策体系和交流合作机制。创新区域人才交流开发合作载体，开展多种形式的区域人才交流开发合作，促进与项目、资金、技术有效结合。构建区域人才交流开发合作信息网络平台。

4. 维护国家重点领域人才流动秩序

研究制定国家重点领域人才流动管理办法，探索建立国家重点领域人才信息库，完善动态管理工作机制。加大重点领域人才调配工作力度，实施重大专项支持计划，着力解决国家重点发展领域特

① 人力资源和社会保障部关于充分发挥市场作用促进人才顺畅有序流动的意见（人社部发〔2019〕7号），中华人民共和国人力资源和社会保障部政府信息公开［EB/OL］，2019-01-11.

殊急需人才需求。

5. 建立完善人才流动宏观调控机制

建立完善政府人才管理服务权力清单、责任清单，清理规范行政审批和收费事项。加强人才市场供求信息监测，建立健全统一、动态的人才市场监测机制。建设人才资源大数据平台，完善个人信用记录形成机制[①]。

（五）完善人才流动服务体系

1. 推进人才流动公共服务便民化

推进政府所属人才服务机构管理体制改革，加快建立一体化人才流动公共服务体系。推广人才流动公共服务国家标准体系。加强流动人员人事档案公共服务及基础设施建设经费保障。加强人才流动公共服务信息化建设。推行人才流动公共服务“马上办、网上办、就近办、一次办”。

2. 加快发展人力资源服务业

制定促进人力资源服务业高质量发展的政策措施。实施产业园区建设计划和“互联网 +”人力资源服务行动。培育各类专业社会组织和人力资源服务机构，有序承接政府转移的职能。鼓励发展高端人才猎头服务机构，为人才流动配置提供精准化、专业化服务。

3. 创新急需紧缺人才目录编制发布制度

利用云计算、大数据等技术，建立人才需求预测预警机制，加强对重点领域、重点产业人才资源储备和需求情况分析，强化对人才资源供给状况和流动趋势研判，编制、发布急需紧缺人才目录。

---

① 人力资源和社会保障部关于充分发挥市场作用促进人才顺畅有序流动的意见（人社部发〔2019〕7 号）[EB/OL]，中华人民共和国人力资源和社会保障部政府信息公开，2019-01-11.

4. 优化人才流动政策环境

加快推进户籍制度改革，简化优化落户审批流程。加快推进人事制度改革，打破身份、学历、人事关系等制约。加快推进机关和事业单位社会保障制度改革，落实机关事业单位与企业之间社会保险关系转移接续办法。加强公共服务体系建设，为人才在城乡、区域之间流动提供保障[①]。

六、人才自治

（一）推动人才成为重要的治理主体

人才发展的根本任务，就是要充分激发各类人才主体的能力和作用，培育和使用好人才，充分发挥人才效能，把人才自由活力解放出来，让人才成为自己的主人，还权给人才自身，最大限度地调动人才的积极性，实现最广泛的社会参与。用人主体创建人才发展平台、优化用人环境，使人才引得进、留得住、用得好；人才自身与工作环境、工作岗位有效匹配，发挥应有的作用。

（二）打造人才培养开发的绝对主体

建立“聚天下英才而用之”的人才发展治理新体制，体现了管理与治理的重要区别，揭示了人才既是治理的重要客体，也是人才发展的主体和主要力量。人才在发展治理中的作用大多数时候是通过人才自发组织形成的社会组织来实现的，但随着人才发展治理的成熟，人才以个体身份参与治理的情况将逐渐增多。伴随着学习渠

---

① 人力资源和社会保障部关于充分发挥市场作用促进人才顺畅有序流动的意见（人社部发〔2019〕7 号）[EB/OL]，中华人民共和国人力资源和社会保障部政府信息公开，2019-01-11.

道的增加和学习形式的日趋灵活，人才个体可以自由创造选择更新人才开发载体，成为人才培养开发的绝对主体。

（三）信息技术助力人才自我培养开发

随着大数据等现代信息技术的广泛普及应用，人人都将成为“猎头”，都可以推荐人才、选择岗位，成为绝对主体。在人才评价和激励中，同行评价、社会评价更加普遍，人才个体的直接“点赞”、众多人才个体的普遍认可，将成为人才评价的重要方式；人才个体间通过众筹、奖赏等方式的互相激励也将成为人才激励的重要手段，人才参与、主导人才发展的趋势将逐步形成。

七、社会协同

“社会”泛指人力资源、法务、金融等中介组织和社会组织，包括利用专业知识和专门技能接受委托，在鉴证、咨询、服务等组织中提供知识性产品服务，在社会团体、基金会和社会服务机构等非营利组织中从事管理工作或提供专业服务的组织机构。

“社会”的主要职能是利用独特的资源和竞争优势参与人才工作，以市场化运作模式提供专业化、精准化服务。作为基本公共服务的有益补充，中介组织和社会组织能根据市场需求，坚持人才本位，紧密对接用人主体与人才的个性化需求，优化人才服务体系，形成良好的人才创业创新生态环境，促使人才效能最大化[①]。

社会组织是参与人才发展治理的重要力量。社会组织与人才和人才发展之间具有天然联系和有机互动，在人才发展治理中发挥着

① 陈丽君，金铭．从管理到治理：构建多元共治式人才治理体系［J］．中国人才，2021（第1期）．

代表、协调、联络、桥梁等多方面作用。政府应转变观念，积极培育各类社会专业组织，合理评估社会组织的能力，充分发挥社会组织在人才发展治理中的重要作用①。

（一）发挥社会组织在落实人才战略、人才开发中的作用

通过政府购买、委托外包等方式，引导社会组织根据自身定位，寻找与政府和市场主体的共同价值目标，积极参与人才发展各环节。逐步将政府组织开展的人才规划、项目评估、统计评价等工作，通过授权委托或招标方式，交由社会组织实施。

培育专业第三方组织和行业机构，以承担推动专业人才国际化、职业化开发的责任；鼓励将人才评价内容确定、评价标准制定、推动专业人才职业进阶交由专业社会机构承担；深入推进工程科技和现代服务业人才国际互认，逐步形成与国际重要互认协议相对接的人才开发体系，不断提高全球人才资源配置能力②。

（二）发挥社会组织在行业监管、人才评价等方面的作用

积极承接政府权力下放和职能转移，对于非必需政府来管理、不适合市场主体自行管理、社会组织有能力承担的人才管理的职能，交给社会组织管理，充分调动和发挥学会、协会和社会组织的力量，逐步承担起管理、推动人才发展的相关职责。

（三）发挥社会组织在人才联系服务中桥梁和纽带的作用

从人才群体利益出发，立足解决人才后顾之忧，重点在人才交流合作、人才权益维护等方面参与人才发展，不断扩大社会组织人才公共服务覆盖面，提升人才服务的效率和水平。

---

① 许婵，张怀民．创新人才发展治理体系关键在简政放权［J］．中国人才，2018（第6期）．

② 孙锐．推动人才治理体系的战略升级［EB/OL］．中国管理科学研究院网站，2020-12-16．

（四）推进社会组织明确权责、依法自治、发挥作用

实现行业协会与主管部门脱钩，承接人才培养、流动、评价、激励等职能，推进行业协会、学会有序承接水平评价类职业资格具体认定。发挥行业协会人才评价和行业自律功能，加强人才诚信建设，协调解决行业人才纠纷。加强对社会组织、行业协会、学会规制和监督，使其成为人才开发的重要载体和阵地①。

（五）加大对社会组织扶持力度

现阶段我国社会组织发展还存在规范程度低、综合实力弱、发展不平衡、对政府依赖性强等特点，政府还不能对其完全“放手”，需加大扶持力度，搭建交流合作平台，拓宽参与社会治理渠道，提高整体发展水平，使之更好承担政府转移、下放的职能②。

（六）构建人才发展多元治理中心

人才发展治理，首要突出的是政府、市场主体、社会组织、人才个体等主体在自己的范畴内成为自身的中心，强调诸主体之间的多中心治理。可以用市场来解决问题的时候，让市场成为治理的中心；需要用社会组织来应对的时候，让社会成为治理的中心；在整体的范畴中，涉及公共利益的范畴中，让政府成为治理的中心；当人才个体能够发挥作用时，人才也将成为治理的中心。

---

① 孙锐. 政府在人才工作中扮演什么角色［N］. 中国青年报，2016-10-27.

② 许婵，张怀民. 创新人才发展治理体系关键在简政放权［J］，中国人才，2018（第6期）.

第四章　完善人才发展治理机制

完善人才发展治理，要充分发挥党管人才的独特制度优势，深化人才发展治理体制改革，构建科学高效的人才发展治理机制，推进人才发展治理体系和治理能力现代化；要遵循社会主义市场经济规律，转变政府职能，创新人才管理体制，充分发挥市场的决定作用，更好发挥政府作用；要遵循人才成长规律，推动人才治理体制机制不断创新，充分调动各级各类人才的积极性、创造性，让人人皆可成才，并人尽其才[①]。

一、探索源头治理、依法治理、系统治理、综合治理

党的十八大以来，习近平总书记对人才工作作出一系列重要论述和批示，形成了系统科学、唯物辩证、创新发展的思想体系，极大丰富发展了马克思主义人才理论。2016 年 3 月党中央颁发的《关于深化人才发展体制机制改革的意见》首次提出“构建科学规范、运行高效、开放包容的人才发展治理体系”，标志着我国人才

① 吴江．推进人才治理现代化的机制与路径 [J]．中国人才，2020（第 3 期）.

发展治理的重大制度性成果。我国构建人才发展治理体系的实践探索，体现了习近平总书记先进的人才治理理念，主要体现在“源头治理、依法治理、系统治理、综合治理”四个方面[①]：

（一）源头治理

治理和管理区别在价值层面，管理的理性在效率，而治理的理性在价值，强调从源头解决。习近平总书记的“源头治理”思想，具有鲜明的中国社会主义特色。源头治理首先要解决人才发展治理体系是“以人才为本位”来构建，还是“以管理为本位”来构建。以“人才为本位”的人才发展治理体系集中体现在三个层面：

1. 哲学层面

确立人才来源于人民群众的历史唯物主义观点，“人才是第一资源”的战略定位和“人民为中心”的主体地位相辅相成、不能割裂。由此，“人人梦想成才、人人努力成才、人人皆可成才、人人尽展其才”的新时代人才发展观才能得到全社会认同。

2. 管理层面

坚持“人才本位”思想，就是尊重人才的价值实现和全面发展，就是坚持实践检验人才工作的观点，遵循社会主义市场经济规律和人才成长规律，从社会生产实践中发现人才、评价人才、使用人才、激励人才，最大限度地激发人才创新创造创业活力。

3. 改革层面

解放和增强人才的创造活力是根本。环境好、事业兴、人才聚，破除束缚人才发展的思想观念和体制机制障碍，关键在于坚持党管人才原则，向用人主体放权，为人才松绑，让人才创新创造活力充分迸发，使各方面人才各得其所、尽展其长。

---

① 蔡秀萍. 我国人才发展治理体系的探索创新过程［J］. 中国人才，2018（第11期）.

党的十八大以来，人才发展“源头治理”取得重大突破，“人才是第一资源”已成为共识，“一把手”抓第一资源已常态化、制度化，人才优先发展的战略布局已初见成效，党管人才的政治优势正转化为赢得国际竞争主动的制度优势。这些都是从源头上去调动人才自身创新创造活力，把人才用好用活的角度去治理[①]。

（二）依法治理

党的十八大以来，习近平总书记创造性地提出全面依法治国的一系列新理念新思想新战略，形成了习近平法治思想[②]。习近平总书记高度重视发挥法治在国家治理体系和治理能力现代化中的积极作用，提升法治促进国家治理体系和治理能力现代化的效能[③]；强调要坚持运用法治思维和法治方式，推进法治政府建设，提高依法执政、依法行政水平[④]，全面提高依法治理能力。

1. 法治建设是依法治理的关键

加强人才法治建设是人才发展治理体系的重要标志，依法治理的关键是深化人才发展体制机制改革。党的十八大以来，习近平总书记高度重视人才法治建设和人才发展体制机制改革问题，多次发表重要讲话，作出指示批示，要求“建立具有全球竞争力的人才制度体系”，体现了习近平总书记坚持人才依法治理的重要思想。

---

① 蔡秀萍．我国人才发展治理体系的探索创新过程［J］．中国人才，2018（第11期）．

② 陈一新．学深悟透习近平法治思想加快推进全面依法治国［N］．学习时报，2020-12-09．

③ 习近平．推进全面依法治国，发挥法治在国家治理体系和治理能力现代化中的积极作用［EB/OL］．新华网，2020-11-16．

④ 习近平主持召开中央全面依法治国委员会第三次会议强调 全面提高依法防控依法治理能力 为疫情防控提供有力法治保障，李克强、栗战书、王沪宁出席［EB/OL-N］．人民网—人民日报，2020-02-06．

2. 人才法治建设取得初步成效

党的十八大以来，我国已逐步建立国家、部门、地方三级贯通的人才法规政策体系。中央有关部门围绕人才评价、吸引、激励等重点任务，制定出台政策改革措施30多项，配套文件104个，其中以党中央或国务院文件印发的超过30份；中央出台《关于深化人才发展体制机制改革的意见》，产生了新一波政策释放和活力激发效应，我国依法治理的人才发展环境已基本形成。

3. 加快推进人才发展治理法治化进程

一是强化人才治理立法。依法治理需要强有力的法律保障，而健全的法律法规是现代人才治理的重要依托。目前我国人才治理立法较为欠缺，相关法律法规还不够完备，在一定程度上制约了人才治理现代化。必须站在推进人才治理现代化的战略高度，推进人才治理法律法规体系建设，为推进人才治理现代化提供法治保障。二是强化人才工作执法和监督。要坚持依法治才，强化人才工作执法和监督，保证人才法律法规的严格实施，运用法治思维和法治方式于人才治理的一切领域，推进人才治理法治化①。

（三）系统治理

宇宙、生命、自然、社会都是复杂巨系统。系统是由相互联系、相互作用的若干要素组成的有机整体。系统的结构决定功能，功能对结构具有反作用。系统的演化进程贯穿了唯物辩证法的基本规律。系统观念是马克思主义哲学的重要观点和科学方法论。

党的十八大以来，习近平总书记多次强调系统思维并运用于指导人才发展治理实践，高度重视并着力推进系统治理、统筹兼顾，把人才工作的重点放到解决人才发展不平衡、不充分的问题上来，科学分析制约中国人才引进与管理体制改革面临的瓶颈、问题、不

① 吴江．推进人才治理现代化的机制与路径[J]．中国人才，2020（第3期）．

足以及改革需求；推动构建适合国情的具有先进性、科学性、实践性的中国特色人才发展和人才制度的理论体系[①]。

1. 优化调整人才结构

统筹推进党政人才、企业经营管理人才、专业技术人才、高技能人才、农村实用人才和社会工作人才等各类人才发展，重点对培养支持战略科学家和创新型科技人才、企业家、技术技能人才、青年优秀人才分别提出系统性改革举措，防止顾此失彼的现象。

2. 协调人才发展、解决人才短板

破除人才流动障碍，打破户籍、地域、身份、学历、人事关系等制约，促进人才资源合理流动、有效配置；畅通党政机关、企事业单位、社会各方面人才流动渠道；鼓励引导人才向艰苦边远地区和基层一线流动，促进区域人才协调发展；推动京津冀、长三角、粤港澳大湾区等区域人才发展一体化。

3. 强调人才工作的系统化

坚持党管人才原则，形成“有关部门各司其职、密切配合，社会力量广泛参与的人才工作格局”，既要发挥好市场配置人才资源的决定作用，也要发挥好政府的宏观调控和引导作用。党的十八大以来，中央多次强调转变政府人才管理职能，保障和落实用人主体自主权，健全市场化、社会化的人才管理服务体系，这些都是习近平总书记系统治理理念在人才领域的具体体现[②]。

（四）综合治理

党的十八大以来，习近平总书记高度重视社会治安、脱贫攻

① 吴江．关于构建具有全球竞争力的人才制度体系的几点思考［J］．中国人才，2020（第 9 期）．

② 蔡秀萍．我国人才发展治理体系的探索创新过程［J］．中国人才，2018（第 11 期）．

坚、生态环境等重要领域的综合治理，强调综合施策、精准施策、靶向施策、科学施策，提出了一系列行之有效的治理措施，提升了治理效能，为人才发展综合治理提供了方法指导和示范引领。

1. 治理手段多样

人才发展治理是一个复杂的系统工程，要坚持问题导向、需求导向、发展导向有机结合，综合运用法律、行政、经济、技术、社会治理等多种治理工具，推动多元主体协同治理，形成治理合力，提高治理效能，更好地激发各类人才群体创新创业创造活力。

“法律”，就是通过立法、执法、守法和法律监督等法治手段，运用法治思维、法治方式开展人才管理和服务工作，坚持依法决策、依法推进改革、依法加强治理，推动人才工作在法治轨道上运行，依法保护用人单位和各类人才群体的合法权益。

“行政”，就是创新行政管理方式，通过颁布行政命令，制定政策、措施等形式，运用行政许可、行政执法、行政监督等手段引导和规范人才市场和人力资本运行，克服政府职能错位、越位、缺位，推进党管人才原则和中央关于人才工作部署的落实。

“经济”，就是正确处理好政府和市场的关系，遵循社会主义市场经济规律，灵活运用价值规律、供求规律、竞争规律和财政、税收、信贷、价格等杠杆调节经济活动，减少政府对微观经济活动的直接干预，发挥市场机制对人才资源配置的主导作用。

“技术”，就是运用程序、规则、技巧等技术手段，去推动完成设定的人才发展治理目标。例如，运用互联网、大数据、云计算、区块链、人工智能等现代信息技术手段，推进人才发展治理模式创新，优化人才工作流程，提升人才服务和管理效能。

“社会治理”，就是多种治理主体通过平等合作、对话、协商、沟通等方式，依法对社会事务、社会组织和社会生活进行引导和规范，最终实现公共利益最大化的过程。要坚持共建共治共享，推进基层人才社会治理，构建多元共治的人才发展治理体系。

2. 治理主体多元

适应市场经济发展、信息技术变革和人才开发模式的转变，我国人才发展治理主体已从单一走向多元，党委政府、市场体系、用人单位、人才主体、社会组织等多种主体共同参与，建立协同治理责任共同体，发挥协同治理作用，形成多元共治的治理格局。

二、推进多元主体协同治理

（一）推动治理主体结构转变

1. 发展诉求

新技术、新领域、新业态、新岗位不断涌现，面对规模庞大、门类多样、层次各异的复杂人才群体的发展诉求，要推进人才发展治理由单一型、平面型结构向服务型、协同型、立体型网络结构转变，转变传统“政府作为人才公共服务单一提供者”的观念。

2. 实现形式

通过治理吸纳、治理授权方式，因地制宜、因势利导建立治理分权、治理授权、治理合作及治理委托代理等相关人才治理安排，将在某一环节、领域具备人才发展治理能力的合法主体，吸纳进入人才发展总体治理框架；通过强化相关治理整合、议程协同和治理参与能力，健全人才发展治理网络体系，有效回应各类人才群体多样化发展诉求。

（二）强化治理责任落实机制

1. 构建责任落实体系

突出市场化方式、社会化参与、多主体协同、国际化视野和法制化保障，吸纳产业部门、用人单位、专业团体和社会组织参与人才发展治理，发挥市场配置人才的决定性作用，构建系统化、模块化，面向全社会的人才发展治理落实体系。

2. 健全治理保障机制

健全覆盖主要人才群体的信用体系和法制体系，完善相关人才信用登记网络系统，强化信用违背惩戒机制，创造有利于人才发展的良好信用和法治环境[①]。强化党管人才战略协同能力、议程协同能力。增强市场激励、社会推动和行业规制力量，调动人才创新创造的内在能量和发展动力。

（三）建立协同治理责任共同体

1. 人才治理结构的三个变量关系

衡量人才治理体制的优劣，取决于治理结构中的三个变量关系，一是市场的开放度与自由度，二是政策的受益度与公平度，三是政府的监管适度和服务效度。这三个自变量互为依存、互为制约，只有平衡好这三个关系，人才发展的积极性、创造性才能最大限度发挥出来[②]。

2. 围绕目标建立治理责任共同体

共同体中，“人人有责、人人尽责、人人享有”。这里的“人人”不仅是指单个社会成员，很多时候是指共同组成社会的其他组织、单位、机构及团体等，无论是社会组织，还是政府机构，都是

① 孙锐．政府在人才工作中扮演什么角色［N］．中国青年报，2016-10-27.

② 吴江．以人才治理现代化夯实国家治理现代化基石［N］．光明日报，2019-12-08（第 7 版）.

社会成员之一，所有这些一起构成社会治理共同体。

共同体包括以下内涵：一是共同体是一种身份认同，利益相关、利益共享；二是个人在共同体集体身份意识之下，愿意为整个共同体贡献力量；三是共同体内部各种组织、社会关系，通过“共同体”整合成为关系资源；四是共同体有集体行动的倾向[①]。

在实施新时代人才强国战略的人才发展治理体系中，各级党委政府、用人单位、社会力量、人才个体等各参与治理主体，要共同围绕实现“人才引领发展”的战略目标，建立协同治理责任共同体，积极探索协同工作机制，有序地发挥各自作用[②]。

（四）构建人才协同治理制度

“人才引领发展”对人才发展治理能力和治理方式提出了更高更新要求；既强化党对人才事业的全面领导，又发挥社会和市场机制的作用，在党管人才和市场规律二者统一上取得平衡。

围绕人才发展治理目标，针对存在问题，完善科学合理的治理制度；明确参与主体、治理客体责任边界，确立人才引领发展的地位，建立决策协商、信息共享、有效沟通、结果反馈、责任监管等制度，确保参与主体有目标、有动力，形成治理合力。

1. 强化协同治理

一是加强不同主体之间的协同。各级党委政府既要“统”得住又要“放”得下，形成党委政府、用人单位、社会力量、人才个体等多元主体协同治理机制。

二是加强同一主体部门之间的协同。各部门协同发力、共同施

---

① 王天夫. 构建社会治理体系 建设社会治理共同体［EB/OL］. 人民网 – 理论频道，2020-03-31.

② 蔡秀萍. 我国人才发展治理体系的探索创新过程［J］. 中国人才，2018（第11期）.

策，打好“组合拳”。在出台政策、推进改革、部署工作时，组织部门发挥好牵头抓总作用，各相关部门齐抓共管，将人才、教育、科技、金融等相关领域的体制机制改革统筹谋划、协同推进。

三是推进不同行政区域之间的协同。强化区域人才智力合作，增强核心区人才对周边区域辐射带动作用；通过区域内合理分工、上下游联动，实现人才资源优化配置；探索建设特色人才管理改革试验区，深化区域人才发展体制机制改革和政策创新[①]。

2. 赋予用人主体更大自主权

要敢于在“放”字上求突破，加快推进人才发展治理体制机制改革，把人才评价权、使用权“放”给用人主体，建立健全市场化、社会化的育才、引才、用才机制，实现人才资源优化高效配置。

企业、高校、科研院所等用人主体对人才的需求具有多元性，对人才的培养、使用和评价具有差异性。针对目前我国用人主体自主权落实不够等突出问题，要消除政府过度干预，保障和落实用人主体育才、引才、用才的自主权，充分发挥用人主体在人才培养、引进、使用中的主导作用，激发各类人才创新创造活力。

3. 推进人才公共服务机构改革

着力加强人才公共服务体系建设，积极培育各类专业社会组织和人才中介服务机构，不断提升人才公共服务水平，有序承接政府转移的人才培养、评价、流动、激励等职能，为各类人才提供全方位、多层次的保障服务[②]。

4. 提升人才发展治理能力

各级主要领导干部是人才工作的第一责任人，要努力提升政治

---

① 姜志刚. 加快构建首都现代化人才发展治理体系（深化人才发展体制机制改革）[EB/OL–N]. 人民网—人民日报，2016–06–21.

② 吴江. 推进人才治理现代化的机制与路径 [J]. 中国人才，2020（第 3 期）.

吸纳人才的能力和专业服务的能力；要在人才引进培养使用的政策执行能力上，增强利用大数据、区块链等技术手段推进各项工作的本领，使这些技术手段在人才发展治理中发挥更大作用[①]。

5. 发挥社会力量独特优势

中国特色社会主义新时代，民主党派和社会团体等社会力量，具有联系、团结和服务人才的独特优势，在人才发展治理中发挥着桥梁和纽带作用。推进人才发展治理体系和治理能力现代化，社会力量要“参”得进、“担”得起[②]。

6. 强化市场主体人才意识

要克服“见物不见人”“一亩三分地”的短视观念，推动人力资本多元化、高端化、国际化发展。企业家是创新的组织者、推动者。要发挥和保护好企业家发现培养凝聚人才的创造性和主动性，造就一大批伯乐式企业家[③]。

三、构建以需求为导向的动态治理

（一）推动人才发展治理转型

1. 构建人才“韧性治理”运行机制

人才发展治理体系的构建，既要有“科学规范、开放包容、运行高效”的顶层制度设计，又要具备“韧性治理”的“调适”和

① 吴江. 关于构建具有全球竞争力的人才制度体系的几点思考 [J]. 中国人才，2020（第 9 期）.

② 吴江. 推进人才治理现代化的机制与路径 [J]. 中国人才，2020（第 3 期）.

③ 吴江. 以人才治理现代化夯实国家治理现代化基石 [N]. 光明日报，2019-12-08（第 7 版）.

“转型”能力，在应对社会多样化需求和复杂多变矛盾时，自身机制所产生和集聚一种持续不断地学习、创新、适应和改变等方面的能量，以塑造新的可持续发展状态，实现治理体系转型①。

2. 建立人才可持续引领发展新机制

人才发展治理是一个不断适应和满足经济社会发展需求的持续储备更新优秀人才的过程，要瞄准国家治理总体目标，推动人才发展与经济社会发展相结合，不断优化调整治理手断、治理路径和治理目标，建立有效的动态治理机制②，持续不断保持和提升人才发展的相对竞争优势。

（二）优化人才治理动态调节机制

1. 建立动态治理机制

新时代的人才发展治理，必须根据经济社会发展需求，持续积累并不断更新人才资源。只有坚持需求导向，结合经济社会发展的不同阶段，构建切实有效的人才发展动态治理机制，实现人才发展治理与经济社会发展有机融合，才能把我国人才的制度优势更好地转化为治理效能，不断提升人才的竞争力③。

2. 推进制度政策创新

紧密结合发展实际，加快人才制度和政策创新，推出有利于调动党委政府、市场主体、社会组织、人才个体等积极性的制度；坚持以用为本，结合不同发展阶段实际，根据经济社会发展需求，适时调整人才培养目标和人才政策，实行动态管理，改革人才开发方

---

① 蔡秀萍．我国人才发展治理体系的探索创新过程［J］．中国人才，2018（第11期）．

② 吴江．以人才治理现代化夯实国家治理现代化基石［N］．光明日报，2019-12-08（第7版）．

③ 吴江．推进人才治理现代化的机制与路径[J]．中国人才，2020（第3期）．

式，按需培养创新人才，精准引进高端人才和急缺人才，补齐人才短板[①]，优化人才专业分布，使人才开发跟上时代步伐。

（三）建立科学的人才评价激励制度

1. 强化动态评价

要遵循人才成长规律，关注人才发展的成长性特征，打破“一把尺子量到底”瓶颈，用动态的、可优化的标准去衡量人才价值，完善考核评价体系，健全动态评价机制，优化激励方式方法，发挥评价激励功能，保持人才发展治理良性运行。

2. 注重过程评价

人才发展和成长是动态过程。要坚持问题导向、目标导向和结果导向相结合，关注人才成长过程，建立相应评价标准。关注人才自我开发、素质提升、发展潜力、未来愿景，将人才成长过程评价融入人才发展体系，为人才发展提供目标和方向。

四、实施开放包容的柔性治理

（一）实施柔性引才策略

1. 全球人才流动新趋势和特征

当今世界正值百年未有之大变局，全球人才竞争日趋激烈，人才跨国流动速度加快、周期缩短，人才供给质量已经成为决定全球化价值链提升的关键因素。这种趋势和特征将对人才治理体系和治理模式产生重要影响[②]。全球国际移民将从 2000 年的 1.5 亿人增长到 2050 年的 4.05 亿人，其中技术移民约占 70%，是人才流动主体；他们的流动决定着技术、资本、管理的集聚水平。吸引和留住

① 吴江．推进人才治理现代化的机制与路径 [J]．中国人才，2020（第 3 期）．

② 同上。

这些人才，就集聚和留住了能够突破现有发展模式、提供未来发展动力的潜在资源，对未来发展具有重要意义[①]。

2. 柔性汇聚全球人才资源

互联网使国际人才流动更加柔性。随着互联网等信息技术的不断发展，人力资源柔性管理成为国际人才流动的潮流和趋势[②]。未来人才流动将不可避免地以柔性流动为主要形式，更多的是基于网络或者虚拟技术的智慧、才能的流动，而不是人才自身的流动；离岸创新、众包作为人才流动新形式的出现，无法用传统制度规范去约束，不再是某一固定国家、某一单一市场主体可以主导和干预，对人才工作方式、人才流动方式及人才开发模式将带来重要影响[③]。为此，要实施柔性引才策略，柔性汇聚全球人才资源[④]。

（二）实现人才发展治理转型

1. 建立柔性治理机制

人才柔性流动要求建立柔性治理机制，营造更加开放包容的制度环境，提升国家或地区人才政策开放度和包容度，如更多地尊重个体的智慧和自由，减少统一模式的规范性约束；需要在人才流动制度、分配制度、人才选用制度建设上，探索完善柔性的人才发展治理制度体系，实现人才发展治理转型；营造多元文化人才发展治

---

① 吴江．以人才治理现代化夯实国家治理现代化基石［N］．光明日报，2019-12-08（第 7 版）.

② 吴贵明．深化人才发展体制机制改革 优化海外引才用才环境，《人才发展体制机制改革理论与实践研究》［M］．北京：中国人事出版社，2016：226-227.

③ 蔡秀萍．我国人才发展治理体系的探索创新过程［J］．中国人才，2018（第 11 期）.

④ 吴贵明．深化人才发展体制机制改革 优化海外引才用才环境，《人才发展体制机制改革理论与实践研究》［M］．北京：中国人事出版社，2016：222.

理生态环境，更好地吸引并留住人才和智慧[1]。

2. 实行弹性治理制度

“柔性”相对于“刚性”概念，打破条条框框、突破固有思维、改变传统手段、体现人文关怀。在不同时期、针对不同治理内容，在坚持治理原则、体现治理目标的情况下，可突出不同的治理主体，运用灵活的治理手段，适用不同的制度规范。这种既有规范力、引导力，又适度宽松、具有弹性的制度网络，将成为符合人才发展治理阶段需要的制度体系。

五、坚持共建共治共享的人才社会治理

构建人才发展治理新格局是涉及中华民族能否实现伟大复兴的大问题，必须引起全党全国的高度重视，吸引全社会关注人才发展治理，动员全社会参与人才发展治理；要激活各类人才市场主体活力，加强人才宏观治理，构建人才基层社会治理新格局，形成共建共治共享的人才社会治理良好局面[2]。

（一）激发各类市场主体和人才个体的活力

1. 激发人才主体内生动力

人才既是人才治理的对象，也是人才自我治理的主体和市场活动的主体，只有充分激发出人才这一内在治理主体主观因素的积极性，各种体制机制、政策、环境等外在客观因素才能充分发挥作用。为此，要遵循市场经济规律、人才成长规律和科技创新规律，

① 吴江．推进人才治理现代化的机制与路径 [J]．中国人才，2020（第 3 期）.

② 赵永乐．新时代人才发展的新阶段、新格局和新治理［J］．中国人事科学，2022（第 1 期）（总第 49 期），第 57 页．

加快人才制度和政策创新，最大限度地激发各类人才主体创新创造创业的活力，支持各类人才为推进治理体系和治理能力现代化贡献智慧和力量，让有真才实学、做出重要贡献的人才得到合理回报，既有成就感，又有获得感，使他们“名利双收”。

2. 强化用人主体重心角色

用人主体是市场主体，既能体现社会上人才的供给，也能体现社会上人才的需求，因此必须把人才工作的着力点真正落实到用人主体身上，使之成为人才引领发展的主角，成为人才治理的重心。用人主体要发挥主观能动性，增强服务意识和保障能力，建立有效的自我约束和外部监督机制，确保下放的权力接得住、用得好。要创新管理体制，完善用人机制，深化人事制度改革，落实用人主体用人自主权，充分激发用人主体聚才用才的活力[①]。

（二）加强人才宏观治理

1. 加强党的全面领导

各级党委要完善统一领导，在人才治理中提高把方向、谋大局、定政策、促改革的能力，增强党管人才的政治功能和组织力；将管党和管人才有机结合，将人才工作纳入党建和党的组织路线中去，把党管人才原则落实到人才治理全方位，转化为人才治理效能；完善人才宏观政策的制定与执行机制和上下贯通、执行有力的组织体系，优化市场化、法治化和国际化的人才发展环境。

2. 转变人才治理方式

优化政府职责体系，构建目标优化、职责清晰、协同高效、依法行政的人才治理行政体制，更好地发挥政府作用，推动人才发展、管理人才社会事务和服务广大人才；推动市场发挥决定性作

---

① 赵永乐. 新时代人才发展的新阶段、新格局和新治理［J］. 中国人事科学，2022（第 1 期）（总第 49 期），第 58 页.

用，破除体制机制障碍，向用人主体授权，为人才松绑；以改革精神推进政府人才工作优化协同高效，推动人才治理重心下移，力行简政放权，突出市场导向，激发各类市场主体活力。

3. 落实人才引领发展

提升监管服务能力，抓好人才规划、供需调节、市场监管、社会管理、公共服务和人才生态建设，将政府人才治理执行力和公信力精准落实到以创新创造创业为核心的人才引领发展战略地位上，把人才工作重心真正转移到社会基层和市场主体上，为构建人才发展新格局和保障人才安全提供坚强的人才治理支撑。

（三）构建人才社会治理新格局

推动人才治理重心向市场主体转移、向社会基层下移[①]，完善党管人才、行政负责、城市发力、主体激活、园区集聚和公众广泛参与的人才治理体系[②]，构建责任清晰、分工明确的共建共治共享治理格局[③]，形成人才引领战略牢固确立、人才治理体制多元协同、人才政策体系韧性演进和人才生态环境务实创新的良好局面[④]。

1. 创新人才治理新渠道

加强和创新市域人才社会治理，推进市域人才社会治理现代化，打造中小城市聚才新高地和发展新引擎，加快建设区域性人才

---

① 赵永乐．新时代人才发展的新阶段、新格局和新治理［J］．中国人事科学，2022（第1期）（总第49期），第59页．

② 赵永乐．畅通人才大循环 构建人才新发展格局［J］．群众（思想理论版），2021-01-08．

③ 赵永乐．新时代人才发展的新阶段、新格局和新治理［J］．中国人事科学，2022（第1期）（总第49期），第59页．

④ 赵永乐．畅通人才大循环 构建人才新发展格局［J］．群众（思想理论版），2021-01-08．

中心和创新高地。各类园区、自贸区和创新平台要转变发展方式，坚持人才引领发展的战略地位，彰显高层专家地位和人才共生新生态，成为引才营智的战略要地；要因地制宜建设海外人才开放创新集聚试验区、人才自由港、人才服务产业集聚区、人才特别社区和人才管理改革试验区，改善创业、居住、学习和工作环境，促进国际化的人才公共服务、便利服务和一站式服务。

完善公众参与人才基层社会治理的制度化渠道，畅通和规范各类市场主体和人才广泛参与社会治理的途径。人才工作不仅要向用人主体授权，也要向人才工作第一线的基层授权，以基层为重心，推动人才社会治理和服务实打实地面向广大用人主体和人才，为用人主体和人才现场解决实际问题①。

2. 加强基层社区人才治理和服务体系建设

完善基层社区人才治理体制，发挥群团组织和社会组织在人才社会治理中的作用，形成共建共治共享人才社会治理共同体。培育自主、自为、自律的人才自治新组织，承接政府转移职能，发挥综合监督、信息流通、资源整合、自我协调和自我服务等作用和功能，积极参与基层社区人才社会治理。

发展人才中介服务和为创新创业提供全要素组合与孵化的现代人才服务业，推动高端人才服务产业化，形成融公共服务、市场服务、金融服务和社会服务于一体的高端人才服务治理体系②。

3. 探讨城市群人才发展空间治理的制度机制

分析当前中心城市和城市群的人才发展空间治理现状及存在的问题，从客观规律、比较优势、空间治理、民生底线等方面提出我

---

① 赵永乐．新时代人才发展的新阶段、新格局和新治理［J］．中国人事科学，2022（第1期）（总第49期），第59页．

② 同上。

国城市群人才空间治理的完善方案[①]。

六、重视人才发展安全的风险治理

人才安全事关一个国家综合竞争力的核心，并已上升到国家战略的高度。目前，我国在人才安全方面存在以下问题：一是高层次人才短缺，结构配置失衡；二是教育投资过低，投资结构不合理；三是人才外流严重。主要是：部分出国留学人员学成未归；流到外资或合资企业。人才流失，特别是关键人才流失，已经影响到国家安全。必须贯彻落实总体国家安全观，牢固树立人才安全理念，切实采取有力措施，强化人才安全风险治理[②]。

（一）建立风险防范机制

人才发展治理是一个动态过程，存在着各种潜在危机或不同程度的失衡。特别是在宽松的治理环境下，人才的流动性增大、影响人才发展的因素增多、人才评价的复杂性增加，这都给人才发展带来许多不确定性。要强化风险意识，高度注重人才安全[③]。为此，需要各有关治理主体进一步增强人才发展治理制度的安全性、调节性、预警性。重点是建立高层次人才安全机制。

1. 解决高层次人才国家信仰问题

要通过国际国内比较，加强对高层次人才的国情教育，厚植爱国主义情感，大力弘扬科学家精神，增进高层次人才的国家认同和

---

① 吴江. 关于构建具有全球竞争力的人才制度体系的几点思考［J］. 中国人才，2020（第 9 期）.

② 王庆东. 人才安全是强国战略［N］. 环球时报，2003-12-12.

③ 蔡秀萍. 我国人才发展治理体系的探索创新过程［J］. 中国人才，2018（第 11 期）.

民族自豪感，提高对祖国的忠诚度，树立和增强高层次人才的国家信仰，用信仰留住人才，激励他们为推进高水平科技自立自强和实现中华民族伟大复兴的中国梦而不懈奋斗、矢志报国。

2. 创新高层次人才分配激励机制

要切实提高高层次人才尤其是关键核心技术人才的待遇。对特殊人才，在待遇问题上要特事特办、个案处理。一要建立具有较强吸引力的高层次人才津贴制度；二要建立人才收入与经济绩效和工作业绩相挂钩的分配制度，推进知识资本参与分配，体现一流人才、一流业绩、一流报酬；三要营造留住高层次人才的环境机制。靠事业吸引人才、政策激励人才、感情温暖人才。

3. 制定相关机构和人员管理办法

要尽快制定外国人才机构准入制度和在华外企招聘中方人员管理办法，制定完善涉密人员和特殊人才流动管理办法。对于涉密人员和重大科技发明人，应制定完善相关措施，限制其跳槽和出国留学，用法律手段保护技术秘密和知识产权安全①。

（二）提升风险治理能力

防范化解风险能力，实质上就是认识问题、分析问题、解决问题的能力。要坚持底线思维，增强忧患意识，提高防控能力；未雨绸缪，精准研判，强化风险意识、注重风险检测、提高风险化解能力，有效防范、管理、处理各种风险，确保人才发展安全②。

1. 强化国家人才安全

发挥我国人才发展治理的制度优势，增强国家机关、国有企事业单位对高层次人才和青年人才的吸引力，充实人才储备，强化国

① 杨红伟. 建立和完善高层次人才安全机制［EB/OL］. 人事因特网，2015-10-21.

② 人民日报评论员. 强化风险意识 提高化解能力——二论学习贯彻习近平总书记在省部级专题研讨班上重要讲话［N］. 人民日报，2019-01-23.

家力量[1]；加强核心人才培养储备，保持人才核心竞争力。

2. 强化区域人才安全

优化人才发展环境，维护重点地区、重点行业人才队伍基本稳定，防止出现大面积集体辞职跳槽等人才大规模外流、后备人才坍塌式断档、人才素质长期下降等问题，影响区域发展活力。

3. 强化单个组织的人才安全

发挥企事业等用人主体和社会组织的作用，遵循人才成长规律，坚持以用为本，打造干事创业平台，强化竞争激励机制，激发创新创造活力，避免人才引不进、留不住、用不好等现象发生。

（三）完善治理制度体系

1. 构建人才发展安全工作体制

建立和完善人才发展安全治理相关制度体系。加强党对人才安全工作的领导，明确和落实各级地方政府中负责人才安全的宏观责任主体，建立权责明晰的工作机制。

2. 构建人才发展安全预警机制

建立精准的引进急需急缺人才调查监测制度、人才储备预测制度、人才政策定期调整完善制度、人才环境评估制度、人才安全底线预警制度，形成人才发展治理健康可持续的安全屏障。

3. 实施留人聚才的“固本”措施

一是实施“投资产业集聚人才，投资人才促进产业”同步发展战略；二是探索建立多元化人才资本认可及激励机制，充分保障人才经济利益；三是加大执法力度，依靠法律法规强力“止血”。

通过多措并举，强化人才发展安全风险治理，实现人才安全保护的战略目标：总体保护和提升国家核心竞争力；切实维护经济与

---

① 陈劲郎．充实人才储备 强化国家力量［EB/OL］．搜狐网，2019-08-19．

非经济领域的安全和国家利益；预测并防范国际政治、经济、文化、科技、军事等领域因人才流失带来的各种潜在风险[①]。

① 李春淼. 构建人才安全体系刻不容缓 [N]. 光明日报，2005-05-19.

第二编　实践篇

第五章 提升依法治理水平

一、加强党对国家治理现代化的领导

坚持和完善中国特色社会主义制度、推进国家治理体系和治理能力现代化，是全党的一项重大战略任务。必须在党中央统一领导下进行，科学谋划、精心组织，远近结合、整体推进，确保党的十九届四中全会所确定的各项目标任务全面完成到位[①]。

（一）坚持和加强党的全面领导

1. 坚持党的领导是中国式现代化的关键

党的二十大报告指出，中国共产党是中国特色社会主义事业的坚强领导核心，是最高政治力量，是全面建设社会主义现代化国家、全面推进中华民族伟大复兴的关键。坚持党中央集中统一领导是最高政治原则；坚持中国共产党领导是中国式现代化的本质要求；坚持和加强党的全面领导是履行新时代新征程中国共产党的使命任务必须牢牢把握的重大原则；坚持党的全面领导是坚持和发展

---

① 本书编写组.《中共中央关于坚持和完善中国特色社会主义制度、推进国家治理体系和治理能力现代化若干重大问题的决定》辅导读本［M］. 北京：人民出版社，2022：44、45.

中国特色社会主义的必由之路①。

2. 坚持党的领导是治国基本方略

坚持党对一切工作的领导，是习近平新时代中国特色社会主义思想的重要内容和治国基本方略之一。党的十九大报告指出，党政军民学，东西南北中，党是领导一切的。必须增强政治意识、大局意识、核心意识、看齐意识，自觉维护党中央权威和集中统一领导，自觉在思想上政治上行动上同党中央保持高度一致，完善坚持党的领导的体制机制，坚持稳中求进工作总基调，统筹推进“五位一体”总体布局，协调推进“四个全面”战略布局，提高党把方向、谋大局、定政策、促改革的能力和定力，确保党始终总揽全局、协调各方②。

3. 坚持党的领导是党的历史经验

党的十九届六中全会《决议》指出，坚持党的领导是中国共产党百年奋斗的宝贵历史经验③。习近平总书记在庆祝中国共产党成立 100 周年大会上的讲话中强调，以史为鉴、开创未来，必须坚持中国共产党坚强领导。办好中国的事情，关键在党。中国共产党领导是中国特色社会主义最本质的特征，是中国特色社会主义制度的最大优势，是党和国家的根本所在、命脉所在，是全国各族人民的利益所系、命运所系。新的征程上，必须坚持党的全面领导，不断完善党的领导，增强“四个意识”、坚定“四个自信”、做到“两个维护”，牢记“国之大者”，不断提高党科学执政、民主执政、依法

① 习近平. 高举中国特色社会主义伟大旗帜　为全面建设社会主义现代化国家而团结奋斗——在中国共产党第二十次全国代表大会上的报告［EB/OL］. 新华网，2022-10-25.

② 习近平. 习近平谈治国理政. 第三卷［M］. 北京：外文出版社，2020：14、16.

③ 本书编写组. 党的十九届六中全会《决议》学习辅导百问[M]. 北京：党建读物出版社　学习出版社，2021：13、62.

执政水平，充分发挥党总揽全局、协调各方的领导核心作用[①]。

4. 坚持党的领导是最大政治优势

《中共中央关于党的百年奋斗重大成就和历史经验的决议》系统总结习近平新时代中国特色社会主义思想核心内涵，其中居于首位的就是党的领导。“中国特色社会主义最本质的特征是中国共产党领导，中国特色社会主义制度的最大优势是中国共产党领导，中国共产党是最高政治领导力量，全党必须增强‘四个意识’、坚定‘四个自信’、做到‘两个维护’。”这一重大论断，深刻揭示了党的领导与中国特色社会主义的内在联系，标志着我们党对马克思主义建党学说和社会主义发展规律的认识达到了新的高度[②]。

5. 坚持党的领导是党的重要成就

坚持和加强党的全面领导，是党的十八大以来取得的最重要成就之一，又是党和国家事业取得历史性成就、发生历史性变革的最根本保证。党的十八大以来，以习近平同志为核心的党中央围绕坚持党的全面领导作出一系列重大决策部署[③]，党中央权威和集中统一领导得到有力保证，党的领导制度体系不断完善，党的领导方式更加科学，全党思想上更加统一、政治上更加团结、行动上更加一致，党的政治领导力、思想引领力、群众组织力、社会号召力显著增强[④]。

（二）加强党的政治建设

加强党的领导，核心是加强党的政治建设。党的十九大强调

① 习近平. 在庆祝中国共产党成立 100 周年大会上的讲话［J］. 求是，2021-07-15.

② 人民日报评论部. 坚持和加强党的全面领导（人民观点）——深入学习领会“十个明确”的精神实质和丰富内涵［N］. 人民日报，2022-03-24.

③ 同上。

④ 本书编写组. 中国共产党第十九届中央委员会第六次全体会议公报，党的十九届六中全会《决议》学习辅导百问［M］. 北京：党建读物出版社　学习出版社，2021：8.

党的政治建设是党的根本性建设，要把党的政治建设摆在首位[①]；习近平总书记在中央政治局第六次集体学习时发表重要讲话，专门就加强党的政治建设进行深刻阐述，明确提出要求[②]。《中共中央关于加强党的政治建设的意见》对新时代加强党的政治建设作出重大决策部署，要求进一步增强推进党的政治建设的自觉性坚定性，把思想和行动统一到党中央部署要求上来，加强组织领导、强化责任担当，确保党的政治建设取得成效[③]。

1. 总体要求

党的政治建设是党的根本性建设，事关统揽推进伟大斗争、伟大工程、伟大事业、伟大梦想。党的十八大以来，以习近平同志为核心的党中央把党的政治建设摆在更加突出的位置，推动党的政治建设取得重大历史性成就。同时，我们党面临的“四大考验”“四种危险”是长期的、尖锐的，影响党的先进性、弱化党的纯洁性的因素是复杂的，党内存在的政治问题还没有得到根本解决，切实有效解决这些问题，必须进一步加强党的政治建设。

加强党的政治建设，必须高举中国特色社会主义伟大旗帜，全面贯彻党的十九大精神，坚持以马克思列宁主义、毛泽东思想、邓小平理论、“三个代表”重要思想、科学发展观、习近平新时代中国特色社会主义思想为指导，坚持党的基本理论、基本路线、基本方略，落实新时代党的建设总要求，增强“四个意识”，坚定“四个自信”，坚决维护习近平总书记党中央的核心、全党的核心地位，坚决维护党中央权威和集中统一领导，把准政治方向，坚持党的政

① 习近平．习近平谈治国理政．第三卷［M］．北京：外文出版社，2020：48.

② 习近平．把党的政治建设作为党的根本性建设 为党不断从胜利走向胜利提供重要保证［EB/OL-N］．人民网—人民日报，2018-07-01.

③ 中共中央关于加强党的政治建设的意见［EB/OL］．新华网，2019-02-27.

治领导，夯实政治根基，涵养政治生态，防范政治风险，永葆政治本色，提高政治能力，把我们党建设得更加坚强有力，确保我们党始终成为中国特色社会主义事业的坚强领导核心。

加强党的政治建设，目的是坚定政治信仰，强化政治领导，提高政治能力，净化政治生态，实现全党团结统一、行动一致。要以党章为根本遵循，把党章明确的党的性质和宗旨、指导思想和奋斗目标、路线和纲领落到实处。要突显党的政治建设的根本性地位，聚焦党的政治属性、政治使命、政治目标、政治追求持续发力。要以党的政治建设为统领，把政治标准和政治要求贯穿党的思想建设、组织建设、作风建设、纪律建设与制度建设、反腐败斗争始终，推动全面从严治党向纵深发展，引领党的建设质量全面提高①。

2. 具体要求

（1）坚定政治信仰。加强党的政治建设，必须坚持马克思主义指导地位，坚持用党的科学理论武装头脑，坚持用习近平新时代中国特色社会主义思想武装全党、教育人民，夯实思想根基，牢记初心使命，坚定执行党的政治路线，坚决站稳政治立场，凝聚同心共筑中国梦的磅礴力量。

（2）坚持党的政治领导。党是最高政治领导力量，党的领导是中国特色社会主义最本质的特征，是中国特色社会主义制度的最大优势。加强党的政治建设，必须坚持和加强党的全面领导，坚决做到“两个维护”，完善党的领导体制，改进党的领导方式，承担起执政兴国的政治责任。

（3）提高政治能力。加强党的政治建设，关键是要提高各级各类组织和党员干部的政治能力。必须进一步增强党组织政治功能，

① 中共中央关于加强党的政治建设的意见［EB/OL］. 新华网，2019-02-27.

彰显国家机关政治属性，发挥群团组织政治作用，强化国有企事业单位政治导向，不断提高党员干部特别是领导干部政治本领[①]，提高政治判断力、政治领悟力、政治执行力[②]。

（4）净化政治生态。加强党的政治建设，必须把营造风清气正的政治生态作为基础性、经常性工作，浚其源、涵其林，养正气、固根本，锲而不舍、久久为功，实现正气充盈、政治清明。严肃党内政治生活；严明党的政治纪律和政治规矩；发展积极健康的党内政治文化；突出政治标准选人用人；永葆清正廉洁政治本色[③]。

（三）以党的政治建设为统领全面推进党的各项建设

1. 发挥党的政治建设对整个党的建设的统领作用

加强党的政治建设，必须注重系统谋划、整体推进，完善党的自我革命制度规范体系[④]，实现党的政治建设有章可循、有据可依[⑤]。充分发挥党的政治建设对整个党的建设的统领作用。要把政治标准和政治要求贯穿于党的各项建设之中，带动党的建设质量全面提高。党的思想建设、组织建设、作风建设、纪律建设、制度建设和反腐败斗争等，要始终贯彻和体现讲政治的根本要求，确保政治目标不偏，使我们党始终不忘初心、牢记使命、永远奋斗[⑥]。

---

① 中共中央关于加强党的政治建设的意见［EB/OL］. 新华网，2019-02-27.

② 习近平. 高举中国特色社会主义伟大旗帜　为全面建设社会主义现代化国家而团结奋斗——在中国共产党第二十次全国代表大会上的报告［EB/OL］. 新华网，2022-10-25.

③ 中共中央关于加强党的政治建设的意见［EB/OL］. 新华网，2019-02-27.

④ 习近平. 高举中国特色社会主义伟大旗帜　为全面建设社会主义现代化国家而团结奋斗——在中国共产党第二十次全国代表大会上的报告［EB/OL］. 新华网，2022-10-25.

⑤ 中共中央关于加强党的政治建设的意见［EB/OL］. 新华网，2019-02-27.

⑥ 人民日报评论员. 把党的政治建设摆在首位［N］. 人民日报，2019-02-28（第1版）.

2. 把握以党的政治建设为统领加强党的各方面建设的内涵

以党的政治建设为统领，就是在党的建设总体布局中，党的政治建设是摆在首位的，是管总的、管根本的，是党的建设的“纲”和“本”；党的政治建设在党的建设中发挥着政治指南针作用；党的政治建设对党的其他各项建设具有统揽作用；党的各项建设的成效要以政治建设的成效作为衡量标准；要“建立健全以党的政治建设为统领，全面推进党的各方面建设的体制机制”[①]。

3. 健全以政治建设为统领、推进党的各方面建设的体制机制

贯彻新时代党的建设总要求，必须巩固和深化党的十八大以来全面从严治党的制度成果，坚持以党的政治建设为统领，进一步深化党的建设制度改革，立好全面从严治党制度体系的“四梁八柱”，从讲政治的高度，强化制度意识，坚决维护制度的严肃性和权威性，确保党的各方面建设的体制机制落实到位。

（1）完善党的政治建设制度机制。坚持《关于新形势下党内政治生活的若干准则》，推进全面从严治党规范化、制度化建设；落实《中国共产党纪律处分条例》，把党的政治纪律作为最重要、最根本、最关键的纪律挺在前面；贯彻《中共中央关于加强党的政治建设的意见》，结合实际完善具体制度，严格抓好制度落实。

（2）完善党的思想建设制度机制。以习近平新时代中国特色社会主义思想为引领，健全用党的创新理论武装全党、教育人民工作体系和制度体系。落实《中国共产党党委（党组）理论学习中心组学习规则》《中国共产党党员教育管理工作条例》《中国共产党宣传工作条例》《中国共产党支部工作条例（试行）》《中国共产党党校

---

① 本书编写组.《中共中央关于坚持和完善中国特色社会主义制度、推进国家治理体系和治理能力现代化若干重大问题的决定》辅导读本［M］. 北京：人民出版社，2019：9–10.

（行政学院）工作条例》，建设用好网络学习平台。落实意识形态工作责任制，旗帜鲜明反对和抵制各种错误观点。

（3）完善党的组织建设制度机制。贯彻新时代党的组织路线，健全维护党的集中统一的组织制度，形成党的中央组织、地方组织、基层组织上下贯通、执行有力的严密组织体系，确保党的领导全覆盖，确保党的领导更加坚强有力。坚持民主集中制，完善发展党内民主和实行正确集中的相关制度，健全党委、党组和党的工作机关工作制度，提高党把方向、谋大局、定政策、促改革的能力。健全完善党内选举和党的基层组织建设制度。

（4）完善党的作风建设制度机制。进一步完善党员、干部联系群众制度，创新群众工作机制，健全改进文风会风制度，完善艰苦奋斗、勤俭节约制度，规范并严格执行领导干部工作生活保障制度，完善并严格执行领导干部亲属经商、担任公职和社会组织职务、出国定居等相关制度规定，改革政绩考核机制，完善担当作为的激励机制，坚决破除形式主义、官僚主义等顽症痼疾。

（5）完善党的纪律建设制度体制。坚持把纪律挺在前面，强化监督执纪问责，用严明纪律维护党的制度的权威。建立健全综合运用监督执纪“四种形态”的有效机制。深化纪检监察体制改革，推进纪检监察工作规范化、法治化。着力推进纪律监督、监察监督、派驻监督、巡视监督统筹衔接，推动各类监督有机贯通、相互协调，构建党统一指挥、全面覆盖、权威高效的监督体系。

（6）完善反腐败斗争的制度机制。坚定不移推进反腐败斗争，坚决查处各类腐败案件，斩断“围猎”和被“围猎”的利益链，破除权钱交易的关系网。深化标本兼治，推动重点领域监督机制改革和制度建设，推进反腐败国家立法，加强思想道德和党纪国法教育，构建一体推进不敢腐、不能腐、不想腐体制机制，巩固和发展反腐败斗争压倒性胜利[①]。

二、推进依法治国建设

全面依法治国是中国特色社会主义的本质要求和重要保障[②]，是国家治理的一场深刻革命[③]；坚持全面依法治国，建设社会主义法治国家，切实保障社会公平正义和人民权利，是我国国家制度和国家治理体系的显著优势之一[④]；“坚持全面依法治国”是习近平新时代中国特色社会主义思想的重要内容和治国基本方略之一[⑤]。党的十八大以来，党中央明确提出全面依法治国，纳入“四个全面”战略布局予以有力推进；党的十九大从全局和战略高度对全面依法治国又做出一系列重大决策部署[⑥]，推动我国法治建设取得历史性成就，全面依法治国总体格局基本形成。

（一）习近平法治思想的理论创新

党的十八大以来，习近平总书记发表了一系列关于法治建设的重要讲话、指示，创造性提出全面依法治国的一系列新理念新思想新战略，形成了21世纪马克思主义法治思想——习近平法治思想，

① 刘靖北．建立健全以党的政治建设为统领 全面推进党的各方面建设的体制机制［J］．旗帜，2020-01-07．

② 习近平．习近平谈治国理政．第三卷［M］．北京：外文出版社，2020：18．

③ 人民日报评论部．建设更高水平的法治中国［N］．人民日报，2022-04-01．

④ 本书编写组．《中共中央关于坚持和完善中国特色社会主义制度、推进国家治理体系和治理能力现代化若干重大问题的决定》辅导读本［M］．北京：人民出版社，2019：3．

⑤ 习近平．习近平谈治国理政．第三卷［M］．北京：外文出版社，2020：14、18．

⑥ 习近平出席中央全面依法治国工作会议并发表重要讲话［EB/OL］．新华网，2020-11-17．

是在法治轨道上推进国家治理现代化的根本遵循[①]。

1. 提出了良法善治新理念

习近平法治思想借鉴了古今中外有益的法治理论成果，结合时代要求，把法治与国家治理紧密联系在一起，认为不是什么法都能治好国。“法律是治国之重器，良法是善治之前提”，要以“良法促进发展、保障善治”。良法善治是新时代法治的科学理念，是我们关于法治概念的新的历史视角和价值追求[②]。

2. 提出了法治基本原理新观点

重视法治作用，“更好发挥法治固根本、稳预期、利长远的重要作用[③]”。彰显法治价值，依法保障人民权益。公平正义是我们党在国家治理中积极追求的一个崇高的价值。加快建设公正高效权威的社会主义司法制度，“努力让人民群众在每一个司法案件中感受到公平正义”。[④]人民是法治价值主体、公平是法治的生命。要坚持在法治轨道上推进国家治理体系和治理能力现代化[⑤]。

3. 创建了全面依法治国新理论

坚持党对全面依法治国的领导；坚持以人民为中心；坚持中国特色社会主义法治道路；坚持依宪治国、依宪执政；坚持在法治轨道上推进国家治理体系和治理能力现代化；坚持建设中国特色社会主义法治体系；坚持依法治国、依法执政、依法行政共同推进，法

① 陈一新．学深悟透习近平法治思想　加快推进全面依法治国［N］．学习时报，2020-12-09.

② 杨宗科．习近平法治思想开辟了法治学研究新领域［N］．法治日报，2021-02-04.

③ 习近平．坚持走中国特色社会主义法治道路 更好推进中国特色社会主义法治体系建设［J］．求是，2022（第 4 期）.

④ 中共中央文献研究室编．习近平关于全面依法治国论述摘编（五）［EB/OL］．人民网 - 中国共产党新闻网，2021-05-11.

⑤ 杨宗科．习近平法治思想开辟了法治学研究新领域［N］．法治日报，2021-02-04.

治国家、法治政府、法治社会一体建设；坚持全面推进科学立法、严格执法、公正司法、全民守法；坚持统筹推进国内法治和涉外法治；坚持建设德才兼备的高素质法治工作队伍；坚持抓住领导干部这个“关键少数”[①]。这“十一个坚持”构成了系统完备、逻辑严密的全面依法治国理论体系。

4. 提出了建设法治中国新战略

一是明确新时代法治建设总体要求。坚持以习近平法治思想为指引，围绕建设中国特色社会主义法治体系、建设社会主义法治国家总目标，坚持党的领导、人民当家作主、依法治国有机统一，坚定不移走中国特色社会主义法治道路，确保新时代法治中国建设行稳致远。二是完善以宪法为核心的中国特色社会主义法律体系。加强宪法实施和监督，加强重点领域、新兴领域、涉外领域立法，推进科学立法、民主立法、依法立法。三是扎实推进依法行政。深化行政执法体制改革，全面推进严格规范公正文明执法，强化行政执法监督机制和能力建设。四是严格公正司法。深化司法体制综合配套改革，全面准确落实司法责任制，规范司法权力运行，强化对司法活动的制约监督，加快建设公正高效权威的社会主义司法制度。五是加快建设法治社会。弘扬社会主义法治精神，传承中华优秀传统法律文化，深入开展法治宣传教育，发挥领导干部示范带头作用，使尊法学法守法用法在全社会蔚然成风[②]。

（二）在法治轨道上推进国家治理现代化

法治是国家治理体系和治理能力的重要依托。只有全面依法治

---

① 习近平出席中央全面依法治国工作会议并发表重要讲话［EB/OL］. 新华网，2020-11-17.

② 陈一新. 深入学习贯彻党的二十大精神　加快推进依法治国建设 [J]. 民主与法治，2022-11-24.

国才能有效保障国家治理体系的系统性、规范性、协调性，才能最大限度地凝聚社会共识。要坚持在法治轨道上推进国家治理体系和治理能力现代化；要深入学习贯彻习近平法治思想，全面推进依法治国，更好把社会主义法治优势转化为国家治理效能[①]。

1. 在法治轨道上推进国家治理现代化的重大意义

首先，法治是国家治理体系和治理能力的集中体现。法治是衡量国家治理体系和治理能力现代化的综合指标。法律是治国理政最大最重要的规矩。推进国家治理现代化，必须坚持依法治国，把良法善治的要求贯穿到国家治理和社会治理全过程和各方面，为党和国家事业发展提供可靠的法治保障。

其次，法治是实现“两大奇迹”的“制度密码”。新中国成立70多年来，我们党领导人民创造了举世瞩目的经济快速发展和社会长期稳定“两大奇迹”，彰显了依法治国的制度优势。开启全面建设社会主义现代化国家新征程，需要继续发挥法治的引领、规范、保障作用，推动各方面制度更加成熟、更加定型。

再次，法治是应对重大风险挑战的有效方式。一套成熟有效的制度，能在化解风险中对症下药、综合施策。我们坚持依法防控疫情，取得举世公认的重大战略成果。我们将面对更多逆风逆水的外部环境，必须做好应对风险挑战的制度准备，依法应对重大挑战、抵御重大风险，助推“中国之治”再创新奇迹。

最后，法治是新发展阶段推进国家治理现代化的内在要求。进入新发展阶段，贯彻新发展理念，构建新发展格局，需要解决的问题越来越多、越来越复杂，法治将承载越来越多的使命。要立足新发展阶段新形势新挑战，强化法治思维、运用法治方式，努力为构

---

① 白少康．坚持在法治轨道上推进国家治理体系和治理能力现代化［N］．人民日报，2021-03-02（第13版）．

建新发展格局营造公平竞争、创新开放的法治化环境[①]。

2. 依法服务保障经济社会持续健康发展

一要为重大发展战略提供法治支撑。聚焦重大发展战略，制定修改相关法律、出台指导意见、加强执法司法区域协作，发挥法治引领保障作用。加快涉外法治工作战略布局，健全涉外商事纠纷解决机制和机构，推进我国法域外适用的法律体系建设，依法保护我国国家安全、发展利益和公民、法人在海外的合法权益。

二要积极营造法治化营商环境。健全相关法律法规，加强产权保护制度建设和司法保护，平等保护各类市场主体合法权益。完善知识产权保护法律制度，加强知识产权司法保护。完善平台企业垄断认定，数据收集、使用、管理，消费者权益保护等方面的法律规范，加强反垄断和反不正当竞争执法司法。

三要依法守护人民群众美好生活。主动适应人民群众对民主、法治、公平、正义、安全、环境等方面的新需求，深入贯彻实施《民法典》，加大民生领域执法司法保障力度，持续推出便民利民新措施，让人民群众生活更有尊严、更加安全、更为方便。

四要依法推进重大改革。对改革涉及的立法问题，及时提出法律法规立改废方案，依照法定程序推进立法，确保改革于法有据、依法推进；重大改革举措需先行试点的，要按照法律程序得到法律授权。对比较成熟的改革政策及经验，及时以法律形式加以定型；对基层创新成果进行系统集成，上升为长远制度设计[②]。

3. 依法应对重大风险挑战

一要完善危机管控处置法律制度。认真总结依法防控的成功经

---

① 白少康. 坚持在法治轨道上推进国家治理体系和治理能力现代化［N］. 人民日报，2021-03-02（第 13 版）.

② 同上。

验，有针对性地修改完善《突发事件应对法》《传染病防治法》等危机应对法律，进一步从法律上完善重大突发事件应对处置措施，推动全社会在应对处置重大突发事件中依法行动、依法行事。

二要健全落实重大决策社会稳定风险评估机制。决策主体在作出重大决策前，应先进行社会稳定风险评估。要加强对新技术新业态领域风险的分析研究，加强对涉稳风险监测预警，推动完善事前事中事后监管机制，提升风险预警防范化解能力。

三要努力把重大矛盾风险化解在市域。加强社会治理领域立法，依法有效解决社会治理突出问题。深入开展市域社会治理现代化试点，探索具有鲜明时代特色、彰显市域个性的社会治理模式，把重大矛盾风险化解在市域，防止风险外溢扩散上行[①]。

4. 依法有效化解矛盾纠纷

一要完善矛盾纠纷多元化解综合机制。完善人民调解、行政调解、司法调解联动工作体系，发挥调解、仲裁、行政裁决、行政复议、诉讼等的作用，畅通和规范群众诉求表达、利益协调、权益保障通道，健全社会心理服务体系和疏导、危机干预机制。

二要深入开展多层次多领域依法治理。深化基层组织和部门、行业依法治理，支持各类社会主体自我约束、自我管理。发挥市民公约、乡规民约、行业规章、团体章程等社会规范在社会治理中的作用。推进法治创建活动，提高法治社会建设水平。

三要完善城乡基层社会治理机制。树立大抓基层、大抓基础的导向，推行市县领导干部每月下基层大接访制度，完善党领导下的自治、法治、德治相结合的城乡基层治理体系，深入开展基层平安

---

① 白少康，坚持在法治轨道上推进国家治理体系和治理能力现代化［N］. 人民日报，2021-03-02（第 13 版）.

创建、法治创建活动，努力实现基层稳、百姓安[①]。

（三）建设德才兼备的高素质法治工作队伍

高素质法治人才是建设中国特色社会主义法治体系、建设社会主义法治国家的基础性、战略性支撑[②]。法治队伍包括立法人员、行政执法人员、司法人员等政法干警、纪检监察机关的执法办案人员等专门法治队伍，也包括律师、公证、司法鉴定、仲裁、调解等法律服务工作者和高校法学教师、学术科研机构法学专家、学者。各支队伍各司其职，各负其责，相辅相成，汇聚成推进全面依法治国的磅礴力量[③]。

1. 坚持法治队伍建设的正确政治方向

坚持以习近平法治思想为指导，围绕全面依法治国总目标，谋划法治队伍建设的目标，围绕坚定不移走中国特色社会主义法治道路、在法治轨道上推进国家治理现代化的基本路径，研究推进法治队伍建设的路径，更好地为全面依法治国大局服务。

2. 加强法治队伍建设长远规划

一要制定法治队伍建设长远规划。调整优化法治队伍建设目标和举措。二要优化法治队伍人员配置。深化法治工作部门机构改革，优化法治队伍整体结构、人员布局。三要完善法治专门队伍分类管理制度。推进法治专门队伍革命化、正规化、专业化、职业化，构建符合法律职业特点的人员分类管理制度。

---

① 白少康，坚持在法治轨道上推进国家治理体系和治理能力现代化［N］. 人民日报，2021-03-02（第 13 版）.

② 刘艳红. 深入学习贯彻党的二十大精神　推进法治人才培养体系建设 [J]. 民主与法制，2022-11-15.

③ 景汉朝. 坚持建设德才兼备的高素质法治工作队伍［N］. 人民日报，2021-03-22.

3. 提升法治队伍思想政治素质

一要健全党领导法治队伍体制机制。把党的领导贯穿全面依法治国全过程各方面。二要加强对法治队伍的思想政治引领，引导法治工作人员坚定不移走中国特色社会主义法治道路。三要加强法治工作部门党的建设。健全法治工作部门党的组织体系，压实党组（党委）管党治党主体责任。强化律师行业党的建设。

4. 强化法治队伍业务素质能力

一要健全法律职业准入和管理制度。完善法律职业资格管理办法，健全国家统一法律职业资格考试制度。完善法治工作人员有序流动机制。二要健全法律职业联合培训机制。落实法律职业人员培训制度。三要健全交流锻炼制度。有序安排优秀年轻法律工作者到基层任职，到艰苦岗位锻炼，提高解决实际问题能力。

5. 提高法治队伍纪律修养和职业道德水准

一要培育新时代法律职业精神。健全新时代职业道德准则、行为规范，完善评价机制。发挥律师协会自律作用。二要健全制约监督机制。完善领导班子议事规则和决策程序，健全程序性制约监督制度和权力运行体系。三要坚决惩治执法司法腐败。深入开展政法队伍教育整顿，构建权责清晰的执法司法责任体系。

6. 从源头上提高法治人才质量

一要强化党对法学教育工作的领导。推动习近平法治思想进教材、进课堂、进头脑，纳入高校法治理论教学体系。二要坚持“立德树人、德法兼修”目标导向，将培育和践行社会主义核心价值观融入教学全过程。三要建立法学院校与法治部门协同育人机制，发挥法治部门在法治人才培养中的关键作用。加快构建中国特色、世界一流的法学学科体系、学术体系、话语体系和法学教材体系，以需求为导向、以“新文科”建设为引领，提高复合型、创新型、应用型法治人才培养质量。四要加强急需紧缺专门人才和拔尖创新人才[①]培养。加快培养国际型、领军型人才，努力提升全球治理和国际司法领域话语权[②]。

三、提高政府治理能力

习近平总书记强调，建设法治政府是建设法治中国的基本要求，是推进国家治理体系和治理能力现代化的重要抓手[③]。“各级政府必须坚持在党的领导下，在法治轨道上开展工作，加快建设职能科学、权责法定、执法严明、公开公正、廉洁高效、守法诚信的法治政府。”[④]党的十八大以来，在党中央坚强领导下和历届政府全体成员共同努力下，我国法治政府建设不断取得新成效。

（一）完善政府治理体系

1. 明确法治政府科学内涵

科学界定政府职能。法治政府是有限政府，要处理好政府与市场、政府与社会、政府内部横纵向三者关系，充分发挥市场在资源配置中的决定性作用；充分调动社会公众的积极性，激发社会活力；充分发挥基层政权治理和政府整体效用，科学配置上下级政府职能，协调好政府内部各部门相互关系。

---

① 刘艳红. 深入学习贯彻党的二十大精神　推进法治人才培养体系建设 [J]. 民主与法制，2022-11-15.

② 景汉朝. 坚持建设德才兼备的高素质法治工作队伍［N］. 人民日报，2021-03-22.

③ 熊选国. 坚持依法治国、依法执政、依法行政共同推进，法治国家、法治政府、法治社会一体建设［N］. 人民日报，2021-03-16（第 12 版）.

④ 中共中央关于全面推进依法治国若干重大问题的决定［EB/OL］. 新华网，2020-05-29.

明确政府法定权责。法治政府要求，由法律法规明确规定政府的权力和责任；制定政府权力清单，设定政府权力范围；明确政府职能界限，细化政府及其部门应做、可做事项范围，规范执法行为；对于应做事项缺位的，应追究相关人员的法律责任。

严明政府执法行为。法治政府要求政府和部门按既定程序规则实施行政执法行为。即按照法定步骤、形式、过程及法定方式、要件、范围等进行行政执法；既要刚性执法，不放纵违法行为，不搞法外施恩、网开一面，也要柔性执法，以理服人，以法服人。

坚持公开公正执法。阳光、善治是法治政府的重要要素，是法律对政府行政行为的程序要求。要坚持以公开为常态，不公开为例外，大力推进决策公开、执行公开、管理公开、服务公开、过程公开、结果公开，建设“透明政府”。打造善治政府需要政府及其部门严格遵循法定的实体要求，遵循公正程序，不偏不倚。

建立高效廉洁政府。这是法治政府建设的目标。政府人员要严明法纪，干净做事，清白为官，依法用权；要加强业务技能和法律知识学习，改进执法质量和提升执法效率，提高依法行政、社会治理能力；要严格依照法定时限履行职责，高效办事，为群众提供方便优质服务。

树立守法诚信形象。政府执法人员应自觉遵纪守法，凡是法律法规设定的义务和规则，均应严格履行、模范遵守。要善待行政相对人，遵守信赖保护原则，不随意撤改已做出的行为或承诺①。

2. 健全完善国家行政体制

完善行政体制及制度。在行政决策方面，逐步推进公众参与、专家论证、合法性审查、风险评估、集体讨论决定等制度、机制的

① 洪泉寿. 推进新时代法治政府建设［N］. 人民日报，2020-02-04（第 10 版）.

运作；在行政执行方面，逐步推进互联网、大数据等高科技的应用和“最多跑一次”等便民制度、机制的实施；在行政组织方面，逐步推进以大部制、机构职能优化协同高效为目标的各项制度、机制的运行；在行政监督方面，逐步推进层级监督、职能监督、督查监督以及自查自纠相结合的各项监督制度、机制的实施和运行。

促进治理体系改进和治理能力提升。在行政执法方面，最大限度地减少不必要的行政执法事项；进一步整合行政执法队伍，继续探索实行跨领域跨部门综合执法，推动执法重心下移，提高行政执法能力水平；落实行政执法责任制和责任追究制度；创新行政管理和服务方式，加快推进全国一体化政务服务平台建设，健全强有力的行政执法系统，提高政府执行力和公信力。

优化政府组织结构及完善相关制度。推进法治政府建设目标，特别是职能科学、责任法定两项目标的实现，要求对政府组织结构进行改革和优化，包括严格机构编制管理，统筹利用行政管理资源，提高资源的利用效率等。而政府组织机构改革和优化的结果必须予以制度化和法治化。推进机构、职能、权限、程序、责任法定化，使政府机构设置更加科学、职能更加优化、权责更加协同。为此，必须尽快完善这些方面的体制、机制和制度。

健全完善中央和地方关系的机制和制度。加强中央宏观事务管理，维护国家法制、政令、市场统一；在此基础上健全完善相关具体机制和制度。如在知识产权保护、养老保险、跨区域生态环境保护等方面，适当加强中央事权，减少并规范中央和地方共同事权；赋予地方更多自主权，支持地方创造性开展工作；按照权责一致原则，建立和完善规范垂直管理体制和地方分级管理体制，优化政府间事权和财权划分等方面的制度体系，以构建从中央到地方权责清晰、运行顺畅、充满活力的工作体系①。

3. 推进政务服务平台建设

党的十九届四中全会提出创新行政管理和服务方式，加快推进全国一体化政务服务平台建设，推进数字政府建设等重点任务。全国一体化平台作为数字政府建设的重要内容，是推进国家治理体系和治理能力现代化的重要举措。

一是发挥全国一体化平台对数字抗疫等公共支撑作用。二是聚焦群众关切，推动政务服务“一网通办”。从群众最关心、最现实的问题出发，强化基础资源层面的集约化建设与利用、管理层面的统筹规划与协同、服务层面的“一体化”无缝整合，促进政务服务均等化、便捷化。三是持续探索管理与技术创新。北京“营商环境优化”、浙江“政府数字化转型”、福建“数字福建”、广东“数字政府改革”等，已成为全国一体化平台建设典型标杆。

通过全国一体化平台，提升政府服务水平和社会治理能力。一是创新政务服务方式。优化办事流程，为社会提供服务有效集成、办事便捷高效、线上线下融合的政务服务。二是提升行政管理效能。面向公共服务和社会治理需求，推进业务协同和流程再造，提升决策科学化水平。三是优化营商环境手段。利用全国一体化平台建设创新成果，推进市场要素有效流动。四是完善社会治理科学支撑。运用信息技术精准匹配社会资源，提升社会治理效能。

通过全国一体化平台建设，有效破解数据共享难题。一是大力推动实现“业务通”，以数据共享和协同治理重塑整体性、协同性的一体化服务模式。二是扩大公共数据资源开放范围，为社会公众提供有效供给。三是健全跨部门跨层级统筹协调机制。

① 姜明安. 完善国家行政体制 提高政府治理能力［EB/OL-N］. 人民网—人民日报，2020-02-04.

完善数据治理体系，发挥数据资源的战略价值。一是发挥制度优势。加快国家数据治理体系顶层设计，推动数据资产立法工作。二是条块结合。推行“一次采集、多方共享、同数同源、多方校核”的数据质量长效机制。三是调动社会积极性。积极探索构建权责清晰的公共数据资源开发利用服务体系。

优化数据治理环境。一是打造一支政治过硬、信息能力过硬的人才队伍。二是加快完善法律及标准规范体系，将信息化发展纳入法治化轨道。推动电子政务立法，健全数据资源管理、个人隐私保护。三是充分调动社会力量参与信息化建设。开展政企、政事合作，拓展公众参与、公共服务渠道。四是重视自主可控关键技术研发，提高我国新技术产业整体能力和国际竞争力①。

为推进国家治理现代化提供支撑。2016 年以来，国务院先后出台《政务信息资源共享管理暂行办法》《国务院办公厅关于建立健全政务数据共享协调机制加快推进数据有序共享的意见》《国务院关于加强数字政府建设的指导意见》和《全国一体化政务大数据体系建设指南》，加强顶层设计，加快推进全国一体化政务大数据体系建设，不断提高政府管理水平和服务效能，为推进国家治理体系和治理能力现代化提供有力支撑②。

（二）深化“放管服”改革

“放管服”改革是全面深化改革的重要内容。党中央、国务院高度重视，李克强总理连续十年在全国深化“放管服”改革转变政府职能电视电话会议上作重要讲话，部署深化“放管服”改革，推

① 杨光，卫婧，王钦敏：推进全国一体化政务服务平台建设助力政府治理能力现代化水平提升［EB/OL］. 新华社，2020-05-31.

② 国务院办公厅关于印发全国一体化政务大数据体系建设指南的通知（国办函〔2022〕102 号）［EB/OL］. 中国政府网，2022-10-28.

动政府职能转变，优化营商环境，最大限度地激发市场活力。

1. 深化“放管服”改革的涵义

深化“放管服”改革是转变政府职能、深化行政体制改革的重要抓手，旨在推进简政放权、放管结合、优化服务。“放管服”改革从政府与市场关系的关键环节入手，以政府“有形之手”使市场“无形之手”充分发挥作用，对推动经济社会各领域的改革、推进政府治理现代化具有“牵一发而动全身”的撬动作用①。

（1）提高改革的系统性、整体性和协同性。“放”“管”“服”三者协同，有助于推动政府治理的现代转型。“放”解决政府职能定位问题，重新界定政府、市场、社会的各自边界及其相互关系；“管”指向政府管理转型，有效监管，简约治理，创造公平的市场竞争环境；“服”则是提高行政效能，建设人民满意的服务型政府。宽“放”，最大限度释放市场和社会的活力；善“管”，推动进一步宽放；“放”“管”结合，可持续地提供优质服务。

“放管服”改革改变以审批为核心的政府管理模式，完成创新宏观调控、加强事中事后监管和提供公共服务的服务型政府的现代转型。从“放管服”改革系统协同推进角度看，需要立足于创造公平的市场竞争环境，以科学行政、依法行政、有效行政有机统一的方式，有效衔接审批监管，协调推进行政执法体制改革，全面推行“双随机、一公开”监管，大力推进企业信用监管②。

（2）增强技术变革和制度创新驱动力。“放管服”改革通过信息技术的运用，形成以技术创新推动流程创新，进而推动组织创新的倒逼机制，促使政府组织机构和运行机制不断优化。各地推行的“最多跑一次”“一网通办”“只进一扇门”等改革创新，都是技术

---

① 王柳. 以深化“放管服”改革推进政府治理现代化［N］. 学习时报，2019-12-24.

② 同上。

创新推动政府治理能力提升的“放管服”改革实践。

深化“放管服”改革，需进一步推进跨地区、跨部门、跨层级的信息数据共享，简化政府服务、行政审批、执法监管的流程，建立跨部门的服务管理平台，推动协同高效的政府行政流程变革，及行政流程和服务时限刚性化基础上的部门职责明确化，并为推进全国一体化政务服务平台建设和数字政府建设奠定基础。

深化“放管服”改革，需要进一步推动基于技术创新的流程创新走向制度创新和组织创新；要在信息技术应用的基础上，推进政府部门之间职责、权限的调整，及部门职能优化融合，形成运转高效的组织体系。

“放管服”改革推动的政府职能优化和组织体系变革，既是横向跨部门的，又是纵向跨层级的。本着能取消的坚决取消，能下放的尽快下放的原则，重新界定纵向政府间的职能定位以及与之相配套的公共资源保障，建立与放权改革相配套的人权、事权、财权等保障机制，优化纵向政府间的事权和财权划分①。

（3）重视改革的动力机制建设。“放管服”改革事关经济社会发展和人民福祉，是一场刀刃向内的政府自我革命，需要统一思想，凝聚改革共识；是从公众的角度而非政府部门的角度来推进改革，体现人民至上的价值取向。

深化“放管服”改革的成效取决于能否直面问题。要围绕关键问题，遵循规律，科学决策；要建立政府回应民众需求的工作机制，准确识别和发现民众实际需求，找到真问题，由此确立改革的内容、优先次序和资源配置，真正回应老百姓的“急难愁盼”。

深化“放管服”改革，要破除一切妨碍发展的体制机制障碍和利益固化藩篱，降低经济社会运行的制度成本，充分调动群众推进

① 王柳. 以深化“放管服”改革推进政府治理现代化［N］. 学习时报，2019-12-24.

改革的积极性、主动性和创造性；要进一步拓宽公众参与政策制定、执行和监督的渠道，将民众满意度提升作为改革目标[①]。

2. 深化“放管服”改革的意义

（1）培育激发市场主体活力。压缩市场准入负面清单，压减办照、通关、办电、工程建设项目审批等时间，清理规范涉企收费，降低制度性交易成本。强化重点领域监管，守住质量和安全底线；加强反垄断和反不正当竞争，推进“双随机、一公开”监管、“互联网＋监管”，维护公平竞争。推动更多政务服务网上办、掌上办，最大限度利企便民，有事半功倍、一举多得的效果[②]。

通过深化行政审批制度改革（如实行清单管理制度、常态化实施精准放权、推进“一业一证”“证照分离”改革、拓展告知承诺实施范围等），降低准入门槛（如深化商事制度改革、优化外商投资环境、促进新兴业态健康发展等），维护公平竞争市场秩序（如健全完善事中事后监管制度、发挥信用监管效能、持续推进“互联网＋监管”等），有利于充分激发市场主体活力。

破除影响就业特别是新就业形态的各种不合理限制，加大对就业歧视及违法职业中介行为的打击力度；鼓励创业带动就业，促进各类群体多渠道灵活就业；简化应届高校毕业生就业手续。推进流动人员人事档案信息互联，推行档案在线服务；再造就业登记、职工参保登记、社保卡新增、补贴申领办理流程，这些改革措施有利于促进稳定和扩大就业[③]。

---

① 王柳. 以深化“放管服”改革推进政府治理现代化［N］. 学习时报，2019-12-24.

② 李克强. 在全国深化“放管服”改革着力培育和激发市场主体活力电视电话会议上的讲话［EB/OL］. 中国政府网，2021-06-16.

③ 2021 年上海市深化“放管服”改革工作要点出炉［EB/OL］. 中国上海门户网站，2021-03-05.

畅通海外高端人才回国工作渠道，完善留学人才引进、培养、评价、激励和保障机制；完善居住证政策，用好应届毕业生、留学回国人员、国内人才等落户政策，为各类人才创新创业提供便利；完善专业技术人才分类评价标准，贯通高技能人才与工程技术人才职业发展通道。支持企业依据国家职业技能标准，自主开展技能人才评定，有利于打造最优人才发展生态[①]。

（2）帮助市场主体渡过难关。新冠肺炎疫情直接冲击量大面广的市场主体。实施“六稳”“六保”，将保市场主体作为重中之重。财政、货币、就业政策都围绕市场主体，把宏观政策与微观主体紧密联系起来。减税降费是最直接、最有效、最公平的措施。创新建立中央新增财政资金直达机制，大幅减少中间环节，精准快速支持中小微企业和个体工商户。紧扣市场主体急需来纾困、建立直达机制和工具，是“放管服”改革在财政金融领域的创新实践，发挥了宏观政策落实“加速器”和效果“倍增器”作用[②]。

（3）完善社会主义市场经济体制。深化“放管服”改革，使市场在资源配置中起决定性作用。推进商事制度等改革，为市场主体松绑减负，并加强监管，促进了市场主体发展。我国 2014 年全面启动商事制度改革，大幅削减登记前置审批事项，“0 元办公司”、全程电子化、“一件事一次办”等一系列改革举措有效降低市场准入门槛，企业平均开办时间由改革前的 1 个多月压缩至 4 个工作日以内；营商环境全球排名从第 96 位跃升至第 31 位，开办企业便利度排名从 150 位之后大幅跃升至第 27 位，成为全球营商环境改善

---

① 2021 年上海市深化“放管服”改革工作要点出炉［EB/OL］. 中国上海门户网站，2021-03-05.

② 李克强. 在全国深化“放管服”改革着力培育和激发市场主体活力电视电话会议上的讲话［EB/OL］. 中国政府网，2021-06-16.

最大的经济体之一。截至 2022 年 9 月底，我国登记在册市场主体达 1.64 亿户，相比 2012 年底的 5500 万户，10 年净增超 1 亿户[①]。

（4）推动经济社会高质量发展。市场主体发展优化了经济结构、壮大了新动能，促进了经济循环畅通。市场主体数量每年呈千万级增加，带来大量新的有效供给和投资消费需求。市场主体的发展促进了科技创新，推动了经济新旧动能加快转换。我国“三新”经济增加值占 GDP 比重已超过 16%。“十三五”期间，全国高新技术企业由 7.6 万家跃升到 27.5 万家。在 2020 年全球 500 多家“独角兽”企业中，我国大陆有 112 家，数量位居第二。

近年来，我国地区发展差距的一个重要原因，就是市场主体发展状况不同。有的地方不仅新生市场主体少，甚至原有的市场主体不断流出，经济发展缺乏活力，居民就业、收入等也受到影响。这背后折射出不同地区营商环境的差距[②]。

3. 深化“放管服”改革的目标和路径

营商环境是市场主体面临的制度性条件，是它们生存发展的土壤。“放管服”改革是优化营商环境的关键之举，要坚持市场化、法治化、国际化整体推进，打造一流营商环境，促进大企业“顶天立地”、小企业“铺天盖地”，不断解放和发展生产力[③]。

（1）打造市场化的营商环境。要持续深化行政审批制度改革，编制公布行政许可事项清单；深化“证照分离”改革，推进照后减证并证，让市场主体准入更便捷；加强部门衔接，扩大简易注销范

① 金观平．净增超 1 亿户，彰显营商环境持续优化——数评新时代中国经济历史性跃升⑨［N］．经济日报，2022-11-03.

② 李克强．在全国深化“放管服”改革着力培育和激发市场主体活力电视电话会议上的讲话［EB/OL］．中国政府网，2021-06-16.

③ 同上。

围，使市场主体退出更顺畅。要深化投资建设领域审批制度改革，精简整合审批流程，推行多规合一、多图联审、联合验收等做法。要动态优化国家职业资格目录，降低就业创业门槛。

要让市场主体创新发展更活跃。着力完善政策、消除障碍、搭建平台，强化企业创新主体地位。注重运用税收优惠等普惠性政策激励企业研发创新。加大对“双创”的支持力度，促进大中小企业融通创新，聚众智汇众力，提高创新效率。

要切实维护公平竞争的市场秩序。要始终坚持“两个毫不动摇”，对包括国企、民企、外企在内的各类市场主体一视同仁。规范治理垄断和不正当竞争，保护各类市场主体特别是小微企业、个体工商户的合法权益和发展空间。要清理纠正地方保护、行业垄断、市场分割等不公平做法。

要创新和完善市场监管。对涉及安全生产、人民身体健康和生命安全等领域和事项，要实行全覆盖严格监管，确保质量和安全。要健全监管规则，创新监管方式，完善事中事后监管，推进跨部门综合监管、“互联网 + 监管”和信用风险分类监管，提高监管的精准性有效性。要明晰基本职责，强化责任担当，解决存在问题。要寓监管于服务之中，让市场主体安心发展、更好发展。

要深入推进政务服务优化。要继续推进省内通办、跨省通办。要推进政务服务标准化便利化，推动电子证照扩大应用和全国互通互认，实现更多政务服务网上办、掌上办、一次办。要着力破解异地就医报销难、车检难、公证难等问题，实现企业常规信息“最多报一次”，分类完成地方政务服务便民热线的归并。要用制度和技术的办法，让市场主体和群众依规办事不求人①。

① 李克强. 在全国深化“放管服”改革着力培育和激发市场主体活力电视电话会议上的讲话［EB/OL］. 中国政府网，2021-06-16.

（2）打造法治化的营商环境。要坚持依法行政，为市场主体营造稳定、公平、透明、可预期的法治环境。要完善营商环境法规体系，落实好《优化营商环境条例》，继续做好营商环境方面的法律法规立改废释工作，将行之有效的做法上升为制度规范，要抓好行政审批、收费、服务、数据安全共享等领域法规建设。

要依法保护各类市场主体产权和合法权益。完善产权保护制度，依法全面保护各类产权，严格执行知识产权侵权惩罚性赔偿制度，解决侵权成本低、维权成本高等问题。政府要带头守信践诺，要梳理政府对企业依法依规做出的承诺事项，未如期履行的要限期解决，因政府失信导致企业合法权益受损的要依法赔偿。

要严格规范公正文明执法。执法不规范不仅会打击市场信心，还会损害政府公信力和社会公平正义。有关部门要抓紧研究规范行政裁量权，纠正执法不严、简单粗暴、畸轻畸重等行为，提高执法水平。要从源头上清理乱收费、乱罚款、乱摊派，凡违反法定权限和程序设定的罚款事项，一律取消[①]。

（3）打造国际化的营商环境。这是提高我国对外开放水平的重要途径、应对日益复杂国际形势的有效举措。要发扬奋斗精神，敢于在国际市场竞争打拼，把国内市场当国际市场来竞争。要坚定不移扩大对外开放，更好利用国际国内两个市场、两种资源，塑造国际合作与竞争新优势。

要加强与相关国际通行规则对接。近年来，我们对标国际先进持续优化营商环境，营商环境国际排名大幅跃升。但与发达经济体相比，一些领域管理制度和规则还存在差距。要在贸易投资自由化便利化、知识产权保护、电子商务、政府采购等方面实行更高标准

① 李克强．在全国深化“放管服”改革着力培育和激发市场主体活力电视电话会议上的讲话［EB/OL］．中国政府网，2021-06-16.

规则。要更好发挥自由贸易试验区创新引领作用，在制度型开放上迈出更大步伐；维护好产业链供应链稳定和国家安全。

要提升外资管理服务水平。健全外商投资促进和服务体系，落实外商投资法和相关配套法规，完善外商投资准入前国民待遇加负面清单管理制度，保障外资企业依法平等进入已开放领域，使我国长期成为具有强大吸引力投资目的地。建立具有国际竞争力的引才用才制度，为高层次外国人才来华创业创新提供便利。

要优化外贸发展环境。推动降低外贸企业营商成本，清理规范口岸收费，深化国际贸易“单一窗口”建设，推动国际物流畅通。加大对中小外贸企业信贷、保险等支持，推动发展“海外仓”，加快相关标准与国际先进对标，助力企业更好开拓国际市场①。

四、加强公务员队伍建设

提高治理能力是新时代干部队伍建设的重大任务。贯彻新时代党的组织路线，建设忠诚、干净、担当的高素质干部队伍是关键。加强公务员队伍管理制度、能力素质、思想作风和职业道德建设，对于推进国家治理现代化，具有重要支撑和推动作用②。

（一）加强公务员制度建设

党的十八大以来，习近平总书记提出关于干部工作一系列新理

① 李克强．在全国深化“放管服”改革着力培育和激发市场主体活力电视电话会议上的讲话［EB/OL］．中国政府网，2021-06-16.

② 中共中央组织部公务员二局．把提高治理能力作为新时代公务员队伍建设的重大任务［J］．党建研究，2021（第4期）.

念新思想，要求“建设一支宏大的高素质干部队伍”[①]，中央部署了一系列深化干部人事制度改革重大决策。各级公务员主管部门深入实施公务员法，坚持制度建设和队伍建设并重，围绕建设忠诚干净担当的高素质专业化公务员队伍，以贯彻从严管理主基调、强化正向激励、建立分类管理格局为主线，完善公务员制度，健全公务员管理机制，公务员管理各项工作取得显著成效[②]。

1. 实施公务员分类管理改革

实施公务员分类管理是党的十八届三中全会确定的重大改革任务。公务员法规定，国家实行公务员职位分类制度，将公务员划分为综合管理类、专业技术类和行政执法类等类别。但长期以来，我国公务员均按照综合管理类进行管理。近年来，中央公务员主管部门围绕实施公务员分类管理开展了深入试点，在总结试点经验基础上加快推动分类管理规定的制定和出台。

2016 年 7 月，中办、国办印发《专业技术类公务员管理规定（试行）》和《行政执法类公务员管理规定（试行）》，确立了专业技术类、行政执法类公务员各自单独的职务序列和管理制度，明确专业技术、行政执法两类职位设定，建立“四等十一级”的职务序列，明确各自晋升方式[③]。实行分类管理，标志着中国特色的公务员分类管理制度框架迈出实质性步伐。

落实中央司法体制改革部署的系列举措，积极展开对法官、检察官建立单独的职务序列，平稳有序推进人民警察分类改革。为建

① 新华社记者. 党的十八大以来干部队伍建设成就综述［EB/OL］. 新华社，2017-09-14.

② 黄欢. 从严管理锻造逐梦中坚——党的十八大以来公务员管理改革取得显著成效［N］. 中国组织人事报，2017-08-14.

③ 新华社记者. 党的十八大以来干部队伍建设成就综述［EB/OL］. 新华社，2017-09-14.

立体现人民警察职业特点、有别于其他公务员的公安机关执法勤务警员职务序列和警务技术职务序列，中组部、人社部、公安部、国家公务员局联合印发公安机关执法勤务和警务技术职务序列两个改革试点方案，制定了套改工作实施方案和警务技术职务任职资格首次评定暂行办法，在10省（区、市）公安机关平稳有序开展试点。人民警察分类改革的推进完善了公安民警的激励保障机制，拓展了职业发展空间，广大民警的职业荣誉感和归属感进一步增强。

随着公务员分类管理制度体系基本形成，公务员分类考录、分类培训、分类考核开始迈上探索之路[①]，从而实现分渠道发展、精细化管理、专业化建设[②]。随着公务员管理更加科学化，党和人民事业发展需要的高素质专业化的公务员队伍正加速建成[③]。

2. 提高选拔任用精准化水平

考试录用在公务员队伍入口中起着主渠道作用。党的十八大以来，全国共考录公务员约80万人。在坚持公开公平考录的基础上，中央公务员主管部门着力对公务员考录政策进行改革和完善，不断提高机关选人用人的精准化水平。

一是有效缓解艰苦边远地区基层机关“招人难”问题。2014年9月，中央公务员主管部门制定印发《关于做好艰苦边远地区基层公务员考试录用工作的意见》，明确适当降低艰苦边远地区基层公务员进入门槛等政策措施，允许各地根据工作实际和队伍建设需要，拿出一定数量的职位面向本市、县户籍或在本市、县长期生活

① 黄欢．从严管理锻造逐梦中坚——党的十八大以来公务员管理改革取得显著成效．中国组织人事报［N］，2017-08-14．

② 新华社记者．党的十八大以来干部队伍建设成就综述［EB/OL］．新华社，2017-09-14．

③ 魏杰．管理更科学 队伍更专业 党的十八大以来公务员职位管理工作回眸［N］．中国组织人事报，2017-08-28．

工作的人员招考；拓宽基层公务员来源渠道，对做好高校应届毕业生、大学生村官等服务基层项目人员、优秀村干部、优秀工人农民等招录工作提出明确要求。“招人难”问题初步缓解，基层队伍结构更趋合理，稳定性得到提高。

二是扎实推进公安机关人民警察招录培养制度改革。2015 年 12 月，人社部、公安部、国家公务员局联合印发《关于加强公安机关人民警察招录工作的意见》，明确从公安院校公安专业毕业生招录人民警察的政策措施；人社部、国家公务员局等六部门联合印发《关于公安院校公安专业人才招录培养制度改革的意见》，对公安院校人才培养、招生管理、公安专业毕业生招录等作出规定；建立了招生与招警协调机制等改革政策，进一步优化了公安队伍来源，推进了公安队伍正规化、专业化、职业化建设。

三是逐步扩大公务员公开遴选规模。2013 年，中央公务员主管部门印发《公务员公开遴选办法（试行）》，公开遴选在全国范围内普遍推开，迈入制度化、常态化开展阶段，遴选人数逐年增长。队伍内部“二次择优”，优化上级领导机关公务员队伍来源结构，畅通基层公务员“上行”通道，促进形成优秀人才到基层去、上级机关公务员从基层来的良性循环；坚持人岗相适，使基层公务员“上得来”，遴选部门“选得准”，到岗工作后“用得上”，公开遴选成为基层公务员向上级机关流动主渠道①。

3. 进一步激发基层公务员队伍活力

基层公务员是党和国家工作的基石。公务员队伍中有近 60% 在县乡基层工作。为调动基层公务员扎根基层干事创业积极性，近年来，各级公务员主管部门坚持政策、资源、力量向基层倾斜，着

① 魏杰. 管理更科学 队伍更专业 党的十八大以来公务员职位管理工作回眸. 中国组织人事报［N］，2017-08-28.

力完善向基层公务员倾斜的激励机制。

一是在县以下机关推进职务与职级并行制度。职务与级别制度是公务员管理制度重要组成部分，是确定公务员工资及其他待遇的依据。现行公务员各种待遇仍主要与职务挂钩，造成过分看重职务的问题。县以下机关公务员受机构规格等因素限制，职务晋升空间小，矛盾更为突出。建立职务与职级并行制度，形成职务与职级两个晋升通道，是对干部人事制度的重要调整和改革，有利于调动和发挥基层公务员的积极性，鼓励他们立足本职踏实工作。

2015 年、2019 年，中央两次部署在县以下机关推行公务员职务与职级并行制度改革，制定主要依据任职年限和级别晋升职级的制度，实行职级与待遇挂钩，实现职务与职级并行，为基层公务员打开了职务与职级两个平行的晋升通道，较好解决了基层公务员晋升空间狭窄、待遇偏低的问题。100 多万名基层公务员晋升了职级，享受上一职务层次的工资待遇①。这一政策体现了中央对基层干部的关心，对于加强基层工作，稳定基层干部队伍，充分调动和发挥基层干部的积极性，起到了积极的促进作用。

二是强化对乡镇机关公务员队伍的政策支持。普遍加大从大学生村官等服务基层项目人员中定向考录公务员、从村（社区）干部中考录乡镇机关公务员力度，注重从村干部、大学生村官和事业编制人员中选拔乡镇领导干部，完善来自基层一线干部培养选拔机制。在乡镇一级机关设置主任科员、副主任科员非领导职务，拓宽乡镇公务员职业发展空间。出台乡镇工作补贴政策，提高基层、边远地区和乡镇公务员工资待遇。

上述改革举措将中央对基层公务员的关心关爱落到实处，鲜明

---

① 新华社记者. 党的十八大以来干部队伍建设成就综述［EB/OL］. 新华社，2017-09-14.

树立起重视基层的选人用人导向，让基层公务员发展有空间、晋升有通道、工作有激情[①]。

4. 积极推动聘任制公务员试点工作

中央公务员主管部门积极推动17个省区市和中国人民银行开展聘任制公务员试点工作，补充了一批经济发展、社会管理等方面的紧缺人才。各地各部门坚持围绕地区经济社会发展对高层次人才的需求，科学设置聘任职位；坚持公开公平公正，严格规范招聘程序；坚持人岗相适，好中选优，实现聘任职位与聘任制公务员的最佳匹配；坚持依据职位职责创新合同管理，积极创造工作条件，有效发挥聘任人员作用，成效明显：畅通了机关选人用人新渠道，提高了机关效能和专业化水平，为深入推进聘任制积累了宝贵经验。聘任制是公务员法的重要制度创新，各地各部门用实践检验了聘任制公务员管理制度，在招聘测评、合同管理、绩效考核、职业保障、聘期满后重新聘任等方面进行了探索，为下一步深入推进聘任制工作奠定了实践基础[②]。

（二）加强公务员队伍治理能力建设

完善和发展中国特色社会主义制度、推进国家治理现代化，关键在于推进治理能力现代化。公务员是干部队伍的重要组成部分，是社会主义事业的中坚力量，是党治国理政的骨干力量。提高公务员队伍治理能力，对于加强公务员队伍建设、完成“两个一百年”奋斗目标、实现中华民族伟大复兴的中国梦具有重要意义[③]。

---

① 黄欢．从严管理锻造逐梦中坚——党的十八大以来公务员管理改革取得显著成效［N］．中国组织人事报，2017-08-14．

② 魏杰．管理更科学 队伍更专业 党的十八大以来公务员职位管理工作回眸［N］．中国组织人事报，2017-08-28．

③ 中共中央组织部公务员二局．把提高治理能力作为新时代公务员队伍建设的重大任务［J］．党建研究，2021（第4期）．

1. 提高公务员队伍治理能力是推进国家治理现代化的需要

提高新时代公务员队伍治理能力的重大现实意义。当今世界正经历百年未有之大变局，我国正处于实现中华民族伟大复兴关键时期，形势环境变化之快、改革发展稳定任务之重、矛盾风险挑战之多、对我们党治国理政考验之大前所未有。真正实现社会和谐稳定、国家长治久安，还是要靠制度，靠我们在国家治理上的高超能力，靠高素质干部队伍。习近平总书记的这些重要论述，从党和国家事业发展全局出发，深刻阐明了提高新时代公务员队伍治理能力的时代大势、战略考量、使命任务。

提高新时代公务员队伍治理能力的根本要求。我们的目标是推进国家治理体系和治理能力现代化，完善和发展中国特色社会主义制度；必须坚决维护党中央权威，把党的领导落实到国家治理各领域各方面各环节；在法治轨道上推进国家治理体系和治理能力现代化。习近平总书记的重要论述，深刻阐明了提高新时代公务员队伍治理能力的方向原则、根本目的、本质要求。

新时代公务员队伍治理能力的主要内容。总体要求方面，有“德才兼备、以德为先、任人唯贤①”“信念坚定、为民服务、勤政务实、敢于担当、清正廉洁”“三严三实”“忠诚干净担当”“五个过硬”“四有”“四个铁一般”“三个特别”等。具体能力方面，要提高党员干部“八种本领”，提高年轻干部“七种能力”；提高各级领导班子和干部抓改革、促发展、保稳定水平和专业化能力；提高把握新发展阶段、贯彻新发展理念、构建新发展格局的政治能力、战略眼光、专业水平。习近平总书记这些重要论述，深刻阐明了新时代公务员队伍治理能力的具体标准、基本素质、丰富内涵。

---

① 陈希. 建设堪当民族复兴重任的高素质干部队伍，党的二十大报告学习辅导百问［M］. 北京：党建读物出版社　学习出版社，2022：97.

提高新时代公务员队伍治理能力的方法路径。习近平总书记强调建立健全素质培养、知事识人、选拔任用、管理监督、正向激励“五大体系”，加强思想淬炼、政治历练、实践锻炼、专业训练。强调各级领导干部要切实强化制度意识，带头维护制度权威，做制度执行的表率；年轻干部要起而行之、勇挑重担，积极投身中国特色社会主义伟大实践，真刀真枪锤炼能力；注重加强对基层干部的业务能力培训，帮助基层干部提高综合素质和能力，增强干事创业的信心和本领。这些重要论述，深刻阐明了提高新时代公务员队伍治理能力的制度机制、具体路径①。

2. 公务员队伍治理能力建设成效与不足

党的十八大以来，以习近平同志为核心的的党中央，把干部队伍建设放在管党治党、治国理政的突出位置来抓②，中央高度重视公务员队伍治理能力建设，采取一系列重大举措，完善中国特色公务员制度，推动建设高素质专业化公务员队伍，形成了一整套行之有效的体制机制，开启了公务员队伍治理能力建设的新篇章。

公务员队伍治理能力建设取得显著成效。一是强化思想政治教育，公务员队伍政治能力进一步增强。二是落实中央关于全面依法治国的重大部署，公务员依法履职、依法办事能力进一步增强。三是公务员队伍结构更加合理，服务经济社会发展的能力进一步增强。四是积极投身三大攻坚战，公务员队伍的斗争精神、斗争本领进一步增强。五是贯彻落实总体国家安全观，应对和防范重大风险的能力进一步增强。六是统一规范高效的公务员管理体制进一步健

---

① 中共中央组织部公务员二局. 把提高治理能力作为新时代公务员队伍建设的重大任务[J]. 党建研究，2021（第4期）.

② 陈希. 建设堪当民族复兴重任的高素质干部队伍，党的二十大报告学习辅导百问[M]. 北京：党建读物出版社 学习出版社，2022：97.

全，公务员工作科学管理能力进一步增强。

公务员队伍治理能力还存在短板弱项。一是政治建设仍需进一步加强，学习习近平新时代中国特色社会主义思想系统性不强、联系实际不够、学用脱节等现象依然存在。二是公务员队伍结构仍需优化，基层高素质人才不足问题仍未得到有效解决。三是公务员队伍的创新能力明显不足，运用现代技术手段开展治理的能力比较欠缺。四是基层公务员治理能力亟待提升，有的在学习能力、依法办事能力、应急处突能力等方面较欠缺[①]。

3. 新时代公务员队伍治理能力框架

党的二十大报告强调"加强和改进公务员工作""建设堪当民族复兴重任的高素质干部队伍""全面建设社会主义现代化国家，必须有一支政治过硬、适应新时代要求、具备领导现代化建设能力的干部队伍"[②]。公务员队伍治理能力是适应国家治理体系和治理效能需求，管理改革发展稳定、内政外交国防、治党治国治军等各方面事务的能力，是在公务员个体能力基础上形成的团队能力，具有很强的政治性、时代性、规范性、系统性、综合性、持续性，主要包括综合性能力、专业性能力和专项工作能力等。各类能力之间既彼此关联，又各有侧重，形成相互支撑、衔接紧密的整体能力。

把综合性能力作为公务员队伍治理能力建设的基础工程来抓。综合性能力是每一个公务员必备的基本能力。公务员队伍综合性能力，主要包括政治能力、调查研究能力、科学决策能力、统筹协调

① 中共中央组织部公务员二局. 把提高治理能力作为新时代公务员队伍建设的重大任务［J］. 党建研究，2021（第 4 期）.

② 习近平. 高举中国特色社会主义伟大旗帜　为全面建设社会主义现代化国家而团结奋斗——在中国共产党第二十次全国代表大会上的报告［EB/OL］. 新华网，2022-10-25.

能力、依法办事能力、改革攻坚能力、应急处突能力、群众工作能力、抓落实能力等。各级领导干部要着力增强学习本领、政治领导本领、改革创新本领、科学发展本领、依法执政本领、群众工作本领、狠抓落实本领、驾驭风险本领。加强实践锻炼、专业训练，注重在重大斗争中磨砺干部，增强干部推动高质量发展本领、服务群众本领、防范化解风险本领。加强干部斗争精神和斗争本领养成，着力增强防风险、迎挑战、抗打压能力，带头担当作为[①]。

把专业性能力作为公务员队伍治理能力建设的提质工程来抓。专业性能力主要包括专业技术能力、部门核心业务能力、地方发展重点能力、岗位必备专业能力等，具有很强的行业、地域、岗位特征。随着党和国家各方面工作越来越专业化、专门化、精细化，对公务员队伍专业性能力提出了更高要求。

把专项工作能力作为公务员队伍治理能力建设的强能工程来抓。专项工作能力主要包括完成重大战略、重大任务，应对突发事件、风险挑战等应具备的能力。党的十八大以来，党中央提出了创新驱动发展、区域协调发展、乡村振兴、可持续发展等重大战略。公务员队伍的专项工作能力发挥着越来越重要的作用。

探索建立新时代公务员队伍治理能力框架。一是坚持和加强党的全面领导，把党的全面领导贯穿公务员队伍进、管、出各环节。二是坚持围绕中心、服务大局，自觉把工作放在新时代党和国家事业发展全局中去定位、去谋划。三是坚持以人民为中心，为人民服务、做人民公仆，彰显提高治理能力的价值取向。四是坚持问题导向、目标导向、结果导向相统一，不断增强公务员队伍治理能力建

① 习近平. 高举中国特色社会主义伟大旗帜　为全面建设社会主义现代化国家而团结奋斗——在中国共产党第二十次全国代表大会上的报告［EB/OL］. 新华网，2022-10-25.

设的实践性、针对性、可操作性。五是坚持改革创新、与时俱进，推动公务员队伍治理能力跟上时代步伐[①]。

4. 提高新时代公务员队伍治理能力的对策建议

加强政治能力建设。一是强化理论武装。大力提高公务员队伍的马克思主义理论素养，教育引导公务员增强“四个意识”、坚定“四个自信”、做到“两个维护”。二是突出政治标准。坚持把政治能力作为第一位能力，从严政治素质测查考查。三是加强政治历练。在参与重大政治活动、应对处理各种矛盾挑战、守初心担使命抓落实中，提高斗争本领，强化政治担当。

优化公务员队伍结构。一是促进区域、层级、类别分布更加合理。充实稳定基层一线力量，着力解决艰苦边远地区“招人难”“留人难”问题。加大对基层公务员的培养培训力度。二是推动公务员队伍形成合理梯次，保证工作的稳定性和连续性。三是研判公务员队伍专业缺口和能力短板，合理规划招录专业要求，探索设定专业性部门专业人才最低比例配备要求。注重通过调任、聘任、选任等补充机关急需的专业人才，支持和鼓励各地各部门结合国家重大战略开展专项招录、特殊招录。加大选调生工作力度，吸引更多优秀大学毕业生进入公务员队伍[②]。

提升管理的科学化水平。一是完善公务员管理制度体系。深入贯彻实施公务员法，落实建设高素质专业化公务员队伍的意见，推动公务员管理法规制度更加成熟更加定型。二是进一步深化分类管理。统筹不同类别公务员的选拔使用和交流，推进分类考录、分类考核、分类培训等。三是强化激励约束机制。平时考核、年度考

---

① 中共中央组织部公务员二局. 把提高治理能力作为新时代公务员队伍建设的重大任务 [J]. 党建研究，2021（第 4 期）.

② 同上。

核、专项考核要坚持正确导向，做实及时奖励，进一步完善公务员工资福利制度。坚持从严管理，加强日常监督。

优化能力提升的方法路径。一是提高教育培训的系统性、有效性。加强思想淬炼、政治历练、实践锻炼、专业训练。以适应新发展阶段、贯彻新发展理念、构建新发展格局、推动高质量发展为主题，围绕“十四五”规划重点任务，分行业、地域、层级开展专题培训。二是增强实践锻炼的针对性、实效性。探索建立常态化、制度性的公务员交流机制。深入开展年轻公务员走基层活动，在重大任务、艰苦边远地区、关键岗位等加强历练[①]。

健全能力建设的体制机制。一要充分认识加强新时代公务员队伍治理能力建设的重大意义，加强组织领导，认真研究谋划，务求取得实效。二要履行好公务员管理职责，梳理公务员队伍现状，建立公务员队伍治理能力定期评估机制。三要细化治理能力框架，有针对性地加强培养培训，优化公务员队伍结构[②]。

（三）加强公务员队伍作风建设

作风建设是党的生命线，关系党和政府的形象，关系党和国家的生死存亡。2012 年 12 月 4 日，中央政治局召开会议，审议关于改进工作作风、密切联系群众的八项规定，聚焦作风建设，集中解决形式主义、官僚主义、享乐主义和奢靡之风这“四风”问题。自中央落实八项规定和反“四风”以来，公务员队伍作风建设取得显著成效，良好政治生态正在形成[③]。

---

① 中共中央组织部公务员二局. 把提高治理能力作为新时代公务员队伍建设的重大任务［J］. 党建研究，2021（第 4 期）.

② 同上。

③ 刘建军，邓理. 国家治理现代化：新时代的治国方略［M］. 上海：上海人民出版社，2020：246.

1.“四下基层”

密切联系人民群众是干部的基本功。习近平同志在福建工作期间倡导的“四下基层”（即信访接待下基层、现场办公下基层、调查研究下基层、宣传党的方针政策下基层）制度是密切联系人民群众、体现党的优良作风的一个很好的方法。“四下基层”已成为福建广大党员干部的普遍共识和自觉行动，并不断引向深入。

2013 年，福建省委对“四下基层”做出制度安排，制定了《关于推进领导干部“四下基层”工作的意见》《省级领导“四下基层”工作制度》《省委常委会定期听取和研究解决干部群众反映的突出问题制度》等；进一步完善领导干部接待群众来访制度，实施处理信访事项“路线图”，建立风险评估、积案化解、公开听证等信访工作“七项机制”，依法依规维护群众权益；组织各种形式的宣讲团，大力开展“三下乡”活动，围绕党的方针政策和热点难点问题，深入宣传，释疑解惑。

各地结合自身实际不断探索、创新新平台、新方法，积极推进“四下基层”工作。如宁德市推行“一线工作法”，组建工业服务队、项目服务团，及时协调解决项目推进中的问题；福州市规定市级领导每年下基层蹲点不少于 10 天、县处级每季度不少于一周，县市区干部每人至少挂钩 1 个村（社区、企业、学校、社团）并兼任副职，机关干部每半年下基层时间不少于 15 天。

福建省正全力建立健全干部直接联系群众制度、群众诉求反映表达制度、体现群众意愿的科学民主决策制度、重大决策实施效果跟踪反馈制度、干部作风状况考核评价制度，形成一个配套衔接、运行高效的群众路线制度体系，使“四下基层”常态化①。

① 刘见闻，黄少鹤，程枝文. 记者深入基层，采访“四下基层”福建省持续深入实践“四下基层”[N]. 福建日报，2014-10-30.

2. 马上就办

1991 年 2 月 20 日，时任福州市委书记的习近平同志在市委工作会议上首次提出“马上就办”工作精神和工作方法[①]，开地方党委政府转变工作作风、提升治理效能先河。市委班子在他的带动下，形成“马上就办、真抓实干”工作作风，有什么事情立刻解决，绝不拖沓、绝不推诿。他还提出“四个万家”：经常去了解群众的事，进万家门、知万家情、解万家忧、办万家事；要求所有领导干部都照此去做，把群众的事在基层解决好[②]。2018 年 9 月，福建省委、省政府出台《福建省弘扬“马上就办、真抓实干”优良传统作风若干规定（试行）》，推动作风建设常态化、制度化、长效化，激励全省广大党员干部新时代新担当新作为。

“马上就办”是深化行政体制改革的重要动力，是改进机关作风的有力武器，是当代共产党人的责任与担当，是治国理政的一种创新理念和制度安排。“马上就办”彰显了习近平总书记以人民为中心的执政理念和求真务实的工作作风，是公务员作风建设的示范引领。坚持和弘扬“马上就办”的精神和作风，回应新时代的呼唤和人民的期盼，无疑将释放出引领新时代的强大正能量[③]。

3. 效能建设

2000 年 3 月，福建省委、省政府作出《关于开展机关效能建设工作的决定》，要求在全省乡镇以上各级机关和具有行政管理职能的单位全面开展机关效能建设；4 月，正式成立省机关效能建设

① 本书编写组. 闽山闽水物华新——习近平福建足迹（下）[M]. 福州：福建人民出版社 北京：人民出版社，2022：854、855.

② 中央党校采访实录编辑室著. 习近平在福州 [M]. 北京：中共中央党校出版社，2020：149、150、151.

③ 李新生. 新时代要大力弘扬“马上就办”的精神 [EB/OL]. 人民网 – 中国共产党新闻网，2017-11-14.

领导小组及其办公室，由省长习近平担任组长，在全国率先推进机关效能建设。2013 年 11 月 29 日，福建省十二届人大常委会第六次会议审议通过《福建省机关效能建设工作条例》。

效能建设法制化。《条例》是全国首部机关效能建设工作的地方性法规。它把福建省机关效能建设工作依据由政策规定上升为地方性法规，为机关效能建设深入发展提供了法制保障；从法制层面进一步规范机关效能建设的目的、范围、内涵、原则、内容、手段等，明确机关效能建设领导机构和工作机构的职责及权限。它的出台，标志着福建省机关效能建设工作步入法制化轨道。

“马上就办”常态化。《条例》明确各级机关及其工作人员应当树立和自觉践行“马上就办”工作理念；督促各级各部门明确“马上就办”事项和举措，建立“马上就办”长效机制。围绕提高行政审批效率，深化行政审批制度改革，精简省级行政审批项目。组织单位作风和效能情况暗访，发现问题逐个单位进行反馈、限期整改；认真受理机关效能投诉，强化监督制约机制，严肃处理庸懒散问题，促进各级部门作风进一步好转。

行政服务标准化。《条例》明确各级行政服务中心应当推行标准化管理，健全办理机制，公开办理事项，优化办理程序，明确办理时限。出台《推进行政服务中心标准化建设的意见》，发布省地方标准《行政服务中心标准体系和编制规则》，按照“程序最优、环节最简、时限最短、效率最高”原则，建立行政服务中心的服务平台、服务运行、服务监控和服务保障等标准。

绩效管理科学化。《条例》明确各级机关应当实行绩效管理，建立健全绩效管理制度，规范绩效管理指标体系和考评方法。拓展实施范围，将设区市党委、平潭综合实验区党工委、省直党群机构纳入绩效管理和考评范围。实施分类考评，优化指标体系，改进评估方法，强化结果运用。在全国率先制定“地方标准项目”——《绩效管理工作规范》，建设政府绩效管理信息系统。

效能制度体系化。《条例》规定，各级机关应建立效能建设基本制度，建立健全行政服务平台，规范行政审批运作。各级机关实行岗位责任制、服务承诺制、办事公开制、首问负责制、一次性告知制、限时办结制、否定报备制、失职追究制等制度，推动解决推诿塞责、办事效率低下等官僚主义问题。

效能问责规范化。《条例》明确了效能问责的法律性质，即效能问责是对尚不构成处分又实际损害群众利益、影响行政管理行为的一种责任承担方式。效能问责方式分诫勉教育、通报批评、效能告诫等三种[①]。建立健全效能绩效考评与奖惩制度，把效能建设与机关工作人员的考核奖惩结合起来。

实践证明，机关效能建设是加强作风建设的重要载体。机关效能建设以提升治理效能为基本目标，以实现优质高效为目的，把管理的诸多要素有机结合在一起依法履行职责。机关及其工作人员是效能建设的主体，是作风、效能的体现者；人民群众是效能建设的受益者，是客体。通过加强机关效能建设，规范行政行为，改善服务态度，促进了机关作风转变和服务效率提升。

深化机关效能建设。2022 年 2 月 7 日，福建省委常委会会议提出，聚焦提高效率、提升效能、提增效益，全面推进经济社会高质量发展。要坚持以问题为导向、以实效为标准，引导全省上下进一步增强效率意识、效能意识、效益意识，在“效”上看高低、见担当、显精神。提高效率，要在“快”上下功夫；提升效能，要在“优”上下功夫；提增效益，要在“实”上下功夫。

---

① 福建省纪委．福建“六化”提升机关效能建设［EB/OL］．http://www.fjcdi.gov.cn/，2013-12-30．

4. 强化管理

党的十八大以来，各级公务员主管部门贯彻落实中央八项规定，结合公务员的考核、选用、管理、提拔、激励、监督等各个环节，抓住促进公务员想干事、会干事、肯干事这个关键，立足职能职责，推动解决公务员中存在的不作为、慢作为、乱作为问题，强化监督约束，加强正向激励，不断催生公务员干事创业的内生动力，推动公务员队伍作风建设不断深入。

一是强化考核，从严管理。完善公务员年度考核，推进公务员平时考核。下发了深入开展平时考核试点办法，平时考核工作联系点稳步增加，在部分省（区、市）和中央国家机关普遍推开，使从严管理公务员有了日常抓手。改进优秀等次的评定程序和方法，适当扩大考核激励面。强化考核结果运用，使考核结果的使用与治庸治懒、容错纠错、问责追责、推进干部能上能下等工作真正挂钩，促进了公务员履职尽责、奋发有为。

二是表彰先进，激励担当。在广大公务员中深入开展争做人民满意的公务员活动，积极创建“为民服务示范岗（单位）”评选、表彰全国“人民满意的公务员”和“人民满意的公务员集体”。各地区各部门也评选表彰了一大批人民满意的公务员个人和集体，发挥了良好激励和示范作用。

三是加大监督，治庸治懒。加强对权力运行的制约和监督。加大对公务员中不作为、慢作为、乱作为整顿力度。探索建立健全公务员问责制度，大力治理庸懒散现象，建立健全容错纠错机制，保护公务员干事创业的积极性，真正使那些想干事、能干事、敢担当、善作为的优秀公务员得到褒奖和重用[①]。黑龙江针对少数基层

① 黄欢. 从严管理锻造逐梦中坚——党的十八大以来公务员管理改革取得显著成效[N]. 中国组织人事报，2017-08-14.

公务员存在的“不落实、不研究、不作为、不在状态、不守纪律”等情况，开展专项整治。福建列出 18 种不作为、慢作为、乱作为情形，加大对举报公务员不担当不作为问题的核查督办力度，及时发现、惩戒庸懒无为干部[①]。

四是深化改革，提高效能。结合深化放管服改革、优化营商环境，加快行政审批制度改革，推进电子政务建设，增强服务意识，提高服务效率。浙江深化“最多跑一次”改革，推动公共服务大提升；变“群众跑”为“干部跑”“数据跑”，变“反复跑、多头跑”为最多跑一次，促使基层公务员改进作风、提升效率[②]。

5. 改进措施

党的十八大以来，“四风”整治取得阶段性成果，公务员队伍作风建设取得明显成效，但各种不正之风还不同程度存在，纠正“四风”不能止步，作风建设永远在路上。要以习近平新时代中国特色社会主义思想为引领，贯彻落实好新时代党的组织路线，扎实推进公务员法的实施，进一步加强公务员队伍作风建设。

一是强化宗旨意识。作风表现源于内在的精神动力。要把作风建设作为各级党校、行政学院公务员培训的必修课，教育引导公务员坚定理想信念，切实增强执行党的路线、方针、政策的自觉性和坚定性，牢固树立全心全意为人民服务的宗旨意识，始终与人民群众保持密切联系，把人民群众的利益放在首位，增强责任意识、服务意识，提高服务能力水平，更好地改进工作作风，树立公务员的良好形象，增强人民群众的满意度和获得感。

---

① 中共福建省委组织部．全面加强干部日常管理监督工作［EB/OL］．共产党员网，2019-11-19.

② 浙江省人民政府关于印发浙江省深化“最多跑一次”改革推进政府数字化转型工作总体方案的通知［EB/OL］．搜狐网，2019-01-06.

二是强化考核运用。要把作风建设作为公务员平时考核、年终考核的重要内容，不断增强公务员的履职意识，让考核真正成为约束公务员行为、加强公务员作风建设的重要措施；细化规范公务员行为，增强公务员自律意识；畅通公务员“出口”，对不能正常履职、不遵守公务员规范、触犯法律底线的公务员，坚决调整工作岗位或清除出公务员队伍，增强公务员的危机意识。

三是强化激励力度。加强公务员分类制度改革，通过科学设岗定责，使公务员人人有任务、有目标、有奔头；把作风表现作为职务升降的重要依据，对确属德才兼备、踏实肯干、作风优良的干部大胆提拔重用，从用人机制上力促干部转变工作作风；大力弘扬新时代公务员精神，深化“人民满意公务员集体”和“人民满意公务员”评选活动，推动公务员作风建设工作正向发展，激励干部敢于担当、积极作为。

四是强化监督管理。健全监督体系，强化正风肃纪，锲而不舍落实中央八项规定精神，持续深化纠治“四风”，重点纠治形式主义、官僚主义，坚决破除特权思想和特权行为①。要教育“一把手”增强主角意识，敢抓敢管。对因监督不力、下级出现问题的，要追究领导责任，以增强各级领导抓班子、带队伍的自觉性。开展明察暗访、聘请特约监督员、征求服务对象意见，引入群众监督，把公共权力运行置于阳光之下，自觉接受群众民主监督，促进公务员秉公用权和转变作风②。

① 习近平. 高举中国特色社会主义伟大旗帜　为全面建设社会主义现代化国家而团结奋斗——在中国共产党第二十次全国代表大会上的报告［EB/OL］. 新华网，2022-10-25.

② 魏杰. 探索改进作风的实现路径［N］. 中国人事报，2010-4-23.

（四）加强公务员职业道德建设

道德是个人成才的基石、社会和谐的基础、凝聚力量的关键①。德是为官之魂。职业道德建设是公务员队伍建设的固本铸魂工程②。党历来高度重视公务员职业道德建设，全心全意为人民服务是共产党人的崇高道德标准。公务员职业道德是公务员职业活动行为准则和规范，要把职业道德建设摆在能力素质培养的首位，牢牢把握履职尽责的“人民属性”，不负时代和历史重托③。

1. 职业道德是公务员法对公务员的基本要求

公务员法第一章“总则”规定：公务员的任用，坚持德才兼备、以德为先；坚持五湖四海、任人唯贤；坚持事业为上、公道正派，突出政治标准，注重工作实绩。第二章“公务员的条件、义务与权利”规定：公务员应当具有良好的品行；应当遵守纪律，恪守职业道德，模范遵守社会公德。习近平总书记要求广大干部做到“信念坚、政治强、本领高、作风硬”“政治要强、情怀要深、思维要新、视野要广、自律要严、人格要正”，为新时代公务员职业道德建设提供了思想指引和行为准则④。

2. 新时代加强公务员职业道德建设的重要意义

党的十八大以来，中央全面推进从严治党，推动公务员职业道德水平显著提升。但是，官僚主义、形式主义、享乐主义，“不作为、慢作为、乱作为、假作为”问题，仍不同程度存在。新形势下

---

① 刘谦．新时代思想道德建设的价值意蕴与实现路径［N］．中国教育报，2019-04-25．

② 黄欢．从严管理锻造逐梦中坚——党的十八大以来公务员管理改革取得显著成效［N］．中国组织人事报，2017-08-14．

③ 卢绍武．新时代公务员职业道德建设内涵与实现路径［J］．海峡通讯，2021（第5期）．

④ 同上。

推进公务员队伍职业道德建设，对公务员队伍依法公正履行公共管理职能，提升国家治理水平、推进国家治理体系和治理能力现代化具有重要意义。

一是创造性继承优秀传统文化、增强文化自信的需要。古代中国强调“德为立身之本”，古代官吏选拔任用把道德水平置于各项选拔条件的突出位置。任人唯贤、选贤与能的用人标准，是中华优秀传统文化的重要组成部分[①]。倡导“立德”“修身”，坚持“举贤”“任能”，继承弘扬古代科学的用人标准，使中华优秀传统文化成为涵养新时代公务员队伍职业道德建设的重要源泉。

二是以优良党风政风带动社风民风的需要。公务员职业道德关系到整个社会道德风尚和社会风气的好坏。公务员群体是社会主义核心价值观的重要实践者，对社会道德的养成具有示范、引领作用。公务员群体是治国理政的重要主体，公务员作为施政者、为政者，在职业道德引导上应当发挥“德风”的作用，以身作则、修身向上，以良好的党风、政风引导整体社会风气向着弘扬正气的方向发展。

三是确保国家和社会长治久安的需要。公务员形象是执政党和政府形象外化。加强公务员职业道德建设，有利于塑造党和政府廉洁、高效、务实的执政形象，增强凝聚力、向心力，不断巩固党的执政基础，把人民群众团结到党的周围和实现中华民族伟大复兴的历史伟业中[②]。

3. 新时代公务员职业道德建设的基本内涵

习近平总书记指出，好干部要做到信念坚定、为民服务、勤政

① 习近平. 推进国家治理体系和治理能力现代化［EB/OL］. 新华网，2020-01-01.

② 卢绍武. 新时代公务员职业道德建设内涵与实现路径［J］. 海峡通讯，2021（第5期）.

务实、敢于担当、清正廉洁[①]。2016 年 7 月，中央组织部、人社部、国家公务员局印发的《关于推进公务员职业道德建设工程的意见》提出，公务员职业道德建设要突出政治性、示范性、约束性、可操作性，以“坚定信念、忠于国家、服务人民、恪尽职守、依法办事、公正廉洁”为主要内容[②]。

“坚定信念”。要求公务员坚定对马克思主义的信仰，坚定对社会主义和共产主义的信念；坚持中国共产党的领导，坚持党的基本理论、基本路线、基本纲领、基本经验、基本要求不动摇；把牢政治方向，坚定政治立场，严守政治纪律和政治规矩，增强党性修养，切实增强“四个意识”、坚定“四个自信”、做到“两个维护”，同党中央保持高度一致，做到对党和人民绝对忠诚。

“忠于国家”。要求公务员弘扬爱国主义精神，厚植对祖国、对民族、对人民的深厚感情，体现在爱集体、爱岗位、爱本职工作的具体行动中；坚决维护国家安全、荣誉和利益，维护党和政府形象、权威，维护国家统一和民族团结；保守国家秘密和工作秘密，同一切危害国家利益的言行做斗争。

“服务人民”。要求公务员“坚持以人民为中心”的执政理念，全心全意为人民服务，永做人民公仆；坚持党的群众路线，密切联系群众，以人民忧乐为忧乐，以人民甘苦为甘苦；坚持人民利益至上，把实现好、维护好、发展好最广大人民根本利益作为工作的出发点和落脚点，切实维护群众切身利益。

“恪尽职守”。要求公务员服务大局、奋发有为、甘于奉献，为

① 习近平在全国组织工作会议上强调建设一支宏大高素质干部队伍确保党始终成为坚强领导核心刘云山讲话王岐山出席［N］. 人民日报，2013-06-30（01 版）

② 三部门关于推进公务员职业道德建设工程的意见［EB/OL］. 中央政府门户网站，2016-07-07.

党和人民的事业不懈奋斗；坚持原则、敢于担当、认真负责，面对矛盾敢于迎难而上，面对危机敢于挺身而出，面对失误敢于承担责任，面对歪风邪气敢于坚决斗争；精通业务知识，勤勉敬业、求真务实，兢兢业业做好本职工作。

"依法办事"。要求公务员牢固树立社会主义法治理念，着力培养法治思维，努力提高法治素养，带头学习宣传贯彻习近平法治思想，模范遵守宪法和法律；严格依法履职，做到权由法定、权依法使，法定职责必须为、法无授权不可为；坚持依法决策，严格按照法定的权限、程序和方式执行公务。

"公正廉洁"。要求公务员坚持秉公用权、公私分明，办事出于公心，努力维护和促进社会公平正义；严于律己、廉洁从政，坚守道德法纪防线；坚持真理、崇尚科学、为人正派、诚实守信，尚俭戒奢、勤俭节约[①]；不以权谋私，勇于同腐败现象做斗争，弘扬传统美德，模范遵守社会公德和家庭美德。

4. 党的十八大以来公务员队伍道德建设的举措和成效

一是不断推进公务员队伍思想政治建设。党的十八大以来，公务员队伍扎实开展党的群众路线教育实践活动、"三严三实"专题教育、"两学一做"学习教育和党史学习教育，加强马克思主义基本原理和中国特色社会主义理论的学习，把学习贯彻习近平总书记系列重要讲话精神作为公务员培训教育的首要内容，坚持用科学理论武装头脑、指导实践、推动工作。大力加强政治文化建设，弘扬忠诚老实、光明坦荡、公道正派、实事求是、艰苦奋斗、清正廉洁等共产党人价值观，模范践行社会主义核心价值观。

二是大力加强公务员队伍职业道德建设。各地各部门扎实开展

---

① 三部门关于推进公务员职业道德建设工程的意见［EB/OL］. 中央人民政府门户网站 www.gov.cn，2016-07-07.

公务员职业道德轮训，推动建立公务员个人诚信档案，完善奖惩机制，开展了宪法宣誓活动以及“公务员志愿服务”“职业道德社会评议”等主题实践活动，引导公务员牢固树立坚定信念、忠于国家的政治品质，不断强化服务人民、恪尽职守的责任意识，始终遵循依法办事、清正廉洁的职业精神。

三是切实加强公务员能力素质教育培训。国务院办公厅先后印发“十二五”“十三五”行政机关公务员培训规划纲要，对公务员培训工作进行部署。各地各部门扎实开展公务员“四类培训”，每年有 500 万左右公务员参加各类培训。扎实开展对口培训，为欠发达地区培训近 1 万余名骨干公务员；围绕贯彻落实新发展理念、推进供给侧结构性改革、创新驱动发展战略、脱贫攻坚、依法行政等专题，开展精准化教育培训，提升公务员干事本领；有计划地选派公务员到基层或上级机关挂职锻炼，在实践中增长公务员才干。

公务员队伍道德建设取得显著成效。通过持续不断的思想“浸润”、道德培塑、专业提升，广大公务员“四个意识”更加牢固，“四个自信”更加坚定，贯彻落实中央决策部署的自觉性和坚定性进一步增强。710 多万名公务员，正以理想信念更坚定、能力作风更过硬的面貌，领路前行在党和国家事业的各条战线[①]。伴随着党的十八大以来政治生态的好转，公务员队伍的心态呈现正面变化：公务员心态整体上趋于自尊自信，行为趋向理性平和；奋发有为、敢于担当、积极向上的心态正在逐渐形成；培育和践行社会主义核心价值观正在成为越来越多公务员的共识[②]。

---

① 黄欢．从严管理锻造逐梦中坚——党的十八大以来公务员管理改革取得显著成效 [N]．中国组织人事报，2017-08-14．

② 龚云．十八大以来公务员心态有何变化 [EB/OL-J]．人民网 - 人民论坛，2017-04-11．

5. 新时代推进公务员职业道德建设的基本路径

一是必须始终坚持党的领导。公务员职业道德建设作为社会主义精神文明建设总目标的有机组成部分，必须在党的领导下，确立思想道德建设新目标、新要求，努力构建思想道德建设大系统和新格局。我们党是一个组织严密、纪律严明的马克思主义政党。在党的领导下，每个党员都身体力行，实践更高的道德水准，发挥模范带头作用，积极践行新时代思想道德，引领良好社会风尚的形成[①]。

二是以教育培训和自律修养强化内在动力。着眼于新时代新形势新任务新要求，不断丰富和拓展教育培训内容。开展以理想信念教育为主要内容的公务员思想政治教育，用习近平新时代中国特色社会主义思想武装头脑、推动工作、指导实践，“牢固树立正确的世界观、人生观、价值观和权力观、政绩观、事业观”。

加强自律是每位公务员应尽的义务，关键在于强化人格品质和慎独意识，形成严格的自我约束、自我规范、自我反省的思维习惯，将外在的道德要求内化为自觉行为，从而形成严密的道德心理防线，抵制各种外界诱惑。要自觉强化自律修养，在充分履行义务、依法行使权利上立标杆、作示范。

三是以法律法规和制度机制健全外部规范。学习借鉴世界各国在公务员职业道德建设中的普遍做法，加快推进相关立法工作，通过法律手段规范公务员职业道德行为。完善公务员职业道德的制度机制保障，健全以考核机制为主体的机制配套体系。把职业道德领域考核纳入公务员年度考核和平时考核范畴，构建评价标准体系，完善考核主体，强化职业道德考核结果运用。

四是以专职机构、学术团体和社会舆论协作配合激活保障力

---

① 刘谦．新时代思想道德建设的价值意蕴与实现路径［N］．中国教育报，2019-04-25.

量。探索设立适合我国国情的专职公务员职业道德监督机构，促进公共行政服务效能进一步提升。加强与专业学术团体（协会）的沟通协作，增强相关研究、教育、宣传，提高公务员职业道德建设科学性。大力宣传“人民满意公务员”群体先进事迹，引导社会舆论对公务员职业道德建设的正向关注和正面传播，着力营造尊重品德、积极向上，增强信心、温暖人心、凝聚民心的舆论氛围[①]。

① 卢绍武. 新时代公务员职业道德建设内涵与实现路径［J］. 海峡通讯，2021（第5期）.

第六章　人才发展治理现代化推动经济高质量发展

党的二十大报告指出，实现高质量发展，是中国式现代化的本质要求，是全面建设社会主义现代化国家的首要任务。教育、科技、人才是全面建设社会主义现代化国家的基础性、战略性支撑。必须坚持科技是第一生产力、人才是第一资源、创新是第一动力，深入实施科教兴国战略、人才强国战略、创新驱动发展战略，开辟发展新领域新赛道，不断塑造发展新动能新优势。要坚持教育优先发展、科技自立自强、人才引领驱动，加快建设教育强国、科技强国、人才强国，坚持为党育人、为国育才，全面提高人才自主培养质量，着力造就拔尖创新人才，聚天下英才而用之[①]。

① 习近平．高举中国特色社会主义伟大旗帜　为全面建设社会主义现代化国家而团结奋斗——在中国共产党第二十次全国代表大会上的报告［EB/OL］．新华网，2022-10-25．

一、深化教育供给侧改革，优化高质量人才供给

（一）创新人才引领高质量发展

1. 高质量发展对人才供给提出新要求

人力资本对经济增长有重要推动作用，而教育就是人力资本的决定性因素[①]。经过 40 多年的改革开放，我国经济已由高速增长阶段转向高质量发展阶段，正处在转变发展方式、优化经济结构、转换增长动力的攻关期。步入新发展阶段，必须坚持质量第一、效益优先，以供给侧结构性改革为主线，推动经济发展质量变革、效率变革、动力变革，提高全要素生产率[②]。

高质量发展是创新驱动或创新作为第一动力的发展[③]。高质量发展的供给侧要依靠创新驱动，而创新最重要的要素是具有创新创造活力的创新人才及其团队[④]。创新人才治理效能的充分发挥依赖教育培养、引进集聚、科学评价、合理配置和有效激励。

2. 坚持人才引领高质量发展

立足新发展阶段、贯彻新发展理念、服务构建新发展格局，必须突出人才资源的战略性作用，突出需求导向、强化人才与产业对接，推进教育供给侧结构性改革，优化高质量人才供给。

要全面推进体制机制创新，充分发挥市场在配置资源中的决定

---

① 钱颖一. 中国如何破解“钱学森之问”［N］. 中华读书报，2018-09-26（第 12 版）.

② 习近平. 习近平谈治国理政. 第三卷［M］. 北京：外文出版社，2020：23、24

③ 刘鹤. 必须实现高质量发展（学习贯彻党的十九届六中全会精神）［N］. 人民日报，2021-12-26.

④ 钱颖一. 中国如何破解“钱学森之问”［N］. 中华读书报，2018-09-26（第 12 版）.

性作用，更好发挥政府作用，推动创新要素自由流动和聚集，强化全球资源配置功能，积极配置全球资金、信息、技术、人才、货物等要素资源，提高资源配置效率效能，使创新成为高质量发展的强大动能，以优质的制度供给、服务供给、要素供给和完备的市场体系，增强发展环境的吸引力和竞争力①；持续优化劳动、资本、土地、资源等生产要素配置，不断提高全要素生产率，形成优质高效的现代产业体系、多层次的创新体系，开辟发展新领域新赛道，塑造发展新动能新优势②。

要强化科技创新策源功能，努力实现科学新发现、技术新发明、产业新方向、发展新理念从无到有的跨越，成为科学规律的第一发现者、技术发明的第一创造者、创新产业的第一开拓者、创新理念的第一实践者，形成一批基础研究和应用基础研究的原创性成果，突破一批卡脖子的关键核心技术③。

要坚持系统观念，着力构建教育、人才、科技、产业一体化的战略发展目标，协同推进科教兴国战略、人才强国战略、创新驱动发展战略④，积极推动教育链、人才链、创新链、产业链、价值链有机衔接、深度融合，加快建设实体经济、科技创新、现代金融、人力资源协同发展的产业体系⑤。

---

① 习近平参加广东代表团审议：人才是第一资源［EB/OL］. 中央电视台，2018-03-07.

② 何立峰. 高质量发展是全面建设社会主义现代化国家的首要任务，党的二十大报告学习辅导百问［M］. 北京：党建读物出版社　学习出版社. 2022：192.

③ 习近平在上海考察时强调 深入学习贯彻党的十九届四中全会精神 提高社会主义现代化国际大都市治理能力和水平［EB/OL］. 新华网，2019-11-03.

④ 汪怿.（学习）开启全面建设社会主义现代化国家新征程的人才发展战略［EB/OL］. 大国人才，2020-12-15.

⑤ 习近平. 习近平谈治国理政. 第三卷［M］. 北京：外文出版社，2020：24.

要树立人才是第一资源的理念，推动人才由支撑发展、优先发展向引领发展的历史跨越，健全现代人才发展治理体系，使人才成为推进高质量发展的战略资源、关键动力、引领力量，确立人才引领发展的战略地位和战略布局[①]。

3. 推动教育事业高质量发展

教育是国之大计、党之大计。教育兴则国家兴，教育强则国家强。党的十八大以来，以习近平同志为核心的党中央把教育摆在优先发展的战略位置，习近平总书记就教育发表一系列重要论述，明确了顶层设计、思路原则和任务要求，深刻回答了关系教育现代化的重大理论和实践问题，丰富发展了党对教育的规律性认识，引领教育改革更加深化、教育公平和质量不断提升，教育事业取得历史性成就、发生历史性变革。一是教育普及水平显著提升；二是现代教育体系更加完善；三是人民群众教育获得感不断增强；四是教育服务发展能力全面提升；五是教育优先发展得到有力保障[②]。

教育事业实现跨越式发展。党的十八大以来，中国特色社会主义教育制度体系不断完善，我国教育总体发展水平进入世界中上行列[③]；国家财政性教育经费占 GDP 比例连续多年保持在 4% 以上；各级教育普及程度达到或超过中高收入国家平均水平；建成世界上规模最大的教育体系，总体教育面貌正发生格局性变化。

建成世界高等教育第一大国。我国接受高等教育的人口已达到 2.4 亿，新增劳动力平均受教育年限达 13.8 年；已建成世界最大

① 汪怿.（学习）开启全面建设社会主义现代化国家新征程的人才发展战略［EB/OL］. 大国人才，2020-12-15.

② 孙春兰. 办好人民满意的教育，党的二十大报告学习辅导百问［M］. 北京：党建读物出版社 学习出版社，2022：64-66.

③ 中共中央办公厅 国务院办公厅印发《关于深化教育体制机制改革的意见》［EB/OL］. 新华社，2017-09-24.

规模的高等教育体系，在学总人数超过 4430 万人，高等教育毛入学率从 2012 年的 30%，提高至 2021 年的 57.8%，实现了历史性跨越，高等教育进入世界公认的普及化阶段[①]。

正视教育发展存在的突出问题。区域、城乡之间教育发展还存在明显差距，基本公共教育服务均等化水平有待提升，人才培养结构与社会需求契合度还需加强，产教融合、科教融合的体制机制尚不健全，高等教育办学特色仍不够鲜明，同质化发展倾向突出，高素质创新人才培养能力不足，创新活力尚未充分释放[②]。

启动建设教育强国新征程。教育是提高人民综合素质、促进人的全面发展的重要途径，是民族振兴、社会进步的重要基石，是对中华民族伟大复兴具有决定性意义的事业。强国必先强教，中国式现代化需要教育现代化的支撑[③]。建设教育强国是中华民族伟大复兴的基础工程，在全面建设社会主义现代化国家新征程上，教育的基础性、先导性、全局性地位和作用将更加凸显[④]。

坚持把教育事业放在优先位置，深化教育领域综合改革，加快教育现代化，办好人民满意的教育[⑤]，落实立德树人根本任务，培养德智体美劳全面发展的社会主义建设者和接班人；加快建设高质量教育体系，统筹职业教育、高等教育、继续教育协同创新，发展

---

① 人民时评. 推动高等教育高质量发展 [N]. 人民日报，2022-06-07.

② 胡浩. 瞭望 · 治国理政纪事丨教育强国：为伟大复兴铸魂育人 [EB/OL]. 新华网，2021-07-18.

③ 孙春兰. 办好人民满意的教育，党的二十大报告学习辅导百问 [M]. 北京：党建读物出版社　学习出版社，2022：67.

④ 清华大学. 心怀“国之大者”，追求一流永无止境 [EB/OL]. 中国新闻发布，2022-02-25.

⑤ 习近平. 习近平谈治国理政. 第三卷 [M]. 北京：外文出版社，2020：36.

素质教育，促进教育公平①。2021 年 5 月，国家发展改革委、教育部、人力资源和社会保障部印发实施《“十四五”时期教育强国推进工程实施方案》，着力推进基础教育补短板、职业教育树精品、高等教育创一流，全面提升教育服务引领经济社会发展能力②。

（二）强化基础教育

1. 批判性思维教育

（1）批判性思维特点

哈佛大学原校长博克（Derek Bok）把大学本科生的思维模式分为三个阶段。第一阶段是“无知的确定性”阶段；第二阶段是“有知的混乱性”阶段；第三阶段是“批判性思维”阶段。大多数本科生思维水平都停留在第二阶段，仅少数学生思维水平进入思维成熟的第三阶段，可以在各种不同说法之间，通过分析、取证、推理等方式，做出判断，看看哪一种说法更有说服力。

批判性思维是思维发展的高级阶段，有两个特征：首先，善于对通常被接受的结论提出疑问和挑战，不是无条件地接受专家和权威的结论；能够提出问题并且善于提出问题是批判性思维的起点。其次，用分析性和建设性的论理方式对疑问和挑战提出解释并做出判断，包括与众不同的解释和判断，不是同样接受不同解释和判断。

这两个特征正是分别针对“无知的确定性”和“有知的混乱性”的，因此批判性思维不同于这两种思维方式。把这两个特征结

① 习近平．高举中国特色社会主义伟大旗帜　为全面建设社会主义现代化国家而团结奋斗——在中国共产党第二十次全国代表大会上的报告［EB/OL］．新华网，2022-10-25．

② 国家发改委、教育部、人力资源和社会保障部印发《“十四五”时期教育强国推进工程实施方案》［EB/OL］．国家发改委，2021-05-21．

合在一起，批判性思维就是以提出疑问为起点，以获取证据、分析推理为过程，以提出有说服力的解答为结果。“批判性”是指审辩式、思辨式的评判，多是建设性的。

（2）批判性思维教育

从教育角度看，批判性思维可以分为两个层次。第一个层次是“能力”层次，学生应该获取批判性思维的能力；第二个层次是“心智模式”层次，学生应该获取批判性思维的心智模式。

首先，第一层次是一种能力，更多的是关于“如何思考”，有别于知识。批判性思维能力是一种超越学科，或是说适用于所有学科的思维能力，也称为可迁徙能力；能力层次可测试可训练，包括形式逻辑、非形式逻辑和统计推断能力，可以通过训练获取，也可以通过诸如有关批判性思维测试题来测试。

其次，第二层次是一种思维心态或思维习惯，即心智模式。更多的是关于“思考什么”和“问为什么”；引导人们有意识地打破思维“禁区”，走出思维“误区”，走进思维“盲区”。“what”和“why”方面的问题，可通过被感悟、被启发等方式学习。这个层次超越能力，是一个价值观或价值取向的层次。

（3）我国批判性思维的短板

我国的文化传统和教育传统在训练学生“how”（如何）方面见长。我国学生提出的问题，几乎所有都是关于“how”（如何）的，但很少是关于“why”（为何）的；往往满足于知其然，不知其所以然的一知半解，但不求甚解。

批判性思维是要想别人没有想过的问题，问别人没有问过的问题，并且要刨根问底，探究深层次、根本性的原因。批判性思维教育，从能力层次入手是自然的，也是需要的；不仅要提高学生的思维能力，也要塑造学生的价值观和人生态度。

“大学教育的价值，不在于学习很多事实，而在于训练大脑会思考。”爱因斯坦提出了教育价值超越知识的另一个维度——思维。而恰恰是在这个维度上，我国教育是薄弱的，学生的思维发展正是我国教育中的短板①。

（4）探索批判性思维教育

批判性思维在教育教学过程中起到了很大作用，将批判性思维与教育教学实践深度融合，产生了显著成效。思维方式改变才是决定人们未来发展的根本。批判性思维作为国际最前沿、最受热捧的提升思维能力的新课程，已经渗透到高考命题和高考自主招生面试等领域，越来越受到教育工作者和有识之士的重视②。

2. 创造性思维教育

（1）创造性思维

创新的核心是创造性人才，而创造性人才的核心是人的创造性思维。人的创造性思维是指新的思维、与众不同的思维，它是产生创造力的源泉。创造性思维与批判性思维相关，但不完全相同，因为创造力的核心是“新”，发现新规律，发明新产品，运用新方法，解释或解决新问题③。

（2）“钱学森之问”

2005 年 7 月 29 日，时任国务院总理温家宝在北京看望了 94 岁高龄的著名科学家钱学森同志。钱老向温家宝总理提出一个培养具有创新能力的人才问题：“现在中国没有完全发展起来，一个重要原因是没有一所大学能够按照培养科学技术发明创造人才的模式

---

① 钱颖一. 中国如何破解“钱学森之问”[N]. 中华读书报，2018-09-26（第 12 版）.

② 姜玉晗. 8.1 日全国基础教育批判性思维研讨会 聚焦潍坊（上海）新纪元学校 [EB/OL]. 大众网，2017-07-10.

③ 钱颖一. 中国如何破解“钱学森之问”[N]. 中华读书报，2018-09-26（第 12 版）.

去办学，没有自己独特的创新的东西，老是‘冒’不出杰出人才。这是很大的问题。”

“为什么我们的学校总是培养不出杰出人才？”这个问题，被称为“钱学森之问”。比“钱学森之问”更具普遍性、更具准确性的问题是：相对于我们的人口规模、经济总量、教育投入，从我们的教育体制中走出来的具有创造力的人才，为什么这么少？

2016 年，我国高等教育在学规模有 3600 多万，高校在校生 2700 多万，高校每年录取本科专科学生 700 多万，均为全球第一。相对于这样巨大的人口规模、经济规模和受教育者规模，无论是科学技术成就、人文艺术贡献，还是新产品新品牌新商业模式，在我国产生的创新不是没有，确实太少。

近年来我国也有不小进步。以自然科学研究为例。据《自然》杂志引用的数据，我国发表研究论文数量在 2005 年占全球总量的 13%；到 2015 年增加到占全球总量的 20%，仅次于美国。虽然论文数量已居世界第二，但科学研究的突出成果仍然不多[①]。

（3）创造性思维特点

具有创造性思维的人才通常具有哪些要素？创造性思维由知识、好奇心和想象力、价值取向三个因素决定。

首先来源于知识。知识通常指学科和领域的专业知识，但也应该包括跨学科、跨领域、跨界知识，而这些正是我国学生的薄弱环节。创造力多产生于学科交叉和融合。乔布斯（Steve Jobs）是科学与艺术的跨界，马斯克（Elon Musk）是科学与商业的跨界。即使是在知识层面，我国也需要改革，要超越狭隘的专业知识的范围，更多地强调跨学科和跨界知识。

其次来源于好奇心和想象力。爱因斯坦说，“我没有特殊的天

---

① 这才是真正的“钱学森之问”[J]. 瞭望，2020-8-31.

赋，我只是极度地好奇”“想象力比知识更重要。因为知识只是局限于我们已知的一切，而想象力将包括整个世界中那些未知的一切”。好奇心和想象力是超出知识以外的因素，这正是在我国以知识为中心的教育中不受重视的方面。

最后来源于价值取向。也就是与追求创新的动机和动力有关。当前影响创造性人才培养的一个突出问题是追求短期效果的浮躁心态和环境。个人和社会都想在创新上有“立竿见影”的效果，各种评价机制多是追求奖励可度量、可量化的成果，但有创造性和长远的成果往往难度量、难量化。

创新动机有三个层次，分别代表了三种价值取向：短期功利主义、长期功利主义、内在价值的非功利主义，每一个后者都比前者有更高的追求。现实情况是，具备第一类动机的人很多，具备第二类动机的人也有，但具备第三类动机的人寥寥无几。

（4）我国创造性思维的短板

首先，我国教育体制培养的学生中缺乏创造性人才的首要原因是学生知识结构有问题：过多局限于专业知识，而缺乏跨学科、跨领域、跨界知识，而这些往往是具有创造力的人才的特征。

其次，学校有意无意地减少了创造性人才的必要因素——好奇心和想象力。应试教育下，学生学习的唯一目的是获得好成绩，教师教书的唯一目标是传授标准答案。很可能的结果就是，受教育年限越长，教师和学生越努力，虽然学生知识增长了，知识点掌握多了，但好奇心和想象力却被扼杀得系统而彻底。

最后，我国之所以缺乏创造性人才，除了知识结构问题和缺乏好奇心和想象力之外，就是在价值取向上太“立竿见影”急于求成的心态，成王败寇的价值观导致不大可能出现真正的创新，更不可能出现颠覆性、革命性创新[①]。

我国教育在大规模的基础知识和技能传授上很有效，使得学生在这方面的平均水平比较高，“均值”（mean）较高，即“平均水平”较高。与此同时，“方差”（variance）小，就是两端的人少，出众的人少，“杰出人才”“拔尖创新人才”少。不是因为中国人先天“方差”小，而是后天被人为地压缩小了。

在人的素养、价值等方面，我国教育存在的问题是低“均值”、高“方差”。低“均值”是指人们经常批评的人的素养的平均水平低，而人的素养的“方差”大，就是太差的人不在少数，即“精致的利己主义者”；不仅缺乏杰出人才，还造就了不少没有人格底线的人。

正因为对培养不出“杰出人才”有紧迫感，所以就特别重视“才”，轻视对人的素养的培养，造成更严重的社会问题。人的素养，是一个真正的“人”所应具备的基本做人准则，是人格底线。爱因斯坦说过：“学校的目标始终应当是：青年人在离开学校时，是作为一个和谐的人，而不是作为一个专家。”[②]

（5）改进创造性思维培养

我国教育体系自主培养的杰出人才太少，成为制约高质量发展的重要掣肘。首先，杰出人才很可能是在一种有利的环境中“冒”出来的。所以创造环境，或者说“培育”，远比“培养”更重要，需要营造有利于创造性思维培养的环境。其次，针对我国学生缺乏好奇心、想象力和批判性、创造性思维等问题，要着力培养创新能力，激发学生好奇心、想象力和创新思维，养成创新型人格，鼓

① 钱颖一. 中国如何破解“钱学森之问”[N]. 中华读书报，2018-09-26（第 12 版）.

② 钱颖一.“钱学森之问”本身就有问题［EB/OL］. 腾讯文化，2016-10-31.

励学生勇于探索、大胆尝试、创新创造[①]；重视基础性教育培养的作用，加强人才特别是科学技术、工程、数学人才教育培养力度，优化科技、工程、数学人才结构，破解创新能力、创新思维不足问题，减少人才培养中功利化倾向[②]。最后，要重视加强对人的素养培养和对人的价值塑造，培养新时代文明社会建设有用之才[③]。

（三）提升高等教育

高等教育是国家发展水平和潜力的重要标志[④]。办好高等教育，事关国家发展、事关民族未来。习近平总书记强调："我们要认真吸收世界上先进的办学治学经验，更要遵循教育规律，扎根中国大地办大学。"[⑤]"我国高等教育要紧紧围绕实现'两个一百年'奋斗目标、实现中华民族伟大复兴的中国梦，源源不断培养大批德才兼备的优秀人才。"[⑥]习近平总书记的重要讲话为办好有中国特色的高等教育提供了指南。要把发展科技第一生产力、培养人才第一资源、增强创新第一动力更好结合起来，加快实现内涵式高质量发展，加强基础学科、新兴学科、交叉学科建设，加快建设中国特

① 中共中央办公厅 国务院办公厅印发《关于深化教育体制机制改革的意见》[EB/OL]. 新华社，2017-09-24.

② 汪怿.（学习）开启全面建设社会主义现代化国家新征程的人才发展战略[EB/OL]. 大国人才，2020-12-15.

③ 钱颖一."钱学森之问"本身就有问题[EB/OL]. 腾讯文化，2016-10-31.

④ 孙春兰. 办好人民满意的教育，党的二十大报告学习辅导百问[M]. 北京：党建读物出版社 学习出版社. 2022：70.

⑤ 习近平. 青年要自觉践行社会主义核心价值观——在北京大学师生座谈会上的讲话[EB/OL]. 新华网，2014-05-05.

⑥ 赵婀娜. 推动高等教育高质量发展（人民时评）[EB/OL-N]. 人民网－人民日报，2022-06-07.

色、世界一流的大学和优势学科，[①]使之成为人才高地和创新高地，更好为改革开放和社会主义现代化建设服务[②]。

1. 健全完善落实立德树人根本任务的体制机制

把握立德树人的理论内涵。立德树人是教育的根本任务、办学的根本宗旨。教育的本质是促进人的全面发展，推动社会的文明与进步。教育的规律是把握学生的成长特点和认知规律，用人类文明的优秀成果滋养学生的思想和心灵，塑造科学的世界观人生观价值观。教育的根本价值是为党育人、为国育才，培养德智体美劳全面发展的社会主义建设者和接班人。教育的目标是全面贯彻党的教育方针，实现“四个服务”价值追求，为中华民族伟大复兴提供人才支持和智力支撑。

构建立德树人的实践体系。一要构建宏观育人体系。统筹发挥学校、家庭和社会教育的育人资源。二要构建中观育人体系。以课程育人、科研育人、实践育人、文化育人、网络育人、心理育人、管理育人、服务育人、资助育人、组织育人等十大育人体系为基础，推动学校把立德树人工作融入人才培养各环节。三要构建微观育人体系。挖掘各项工作内在的育人元素，遵循育人规律和育人逻辑，从神形兼备、师生兼顾、内外兼修、德法兼治、软硬兼抓五个方面做起，把立德树人要求落实到各方面。

完善立德树人的体制机制。要强化以人才培养为中心的理念，把人才培养质量作为衡量学校办学水平的最主要标准，将更多精力

① 习近平. 高举中国特色社会主义伟大旗帜　为全面建设社会主义现代化国家而团结奋斗——在中国共产党第二十次全国代表大会上的报告［EB/OL］. 新华网，2022-10-25.

② 习近平在清华大学考察时强调 坚持中国特色世界一流大学建设目标方向 为服务国家富强民族复兴人民幸福贡献力量［EB/OL］. 新华网，2021-04-19.

聚焦到提高教育教学质量特别是本科教育质量上，在组织领导、制度建设、经费投入等方面予以倾斜。要科学合理设置学科专业，把学校传统优势学科做强，把国家战略急需学科做精，把新兴交叉融合学科做实。要深化产教融合，促进教育链、人才链与产业链、创新链有机衔接，促进人才供给侧和产业需求侧结构要素全方位融合。要深化新时代教育评价改革，认真践行重师德师风、重真才实学、重质量贡献的价值导向①。

2. 健全完善中国特色现代大学制度

完善大学内部治理结构。坚持党委领导下的校长负责制，形成“党委领导、校长负责、教授治学、民主管理”治理格局。要把大学章程的统领地位体现好，发挥章程在大学治理中“根本法”作用；要把党委领导下的校长负责制执行好，党委重在谋划和决策，校长重在实施和管理；要把学术权力与行政权力的关系处理好，实现行政权力与学术权力既相对分离，又相互促进；要充分发挥学术委员会和教授的作用；要把民主管理与民主监督落实好，充分发挥工会、教代会、学代会在学校民主管理和监督中的作用，调动广大师生参与学校改革发展的积极性。

构建政府、学校、社会的新型关系。一是继续深化“放管服”改革，落实和扩大高校的办学自主权；改变政府管理教育的方式，切实履行好统筹规划、政策引导、监督管理和提供公共教育服务的职能。二是加强社会参与高校管理的机制建设。探索成立高校理事会或董事会，建立健全社会支持和监督学校发展的长效机制。三是引导高校从面向政府办学转向面向社会和市场办学。健全多元治理主体参与的高等教育质量评价体系，构建高校、政府和社会主动沟

① 杜玉波．聚焦大学治理关键 推进治理能力现代化 [N]．中国教育报，2020-01-06.

通、积极协调、良性互动关系[①]。

3. 健全完善党对高校全面领导的制度体系

坚持党管人才原则。这是做好人才工作的根本前提和政治保证。高校党委必须担起管宏观、管政策、管协调、管服务的责任，坚持"加强培养、积极引进、持续支持、统筹协调"的人才工作方针，把加强党的建设作为坚强保证，将高层次人才队伍建设列为落实党建工作责任制重要内容，千方百计造就人才、成就人才。

坚定正确政治方向。在人才引进、培养、使用全过程严把政治关，坚持政治标准和学术标准并重，坚决克服在师生中存在的忽视、淡化、避谈、远离政治倾向。坚持巩固马克思主义指导地位，注重加强教师的理论培训和实践锻炼，教育引导教师掌握马克思主义科学武器，感悟真理力量、坚定理想信念。鼓励人才深怀爱国之心、砥砺报国之志，主动担负起时代赋予的使命责任[②]。

推进理论学习常态化、制度化。学懂弄通做实习近平新时代中国特色社会主义思想，用党的创新理论成果武装师生头脑、指导实践。建立学生从入学到毕业、教师从入职到退休的全方位一体化的理论学习模式，整体谋划、系统设计、大力推进。通过理论学习制度体系的建立，推动广大师生全面系统学、深入思考学、联系实际学，不断增强"四个意识"，坚定"四个自信"，做到"两个维护"，筑牢信仰之基、补足精神之钙、把稳思想之舵。

提升高校党建工作制度化水平。要进一步细化规范党委常委会、校长办公会、书记办公会、全委会的职责范围、议事规则，建立完善党建工作评价标准、指标体系、考核体系，切实履行好高校党委把方向、管大局、做决策、抓班子、带队伍、保落实的职责。

① 杜玉波．聚焦大学治理关键 推进治理能力现代化［N］．中国教育报，2020-01-06．

② 陈旭，邱勇．高校要成为人才高地和创新高地［EB/OL］．求是网，2021-12-16．

要进一步研究院系党组织运行管理、作用发挥的体制机制，健全完善党政联席会议制度、党组织会议制度、行政会议制度，厘清界限，明确职责。要探索基层党支部组织力提升的机制办法，把党支部真正建设成为学校教书育人的坚强战斗堡垒。

完善高校思想政治工作体系。要牢牢掌握高校思想政治工作主导权，巩固马克思主义在高校意识形态领域的指导地位。要加快推进新时代高校思想政治体系建设，构建贯通学科体系、教学体系、教材体系、管理体系的一体化育人新格局。要加快推进思政课程与课程思政协同育人体系建设，在理念、师资、教材、教法、机制等方面取得突破。要切实维护高校意识形态安全，树立底线思维、风险意识，建立风险防控与责任体系①。

4. 建设一支高水平师资队伍

习近平总书记强调："教师是教育工作的中坚力量，没有高水平的师资队伍，就很难培养出高水平的创新人才，也很难产生高水平的创新成果。"② 教师队伍的水平决定着一所大学的水平，做好高校人才工作，关键就是要建设一支高水平师资队伍。

党的十八大以来，我国高校教师队伍建设成就显著，在规模迅速壮大的同时质量也不断提高，部分学科人才比较优势稳步增强，但战略科学家、顶尖人才数量不足，一流科技领军人才和创新团队培养机制仍有待完善，教师育人水平和研究能力还不能很好适应党和国家事业发展需要和人民群众殷切希望。

高校要把师德师风建设摆在首要位置，建立师德师风和学风建设长效机制，坚持师德师风第一评价标准和教书育人第一学术

① 杜玉波．聚焦大学治理关键 推进治理能力现代化［N］．中国教育报，2020-01-06．

② 习近平在清华大学考察时强调 坚持中国特色世界一流大学建设目标方向 为服务国家富强民族复兴人民幸福贡献力量［EB/OL］．新华网，2021-04-19．

职责，教育引导教师始终站在教书育人第一线，做学生为学、为事、为人的示范，做“四有”好老师。教育引导教师以成为“大先生”为目标，给予潜心学术、倾心育人的教师以崇高荣誉和充分肯定。充分尊重教师在改革发展各项事业中的主体地位，弘扬尊师重教、崇尚科学、勇于创新的良好风尚。要加强学术规范和学术道德教育，着力解决高校师德师风方面存在的突出问题。

战略科学家和顶尖人才是人才中的“关键少数”，对于高校提升师资队伍建设高度和世界学术影响力具有关键作用。要实施“一把手工程”，突出“高精尖缺”导向，通过各种方式开展海外人才招聘活动，为顶尖人才提供有国际竞争力和吸引力的环境条件。对世界顶尖人才，要努力做到“引得来”“留得住”“用得好”，发挥好示范效应。对顶尖人才给予特殊政策、特殊关注、特殊举措，做到事业引人、平台助人、保障宜人、感情暖人[①]。

5. 引领科学技术创新

（1）党中央擘画引领高校科技创新

2018 年 9 月 10 日，习近平总书记在全国教育大会上指出，加快一流大学和一流学科建设，推进产学研协同创新，积极投身实施创新驱动发展战略，着重培养创新型、复合型、应用型人才[②]。

2021 年 4 月 19 日，习近平总书记在清华大学考察时强调，一流大学是基础研究的主力军和重大科技突破的策源地，要完善以健康学术生态为基础、以有效学术治理为保障、以产生一流学术成果和培养一流人才为目标的大学创新体系，勇于攻克“卡脖子”关键

① 陈旭，邱勇. 高校要成为人才高地和创新高地 [EB/OL]. 求是网，2021-12-16.

② 习近平出席全国教育大会并发表重要讲话 [EB/OL]. 新华社，2018-09-10.

核心技术，加强产学研深度融合，促进科技成果转化[1]。

2021 年 5 月 28 日，习近平总书记在中国科学院第二十次院士大会、中国工程院第十五次院士大会、中国科协第十次全国代表大会上的讲话中强调，高水平研究型大学要把发展科技第一生产力、培养人才第一资源、增强创新第一动力更好结合起来，发挥基础研究深厚、学科交叉融合的优势，成为基础研究的主力军和重大科技突破的生力军[2]。

2021 年 5 月，《“十四五”时期教育强国推进工程实施方案》提出，面向世界科技前沿、面向经济主战场、面向国家重大需求、面向人民生命健康，聚焦国家战略需要，瞄准关键核心技术特别是“卡脖子”问题，深入推进学科专业调整和科技创新，加强“双一流”高校学科基础设施和大型仪器设备建设；布局建设一批国家产教融合创新平台和产教融合研究生联合培养基地[3]。

（2）在基础研究和原始创新、突破关键核心技术上发力

基础研究能力是国家创新活力的源泉。突破一个关键技术，往往能够创造一个细分行业，进而盘活整个产业，最终对整个经济高质量发展形成积极带动[4]。当前我国经济进入新旧动能转换、推动高质量发展关键时期，人工智能等新技术广泛应用正催生大量新产业。尽管近年来技术创新取得了一系列重大突破，但我国科研工作

---

① 习近平在清华大学考察时强调 坚持中国特色世界一流大学建设目标方向 为服务国家富强民族复兴人民幸福贡献力量［EB/OL］. 新华网，2021-04-19.

② 习近平. 在中国科学院第二十次院士大会、中国工程院第十五次院士大会、中国科协第十次全国代表大会上的讲话［EB/OL］. 新华网，2021-05-29.

③ 国家发改委、教育部、人力资源和社会保障部印发《“十四五”时期教育强国推进工程实施方案》. 国家发改委［EB/OL］，2021-05-21.

④ 刘鹤. 必须实现高质量发展（学习贯彻党的十九届六中全会精神）［N］. 人民日报，2021-12-26.

仍面临着原始创新能力不足、科技成果转化机制不畅等诸多问题。我国高校承担了全国 60% 以上的基础研究、80% 以上的国家自然科学基金项目[①]。要“更加重视、充分发挥高校在强化基础研究和原始创新、突破关键核心技术中的重要作用[②]”。

高校要面向世界科技前沿、面向经济主战场、面向国家重大需求、面向人民生命健康，自觉履行高水平科技自立自强的使命担当。要把学科建设作为发展根基，优化学科布局、厚实学科基础，建立健全学科专业动态调整机制，用好学科交叉融合的“催化剂”，以更加灵活机制加大对能够引领学科发展、实现学科交叉的人才引进培养力度，打破学科壁垒对人才的束缚，让人才创造活力竞相迸发。要深化科研组织体制机制改革，发展和完善大学创新体系，秉持“顶天、立地、树人”的科研宗旨，充分激发人才不断向科学技术广度和深度进军的积极性主动性创造性。

一流大学是国家基础研究的主力军和重大科技突破的策源地。一些技术研发及技术应用的竞争实质上是基础研究水平的比拼，一些关键核心技术的发展往往要依靠基础研究的积累和突破。必须解决对基础研究重视不够和投入不足的问题，坚持对“无用知识”的探索，制定实施基础研究人才专项，给予基础研究人才更大发展空间和宽松政策环境，不断提升原始创新能力[③]。

（3）重点突破“卡脖子”技术

“卡脖子”关键核心技术具有战略性、垄断性、复杂性特征，涉及复杂的知识结构和基础的技术理论，靠化缘要不来，花钱买不

---

① 孙春兰. 办好人民满意的教育，党的二十大报告学习辅导百问［M］. 北京：党建读物出版社　学习出版社，2022：66.

② 习近平出席全国教育大会并发表重要讲话［EB/OL］. 新华社，2018-09-10.

③ 陈旭，邱勇. 高校要成为人才高地和创新高地［EB/OL］. 求是网，2021-12-16.

来，只有自力更生、自主创新一条路。关键核心技术被“卡脖子”，根子是基础理论研究跟不上，源头和底层的东西没有搞清楚[①]；根源在于我国在战略领域未能构建起产业创新生态，技术与市场之间没有实现协同[②]。解决关键核心技术问题往往需要长期高投入和高度协同的科研攻关。高校要发挥学科综合性优势，着力培养“卡脖子”关键核心技术攻关领军人才、创新团队，围绕国家重点领域、重点产业，完善产学研联合协同攻关体制机制，让人才在重大科研任务中施展才华、成就事业[③]。

突破“卡脖子”技术要过三关。中国地质大学（武汉）校长王焰新认为，约束高校实现关键技术创新的体制机制障碍概括起来主要有三方面：一是在科技创新“最初一公里”的原始创新能力方面存在短板；二是在科技创新“最后一公里”的成果转化方面重视不够；三是缺乏“十年磨一剑”的创新氛围，缺乏让科学家安心、专心、尽心于创新的环境。东南大学校务委员会副主任吴智深认为，很多高新技术产业基础的形成有赖于创新氛围的滋养，这样的创新才是可持续的，才能产生重大突破[④]。

增强高校基础研究能力和优化研究环境。北京航空航天大学国家重点实验室首席科学家张涛建议，一要加快国家实验室建设，根据国家重大战略需求，依托“双一流”大学，推进各领域建成一批国际一流水准的国家实验室；二要关注小型团队在创新科研中可能起到的关键作用。大团队容易走向中庸之路，而小团队反而更容易

① 习近平．在科学家座谈会上的讲话［EB/OL］．新华网，2020-09-11。

② 沈慧．突破“卡脖子”技术 多地不约而同提到了它［EB/OL］．中国经济网，2021-03-02.

③ 陈旭，邱勇．高校要成为人才高地和创新高地［EB/OL］．求是网，2021-12-16.

④ 董鲁皖龙，李澈．突破“卡脖子”技术 高校如何发力——代表委员为高校引领关键技术创新建言［N］．中国教育报，2019-03-05（第1版）.

取得颠覆性的创新成果[①]。

改革现有科研评价体系。天津大学化工学院先进纳米技术中心主任刘昌俊认为，“我们的科研评价体系出了问题，很多时候我们输在等不及、等不得”。当前我们的考核机制更容易导致教师选择短期能出成果的、风险小的、容易通过学校考核的研究方向，追踪国外热门课题是一个选择，而原创性、开拓性、引领性研究不是一朝一夕之功。“能不能对一部分教师不做短期考核？能不能允许一部分教师开展兴趣驱动的科研？如果能，那么我相信我们在原始创新、关键技术创新、创新人才培养方面都将会有很大的进展。”[②]

中科院上海高等研究院研究员何建华说，“科研评价体系作为指挥棒和风向标，对科研氛围的培育与建立起决定性作用。因此，迫切需要对现行科研评价体系进行改革”。他建议，对科研机构和科研人员采用中长期考核评价为主（3–8 年等），鼓励科研机构以实现重大原始创新为目标，自主部署研究方向、组织研究团队；对科研机构和科研团队的评价考核，主要关注重大原始创新成果，对取得重大成果的科研机构和科研团队给予重奖。一般性论文成果仅作参考，对于各类人才和承担课题的数量也仅作一般参考[③]。

协同创新是必由之路。创新是一项系统工程，创新链、产业链、资金链、政策链相互交织、相互支撑。要突破一批“卡脖子”技术，协同创新、集成创新是必由之路。重视高校与企业的协同创新。“日本及欧美企业派人进入高校进修，边学边策划项目，几年之后，对人对项目都很熟悉，结合企业需求、未来发展目标，建立合作项目，甚至多个企业形成创新联盟，这种有机的产学研创新体

① 董鲁皖龙，李澈．突破“卡脖子”技术 高校如何发力——代表委员为高校引领关键技术创新建言［N］．中国教育报，2019–03–05（第 1 版）．

② 同上。

③ 同上。

制更有利关键技术创新。”[①]吴智深说。

构建需求驱动的协同创新链。华东理工大学副校长钱锋院士提出，在基础研究领域，以国家重大需求为导向，制定国家基础研究指导战略，集中突破关键基础理论；在技术创新领域，以国家重大工程项目需求为导向，发挥政、产、学、研协同创新优势，瞄准重点领域协同创新；在工程应用领域，以市场需求为导向，组织、引导技术需求侧企业制定并参加目标导向的基础研究和核心技术创新，从而实现基础研究、技术研发、工程应用及产业化整体创新链的无缝衔接[②]。

协同创新还要发挥政府推动作用。电子科技大学教授尧德中认为，推动协同创新过程中，政府的作用同样不可或缺，“政府要加强战略研究，同时通过政策引领调动高校和产业界的积极性，三方配合，共同推动协同创新”[③]。

重视创新平台建设。王焰新则认为，如今，不仅科学研究要开展协同创新，高校人才培养也要在搭建跨学科平台的基础上展开，“归根结底，高校培养的人才是驱动关键技术创新的原始动力”[④]。加强重大基础研究、重大科研攻关方向、重大工程领域、重大社会问题研究的博士研究生培养，紧密结合承担国家和区域重大科研任务，强化博士生原始创新能力，加快培养科技创新前沿的领军人才，研究生培养机制改革向纵深发展。

弘扬科学家精神，解决好科研为谁做的问题。高等学校要秉持

---

① 董鲁皖龙，李澈．突破“卡脖子”技术 高校如何发力——代表委员为高校引领关键技术创新建言［N］．中国教育报，2019-03-05（第 1 版）．

② 同上。

③ 同上。

④ 同上。

国家利益和人民利益至上，继承和发扬老一辈科学家胸怀祖国、服务人民的优秀品质，激荡爱国情怀，矢志创新创造，培养高素质人才，为我国科学技术长足发展进步注入强劲动能。育人者需先自育，高校科技工作者要时刻牢记“科学家有祖国”，高扬爱国旗帜，擦亮爱国底色，时刻以知民需、解民忧、化民难为责任和使命，把自己的科学追求融入建设社会主义现代化国家的伟大事业中去[①]，把论文写在祖国的大地上，把学问做到人民的心坎里，把深沉的家国情怀融入建设科技强国的创新实践中[②]。

提高“创造性思辨的能力”，解决好科研怎么做的问题。创新是科学家精神的关键内核。科技创新特别是原始创新要有创造性思辨的能力、严格求证的方法。要树立敢于创造的雄心壮志，敢于提出新理论、开辟新领域、探索新路径，在独创独有上下功夫。要进一步弘扬勇攀高峰、敢为人先的创新精神，鼓励高校科技工作者专注于自己的科研事业，勤奋钻研，不慕虚荣，不计名利[③]，聚焦前瞻性基础研究、引领性原创成果，加快实现更多“从 0 到 1”的突破，努力为我国科技发展提供更多智力支撑和创新支持[④]。

始终坚持“四个面向”，解决好科研做什么的问题。习近平总书记强调：“坚持面向世界科技前沿、面向经济主战场、面向国家重大需求、面向人民生命健康，不断向科学技术广度和深度进军。[⑤]”要聚焦世界前沿科技，深入推进大生命、大信息、大物质、

---

① 习近平. 在科学家座谈会上的讲话［EB/OL］. 新华网，2020–09–11.

② 谭天伟. 以科学家精神引领高校科技创新（新语）［EB/OL–N］. 人民网－人民日报，2020–11–02.

③ 习近平. 在科学家座谈会上的讲话［EB/OL］. 新华网，2020–09–11.

④ 谭天伟. 以科学家精神引领高校科技创新（新语）［EB/OL–N］. 人民网－人民日报，2020–11–02.

⑤ 习近平. 在科学家座谈会上的讲话［EB/OL］. 新华网，2020–09–11.

大生态等领域多向联动，不断催生甚至领跑前沿科技；要坚持问题导向、需求导向，让高校的科技创新工作更加符合教育规律，更加符合人才培养规律，下大力气激发科技创新活力①。

6. 营造识才爱才敬才用才环境

深化人才发展体制机制改革。注重改革的先导性和突破性作用，持续发力破除人才培养、使用、评价、服务、支持、激励等方面的体制机制障碍。要完善教师队伍分类管理制度，根据岗位职责采用不同评价标准、匹配不同薪酬制度。优化聘任考核制度，完善准聘长聘制度等教师任用管理方式，为教师安心从事长周期、基础性、前沿性研究提供制度保障。根据学科特点制定人才队伍发展目标、改革方案、行动举措，加快形成更加有利于人尽其才的使用机制、各展其能的激励机制、脱颖而出的竞争机制。

完善人才评价体系。坚持“破”“立”并举，构建重师德师风、重真才实学、重质量贡献的评价体系。建立学术成果分类评价指标体系和规范评价程序，基础前沿研究突出原创导向，社会公益性研究突出需求导向，应用技术开发和成果转化评价突出市场导向。探索实行代表作评价制度。建立学科交叉融合下的人才和学术评价体系，给予跨学科优秀人才公正评价和有效激励。完善以德为先、分类激励，以促进全面发展为目标的学生评价制度，确立研究生学位评定“破五唯、立质量”基本制度框架。

增强人才服务意识和保障能力。做好团结、引领、服务工作，真诚关心人才、爱护人才、成就人才。树立以师生为中心理念，强化行政管理部门的协调服务职能，构建完善科学合理的经费管理和资源配置方式，推进管理服务平台建设，让师生“只推一扇门”，

---

① 谭天伟. 以科学家精神引领高校科技创新（新语）[EB/OL-N]. 人民网—人民日报，2020-11-02.

让“数据多跑路、师生少跑腿”，打通“最后一公里”。建立和完善职工队伍人力资源管理的岗位体系、评价体系、激励体系、发展体系，培育爱校爱岗、敬业奉献、团结协作、争创一流的职工文化，建设专业化、职业化的高素质管理服务队伍[①]。

（四）办好职业教育

职业教育是培养大国工匠的摇篮。技能人才是人才队伍的重要组成部分，技能人才特别是高技能人才是工人阶级队伍中的优秀代表[②]，是实施创新驱动发展战略和人才强国战略的重要抓手，是支撑中国制造和中国创造的重要力量。加快培育一支规模宏大、结构合理、技艺精湛、素质优良的技能人才队伍，在推动产业结构调整和转型升级、实现经济高质量发展中发挥越来越重要的作用。

1. 职业教育取得的成就

党的十八大以来，党中央、国务院高度重视技能人才工作。贯彻习近平总书记对职业教育的重要指示批示精神，建立健全技能人才培养、使用、评价、激励制度，大力发展技工教育，大规模开展职业技能培训，加快培养大批高素质劳动者和技术技能人才；坚持职业教育与普通教育同等重要、协调发展[③]，构建起纵向贯通、横向融通的现代职业教育体系，职业教育进入高质量发展新阶段。技能人才队伍总量不断扩大、素质稳步提升、活力充分释放。截至 2021 年底，全国技能人才总量超过 2 亿人，高技能人才超过 6000 万人，技能人才占就业人员总量的比例超过 26%，高技能人才占

---

① 陈旭，邱勇．高校要成为人才高地和创新高地［EB/OL］．求是网，2021-12-16．

② 人力资源和社会保障部．锻造实现民族伟大复兴的技能大军——我国新时代技能人才队伍建设述评［N］．中国组织人事报，2022-03-28．

③ 孙春兰．办好人民满意的教育，党的二十大报告学习辅导百问［M］．北京：党建读物出版社　学习出版社．2022：65．

技能人才的比例达到 30%[①]。

政策支持体系不断完善。人社部研究制定加强新时代高技能人才队伍建设的意见、“十四五”职业技能培训规划、技工教育“十四五”规划，出台“技能中国行动”实施方案、企业自主开展技能人才评价、职业院校毕业生参加事业单位公开招聘、技能人才薪酬分配指引等政策措施，实施职业技能提升行动，推进企业新型学徒制，完善技能人才评价制度，健全新时代技能人才职业技能等级制度，加大高技能人才表彰力度，完善技能人才工作政策支持框架，构建“1+N”技能人才队伍建设政策体系[②]。

社会吸引力大大增强。我国在健全职业教育办学体制、完善育人机制、提升内涵质量、增强服务能力、建设“双师型”教师队伍等方面取得可喜成绩，建成世界规模最大的职业教育体系。截至目前，全国职业院校一共有 1.15 万所，在校学生有 2857 万人；中职招生 600 万人，占高中阶段教育的 41.7%；高职招生 483 万人，占普通本专科的 52.9%；累计培养高等学历继续教育本专科毕业生 5452 万人，开展社区教育培训约 3.2 亿人次。

《国家职业教育改革实施方案》明确指出：“职业教育与普通教育是两种不同教育类型，具有同等重要地位”，明晰了职业教育和普通教育的联系和区别，有利于职业教育进一步探索完善办学模式和人才培养模式，更好地服务、支撑国家现代化建设。通过大力推动、稳步发展职教本科，构建起中职、高职、职教本科相衔接的培

① 人力资源和社会保障部．锻造实现民族伟大复兴的技能大军——我国新时代技能人才队伍建设述评［N］．中国组织人事报，2022-03-28.

② 同上。

养体系，职业教育的社会吸引力大为增强①。

迈入高质量发展新阶段。党的十九大报告明确提出深化产教融合重大改革任务；中央全面深化改革委员会审议通过《国家产教融合建设试点实施方案》，引导社会各界特别是行业企业支持职业教育。国家、省市先后出台促进产教融合、校企合作等政策文件，使校企合作更加深入，激励和扶持了企业技术创新，推动了企业转型升级，也激发了企业参与校企合作的积极性。

校企合作协同育人，是职业教育提质增效的重要措施之一。“十三五”期间，职业教育在职业标准、协同育人、“三教（教师、教法、教材）”改革等方面打出了一套政策组合拳，助力我国职业教育迈入提质培优、增值赋能的高质量发展新阶段。

在职业标准上，《职业教育法》修订工作取得实质性进展（修订后自 2022 年 5 月 1 日起施行），进一步完善“五位一体”的职业教育国家教学标准体系，启动实施“中国特色高水平高职学校和高水平专业建设计划”、高水平实训基地等重大项目的建设等。

在协同育人上，鼓励校企合作、工学结合，强化教学、学习、实训相融合的教育教学活动，推行项目教学、案例教学、工作过程导向教学等教学模式，开展现代学徒制试点，印发《职业学校校企合作促进办法》，健全企业参与制度等。

全国组建了 1500 多个职业教育集团（联盟），涵盖企业、学校、行业、科研机构在内的 4.5 万余家成员单位，形成了资源共享、责任共担、合作发展的特色办学模式。在“土地 + 财政 + 税收”政策激励下，职业学校与企业共建实习实训基地 2.49 万个，

---

① 惠梦．以高质量发展提升职业教育吸引力——“十三五”时期我国职业教育改革发展取得显著成效［N］．中国财经报，2021-01-14．

年均增幅达 8.6%，现代学徒制试点覆盖 1000 多个专业点[①]。

在“三教”改革上，举办全国职业院校技能大赛教学能力比赛，推广线上线下混合式教学，建设职业教育国家专业教学资源库，发布中职公共基础课程方案和七门课程标准，遴选 4000 多种“十三五”职业教育国家规划教材[②]。

培养大批优秀技术人才。全国职业学校共开设 1300 余个专业和 10 余万个专业点，每年培养约 1000 万名高素质技术技能人才，基本覆盖国民经济各个领域，特别是在现代制造业、战略性新兴产业和现代服务业等领域，一线新增从业人员 70% 以上来自职业院校毕业生，职业教育的社会认可度显著提升。

高职扩招工作启动。让包括普通高中毕业生、中职毕业生、退役军人、下岗失业人员、农民工、高素质农民、在职企业员工在内的更多群体拥有更多职业发展机会，为产业升级和经济结构调整输送更多高素质技术技能人才。通过分列招生计划、分类考试评价、分别选拔录取，让更多达到条件的人有机会接受高等职业教育。

提升技能培训质量。2019 年国务院出台职业技能提升行动方案，加快建设知识型、技能型、创新型劳动者大军。人社部组织开展职业技能提升行动质量年活动，建立劳动者职业培训电子档案，实行实名制培训、实名制补贴，以大数据、信息化提升培训质量。2018 年以来新发布 56 个新职业信息，颁布 287 个国家职业标准。推动开展新职业和数字技能培训、评价工作。在全国组织以电子社保卡为主要载体的职业培训券试点。3 年来全国开展补贴性职业技能培训超过 8000 万人次。

---

① 丁雅诵. 我国建成世界规模最大职业教育体系［N］. 人民日报，2022-05-29.

② 惠梦. 以高质量发展提升职业教育吸引力——“十三五”时期我国职业教育改革发展取得显著成效［N］. 中国财经报，2021-01-14.

面向企业技能岗位，全面推行中国特色企业新型学徒制。发挥企业培养主体作用，实行培养和评价“双结合”、企业实训基地和院校培训基地“双基地”、企业导师和院校导师“双导师”。3 年培养企业新型学徒近 150 万人次。面对新冠肺炎疫情，将线下培训推上“云端”，实施“互联网 + 职业技能培训计划”，阶段性实施百日免费线上技能培训行动，将各类企业职工线上培训纳入职业培训补贴范围，实名注册学员超过 1300 万人次。

推进产教融合、校企合作。目前，全国 2492 所技工院校，在校生达 420 万余人，每年向社会输送约百万名毕业生。形成了以技师学院为龙头、以高级技工学校为骨干、以普通技工学校为基础的现代技工教育体系。技工院校秉承企业办学基因，以校企合作为基本办学制度，全面推进工学一体化技能人才培养模式，实现技能人才培养与企业用人无缝衔接、与经济发展同频共振[①]。

技能人才国际竞争力显著提升。党的十八大以来，我国构建起以世界技能大赛为引领、中华人民共和国职业技能大赛为龙头、全国行业职业技能竞赛和地方各级职业技能竞赛以及专项赛为主体、企业和院校职业技能比赛为基础的、具有中国特色的职业技能竞赛体系。人社部每年牵头组织开展全国行业职业技能竞赛 80 余项，竞赛项目涵盖各个职业领域，每年均有上千万人参加各类竞赛活动，为技能人才脱颖而出搭建起广阔舞台。

人社部统筹推进世赛成果转化工作，推动技工教育改革创新，让优质的教学资源覆盖技能学子。注重加强各类大赛成果转化，以赛促学、以赛促训、以赛促改，对接国际先进标准，把握行业需求和市场动向，改革课程设置，升级传统专业，技能人才培养的步伐

① 惠梦．以高质量发展提升职业教育吸引力——“十三五”时期我国职业教育改革发展取得显著成效［N］．中国财经报，2021-01-14.

日益加快，技能人才培养质量不断提升。

我国正式加入世界技能组织近12年来，连续参加五届世界技能大赛。在党中央坚强领导下，我国参加世赛的成绩由第41届“1银5优胜”到第43届实现金牌“零的突破”，到第44届、第45届两次位居金牌榜、奖牌榜和团体总分第一，登上世界技能之巅，再到成功申办第46届世界技能大赛，见证了中国技能健儿的拼搏之路，彰显出中国特色职业技能开发的独特优势[①]。

技能人才创造活力不断迸发。2021年人社部开展特级技师评聘试点，在初级工、中级工、高级工、技师、高级技师之上再设特级技师岗位等级。特级技师可比照企业正高级职称人员享受相关待遇，享受疗养休假以及落户、住房、医疗保障、子女教育等优惠政策，新时代技能人才再度迎来政策利好。

推进体制机制改革和政策创新。从分批取消职业资格许可和认定事项，到动态调整国家职业资格目录；从分步取消水平评价类技能人员职业资格、退出国家职业资格目录，到全面推行社会化职业技能等级认定；从出台高技能人才与专业技术人才职业发展贯通办法，到启动特级技师评聘试点；从落实技能人才薪酬分配指引，到健全完善新时代技能人才职业技能等级制度……人社部持续推出多项改革举措，营造良好的技能人才发展生态。

完善高技能人才表彰奖励制度。我国累计表彰290名中华技能大奖获得者，授予3321人全国技术能手称号，选拔3292名享受国务院颁发的政府特殊津贴的高技能人才。人社部指导各地、各行业部门，累计建设954个国家级高技能人才培训基地、1196个国家级技能大师工作室，发挥受表彰高技能人才示范引领作用，以技术

① 人力资源和社会保障部. 锻造实现民族伟大复兴的技能大军——我国新时代技能人才队伍建设述评［N］. 中国组织人事报，2022-03-28.

传帮带，激发广大技术工人立足岗位创新创造，实现技能报国[①]。

2. 职业教育存在的问题

从技能人才供给与需求分析，职业教育主要存在以下问题：

产教融合发展面临不少瓶颈因素，教育人才培养和产业需求存在“两张皮”问题，校企协同、实践育人人才培养模式尚未根本形成。校企合作处于浅层次、低水平状态。课程内容与职业标准、教学过程与生产过程相对脱节，“重理论、轻实践”问题普遍存在。一方面是日益加大的高校新增毕业生的就业压力；另一方面是巨大的能符合企业需求的人才缺口，符合企业要求的毕业生太少[②]。

随着我国经济快速增长和结构转型，人才供给端一直存在分布结构错位矛盾。2012 年以后，“有人没活儿干，有活儿没人干”成为我国“就业难”和“招工难”并存的真实写照。据 2017 年教育部、人社部、工信部联合发布的《制造业人才发展规划指南》显示，制造业十大重点领域 2020 年的人才缺口将超过 1900 万人，2025 年这个数字将接近 3000 万人。从供需情况来看，技能人才，特别是高技能人才面临着十分短缺的情况，技工求人倍率近些年一直维持在 1.5 以上，高技能人才求人倍率维持在 2 以上的水平[③]。

到 2030 年，我国占劳动者总量 30% 约 2.2 亿劳动者可能因数字技术影响而变更职业，高素质高技能就业人员需求量更大。反观我国人才供给现状，高素质、多技能复合型人才供给不足，单一技能型人才供给过剩，“用工荒”与“就业难”并存。人才供需失衡

① 人力资源和社会保障部．锻造实现民族伟大复兴的技能大军——我国新时代技能人才队伍建设述评［N］．中国组织人事报，2022-03-28．

② 潘家俊．职业教育面临的问题与解决问题的四点建议［EB/OL］．职教圈，2019-09-18．

③ 锦一．聚焦职业技能培训，积极推进职业技能提升，我们在行动［EB/OL］．现代职业教育网，2021-03-01．

体现了人才培养机制短板，人才教育供给和产业需求在结构、质量、水平上还不能完全适应，产教良性互动格局尚未形成，技工、高技能人才求人倍率居高不下，供需结构性矛盾凸显[①]。

在技能人才队伍建设方面，还存在以下问题：

技能人才队伍素质不适应高质量发展的需要。技能人才队伍规模还不够大，高技能人才比例较小。据统计，高技能人才占全国就业人口的比例仅为6.2%[②]。技能人才地域和行业分布不尽合理。技术工人队伍还存在人数少、人才结构不合理等问题。主要原因包括：技术工人收入水平偏低，社会地位低，各项待遇保障不到位，职业荣誉感、自豪感、获得感不强等。上述问题的存在，已成为制约产业转型升级和企业竞争力提升的重要瓶颈。

职业技能开发立法缺失。我国迄今没有一部单独法律，对职业能力开发的相关主体的权利、义务及行为准则做出更具体、充分和科学的界定。有关职业技能开发工作的法律要求散见于《劳动法》《就业促进法》和《职业教育法》，有关规定过于原则，且缺乏系统性和可操作性，导致推进职业技能开发工作的法律依据不足。对政府的组织责任要求过于原则，缺少工会组织的监督，对企业承担的义务没有法律的刚性要求，导致政府组织责任落实不力，劳动者参加的权利保障不强，企业参与的积极性不高。

技能人才评价改革衔接过渡矛盾突出。（1）大量职业（工种）移出国家职业目录清单，挫伤技能培训积极性。（2）技能人才等级认定试点工作进度缓慢。一些试点企业在开展等级认定工作中存在

---

① 李子娇．提升职业教育社会认可度［EB/OL-N］．中国经济网—经济日报，2021-07-26.

② 全国政协总工会界别提交界别提案 加强高技能人才队伍建设 助推高质量发展［N］．工人日报，2019-03-07.

困难，需要人社部门尽快出台有关标准及指南，并加强监管。（3）技能人才评价标准与评价方式较陈旧。现有鉴定题库更新速度跟不上技术发展，导致评价脱离实际，无法反映真实水平；评价方式创新不足，差别化技能评价体系和多元评价方式尚未完全建立。

技工院校劣势突出。（1）资金匮乏，发展基础薄弱。资金投入少；生均标准低；专项经费投入少；教师收入待遇及成长投入低。（2）招生难，发展后劲不足。（3）毕业生遭遇“身份歧视”。（4）校企融合不足。校企对接不顺畅，企业积极性不高，常常技校“一头热”，“双师型”教师队伍薄弱。

企业主体作用发挥不足。（1）部分企业重硬件投入轻人才投入、重人才使用轻人才培训培养，甚至不愿为员工缴纳社会保险费用，也无法获得相应培训补贴。（2）工学矛盾突出，员工参加培训积极性不高。（3）培训主体责任落实不到位。高技能人才研修和知识更新天数距离国家规定的要求还有一定差距①。

技能人才培养供给不足。与先进国家高技能人才占比情况相比，我国技能人才培养任务还很艰巨。在当前经济运行稳中有变、经济下行压力加大等不确定性因素加剧形势下，随着劳动者对实现更高质量、更充分就业愿望的加剧，我国职业技能培训覆盖面不够广泛、培训质量有待提高、供给能力不足等问题日益凸显②。

技能人才及政策宣传力度不足。（1）政策宣传覆盖面不足。企业的“不了解率”在14%–36%之间，而技能人才对有关政策的不了解率更高。（2）政策解读不到位。经办队伍、企业及个人对技能

① 中国人事科学研究院编著. 中国人事科学研究报告2020年卷（上册）[M]. 北京：中国人事出版社，2021：208–212.

② 锦一. 聚焦职业技能培训，积极推进职业技能提升，我们在行动[EB/OL]. 现代职业教育网，2021–03–01.

人才政策的理解不到位或存在理解偏差，导致在技能人才队伍建设工作中不能及时转变思路、适应新政策[①]。

3. 明确新时代技能人才工作的指导思想

（1）习近平总书记重要指示批示精神

党的十八大以来，习近平总书记始终高度重视关心技能人才，多次作出重要指示批示，强调要办好职业教育、加强技能人才队伍建设，为做好新时代技能人才工作指明了方向、提供了遵循。

一要重视关心技能人才。劳动者素质对一个国家、一个民族发展至关重要。技术工人队伍是支撑中国制造、中国创造的重要基础，对推动经济高质量发展具有重要作用[②]。“工业强国都是技师技工的大国，我们要有很强的技术工人队伍[③]”。

二要加强技能人才队伍建设。要健全技能人才培养、使用、评价、激励制度，大力发展技工教育，大规模开展职业技能培训，加快培养大批高素质劳动者和技术技能人才[④]。要大力弘扬劳模精神、劳动精神、工匠精神，激励更多劳动者特别是青年一代走技能成才、技能报国之路，培养更多高技能人才和大国工匠，为全面建设

---

① 中国人事科学研究院编著．中国人事科学研究报告 2020 年卷（上册）[M]．北京：中国人事出版社，2021：212、213.

② 习近平对我国选手在世界技能大赛取得佳绩作出重要指示强调 弘扬精益求精的工匠精神 激励广大青年走技能成才技能报国之路 李克强作出批示 [EB/OL]．新华社，2019-09-23.

③ 总书记同我们共话中国梦——习近平同全国劳动模范代表座谈侧记 [EB/OL-N]．人民网—人民日报，2013-05-01.

④ 习近平对我国选手在世界技能大赛取得佳绩作出重要指示强调 弘扬精益求精的工匠精神 激励广大青年走技能成才技能报国之路 李克强作出批示 [EB/OL]．新华社，2019-09-23.

社会主义现代化国家提供有力人才保障[①]。

三要办好职业教育。要坚持党的领导，坚持正确办学方向，坚持立德树人，优化职业教育类型定位，深化产教融合、校企合作，深入推进育人方式、办学模式、管理体制、保障机制改革，稳步发展职业本科教育，建设一批高水平职业院校和专业，推动职普融通，增强职业教育适应性，加快构建现代职业教育体系，培养更多高素质技术技能人才、能工巧匠、大国工匠[②]。

（2）加强新时代技能人才队伍建设的指导思想

以习近平新时代中国特色社会主义思想为指导，深入贯彻党的十九大、二十大精神和习近平总书记关于做好新时代人才工作的重要思想，坚持党管人才，立足新发展阶段，贯彻新发展理念，服务构建新发展格局，推动高质量发展，实施新时代人才强国战略，以服务发展、稳定就业为导向，推进职普融通、产教融合、科教融汇，优化职业教育类型定位[③]；大力弘扬劳模精神、劳动精神、工匠精神，全面实施“技能中国行动”，健全技能人才培养、使用、评价、激励制度，构建党委领导、政府主导、政策支持、企业主体、社会参与的技能人才工作体系，打造一支爱党报国、敬业奉献、技艺精湛、素质优良、规模宏大、结构合理的技能人才

---

① 习近平致信祝贺首届全国职业技能大赛举办强调 大力弘扬劳模精神劳动精神工匠精神 培养更多高技能人才和大国工匠 李克强作出批示［EB/OL-N］. 人民网－人民日报，2020-12-11.

② 习近平对职业教育工作作出重要指示强调 加快构建现代职业教育体系 培养更多高素质技术技能人才能工巧匠大国工匠 李克强作出批示［EB/OL］. 新华网，2021-04-13.

③ 习近平. 高举中国特色社会主义伟大旗帜　为全面建设社会主义现代化国家而团结奋斗——在中国共产党第二十次全国代表大会上的报告［EB/OL］. 新华网，2022-10-25.

队伍[①]。

4. 加强新时代技能人才队伍建设的目标任务

到“十四五”时期末，技能人才制度政策更加健全、培养体系更加完善、岗位使用更加合理、评价机制更加科学、激励保障更加有力，尊重技能尊重劳动的社会氛围更加浓厚，技能人才规模不断壮大、素质稳步提升、结构持续优化、收入稳定增加，技能人才占就业人员的比例达到 30% 以上，高技能人才占技能人才的比例达到 1/3，东部省份高技能人才占技能人才的比例达到 35%。力争到 2035 年，技能人才规模持续壮大、素质大幅提高，高技能人才数量、结构与基本实现社会主义现代化的要求相适应[②]。

5. 提升职业教育水平、加强技能人才队伍建设的建议

要把《国家职业教育改革实施方案》等系列政策措施落到实处，着力推进改革创新，借鉴先进经验，努力建设高水平、高层次的技术技能人才培养体系。要瞄准技术变革和产业优化升级的方向，加强职业学校师资队伍和办学条件建设，优化完善教材和教学方式，探索中国特色学徒制，努力培养数以亿计的高素质技术技能人才，为全面建设社会主义现代化国家提供坚实的支撑。

在办学主体方面，应深化职业院校改革、激发内生发展动力。

第一，更新办学观念。必须把立德树人摆在第一位，这是事关教育的方向性问题。各职业教育院校必须坚持立德树人，大力讲好思政课，开展好社会主义核心价值观的培育，树牢跟党走的坚定理想信念，厚植爱国主义情怀，不断夯实职业教育学生的政治素养和

---

① 中共中央办公厅国务院办公厅印发《关于加强新时代高技能人才队伍建设的意见》[EB/OL]. 新华网，2022–10–07.

② 同上。

品行修养，努力打造新时代技能人才大军[①]。

适应信息技术变革和数字经济发展，在更高层次、更大范围、更新起点上思考新时代职业教育的创新与发展。要在专业设置、教学组织、课程体系、教材教案、教学方式、校企协同、实践育人、教师素质、队伍建设等方面进行系统谋划和布局，与新经济、新技术、新产业、新业态、新模式变化发展逐一对接，定位于培养和培训服务于人工智能时代高素质劳动者和技术技能人才[②]。

第二，打造特色精品。现代职业教育是面向职场的专业教育，人才培养必须面向具体职场，对接职场需求的课程体系才有社会价值。重点支持一批职业院校和应用型本科高校建设高水平、专业化、开放型产教融合实训基地，推动相关院校面向经济社会发展需求，创新培养模式，优化培养结构，打造一批精品职业院校，带动职业教育质量提升，增强产业升级和区域发展的人才支撑。

第三，深化体制机制改革。职业教育国家学分银行落地运行及“1+X”证书制度试点加快推进等改革使职业教育走上又好又快发展道路。要聚焦培养高素质技术技能人才确立职业教育类型定位，出台本科层次职业教育、“1+X”试点等改革举措，逐步深化职业教育改革；要继续深化校企合作，深入推进办学模式、管理体制、保障机制等改革，推动职业教育高质量发展[③]。

第四，推动产教深度融合。引入企业等主体参与办学，推进产教融合试点、实训基地和书证融通试点示范，打破校企合作“学校

---

① 何莉. 办好职业教育，打造新时代技能人才大军［EB/OL］. 大江网（中国江西网），2021-04-14.

② 潘家俊. 职业教育面临的问题与解决问题的四点建议［EB/OL］. 职教圈，2019-09-18.

③ 何莉. 办好职业教育，打造新时代技能人才大军［EB/OL］. 大江网（中国江西网），2021-04-14.

热、企业冷”状态，探索解决产教融合过程中“重理论、轻实践”等问题。注重培养更多高素质技术技能人才、能工巧匠、大国工匠。加强高水平职业院校和专业建设，提升办学水平，推动职普融通，增强职业教育适应性[①]。

第五，重建专业体系。开展产业研究，了解产业需求；建立专业集群，实现跨界培养；坚持面向人人，开展适合教育。如果能够对接产业链构建好这样一个“专业体系”，对接社会经济发展需求规划好这样一组“专业课程”，对接创新型、复合型人才培养建设好这样一个“教学组织”，对接学生的个性化发展设计好这样一个“成才路径”，职业教育就能体现出新时代的特点。

第六，重构课程结构和内容。“整合”。即根据职业院校特定培养目标，把需要的内容重新整合成新的课程和新的课程体系。“对接”。即学习与工作对接。“以职业能力需求为导向，以职业活动为单元组织课程”，“在工作中学习”。通过一个一个来自社会交付的工作项目，让学生在完成任务的过程中激发起主动学习的热情。“翻转”。即从教师主体转为学生主体。教师的责任包括教授知识技能，但更主要是激发学生职业兴趣[②]。

第七，重塑教师队伍。多措并举打造“双师型”教师队伍。职业院校、应用型本科高校相关专业教师原则上从具有 3 年以上企业工作经历并具有高职以上学历的人员中公开招聘。探索组建高水平、结构化教师教学创新团队，教师分工协作进行模块化教学。在职业院校实行高层次、高技能人才以直接考察的方式公开招聘。建

① 李子娇．提升职业教育社会认可度［EB/OL-N］．中国经济网—经济日报，2021-07-26.

② 潘家俊．职业教育面临的问题与解决问题的四点建议［EB/OL］．职教圈，2019-09-18.

立健全职业院校自主聘任兼职教师的办法，推动企业工程技术人员、高技能人才和职业院校教师双向流动[①]。

第八，加强职业教育保障。各级党委和政府要加大制度创新、政策供给、投入力度，尤其要加强职业学校师资队伍和办学条件建设，为提高职业教育质量提供可靠保证。要在全社会大力营造加强职业教育和尊重技能、崇尚技能的浓厚氛围，不拘一格选用人才，提高技能型人才的社会地位，促进职业教育高质量发展[②]。

在加强技能人才队伍建设方面，要着力做好以下几项工作：

第一，推进职业技能提升行动。

实施《职业教育提质培优行动计划（2020—2023 年）》，围绕重点对象市场需求，为困难企业转岗职工提供针对性技能培训服务、帮助新员工快速胜任新岗位、围绕市场急需紧缺职业开展人才技能培训，提升劳动者职业技能水平和就业创业能力[③]。

做好职业技能培训，需要通过多方的共同努力：

需要坚持市场需求的导向作用。近年来，伴随着人工智能、电子竞技等新兴行业的发展，新职业层出不穷。与之相应地，人才市场对技能人才的需求也日益个性化，这就要求培训的内容和方式要更有针对性地满足市场持续发展的需求。

需要国家激励引导、社会各界重视支持、劳动者积极参与。我国推出的这一系列推动职业技能培训的政策措施，正是要让企业意识到开展职业技能培训对引领自身发展的意义，让劳动者看到参加

① 潘家俊．职业教育面临的问题与解决问题的四点建议［EB/OL］．职教圈，2019-09-18．

② 何莉．办好职业教育，打造新时代技能人才大军［EB/OL］．大江网（中国江西网），2021-04-14．

③ 锦一．聚焦职业技能培训，积极推进职业技能提升，我们在行动［EB/OL］．现代职业教育网，2021-03-01．

职业技能培训对自身职业生涯发展的重要性，从而调动起企业和劳动者参与其中的积极性。

需要做好长期的发展规划。要进一步健全职业技能提升资金投入机制。要发挥技工院校的作用，把技工院校打造成培养大国工匠的摇篮。要落实人社部、财政部印发的《关于实施职业技能提升行动“互联网 + 职业技能培训计划”的通知》，着眼于突出“政策激励”，着重于援企稳岗和惠民培训，强化对企业、培训补贴政策支持，加强对劳动者参加线上培训支持①。

第二，完善技能人才评价激励机制。

一是稳步推进技能人才水平的社会化认定。二是开展企业、社会评价组织、技工院校的技能等级认定试点。三是根据经济社会发展和劳动者就业创业需要，“先立后破”，保持前后各类职业资格评价的衔接不留空当，逐步推动下一步技能人才等级认定全面铺开。

创新多元评价方式，满足技能人才评价需求。发挥多元评价主体作用，创新过程考核、结果鉴定、业绩评审、技能竞赛等多种评价方式，满足不同行业、不同职业、不同专长的技能人才的认定需求。发挥竞赛选拔“以赛代评”的作用，让竞赛获奖者能够享受相应待遇，充分发挥职业技能竞赛在技能人才培养中的引领示范作用，促进优秀技能人才脱颖而出②。

建立基层技术工人激励机制，激发创新活力。在市、县两级设立技能人才表彰项目，加大对基层技能劳动者的表彰奖励力度。在评选国家级、省级技能人才方面，不再将“取得某种等级职业资格

① 锦一. 聚焦职业技能培训，积极推进职业技能提升，我们在行动［EB/OL］. 现代职业教育网，2021-03-01.

② 中国人事科学研究院编著. 中国人事科学研究报告 2020 年卷（上册）［M］. 北京：中国人事出版社，2021：214.

证书”作为硬性条件。建议对民营企业人才表彰奖励政策可适当放宽。比如，设置民营企业专项名额，适当扩大受表彰面。利用人社部门的评价、指导、监督、考核体系，增加团队、学校与企业联合、企业与企业联合表彰项目，以建立更多优秀团队、培养更多对口人才，打破更多技术瓶颈，推动技术融合①。

提高技能人才待遇，激励人才成长。一要提高技能人才的政治待遇。让高技能领军人才享受与高层次人才同等的政治待遇。二要提高技能人才的经济待遇。建立技能人才津贴制度；实现技高者多得、多劳者多得；建立企业技术工人工资正常增长机制。国有企业工资总额分配要向高技能人才倾斜。三要提高技能人才的社会待遇。完善高技能领军人才住房、户籍、医疗保障、子女就学、配偶就业等支持政策，放宽技能人才落户限制②。

第三，为技工院校创造更多发展机会。

给予技工院校公平资金投入政策。比照同层次职业院校标准落实经费，增加经费投入，提高生均拨款水平。提高教师待遇，壮大技工教育教师队伍。落实技工院校教师培训绩效，提高教师工作积极性；设置教师培训提升项目经费，为教师成长提供支持。

给予技工院校公平招生的权利。将高级技工学校、技师学院招生纳入同一招生考试平台，实现与高职院校统一招生宣传、统筹招生管理。普通技工学校纳入各市（地）中等职业学校统一招生平台。将技工院校招生纳入高中阶段毛入学率，技工院校在初高中学校开展招生工作与中高职院校享受同等待遇。

---

① 王攀，王祥龙．建设制造强国，建议扩大技能人才激励范围［EB/OL］．搜狐网，华西都市报，2021-03-08．

② 中国人事科学研究院编著．中国人事科学研究报告 2020 年卷（上册）［M］．北京：中国人事出版社，2021：214-215．

给予技校毕业生公平的成长通道。落实技工院校毕业生享受与中专、大专或大学本科毕业生同等的待遇。帮助学生做好职业生涯规划，促使其坚定技能报国信念、坚守工匠精神。通过给予学生均等成长机会，以及学生高质量发展，提高社会对技能人才认可度，促进解决生源入口问题以及技工教育过程问题。

创新办学模式，提高技工教育水平。深化校企合作。深度推进实践“双元制”教育模式，深化产教融合，促进教育链、人才链与产业链、创新链有机衔接。加强中外合作办学，积极探索创新技工教育模式。加强“双师型教师”队伍建设。落实同等待遇，加大经费投入。完善技工教育发展体制机制。夯实技工院校基础建设，促进高质量发展。健全产教融合、校企合作机制[①]。

第四，发挥企业技能开发主体作用。

监督、引导企业加大培训投入。监督企业依法履行职工教育培训和足额提取教育培训经费的责任，为高技能人才提供参加研修和知识更新的机会。通过政府购买服务的方式支持中小微企业或创业团队开展创新活动，提高科技创新资源的共享和使用效率。

引导企业优化人才培养观念。引导企业按照职业技能提升补贴标准，完善一线技能人才社会保险，提高培训投入，解决工学矛盾。在解决山区企业技能人才培养后易流失问题方面，允许山区企业明确培养单位与培训受益人的权利义务及相关违约责任，支持山区企业既培养人才又能更好地留住自己培养的人才。

发挥企业在技能等级认定中的主阵地作用。推动企业成为技能人才等级认定的重要主体。地方政府可适当配套对技师、高级技师的补贴，逐步引导和鼓励企业健全完善内部收入分配制度，建立职

---

① 中国人事科学研究院编著．中国人事科学研究报告 2020 年卷（上册）[M]．北京：中国人事出版社，2021：215、216.

工薪酬与技能等级挂钩分配机制，在关键岗位、关键工序设立“首席工人”“职业技能带头人”职位，实行特岗特薪；对做出突出贡献的优秀高技能人才实行股权和期权激励①。

第五，完善技能竞赛制度。

构建完善技能竞赛体系。落实职业技能竞赛管理办法及实施细则、竞赛经费管理办法等。

加大对竞赛集训基地建设支持。统筹竞赛集训基地建设规划布局，健全基地运行管理机制，加大场地设备投入；发挥技术支持单位作用，探索政校企合作共建；加大集训补助力度。

加大对技能竞赛获奖选手奖励力度。提高对技能竞赛获奖选手奖励标准和授予荣誉称号力度，推进以赛促评。让竞赛获奖者获得更高的社会荣誉和社会地位。

促进竞赛成果转化。运用竞赛技术文件及成果完善职业技能评价标准、深化专业课程改革。

第六，积极引导社会认知。

远期，出台《职业培训法》或《职业技能开发法》；中近期，修订完善《劳动法》和《就业促进法》②，为深化职业教育改革提供法律保障。着力提升技能人才待遇水平，增强职业教育认可度和吸引力。大力弘扬劳模精神，引导全社会理解、关心、支持技能人才发展进步，使“技能成才”理念切实成为社会风尚和行动自觉③。

第七，传承和培育工匠精神。

---

① 中国人事科学研究院编著．中国人事科学研究报告 2020 年卷（上册）［M］．北京：中国人事出版社，2021：216–217．

② 中国人事科学研究院编著．中国人事科学研究报告 2020 年卷（上册）［M］．北京：中国人事出版社，2021：213．

③ 李子娇．提升职业教育社会认可度［EB/OL–N］．中国经济网—经济日报，2021–07–26．

引导全社会深刻认识培育和弘扬工匠精神的重要意义，倡导尊重劳动、尊重知识、尊重人才、尊重创造的社会价值观，尊重一线员工的劳动，形成推崇工匠精神、立志技能报国的良好社会氛围。

完善制度机制。传承和培育工匠精神基础在于培育技能人才。广大技能人才是工匠精神的主要传承者、实践者、创新者。要健全评价机制，设立与工匠精神有关的奖项，评选奖励优秀一线员工，引导职工在工作中精益求精。

培养壮大技能人才队伍。转变社会观念，提高技能人才的经济待遇和社会地位；实行产教融合、校企合作，建立健全职业技术教育体系；企业应为一线员工和专业技术人员提供培训和学习机会，切实提高其职业技能；将工匠文化作为企业文化建设重要内容，激发员工钻研生产技艺、不断创新创造积极性[①]

第八，营造尊重技能社会氛围。

加强政策解读与宣传力度。对技能人才队伍建设相关政策进行梳理，形成逻辑清晰的政策体系，供公众检索与查阅；注重政策解读视角，加强多角度、可视化的政策解读，便于经办人员、企业、技能人才等主体直接获取相关信息；加大政策宣传力度，借助多平台、多媒体，扩大政策辐射范围，提高政策覆盖面、可及性。

加强技能人才宣传力度。在官方网站、政务微信等平台，联动各行业主管部门及各类媒体宣传技能人才典型案例、技能大赛获奖案例、技能队伍建设典型经验等，强化典型示范引领；举办高技能人才休假活动，提高技能人才的荣誉感，在全社会营造技能成才、劳动光荣的社会风尚和精益求精的工匠精神[②]。

---

① 杨建新. 助推高质量发展 大力传承和培育工匠精神［N］. 人民日报，2018-07-05.

② 中国人事科学研究院编著. 中国人事科学研究报告 2020 年卷（上册）［M］. 北京：中国人事出版社，2021：217.

（五）发展终身教育

1. 终身学习体系建设的思想渊源

中国古代终身学习思想源远流长，荀子的《劝学》中就提到："学不可以已。"古希腊、古罗马也已经出现终身学习思想的萌芽，20 世纪初也有学者提出一些朴素的终身学习思想，但是终身学习作为一种思潮，产生于 20 世纪 60 年代以后，是 20 世纪国际社会影响最大、最具有革命性的教育思潮。

1965 年，法国教育家朗格朗在联合国教科文组织召开的"第三届促进成人教育国际委员会"会议上，作了题为"终身教育"的报告，被视为终身学习思潮的奠基者，终身教育也逐渐成为一种广泛传播的教育思潮。终身教育包括教育的一切方面：纵向上，终身教育包括一个人从生到死各个阶段的教育；横向上，终身教育包括教育的各种形式、各个方面和各项内容。

1972 年，联合国教科文组织报告《学会生存——教育世界的今天和明天》，实现了从终身教育到终身学习的转变："虽然一个人正在不断地接受教育，但他越来越不成为对象，而越来越成为主体了"，必须"把重点放在教育与学习过程的'自学'原则上"。从终身教育到终身学习实现了学习活动主体的转变。终身教育强调政府和社会为每个人提供接受教育的机会，而终身学习强调学习者自觉利用各种教育资源和机会自主学习，为学习型社会建设提供了更多可能性，也为构建终身学习体系奠定了基础①。

2. 终身学习体系建设的国际探索

在联合国教科文组织推动下，终身学习成为发达国家和发展中国家制定教育政策的指导思想，各国重新审视传统的教育理念和教

---

① 刘宝存."终身学习"为学习型社会建设提供更多可能［N］. 光明日报，2020-10-28.

育制度，致力于构建终身学习体系、打造学习型社会。各国建设终身学习体系的措施，大致包括以下几个方面：

制定终身学习法律法规。美国是较早对终身学习立法的国家，于 1976 年颁布《终身学习法案》。1990 年，日本制定《终身学习振兴法》，把构建终身学习体系纳入国家发展战略之中，努力建设“终身学习社会”。1999 年，韩国制定《终身教育法》，要求把韩国建设成一个教育开放和终身学习的社会。

设立负责推进终身学习的组织机构，建立终身学习推进体制。1988 年，日本在文部省设立了终身学习局，作为推动终身学习体系建设的组织机构；在文部省、都道府县、市町村设立终身学习审议会，作为推进终身学习的咨询审议机构；明确各行政部门的责任，制订终身学习振兴计划，设立“终身学习推进中心”，制定地区振兴终身学习规划，推进终身学习体系建设。

打造开放、全纳的教育体系。学习既可以在学校进行，也可以在家庭和工作场所进行；年龄不再是接受不同层级教育的限制因素，包括儿童、年轻人和成人在内的所有社会成员都致力于学习活动；各级各类教育上下衔接、左右沟通，正规教育与非正规教育、正式教育与非正式教育、线上教育与线下教育有机结合，从学习型家庭、学习型组织到学习型社区、学习型城市和学习型社会建设层层推进，学习活动处于一种泛在的状态。

另外，各国积极推进“学分银行”学分累积、弹性学制等灵活、弹性的学习制度，实现终身学习的自主化和个性化[①]。

3. 终身学习体系建设的中国路径

1995 年《教育法》首次提出“建立和完善终身教育体系”。1999 年国务院批转教育部《面向 21 世纪教育振兴行动计划》提

① 刘宝存. “终身学习”为学习型社会建设提供更多可能 [N]. 光明日报，2020-10-28.

出“到2010年，基本建立起终身学习体系”。2002年党的十六大报告提出，到2020年我国要“形成全民学习、终身学习的学习型社会”①。党的十九届四中全会《决定》提出，构建服务全民终身学习的教育体系。发挥网络教育和人工智能优势，创新教育和学习方式，加快发展面向每个人、适合每个人、更加开放灵活的教育体系，建设学习型社会②。进入新时代，人民群众对学习的需求不断增强，迫切需要建立服务全民终身学习的教育体系，满足人民群众需要，保障全民享有终身学习的机会③。党的二十大报告提出，推进教育数字化，构建全民终身学习的学习型社会、学习型大国④。

强化思想引领。2013年9月25日，国家主席习近平应邀在联合国总部举行的“教育第一”全球倡议行动一周年纪念活动上发表视频贺词，其中指出，中国始终把教育摆在优先发展的战略位置，不断扩大投入，努力发展全民教育、终身教育，建设学习型社会⑤。2015年5月22日，习近平总书记在致国际教育信息化大会的贺信中写道：因应信息技术的发展，推动教育变革和创新，构建网络化、数字化、个性化、终身化的教育体系，建设“人人皆学、处处能学、时时可学”的学习型社会⑥。2020年9月22日，习近平总

① 刘宝存.“终身学习”为学习型社会建设提供更多可能［N］. 光明日报，2020-10-28.

② 本书编写组.《中共中央关于坚持和完善中国特色社会主义制度、推进国家治理体系和治理能力现代化若干重大问题的决定》辅导读本［M］，北京：人民出版社，2019：28.

③ 籍献平. 构建终身学习体系 加快建设学习型社会［EB/OL］. 河北新闻网，2019-11-08.

④ 习近平. 高举中国特色社会主义伟大旗帜　为全面建设社会主义现代化国家而团结奋斗——在中国共产党第二十次全国代表大会上的报告［EB/OL］. 新华网，2022-10-25.

⑤ 习近平. 中国将努力发展全民教育、终身教育［EB/OL］. 新华网，2013-09-26.

⑥ 致国际教育信息化大会的贺信［EB/OL］. 新华社，2015-5-23.

书记在教育文化卫生体育领域专家代表座谈会上指出：要完善全民终身学习推进机制，构建方式更加灵活、资源更加丰富、学习更加便捷的终身学习体系[①]。习近平总书记的讲话反映了世界教育发展的终身化趋势和我国构建终身学习体系、打造学习型社会的方向。

推进继续教育内涵式发展。首先，全面贯彻党的教育方针，引导社会成员转变传统的教育观念，逐步确立终身学习的理念。其次，充分认识新时代人民日益增长的终身学习需要与继续教育不平衡、不充分之间的矛盾，通过深化教育体制改革、创新教育形式、转变教育思路，打造开放、灵活的办学模式，向社会最大限度开放教育资源，补齐教育发展的“短板”。最后，进一步提升继续教育质量，夯实办学基础，提高办学水平，完善质量保障体系，为社会输送优质的教育服务和教育资源[②]。

以形成学习型社会为目标。从 1968 年美国教育家赫钦斯出版《学习型社会》一书算起，“学习型社会”概念的提出已有 50 多年历史，但是对于“学习型社会”概念的内涵并没有一个统一的认识。一般认为，“学习型社会”就是任何一个人在任何地方、任何时间都可以学习的社会。“学习型社会”是建设终身学习体系的根本旨归和依据，要建设的终身学习体系就是为人人皆学、处处能学、时时可学提供学习机会和资源的体系[③]。

完善全民终身学习推进机制。国际社会制定终身学习法律法规、设立负责推进终身学习的组织机构、打造开放的教育体系、建

① 习近平．在教育文化卫生体育领域专家代表座谈会上的讲话［EB/OL］．新华网，2020-09-22.

② 籍献平．构建终身学习体系 加快建设学习型社会［EB/OL］．河北新闻网，2019-11-08.

③ 刘宝存．“终身学习”为学习型社会建设提供更多可能［N］．光明日报，2020-10-28.

立个性化的学习制度等推进终身学习体系建设的基本经验，也是我国完善全民终身学习推进机制的基本路径。但是一个国家的终身学习体系是建立在这个国家的历史传统、社会制度、科学技术发展水平等社会基础之上的，这也就决定了我国建设的终身学习体系必须挖掘中国本土的教育资源，在终身教育体系本身及其建设机制方面形成中国特色，体现世界性与民族性的统一。

培养全民终身向学的兴趣和能力。我国建设终身学习体系要强调树立以学习者为中心的思想，主张自主学习，重视激发学习者学习的兴趣和追求真知的动力，使每个人乐于学习，从而终身向学，并养成自主学习、自我评价、自我激励的能力[①]，助力建设学习型社会，实现从一次性终结性学历教育向终身教育转变[②]。

构建服务全民的终身学习体系。构建更加开放畅通的人才成长通道，完善招生入学、弹性学习及继续教育制度，畅通转换渠道。建立全民终身学习的制度环境，探索建立国家资历框架，实现学历证书和职业技能等级证书等值、互认，建立跨部门跨行业的工作机制和专业化支持体系。建立健全国家学分银行制度和学习成果认证制度。强化职业学校和高等学校的继续教育与社会培训服务功能，开展多类型多形式的职工继续教育，加快发展城乡社区老年教育，推动各类学习型组织建设[③]。充分利用新技术新模式，发挥在线教育优势；打通整合普通教育、职业教育、老年教育、继续教育、社区教育等资源，丰富终身教育资源供给[④]。

---

① 刘宝存."终身学习"为学习型社会建设提供更多可能[N].光明日报，2020-10-28.

② 陈宝生.建设高质量教育体系 加快建成教育强国[J].旗帜，2020（第12期）.

③ 中共中央、国务院印发《中国教育现代化2035》[EB/OL].新华网，2019-02-23.

④ 陈宝生.建设高质量教育体系 加快建成教育强国[J].旗帜，2020（第12期）.

二、人才发展治理现代化推动科技创新

（一）加快实现高水平科技自立自强

1. 科技人才是科技自立自强的战略支撑

科技强盛是国家富强、民族振兴之基，国家发展、民族振兴离不开科技人才。党的十八大以来，“党坚持实施创新驱动发展战略，把科技自立自强作为国家发展的战略支撑”[①]。党的十九大确立了到2035年跻身创新型国家前列的战略目标，党的十九届五中全会提出坚持创新在我国现代化建设全局中的核心地位，把科技自立自强作为国家发展的战略支撑。立足新发展阶段、贯彻新发展理念、构建新发展格局、推动高质量发展，必须深入实施科教兴国战略、人才强国战略、创新驱动发展战略，完善国家创新体系，加快建设科技强国，实现高水平科技自立自强[②]。

2. 我国实施创新驱动发展战略成效显著

党的十八大以来，以习近平同志为核心的党中央把创新作为引领发展的第一动力，坚持创新在我国现代化建设全局中的核心地位，部署实施一系列重大改革举措，推动我国科技事业发生历史性、整体性、格局性变化，走出了一条从人才强、科技强，到产业强、经济强、国家强的创新发展新路径，形成了支撑经济社会发展

---

① 本书编写组．党的十九届六中全会《决议》学习辅导百问［M］．北京：党建读物出版社　学习出版社，2021：39．

② 习近平．在中国科学院第二十次院士大会、中国工程院第十五次院士大会、中国科协第十次全国代表大会上的讲话［EB/OL］．新华网，2021-05-29．

和保障国家安全的科技创新发展新格局[①]。中国在全球创新版图中的地位和作用发生了新的变化[②]。

深入实施创新驱动发展战略、决战脱贫攻坚、决胜全面建成小康社会、推动区域协同发展等国家重大战略，科技创新的贡献率显著提高，科技人才的关键作用有效发挥，人才工作的效能持续增强[③]。我国科技实力正在从量的积累迈向质的飞跃、从点的突破迈向系统能力提升[④]，科技创新取得新的历史性成就。

坚持“四个面向”，一些关键核心技术实现突破，进入创新型国家行列[⑤]。面向世界科技前沿，坚持目标导向和自由探索两条腿走路，在量子信息等方面取得了一批具有国际影响力的原创成果。面向经济主战场，以高质量的科技供给带动产业迈向中高端，保障产业链供应链安全稳定。超级计算等新兴技术加快应用，推动数字经济等新产业新业态蓬勃发展。面向国家重大需求，加快关键核心技术攻关。面向人民生命健康，组织开展疫情防控应急科研攻关，在疫苗、试剂等方面取得一批科技创新成果。

坚持以改革促创新，最大限度地激发各类创新主体和科研人员的积极性创造性。“破四唯”“立新标”并举，科技人才培养、使用、评价、激励、引进体制机制更趋完善。科技计划和科研经费管

---

① 金观平. 2.8 万亿元，彰显科技强国力量——数评新时代中国经济历史性跃升⑤［N］. 经济日报，2022-10-22.

② 是说新语. 我国科技事业发生了历史性、整体性、格局性重大变化［EB/OL］. 求是网，2022-06-07.

③ 侯建国. 建设高水平科技人才队伍［EB/OL］. 求是网，2021-12-17.

④ 习近平. 在科学家座谈会上的讲话［EB/OL］. 新华网，2020-09-11.

⑤ 习近平. 高举中国特色社会主义伟大旗帜　为全面建设社会主义现代化国家而团结奋斗——在中国共产党第二十次全国代表大会上的报告［EB/OL］. 新华网，2022-10-25.

理改革为科研人员松绑减负，科研诚信建设营造良好创新生态，创新主体能力建设得到强化，中国特色国家实验室体系加快构建，高水平研究型大学、科研院所的科研能力持续提升，一批具有国际竞争力的科技型企业成长壮大，国家创新体系更加高效顺畅。

目前，我国已建成全球规模最宏大的科技人才队伍。全社会研发投入从 2012 年的 1.03 万亿元增长到 2021 年的 2.79 万亿元，研发投入强度从 1.91% 增长到 2.44%[①]，世界知识产权组织发布的全球创新指数排名，中国从 2012 年的第 34 位上升到 2022 年的第 11 位[②]。2019 年，研发人员全时当量达 480 万人年，占全球研发人员的比重超过 30%；在校大学生人数达 4002 万人，创新人才规模稳居世界首位；SCI 论文数量和高被引论文数量都位居世界第二位，国内发明专利申请量和 PCT 专利申请量都居世界首位，成为全球科技创新的重要贡献者[③]；专业技术人才总量达 7839.8 万人，其中集聚了以两院院士为代表的一大批高端人才。

3. 加快建设高水平的科技人才队伍

当今世界围绕科技制高点的人才竞争不断加剧，呈现出供需矛盾突出、竞争重心上移、空间集聚加速、跨国流动高频等鲜明特征。美国等发达国家把吸引集聚全球优秀人才作为国家战略，大量引进高水平科技人才和留学生，为创造和保持科技与经济竞争优势提供了重要人才资源；还在科技和人才上不断加大对我国的遏制和打压，使我国人才工作面临新形势新挑战。要增强忧患意识，更加

---

① 是说新语．我国科技事业发生了历史性、整体性、格局性重大变化［EB/OL］．求是网，2022-06-07.

② 刘曲．世界知识产权组织：中国在创新领域全球排名稳步提升［EB/OL］．新华社，2022-09-30.

③ 白春礼．解决“卡脖子”问题要加快突破关键核心技术制约［EB/OL］．中国新闻网，2020-11-25.

重视人才自主培养，加快建立人才资源竞争优势[①]。

我国的科技创新水平与发达国家相比，还有较大差距。我国基础研究经费投入不足，发达国家基础研究占 R&D（研究与试验发展）经费的比例大约在 15%–25%之间，我国基础研究占 R&D 经费的比例大约只是他们的三分之一到五分之一[②]。我国原始创新能力还不强，创新体系整体效能还不高，科技创新资源整合还不够，科技创新力量布局有待优化，科技投入产出效益较低，科技评价体系还不适应科技发展要求，科技生态需要进一步完善[③]。我国科技人才队伍结构性矛盾突出，引领当代科学潮流的世界顶级科学家不多，战略科学家、高水平基础研究人才和关键核心技术攻关人才匮乏，卓越学术团队和青年拔尖人才相对较少[④]。

要改变我国在关键核心技术上长期受制于人的被动局面，必须以国家战略需求为导向，集聚力量进行原创性引领性科技攻关，坚决打赢关键核心技术攻坚战。加强基础研究和源头创新，解决重点领域关键核心技术"卡脖子"问题，推动经济社会高质量发展，对科技人才队伍提出了更高要求。坚持人才引领发展的战略地位，加快建设一支规模宏大、结构合理、素质优良的高水平科技人才队伍，夯实创新发展的人才基础[⑤]；完善人才战略布局，加快建设世界重要人才中心和创新高地，着力形成人才国际竞争的比较优

① 侯建国. 建设高水平科技人才队伍［EB/OL］. 求是网，2021–12–17.

② 沈慧. 科技领域卡脖子问题亟待解决 核心技术：要跟踪更要原创［EB/OL–N］. 中国经济网—经济日报，2018–06–12.

③ 习近平. 在中国科学院第二十次院士大会、中国工程院第十五次院士大会、中国科协第十次全国代表大会上的讲话［EB/OL］. 新华网，2021–05–29.

④ 沈慧. 科技领域卡脖子问题亟待解决 核心技术：要跟踪更要原创［EB/OL–N］. 中国经济网—经济日报，2018–06–12.

⑤ 侯建国. 建设高水平科技人才队伍［EB/OL］. 求是网，2021–12–17.

势[①]。

（二）加强原创性、引领性科技攻关

1. 加强原创性基础研究

基础研究要奔着真问题去。研究内容上，既要鼓励好奇心驱动的自由探索，更要从经济社会发展和国家安全面临的实际问题中凝练科学问题。研究方法上，逻辑起点是提出真正的基础研究问题，这是基础研究是否具有重大战略意义、能否成功的前提。评价标准上，要把是否具有原创性作为根本标准[②]。

2. 勇于探索、突出原创

推进对宇宙演化、意识本质、物质结构、生命起源等的探索，拓展认识自然的边界，开辟新的认知疆域；要应用牵引、突破瓶颈，弄通“卡脖子”技术的基础理论和技术原理；要加大基础研究财政投入力度，对企业基础研究投入实行税收优惠，鼓励社会以捐赠和建立基金等方式多渠道投入，形成持续稳定投入机制[③]。

3. 全面落实基础研究十年规划

统筹布局国家科技计划基础研究体系，聚焦国家重大战略需求和产业发展中关键瓶颈，强化应用导向基础研究，完善共性基础技术供给体系；培养造就世界一流的基础研究人才队伍，造就世界级科学家和领军人才，支持培养青年科学家和后备力量，推动学科交叉融合和跨学科研究；加大基础研究投入，推动中央财政、企业和

① 习近平. 高举中国特色社会主义伟大旗帜　为全面建设社会主义现代化国家而团结奋斗——在中国共产党第二十次全国代表大会上的报告［EB/OL］. 新华网，2022-10-25.

② 陈芳，胡喆. 大国创新的关键之举——科技部部长王志刚为科技政策扎实落地“划重点”［EB/OL］. 新华社，2021-12-22.

③ 习近平. 在中国科学院第二十次院士大会、中国工程院第十五次院士大会、中国科协第十次全国代表大会上的讲话［EB/OL］. 新华网，2021-05-29.

金融机构、社会力量多渠道投入；营造有利于基础研究的生态环境，赋予科研人员更大人财物支配权和学术自主权①。

4. 科技攻关要坚持问题导向

加快实施一批具有战略性全局性前瞻性的国家重大科技项目，增强自主创新能力②。加强基础学科建设，强化学科深度交叉融合，从科学原理、问题、方法上集中攻关；从国家急需和长远需求出发，在关键核心技术上全力攻坚；在事关发展全局和国家安全基础核心领域、前沿重点领域，前瞻部署一批战略性、储备性技术研发项目，瞄准未来科技和产业发展制高点；着眼长远系统谋划重大项目布局，为解决事关长远发展“心腹之患”问题提供战略性技术储备；通过“揭榜挂帅”等，加快突破关键核心技术制约③。

5. 确立企业创新主体地位

强化企业科技创新主体地位，发挥科技型骨干企业引领支撑作用④。增强企业创新动力，正向激励、反向倒逼企业创新。发挥企业出题者作用，推进重点项目协同和研发活动一体化，加快构建龙头企业牵头、高校院所支撑、各创新主体相互协同的创新联合体，发展高效强大的共性技术供给体系，提高科技成果转移转化

---

① 陈芳，胡喆．大国创新的关键之举——科技部部长王志刚为科技政策扎实落地“划重点”[EB/OL]．新华社，2021-12-22.

② 习近平．高举中国特色社会主义伟大旗帜 为全面建设社会主义现代化国家而团结奋斗——在中国共产党第二十次全国代表大会上的报告 [EB/OL]．新华网，2022-10-25.

③ 白春礼．解决“卡脖子”问题要加快突破关键核心技术制约 [EB/OL]．中国新闻网，2020-11-25.

④ 习近平．高举中国特色社会主义伟大旗帜 为全面建设社会主义现代化国家而团结奋斗——在中国共产党第二十次全国代表大会上的报告 [EB/OL]．新华网，2022-10-25.

成效[①]。

（三）强化国家战略科技力量

国家实验室、国家科研机构、高水平研究型大学、科技领军企业都是国家战略科技力量的重要组成部分，要自觉履行高水平科技自立自强的使命担当。

1. 国家实验室

国家实验室要按照“四个面向”的要求，紧跟世界科技发展大势，多出战略性、关键性重大科技成果，并同国家重点实验室结合，形成中国特色国家实验室体系。

2. 国家科研机构

国家科研机构要以国家战略需求为导向，着力解决影响制约国家发展全局和长远利益的重大科技问题，加快建设原始创新策源地，加快突破关键核心技术。

3. 中国科学院、中国工程院

发挥中国科学院、中国工程院作为国家队的学术引领作用、关键核心技术攻关、创新人才培养作用，解决重大原创的科学问题，勇闯创新“无人区”，突破制约发展的关键核心技术，发现、培养、集聚一批高素质人才和高水平创新团队。

4. 高水平研究型大学

高水平研究型大学要发挥基础研究深厚、学科交叉融合优势，成为基础研究和重大科技突破生力军。要强化研究型大学建设同国家战略目标、战略任务的对接，加强基础前沿探索和关键技术突破，为培养更多杰出人才做出贡献。

---

① 习近平．在中国科学院第二十次院士大会、中国工程院第十五次院士大会、中国科协第十次全国代表大会上的讲话［EB/OL］．新华网，2021-05-29.

5. 科技领军企业

科技领军企业要发挥市场需求、集成创新、组织平台的优势，整合集聚创新资源，形成跨领域、大协作、高强度的创新基地，开展产业共性关键技术研发、科技成果转化及产业化、科技资源共享服务，推动重点领域项目、基地、人才、资金一体化配置，提升我国产业基础能力和产业链现代化水平。

各地区要立足自身优势，结合产业发展需求，科学合理布局科技创新。统筹推进国际、区域科技创新中心建设，使之成为世界科学前沿领域和新兴产业技术创新、全球科技创新要素的汇聚地①。

（四）深化科技体制改革

1. 健全社会主义市场经济条件下新型举国体制

充分发挥国家作为重大科技创新组织者的作用，支持周期长、风险大、难度高、前景好的战略性科学计划和科学工程，抓系统布局、系统组织、跨界集成，把政府、市场、社会等各方面力量拧成一股绳，形成未来的整体优势。要推动有效市场和有为政府更好结合，充分发挥市场在资源配置中的决定性作用，通过市场需求引导创新资源有效配置，形成推进科技创新强大合力。

2. 重点抓好完善评价制度等基础改革

坚持质量、绩效、贡献为核心的评价导向，全面准确反映成果创新水平、转化应用绩效和对经济社会发展实际贡献。项目评价要建立健全符合科研活动规律的评价制度，完善自由探索型和任务导向型科技项目分类评价制度，建立非共识科技项目的评价机制。人才评价要加快建立以创新价值、能力、贡献为导向的科技人才评价

① 习近平. 在中国科学院第二十次院士大会、中国工程院第十五次院士大会、中国科协第十次全国代表大会上的讲话［EB/OL］. 新华网，2021-05-29.

体系。支持科研事业单位探索试行更灵活薪酬制度，稳定并强化从事基础性、前沿性、公益性研究科研人员队伍[①]。

3. 深化科技领域“放管服”改革[②]

按照抓战略、抓改革、抓规划、抓服务的定位，减少分钱、分物、定项目等直接干预，强化规划政策引导，给予科研单位更多自主权，赋予科学家更大技术路线决定权和经费使用权，让科研单位和科研人员从繁琐、不必要的体制机制束缚中解放出来。

4. 实行“揭榜挂帅”“赛马”等制度

要让科技领军人才挂帅出征，推行技术总师负责制、经费包干制、信用承诺制，做到不论资历、不设门槛，让有真才实学的科技人员英雄有用武之地。支持不同技术路线并行攻关，在关键性应急性重大任务中安排“赛马”攻关项目；启动颠覆性技术专项，积极探索首席科学家负责制，在重点专项中设立青年科学家项目；深化科研经费管理改革，为科研人员松绑、减负、赋能[③]。

5. 充分调动各类创新主体的积极性主动性

一是强化国家战略科技力量，以关键核心技术攻关新型举国体制为抓手，构建国家创新能力体系；二是加强企业主导的产学研深度融合，强化目标导向，提高科技成果转化和产业化水平；三是推动创新链产业链资金链人才链深度融合，健全企业技术创新政策体系，加速推进成果转化应用；四是推进科技评价改革攻坚，完善科技人才培养使用体制机制，在履行国家使命中成就科技人才、激发

① 习近平．在中国科学院第二十次院士大会、中国工程院第十五次院士大会、中国科协第十次全国代表大会上的讲话［EB/OL］．新华网，2021-05-29.

② 李克强考察国家自然科学基金委员会并主持召开座谈会强调 弘扬科学精神 着力加强基础研究 推进改革 更大激发科研人员创造活力［EB/OL］．新华网，2021-07-20.

③ 习近平．在中国科学院第二十次院士大会、中国工程院第十五次院士大会、中国科协第十次全国代表大会上的讲话［EB/OL］．新华网，2021-05-29.

主体活力；五是优化创新生态，推进简政放权，加强科研诚信和伦理建设[①]，营造有利于科技型中小微企业成长的良好环境[②]。

（五）参与全球科技治理

开放合作是科技支撑发展的内在要求，也是应对全球挑战的必然要求。我国实施开放包容、互惠共享的国际科技合作战略，与161个国家和地区的科技合作关系持续发展。“一带一路”创新之路加快铺就。在应对气候变化、粮食安全、人类生命健康等领域，与世界各国的联合研究取得丰硕成果。中国将与更多国家科技同行交流合作，为世界科技进步和可持续发展做出更多贡献[③]。

1. 实施国际科技合作战略

坚持把自己的事情办好，提升科技自主创新能力，在一些优势领域打造“长板”，夯实国际合作基础；以更开放思维和举措推进国际科技交流合作，使我国成为全球科技开放合作广阔舞台。加强国际化科研环境建设，形成具有全球竞争力的开放创新生态[④]。

2. 主动融入全球创新网络

以全球视野谋划和推动创新，聚焦气候变化、人类健康等共性问题，加强同各国科研人员的联合研发，在开放合作中提升自身科

① 陈芳，胡喆. 大国创新的关键之举——科技部部长王志刚为科技政策扎实落地“划重点”[EB/OL]. 新华社，2021-12-22.

② 习近平. 高举中国特色社会主义伟大旗帜　为全面建设社会主义现代化国家而团结奋斗——在中国共产党第二十次全国代表大会上的报告[EB/OL]. 新华网，2022-10-25.

③ 是说新语. 我国科技事业发生了历史性、整体性、格局性重大变化[EB/OL]. 求是网，2022-06-07.

④ 习近平. 高举中国特色社会主义伟大旗帜　为全面建设社会主义现代化国家而团结奋斗——在中国共产党第二十次全国代表大会上的报告[EB/OL]. 新华网，2022-10-25.

技创新能力[①]。要主动设计和牵头发起国际大科学计划和大科学工程，设立面向全球的科学研究基金。

3. 深度参与全球科技治理

要前瞻研判科技发展带来的规则冲突、社会风险、伦理挑战，完善相关法律法规、伦理审查规则及监管框架。塑造科技向善的文化理念，让科技成果更好增进人类福祉，为推动构建人类命运共同体做出更大贡献[②]。

4. 培养一流全球治理人才

要从教育供给侧着重培养信念坚定、专业过硬、素质优良、视野宽阔的一流人才，有效提高参与全球治理的能力，为我国参与全球治理提供有力支撑。

（六）激发各类人才创新活力

1. 优化人才创新创造生态

更加重视人才自主培养和科学精神、创新能力、批判性思维的培养培育。更加重视青年人才培养，努力造就一批具有世界影响力的顶尖科技人才，稳定支持一批创新团队，培养更多高素质技术技能人才、能工巧匠、大国工匠。培育创新文化，弘扬科学家精神，涵养优良学风，营造创新氛围[③]。营造尊重劳动、尊重知识、尊重人才、尊重创造的环境，形成崇尚科学的风尚，让更多的青少年心怀科学梦想、树立创新志向。构筑集聚全球优秀人才的科研创新高地，完善高端人才、专业人才来华工作、科研、交流的政策。

---

① 习近平. 在科学家座谈会上的讲话［EB/OL］. 新华网，2020-09-11.

② 习近平. 在中国科学院第二十次院士大会、中国工程院第十五次院士大会、中国科协第十次全国代表大会上的讲话［EB/OL］. 新华网，2021-05-29.

③ 习近平. 高举中国特色社会主义伟大旗帜　为全面建设社会主义现代化国家而团结奋斗——在中国共产党第二十次全国代表大会上的报告［EB/OL］. 新华网，2022-10-25.

2. 保障科技创新持久时间投入

保障时间就是保护创新能力。要建立让科研人员把主要精力放在科研上的保障机制，让科技人员把主要精力投入科技创新和研发活动。决不能让科技人员把大量时间花在不必要的迎来送往、评审评价活动上，花在形式主义、官僚主义的种种活动上[①]。

三、人才发展治理现代化助力乡村振兴

乡村振兴是包括产业振兴、人才振兴、文化振兴、生态振兴、组织振兴的全面振兴[②]。实施乡村振兴战略，是党的十九大作出的重大决策部署，是决胜全面建成小康社会、全面建设社会主义现代化国家、实现中华民族伟大复兴的重大历史任务，是新时代“三农”工作的总抓手[③]。习近平总书记强调要举全国全社会之力推动乡村振兴，对实施乡村振兴战略作出了一系列重要指示批示；对乡村人才振兴提出了明确具体要求，提供了根本遵循。

（一）实施乡村振兴战略必须破解人才瓶颈

1. 人才支撑是乡村振兴的关键

全面建设社会主义现代化国家，最艰巨最繁重的任务仍然在农村[④]。如期完成脱贫攻坚目标任务后，党中央高瞻远瞩，作出“三

---

① 习近平．在中国科学院第二十次院士大会、中国工程院第十五次院士大会、中国科协第十次全国代表大会上的讲话［EB/OL］．新华网，2021-05-29.

② 习近平．把乡村振兴战略作为新时代“三农”工作总抓手［J］．求是，2019（第11期）.

③ 中共中央 国务院关于实施乡村振兴战略的意见［EB/OL］．新华社，2018-02-04.

④ 习近平．高举中国特色社会主义伟大旗帜　为全面建设社会主义现代化国家而团结奋斗——在中国共产党第二十次全国代表大会上的报告［EB/OL］．新华网，2022-10-25.

农”工作重心历史性转移的重大决策部署。2021 年 1 月，《中共中央 国务院关于全面推进乡村振兴加快农业农村现代化的意见》(中央一号文件)指出，民族要复兴，乡村必振兴，要坚持把解决好“三农”问题作为全党工作重中之重，把全面推进乡村振兴作为实现中华民族伟大复兴的一项重大任务，举全党全社会之力加快农业农村现代化，让广大农民过上更加美好的生活[①]。

要实现农业高质高效、乡村宜居宜业、农民富裕富足目标，必须强化乡村发展人才支撑。习近平总书记指出，“人才振兴是乡村振兴的基础，要创新乡村人才工作体制机制，充分激发乡村现有人才活力，把更多城市人才引向乡村创新创业[②]”。“乡村振兴，人才是关键。要积极培养本土人才，鼓励外出能人返乡创业，鼓励大学生村官扎根基层，为乡村振兴提供人才保障[③]。”“要推动乡村人才振兴，把人力资本开发放在首要位置，强化乡村振兴人才支撑[④]。”“扎实推动乡村产业、人才、文化、生态、组织振兴[⑤]。”

与资金、技术等要素相比，人才是刚性的生产要素资源，也是具有能动性、创造性、不可替代性的要素资源；是乡村产业振兴、文化振兴、生态振兴、组织振兴的驱动和引领力量，又是乡村人才振兴的主体和受益者；既能起到形成核心组织、优化资源配置、合

① 中共中央 国务院关于全面推进乡村振兴加快农业农村现代化的意见［EB/OL］. 新华网，2021-02-21.

② 习近平. 把乡村振兴战略作为新时代“三农”工作总抓手［J］. 求是，2019(第11期).

③ 习近平在山东考察时强调 切实把新发展理念落到实处 不断增强经济社会发展创新力［EB/OL］. 新华网，2018-06-14.

④ 习近平在山东代表团参加审议时强调 深刻认识实施乡村振兴战略的重要性和必要性 扎扎实实把乡村振兴战略实施好［EB/OL］. 新华社，2018-03-09.

⑤ 习近平. 高举中国特色社会主义伟大旗帜 为全面建设社会主义现代化国家而团结奋斗——在中国共产党第二十次全国代表大会上的报告［EB/OL］. 新华网，2022-10-25.

理调配资源的作用，更具有转换思想观念、更新发展理念、开拓发展路径的作用，能够为乡村振兴注入新鲜活力。着力培养用好乡土人才、引导城市人才下乡、推进专业人才服务乡村、吸引各类人才助力乡村，是乡村振兴的底气和关键[①]。

2. 正视乡村振兴中的人才瓶颈

人才支撑是我国农村发展的薄弱环节，乡村人才现状与农业农村高质量发展需求之间还存在着突出瓶颈。随着城镇化迅速推进，大批农村青壮年人口，特别是有较高文化素质和一定工作技能的人力资源外出务工并最终向城镇迁移，农村人口老龄化不断加深，“空巢老人”和“空心化”现象日趋严重。

据“七普”数据，2020 年，我国城镇人口与乡村人口比例为 63.89%：36.11%；对比“六普”数据，乡村人口在全国总人口的占比降低 14.21 个百分点，由略高于城市人口转变为远低于城市人口，说明我国城镇化建设取得显著成效的同时，乡村人口流失也在不断加剧。人才短缺已成为制约乡村振兴的突出问题[②]。

3. 补齐乡村振兴人才短板

习近平总书记指出：“要让愿意留在乡村、建设家乡的人留得安心，让愿意上山下乡、回报乡村的人更有信心，激励各类人才在农村广阔天地大施所能、大展才华、大显身手，打造一支强大的乡村振兴人才队伍。[③]”党的十九大以来，党中央高度重视并着力强化乡村振兴的人才支撑，作出了一系列决策部署。

---

① 福建省退休干部工作指导中心，福建省人事人才研究所．发挥退休干部人才优势服务乡村振兴研究［J］．公共行政与人力资源，2022（第 3 期）．

② 同上。

③ 习近平在山东代表团参加审议时强调 深刻认识实施乡村振兴战略的重要性和必要性 扎扎实实把乡村振兴战略实施好［EB/OL］．新华社，2018-03-09．

2018 年 2 月，《中共中央 国务院关于实施乡村振兴战略的意见》阐述了新时代实施乡村振兴战略的重大意义、实施乡村振兴战略的总体要求，就汇聚全社会力量，强化乡村振兴人才支撑提出：实施乡村振兴战略，必须破解人才瓶颈制约。要把人力资本开发放在首要位置，畅通智力、技术、管理下乡通道，造就更多乡土人才，聚天下人才而用之。大力培育新型职业农民；加强农村专业人才队伍建设；发挥科技人才支撑作用；鼓励社会各界投身乡村建设；创新乡村人才培育引进使用机制①。

2018 年 9 月，中共中央、国务院印发《乡村振兴战略规划（2018—2022 年）》，第十篇“完善城乡融合发展政策体系”中第三十二章“强化乡村振兴人才支撑”提出：实行更加积极、更加开放、更加有效的人才政策，推动乡村人才振兴，让各类人才在乡村大施所能、大展才华、大显身手。培育新型职业农民，加强农村专业人才队伍建设，鼓励社会人才投身乡村建设②。

2021 年 1 月，中央一号文件提出，要加强党对乡村人才工作的领导，将乡村人才振兴纳入党委人才工作总体部署，健全适合乡村特点的人才培养机制，强化人才服务乡村激励约束③。2 月，中办、国办印发《关于加快推进乡村人才振兴的意见》，对乡村人才振兴做出部署，提出“坚持把乡村人力资本开发放在首要位置，大力培养本土人才，引导城市人才下乡，推动专业人才服务乡村，吸引各类人才在乡村振兴中建功立业，健全乡村人才工作体制机制，

---

① 中共中央 国务院关于实施乡村振兴战略的意见［EB/OL］. 新华社，2018-02-04.

② 中共中央 国务院印发《乡村振兴战略规划（2018—2022 年）》［EB/OL］. 新华社，2018-09-26.

③ 中共中央 国务院关于全面推进乡村振兴加快农业农村现代化的意见［EB/OL］. 新华网，2021-02-21.

强化人才振兴保障措施[①]”。5 月，《乡村振兴促进法》第三章就“人才支撑”做出专门规定[②]。

2022 年 3 月，习近平总书记在《求是》2022 年第 7 期发表《坚持把解决好“三农”问题作为全党工作重中之重 举全党全社会之力推动乡村振兴》署名文章，再次强调：乡村振兴，关键在人、关键在干。必须建设一支政治过硬、本领过硬、作风过硬的乡村振兴干部队伍。要吸引各类人才在乡村振兴中建功立业[③]。

按照党中央的决策部署，强化乡村振兴的人才支撑，必须坚持把乡村人力资本、人力资源开发放在首要位置，创新乡村人才培育引进使用机制，打造乡村振兴人才队伍，补齐乡村振兴人才短板，为走好新时代乡村振兴之路提供坚实的人才基础。

（二）乡村人才振兴取得明显成效

1. 职业农民队伍素质不断提升

为培育一批有文化、懂技术、善经营、会管理的高素质农民，福建连续 5 年将高素质农民培育工作列入省委省政府为民办实事项目。实施“高素质农民培育工程”“高素质农民素质提升工程”“基层农技推广人才知识更新工程”“农村实用人才实用技术远程培训工程”，不断提升职业农民队伍素质。截至 2020 年底，福建省培训高素质农民约 20 万名，共选送 5.4 万名农民到大中专院校免费接受学历教育和技能培训。2016–2020 年，全省累计完成农民工职业技能培训 125 万人次。2020–2022 年 9 月底，全省累计培养中专学

---

① 中共中央办公厅、国务院办公厅印发《关于加快推进乡村人才振兴的意见》[EB/OL]. 新华网，2021-04-29.

② 中华人民共和国乡村振兴促进法 [EB/OL]. 新华网，2021-02-23.

③ 习近平. 坚持把解决好“三农”问题作为全党工作重中之重 举全党全社会之力推动乡村振兴 [J]. 求是，2022（第 7 期）.

历以上高素质农民 2.1 万人，培训高素质农民 26.7 万人次，接受远程培训农民达 353 万人次[①]。

2. 农村创新创业人才队伍不断壮大

设立就业创业金融服务中心，依托普惠金融服务点为返乡创业人员提供政策咨询、创业项目推介、创业指导、创业担保贷款申请等服务。截至 2019 年底，已培育 26 个国家级和 121 个省级农村创业创新园区（基地）；连续举办三届福建省农村创业创新大赛，并推荐优秀项目参加全国农村创业创新大赛。2021 年，全省共 89 个平台纳入“全国农村创业园区（基地）目录（2021）”。2022 年 8 月，福建启动乡村产业振兴带头人培育“头雁”项目，计划在 5 年的时间里，每年为每个县培育 10 名左右“头雁”。截至目前，全省农村创业创新带头人已达 23915 名。到 2025 年，这一数字将达到 3 万以上[②]。

启动“师带徒”引凤计划，将省内外创新创业领军人才成熟的产业项目“嫁接”给初创、青创群体。2018 年以来，已征集人才项目 975 项，吸引创业创新领军人才 213 名、创投机构 125 家、返乡创业青年 300 名，在 13 个县开展试点，累计组织专家 187 人次，携带项目 233 项，共对接项目 197 项。

持续实施“电商育才工程”，2018 年以来共举办电商培训 1000 余场，培训近 10 万人次。推进村级益农信息社建设。开展公益服务、便民服务、电子商务服务和培训体验服务，累计开展各类培训 960 多期（场）、培训村级益农信息员 4.2 万人次。

---

① 张辉．福建创新体制机制，为乡村振兴提供有力人才支撑：凤来雁归 才聚乡村 [N]. 福建日报，2022-11-28.

② 同上。

3. 农业农村科技人才成长体制机制更加完善

习近平总书记在福建工作时，高度重视、总结推广科技特派员制度，推动人才下沉、科技下乡、服务“三农”，引导各类人才到农村广阔天地大显身手。2020 年 1 月，福建省制定实施《关于新时代坚持和深化科技特派员制度的意见》；20 多年来，全省累计选认科技特派员 62369 人次，长期深入农村基层一线，手把手培训示范带动创业发展，共实施科技开发项目 8779 项，项目总投资超过 300 亿元①。加强星创天地建设。全省共有星创天地 78 家，其中国家级星创天地 49 家，累计集聚创业导师 618 名，服务初创企业 1710 个，培训人员约 5 万人次。

赋予高校、农业科研机构职称评审自主权，进一步强化创新创业的评价权重，适当降低学历、论文、外语等基础指标的评价权重，如：科技人员作为第一主持（责任）人研发的高新技术成果成功实现转化和产业化，单个技术项目转让交易额累计达到 50 万元或 3 年内多个技术项目转让交易额累计达到 100 万元的，在参与职称评审时每个项目或每 100 万元可替代一项课题成果。出台新型职业农民认定和扶持办法；深化农业技术人员职称制度改革，聘用 331 名符合“30 年直聘政策”的农业专业技术人才②。

4. 乡村公共服务人才队伍不断充实

加强乡村教师队伍建设，推进中小学教师“县管校聘”管理体制改革和校际交流。创新公开招聘乡村教师考试考核办法，可根据实际情况采取专项公开招聘或试讲、技能测试等简捷有效方式。实施乡村教育定向培养计划，实施师范生免费教育试点。发挥名师名

① 张辉．福建创新体制机制，为乡村振兴提供有力人才支撑：风来雁归 才聚乡村 [N]．福建日报，2022-11-28.

② 同上。

校长示范引领作用，精准帮扶提升重点县师资水平。建立乡村教师生活补助制度。鼓励教师到乡村学校任（支）教。

以县域医共体改革为抓手，完善卫技人员“县管乡用”机制，医共体内统筹调剂使用编制，优先保障基层用人需要。支持委托培养、定向培养、招聘特岗全科医生，加强基层卫生人才队伍建设。试行“定向评价、定向使用”的基层职称制度，所评职称在同级基层单位内有效。提高乡村医生待遇水平。

出台非遗代表性传承人认定与管理、乡村文旅能人选拔培养等政策，为乡村文旅人才选育管用提供制度保障。截至 2020 年底，已推荐并入选文旅部乡村文旅能人 39 人，评选省级文旅能人 30 名；近 3 年共评审和认定非遗代表性传承人 216 名，其中国家级 34 名，省级 182 名。加大乡村文化和旅游人才培训。

5. 乡村治理人才队伍力量不断加强

建立县域专业人才统筹制度，坚持编制向一线和边远地区倾斜。开展村委成员和驻村干部教育培训。从市县两级选派临近退休、经验丰富、素质过硬的党员干部下村担任“乡村振兴指导员”，在组织建设、产业发展、乡村治理等方面发挥“领头雁”作用，推动更多资源、人才、政策向乡村聚集。引导 844 名领导干部回村担任乡村振兴指导员，带动政策、资金、项目、技术等资源要素下乡，助力脱贫攻坚同乡村振兴有效衔接①。

2004 年起，福建先后选派 6 批 2 万余名党员干部到相对后进、薄弱村担任驻村第一书记，帮助新办村级经济实体 835 个、引进投资规模百万元以上企业 455 家，实施乡村建设项目 1.8 万个以上，

① 张辉．福建创新体制机制，为乡村振兴提供有力人才支撑：凤来雁归 才聚乡村 [N]. 福建日报，2022-11-28.

帮助解决农民群众“急难愁盼”问题 2.5 万个[①]。

实施高校毕业生“三支一扶”计划、大学生志愿服务欠发达地区计划、高校毕业生服务社区计划等项目，每年招募一批高校毕业生到基层开展支教、支农、支医和扶贫服务。支持各地开发一批基层公共管理和社会服务岗位，明确薪资待遇参照同岗位事业单位新聘用人员工资水平，吸引优秀高校毕业生回乡就业。

推进城乡社区、社会组织、社会工作“三社联动”工作，着力打造一批农村社区试点，社会工作服务已覆盖 1351 个城乡社区。目前全省社会工作专业人才总量为 5.3 万人，持证社工 2.3 万人。加强乡村儿童关爱服务人才队伍建设，每村配备 1 名“儿童主任”，乡镇配备 1 名“儿童督导员”，负责儿童关爱保护。

推进“一村（社区）一法律顾问”工作，积极畅通服务渠道，创新服务方式方法，充分发挥村（社区）法律顾问就在群众身边的优势，促进基层和谐稳定。截至 2020 年底，全省律师（基层法律服务工作者等）共担任 16762 个村（社区）法律顾问，建成村（社区）法律顾问示范点 4441 个。

6. 各类人才服务乡村振兴的热情不断迸发

开展“智惠八闽”专家服务乡村振兴活动。48 批五百多人次专家先后深入基层一线开展技术指导、项目对接、咨询论证、讲座培训、送医送药等帮扶活动。打造专家服务基地，搭建专家资源与基层需求有效对接载体与平台。开展“海归英才八闽行”活动，通过人才引进、技术指导、项目合作、人才交流、产业链对接、送医送演等形式，引导留学人员发挥智力优势助力乡村振兴。2020 年起，“海归英才八闽行”活动连续 3 年入选人社部“海外赤子为国

---

① 张辉. 福建创新体制机制，为乡村振兴提供有力人才支撑：凤来雁归 才聚乡村 [N]. 福建日报，2022-11-28.

服务行动计划”，累计组织留学人员 44 人次，走进 44 个村、26 家企业（合作社），组织开展技术帮扶近百次、义诊人数 110 余人、培训指导 1 万多人次。

探索“师带徒”精准医疗帮扶福建模式。柔性引进北京名医，形成“引才、育才、扶贫”三位一体精准帮扶。共建立名医工作室和导师工作室 82 个，培养基层医疗骨干 608 人；有 26 批 187 名北京医务专家赴革命老区及扶贫开发重点县进行医疗帮扶；累计义诊病人 11717 人次，开展讲座 88 场，解决疑难病例 182 例，指导危重患者抢救 69 例，免费为建档立卡贫困户手术 346 人，减免费用 1544.1 万元，被人社部评为精准扶贫典型案例。

引导退休干部积极服务乡村振兴。到 2021 年 5 月，福建省已有 1748 名退休干部投入乡村振兴服务工作。其中，曾担任厅级及以上职务的 48 人、处级及以上职务的 206 人，高级职称的 325 人，以驻村任职形式开展服务的 290 人，以不定期服务方式开展的 753 人，涌现了一批服务乡村振兴成效显著的典型。

7. 闽台乡村人才融合发展更加深入

推进对台平台建设。巩固提升海峡两岸现代农业博览会、海峡两岸花卉博览会、海峡两岸林业博览会、海峡（福州）渔业周等品牌性交流平台，依托国家级台湾农民创业园、闽台农业合作推广示范县、闽台农业融合发展产业园及各类涉农专业展会等，吸引集聚台湾涉农人才来闽创业创新。

通过“台湾农民福建行”“台湾青年农民中华农耕文化福建行”等两岸交流活动及“海峡两岸新型农民交流培训基地”“台湾高校学生农业教学实践基地”，推动闽台农业人才要素对接。

开展闽台合作乡建乡创项目。近年来，福建省出台多项措施鼓励台湾建筑师和文创团队来闽开展乡建乡创工作。截至目前，全省引进台湾建筑师和文创团队 102 支、台湾乡建乡创人才 300 多名，为全省 60 个县（市、区）的 280 个村庄提供规划设计、产业文创等陪护式服务[①]。

（三）乡村振兴人才支撑存在的问题

队伍建设方面。首先是高层次人才不足。其次是基层骨干人才、实用人才缺乏。农技站等基层农业事业单位长期面临“引人难”“留人难”问题。最后是队伍结构不合理。基层农业从业人口的老年化趋势明显。高层次人才大多集中在少数传统农林学科，新兴交叉涉农学科，新农科，以及部分传统农林学科高端人才匮乏；缺乏农技推广、生产开发、经营管理等复合型人才。

政策体系方面。农业科技人才政策还不够完备，柔性引才、农业科研人才、农业高技能人才等方面还没有出台省级指导性人才政策或人才支持专项；对农业科技人才特别是基层农业科技人员的资金支持力度不够大、重点不够突出，对艰苦边远地区和基层一线的支持还不够有效；科技特派员保障措施有待细化。新型职业农民素质提升工程有待向更高层次学历继续教育拓展。

发展机制方面。人才分类评价机制有待完善，农业科技人才、农业高技能人才、农村实用人才、农村技术人员评价标准、方式、手段还需完善。事业单位绩效工资激励作用有待进一步发挥。部分农业科研事业单位绩效工资水平不高。基层农村科技人才建设有待加强。科技特派员体制机制有待进一步探索完善。农技推广方式单一。农村实用人才培训效果不够明显。

保障环境方面。党管人才原则下多部门齐抓共管，用人单位、社会力量密切配合的农业科技人才特别是基层农业科技人才队伍建

---

① 张辉．福建创新体制机制，为乡村振兴提供有力人才支撑：凤来雁归 才聚乡村 [N]. 福建日报，2022-11-28.

设合力还需进一步凝聚形成；基层农村科技人才服务保障力度还需加强，高校引进的中青年农业科研人才关注的子女入学、住房保障等政策待遇落实还需持续推进；基层乡村教育医疗、基础设施等人才公共服务配套水平还需提升。

（四）加快乡村人才振兴有关建议

1. 完善乡村人才支持政策体系

支持人才向乡村流动。完善编制管理、职称评审、人才招录和柔性流动政策，为人才“引得进”“留得住”“用得好”提供制度保障。落实完善人才编制“周转池”、高层次人才职称直聘等做法，破除高层次人才向农村流动的体制机制障碍。建立对口服务制度，引导城市医生、教师、科技、文化人员等通过定期服务、对口帮扶等方式向乡村流动，解决乡村教育、医疗短板。加大对乡村教师的倾斜支持，完善城镇优秀教师、校长向乡村学校、薄弱学校交流轮岗的激励机制①。

用好用活基层编制。建立县域专业人才统筹使用制度，坚持编制向一线、边远地区倾斜。在紧缺急需教师、医疗卫生领域，深入推进义务教育学校教师“县管校聘”管理改革和校际交流制度，支持以县管校聘县总医院名义统一招聘乡镇卫生院专业人才、由乡镇卫生院统一招聘安排乡村医生。

完善职称制度。实行专业技术岗位结构比例动态调整机制，并适度向基层一线倾斜。完善符合基层农业专业技术人员职业特点、成长规律的评价标准，分类合理设置农业专业技术人员评价指标。坚持“把论文写在大地上”，完善农业农村领域高级职称评价标准和“定向评价、定向使用”职称评聘制度。

---

① 孙春兰．办好人民满意的教育，党的二十大报告学习辅导百问［M］．北京：党建读物出版社　学习出版社．2022：73．

完善柔性引才机制。坚持“不求所有、不求所在，但求所用、但求所为”，支持高层次人才、紧缺人才和专业技术人才通过兼职、咨询顾问、项目服务、单位合作等方式，为乡村发展提供智力支持；进一步鼓励科研院所等事业单位专业技术人员通过挂职、兼职、离岗创新创业等方式服务乡村振兴。

2. 加强乡村人才发展平台建设

创新搭建高水平农业科研平台。推动高校与各类创新主体开展校际、区域科研协同，支持高校以“一流大学 + 头部科技企业 + 顶尖科研院所 + 高水平科研区域”的“1+4”平台模式开展科研协同创新、联合攻关。支持有条件的高校、科研院所、行业龙头企业申报设立博士后站点、博士后创新实践基地。支持省内、省级农业领域重点实验室创新管理模式，实施新型运行机制。

促进各类人才工作站向乡村延伸。加强院士专家工作站、农村实用人才工作站、乡村人才工作站和农村实用人才实践基地建设，开展各类技术技能培训，搭建学习交流平台，提升本土人才素养能力。大力发展科技特派员工作线上服务管理，加快建设覆盖全省各设区市、县（市、区）的科技特派员服务云平台，为科技特派员开展精准服务、远程服务、动态服务提供信息化支撑。

搭建多种形式的农业创业创新平台。建立农村创新创业园区（基地），鼓励农业企业建立创新创业实训基地；建设一批众创空间、“星创天地”，降低创业门槛；培育以企业为主导的农业产业技术创新战略联盟，带动支持返乡创业人员依托相关产业链创业发展。持续举办创意大赛，选拔一批优秀创意项目、创业主体，培育一批典型县和孵化实训基地。

拓宽闽台农业人才交流合作。利用“农博会”“花博会”“林博会”“农产品采购订货会”等平台，加快引进台湾人才项目。支持有关高校继续做好面向台湾农业行业协会会员招收函授大专生工作，推动海峡两岸农业产业互补和人才交流。纵深推进闽台乡建乡创合作。引入台湾建筑师（含文化创意）团队，借鉴台湾社区营造经验，培育更多乡村振兴新样板，提升乡村建设水平。

3. 创新多元乡村人才支撑项目

推进高素质农民培养工程。依托高等学校、职业院校，健全职业教育网络；提升学历继续教育层次，贯通“专、本”培养机制；由基层工作队伍开展针对性的培训；依托农业信息新媒体平台，开展农村实用技术远程培训，定向培养新一代爱农业、懂技术、善经营的高素质农民。继续开展优秀农村实用人才遴选、种植能手和养殖能手认定选拔，发挥示范、引领作用。

完善科技特派员制度。完善选派工作机制，扩大选任视野和范围，积极推动将乡村创业就业服务专员等纳入科技特派员队伍范畴；推广建设“科技小院”服务平台，开展农业科技创新、技术服务、科学普及和人才培养等工作。开展科技特派员工作实绩评估，建立科学、管用、高效的省级科技特派员评估体系。健全科技特派员激励机制，落实科技特派员利益共同体支持政策。

加大“三支一扶”等项目支持力度。实施选调生、“三支一扶”、大学生志愿者等服务基层项目，鼓励高校毕业生到农村基层就业。实施优惠政策，提高待遇、保障水平，引导高校毕业生向基层一线流动。鼓励高等职业学校采取农学交替、送教下乡等方式服务乡村振兴。拓展“师带徒”引凤还巢项目，遴选一批创新创业领军人才实用新型成熟项目，吸引青年人才返乡创业。

实施乡村人才培养项目。支持地方农业高校和科研院所与高层次院（校）开展人才联合培养。支持鼓励涉农高校、综合性高校，各类中职院校（技工院校）加大涉农专业招生，共同培养涉农人才。探索建立农业农村人才定向培养模式。鼓励地方政府和师范院校联合定向培养本土化乡村教师。持续做好卫生人才定向培养，适当扩大定向委培生招生数量和委培专业范围。

鼓励退休干部群体服务乡村振兴。出台退休干部服务乡村振兴的指导性政策文件，明确队伍定位、部门责任分工、服务形式，突出政策导向，明确保障措施；建立健全退休干部服务乡村振兴协调机制、遴选和管理机制，完善教育培训平台、丰富作用发挥平台、搭建沟通交流平台、延伸综合服务平台，畅通信息通道。

4. 优化乡村人才支撑保障体系

建立多元资金投入保障机制。加大乡村人才振兴经费投入，支持人才队伍建设。省、市、县（区）各级财政部门设立创投基金，支持创业投资发展，培育壮大特色优势产业，支持种植业、养殖业、民族手工业和乡村旅游业等，重点支持成长性农业企业。落实完善融资贷款、财政支持、税收优惠、用地用电、配套设施建设等扶持政策，为人才返乡下乡创新创业营造良好金融环境。

提高乡村人才福利待遇水平。对县乡事业单位专业性强的岗位聘用的高层次人才，可采用协议工资、项目工资、年薪制等灵活多样的分配方式，合理确定薪酬待遇。适当提高乡镇政府工作人员和乡村医疗、教育、农业专业技术人才的待遇水平，建立健全以尊重知识价值为导向的利益分配机制，并完善职业发展通道，使乡村医生、教师、农技人员成为有吸引力的职业。

优化乡村人才服务保障体系。依托基层各类服务平台，完善乡村人才服务体系。改善乡村人才工作生活条件，鼓励地方通过建设人才公寓、发放住房补助等多种方式提供住房保障，妥善解决返乡入乡人员子女接受学前和义务教育，提升医疗保健、生活配套等公共服务能力。加强乡村人才驿站建设和布局，支持把乡村人才驿站建成乡村人才干事创业基点和服务保障中心。

营造人才服务乡村振兴的环境氛围。持续构建有利于城乡人才交流融合的整体环境。完善乡村基础设施和公共基础设施，健全乡村医疗卫生和公共文化服务体系，推进城乡一体、普惠共享的基本公共服务体系建设，提高农村生活便利化水平。稳步推进在户籍制度、农村土地所有权承包权使用权分置、农村金融服务等方面的改革探索，为各类人才到农村创业创新创造提供条件。

加大宣传力度。通过优秀人才评选、创新创业比赛、职业技能大赛等途径，每年选树一批乡村人才先进典型，给予表彰和政策扶持。总结推广各类人才在服务乡村振兴中的有效做法与典型经验，对成绩突出、贡献较大的各类人才及时纳入表彰奖励范围，大力宣传各类人才在服务乡村振兴中表现出的为民情怀和奉献精神，增强各类人才服务乡村振兴的获得感、自豪感、荣誉感。

第七章　人才发展治理现代化促进社会和谐发展

一、人才发展治理现代化与社会治理创新

（一）社会治理创新的涵义诠释

1. 社会治理创新的意义

社会治理现代化是完善和发展中国特色社会主义制度，推进国家治理体系和治理能力现代化的重要内容和应有之义，对于确保经济社会高质量发展具有重要意义。党的十八大以来，以习近平同志为核心的党中央就推进社会治理现代化提出了一系列新理念新思想新战略；党的十九大、二十大报告对社会治理做出一系列重要部署，为推进新时代社会治理现代化指明了方向，提供了遵循[①]。其中，蕴含着社会治理方式现代化的新要求，主要体现在发挥政治引领、法治保障、德治教化、自治强基、智治支撑作用上[②]。

---

① 杨桂兰. 新时代社会治理现代化路径探析［N］. 宁夏日报，2018-10-19.

② 陈一新. 加强和创新社会治理［N］. 人民日报，2021-01-22.

2. 社会治理创新的涵义

社会治理规范社会行为、调节利益关系、协调社会关系。推进社会治理现代化，就是指社会治理体制和治理能力要符合法治、民主、高效的要求，从规范上要遵守国家法治，从程序上要阳光透明，从目标上提高治理效率；不仅要完善体制内的社会组织建设，更重要的是将体制外的社会组织制度化、规范化、法治化，以此为基础将其纳入体制中来，在法治约束和保障公民权利基础上建立起公共权力与公民之间制度化、规范化与法治化的良性互动关系[①]。

3. 社会治理体制创新

传统社会管理方式已不适应现代社会发展要求，需要进行体制创新。随着经济制度的转轨和社会结构的转型，利益的日益多元化和社会多样性，更是提出了创新社会治理体制的迫切要求[②]。党的十八届三中全会提出“创新社会治理体制”。党的十九大报告明确提出要打造共建共治共享的社会治理格局，并提出了一系列新思想新举措[③]。党的十九届五中全会对加强和创新社会治理提出了新要求。习近平总书记指出：“加强和创新社会治理，关键在体制创新，核心是人，只有人与人和谐相处，社会才会安定有序。[④]”推进社会治理现代化，必须完善社会治理体制。要横向构建共治同心圆，纵向打造善治指挥链，增强推进社会治理现代化的向心力和制度执行力，建设人人有责、人人尽责、人人享有的社会治理共同体[⑤]。

---

① 周庆智．社会治理体制创新与现代化建设［J］．南京大学学报（哲社版），2014（04 期）．

② 同上。

③ 潘盛洲．打造共建共治共享的社会治理格局［N］．经济日报，2017-11-27．

④ 习近平总书记在参加十二届全国人大二次会议上海代表团审议时的讲话（2014 年 3 月 5 日）［N］．人民日报，2014-03-06．

⑤ 陈一新．加强和创新社会治理［N］．人民日报，2021-01-22．

首先，推进社会治理制度建设。一要完善党委领导、政府负责、群团助推、社会协同、公众参与、法治保障的社会治理体制机制。二要完善政府治理和社会调节、居民自治良性互动的体制机制。其次，树立大治理观、大社会观，打造全民参与的社会治理体系，形成一个政府、企业、基层群众自治组织、社会组织等多元共治的民主治理格局，树立一个尊重法治、尊崇规则的社会氛围和社会风气①，打造共建共治共享的社会治理格局②。共建是基础，共治是关键，共享是目标。最后，着力保障和改善民生。加强社会建设，必须以保障和改善民生为重点。要多谋民生之利，多解民生之忧，解决好人民最关心最直接最现实的利益问题③。

4. 解放和增强社会活力

解放和增强社会活力，是国家治理现代化的显著标志。习近平总书记强调：要切实把思想统一到党的十八届三中全会精神上来，进一步解放思想、进一步解放和发展社会生产力、进一步解放和增强社会活力④。党的十八大以来，各级政府不断加大简政放权力度，“放管服”改革持续推进，其本质在于政府向社会放权，释放社会自我调节、自我约束的活力。在社会基层，网络化的社会治理模式不断涌现，社会企业、非营利性组织成为参与公共事务、提供公共服务的重要力量，社工、社区、社会联动格局正在形成。

（二）强化基层治理的制度引领

基层治理是国家治理的基石。统筹推进乡镇（街道）和城乡社

---

① 周庆智．社会治理体制创新与现代化建设［J］．南京大学学报（哲社版），2014（04 期）．

② 习近平．习近平谈治国理政．第三卷［M］．北京：外文出版社，2020：38．

③ 杨桂兰．新时代社会治理现代化路径探析［N］．宁夏日报，2018-10-19．

④ 习近平．切实把思想统一到党的十八届三中全会精神上来［EB/OL］．求是网，2014-01-02．

区治理，是实现国家治理体系和治理能力现代化的基础工程[①]。党的十九届四中、五中全会专门对健全党组织领导的城乡基层治理体系做出部署[②]。《中共中央 国务院关于加强基层治理体系和治理能力现代化建设的意见》经中共中央政治局会议审议[③]后下发实施，为推进新时代基层治理提供了指导和遵循。

1. 加强党对基层治理的全面领导

明确党对基层治理的领导是新时代基层治理现代化建设的统领。将坚持党对基层治理的全面领导写入指导思想、工作原则和主要目标，强调必须“以加强基层党组织建设、增强基层党组织政治功能和组织力为关键”。

将完善党全面领导基层治理制度摆在首位。加强党的基层组织建设，健全基层治理党的领导体制；构建党委领导、党政统筹、简约高效的乡镇（街道）管理体制；完善党建引领的社会参与制度，强调“涉及基层治理重要事项、重大问题都要由党组织研究讨论后按程序决定”；“注重把党组织推荐的优秀人选通过一定程序明确为各类组织负责人，确保依法把党的领导和党的建设有关要求写入各类组织章程”。

把加强党的领导贯穿基层治理全过程和各方面。结合基层政权建设和基层自治、法治、德治机制建设各自任务，分别明确加强党的全面领导的实现形式，强调“加强乡镇（街道）党（工）委对基

① 中共中央 国务院关于加强基层治理体系和治理能力现代化建设的意见［EB/OL］. 新华网，2021-07-11.

② 王亦君. 推进新时代基层治理现代化建设的纲领性文件——中央组织部、民政部负责人就印发《中共中央国务院关于加强基层治理体系和治理能力现代化建设的意见》答记者问［N］. 中国青年报，2021-07-14.

③ 中共中央政治局召开会议 审议《关于加强基层治理体系和治理能力现代化建设的意见》［N］. 人民日报，2021-01-29（01版）.

层政权建设的领导”，“坚持党组织领导基层群众性自治组织的制度”，强化党组织领导把关作用，全面落实村（社区）“两委”班子成员资格联审机制，“提升基层党员、干部法治素养”，“加强基层党务工作者队伍建设”。

2. 建设基层治理共同体

加强基层党组织建设。增强基层党组织政治功能和组织力，加强乡镇（街道）、村（社区）党组织对基层各类组织和各项工作统一领导，健全在基层治理中坚持和加强党的领导的有关制度。

加强基层政权建设。增强乡镇（街道）行政执行、为民服务、议事协商、应急管理、平安建设能力，强调“依法赋予乡镇（街道）综合管理权、统筹协调权和应急处置权，强化其对涉及本区域重大决策、重大规划、重大项目的参与权和建议权”，“确保管理服务有效覆盖常住人口”，切实解决基层行政执法中“看得见的管不着、管得着的看不见”问题。

加强基层群众自治制度建设。对组织群众自我管理、自我服务、自我教育、自我监督提出制度性、规范性、程序性要求，“建立基层群众性自治组织法人备案制度”，“规范撤销村民委员会改设社区居民委员会的条件和程序”，“规范村（居）民委员会换届选举”，“完善党务、村（居）务、财务公开制度”。加强社会力量参与机制建设。“创新社区与社会组织、社会工作者、社区志愿者、社会慈善资源联动机制”。

3. 提升基层应急管理能力

在乡镇（街道）层面，健全基层应急管理组织体系，细化乡镇（街道）应急预案，建立统一指挥的应急管理队伍，吸纳社会力量参加基层应急救援，加强应急物资储备保障。在村（社区）层面，合理确定村（社区）规模，发挥村（居）民委员会下设的公共卫生等委员会作用，组织开展卫生防疫知识和应急知识普及，深入开展爱国卫生运动。“在应急状态下，由村（社区）‘两委’统筹调配本区域各类资源和力量，组织开展应急工作。”在县级以上层面，在明确乡镇（街道）、村（社区）综合服务设施功能和面积、推进综合服务设施建设时考虑应急等功能。

4. 推进网格化管理和信息化服务

推进网格化管理。“改进网格化管理服务，依托村（社区）统一划分综合网格，明确网格管理服务事项”，推进多网融合、多格合一，便于网格化管理服务与基层治理架构相协同。

“加强基层智慧治理能力建设”，做好规划建设、整合数据资源、拓展应用场景：部署实施“互联网 + 基层治理”行动，共建全国基层治理数据库，推动基层治理数据资源共享；推进村（社区）数据资源建设，实行村（社区）数据综合采集，做到一次采集、多方利用；提高基层治理数字化智能化水平，让数据多跑路、群众少跑腿；充分考虑老年人习惯，推行适老化和无障碍信息服务，保留必要的线下办事服务渠道。

5. 改进基层考核评价加强跟踪问效

总体要求上，坚持“向基层放权赋能，减轻基层负担”工作原则。准入机制上，“市、县级政府要规范乡镇（街道）政务服务、公共服务、公共安全等事项”，“市、县级政府要规范村（社区）公共服务和代办政务服务事项”。考核制度上，强化“改进基层考核评价”，“未经党委和政府统一部署，各职能部门不得将自身权责事项派交乡镇（街道）、村（社区）承担”，“完善考核评价体系和激励办法，加强对乡镇（街道）、村（社区）综合考核，严格控制考核总量和频次”；“统筹规范面向基层的督查检查，清理规范工作台账、报表及‘一票否决’、签订责任状、出具证明事项、创建示范等项目，切实减轻基层负担”[①]。

（三）坚持和完善共建共治共享的社会治理制度

党的二十大报告明确提出，健全共建共治共享的社会治理制度，提升社会治理效能[②]。把基层社会治理摆在突出位置，强化问题导向，激发创新活力。加强和创新社会治理，建设人人有责、人人尽责、人人享有的社会治理共同体，确保人民安居乐业、社会安定有序，建设更高水平的平安中国[③]。

1. 坚持和完善共建共治共享的社会治理制度的重要意义

一是推进国家治理现代化的重要内容。社会治理现代化是国家治理现代化的重要支柱，又是国家治理现代化的坚实基础。坚持和完善共建共治共享的社会治理制度，助推中国特色社会主义制度更加成熟更加定型，确保党和国家事业蓬勃发展、长治久安。

二是适应社会主要矛盾转化的必然要求。进入新时代我国社会主要矛盾已转化为人民日益增长的美好生活需要和不平衡不充分的发展之间的矛盾。人民在民主、法治、公平、正义、安全、环境等方面的要求日益增长，更加注重知情权、参与权、表达权、监督权，参与社会治理的意愿强烈。要更好满足人民群众多层次、差异化需求，不断增强人民群众获得感、幸福感、安全感。

① 王亦君．推进新时代基层治理现代化建设的纲领性文件——中央组织部、民政部负责人就印发《中共中央 国务院关于加强基层治理体系和治理能力现代化建设的意见》答记者问［N］．中国青年报，2021-07-14.

② 习近平．高举中国特色社会主义伟大旗帜　为全面建设社会主义现代化国家而团结奋斗——在中国共产党第二十次全国代表大会上的报告［EB/OL］．新华网，2022-10-25.

③ 本书编写组．《中共中央关于坚持和完善中国特色社会主义制度、推进国家治理体系和治理能力现代化若干重大问题的决定》辅导读本［M］．北京：人民出版社，2019：30.

三是防范化解重大风险挑战的迫切需要。当今世界正经历百年未有之大变局，国际国内环境发生深刻复杂变化，改革发展稳定、内政外交国防、治党治国治军各方面任务之繁重前所未有，各种风险挑战之严峻前所未有。要坚持完善共建共治共享，提高风险防范化解的前瞻性、系统性、协同性，为实现“两个一百年”奋斗目标和中华民族伟大复兴的中国梦创造良好社会环境。

2. 在实践中落实共建共治共享的社会治理制度

一是捍卫国家政治安全。筑起捍卫国家政治安全的铜墙铁壁，坚决防范、严厉打击敌对势力渗透、破坏、颠覆、分裂活动。铲除影响国家政治安全的土壤，加强意识形态阵地建设，做好反邪教工作，深化反恐怖反分裂斗争。

二是防范化解社会矛盾。把解决群众信访问题作为最主要抓手，推行领导干部每月下基层大接访，发挥调解、仲裁、行政复议、诉讼等方式在化解矛盾中的作用，健全社会心理服务体系和疏导机制、危机干预机制。

三是完善社会治安防控体系。深入推进扫黑除恶专项斗争，以“破案攻坚”开路，以“打伞破网”断根，以“打财断血”绝后，以“问题整改”提质，坚决把黑恶势力扫荡干净。在标本兼治上下功夫，建立健全长效机制，有效净化社会政治生态。

四是保障公共安全。牢固树立安全发展理念，从最突出的问题防起，从最基础的环节抓起，从最明显的短板补起，加强信息化源头管控、精准化监测预警、动态化风险评估、智能化威慑打击等方面的制度机制建设，织密全方位立体化的公共安全网。

3. 把矛盾化解在基层

一是坚持党的领导。强化政治引领，健全总揽全局、协调各方的党委领导机制，使基层党组织成为防范化解矛盾的“主心骨”。

强化思想引领，推动习近平新时代中国特色社会主义思想进机关、进企业、进校园、进农村、进社区，使之成为人民群众的思想和行动指南，引导广大人民群众坚定不移听党话、跟党走。强化组织引领，把党组织的服务管理触角延伸到基层治理每个细胞，凝聚起防范化解人民内部矛盾的强大合力。

二是坚持以人民为中心。坚持在发展中保障和改善民生，不断增强人民群众获得感、幸福感、安全感，让人民群众成为改革发展的最大受益者。创新组织群众、发动群众的机制，依靠群众解决群众身边矛盾问题，让人民群众成为维护稳定的最广参与者。以人民满意为根本标尺，加大群众意见在社会治理绩效考评中的权重，让人民群众成为社会治理的最终评判者。

三是坚持综合施策。发挥自治章程、村规民约、居民公约的自律规范作用，运用民事民议、民事民办、民事民管的办法解决人民内部矛盾。以法治“定分止争”，引导群众在法律框架下分清是非，在权利义务统一中判断对错。以德治“春风化雨”，大力弘扬社会主义核心价值观，传承中华道德文化精髓。以智治“提质增效”，推动更多社情民意在网上了解、更多矛盾纠纷在网上解决。

四是坚持关口前移。把好“源头关”，完善重大决策社会稳定风险评估机制，健全公示听证、专家咨询、合法性审查等制度。把好“监测关”，加快监测预警体系建设，提高动态监测、实时预警能力。把好“管控关”，完善应急处置机制，健全整体防控体系，使矛盾风险不累积、不扩散、不升级。把好“责任关”，建立健全权利与义务统一、风险与责任关联、激励与惩戒并重的责任体系，严格落实领导责任、属地责任、监管责任①。

---

① 以社会治理现代化夯实国家治理现代化的基石——访中央政法委秘书长陈一新 [N]. 人民日报，2019-12-03.

4. 坚持和完善社会治理体制

一是构建党委领导体制。发挥党委总揽全局、协调各方的领导作用，加强对社会治理工作的领导，及时研究解决社会治理重大问题。发挥平安建设领导（协调）小组牵头抓总、统筹协调、督办落实等作用，调动各部门各单位参与社会治理积极性。发挥基层党组织战斗堡垒作用，构建党组织领导的区域统筹、条块协同、共建共享的基层社会治理工作新格局。

二是构建政府负责体制。政府要全面正确履行职责，将该由政府管理的社会事务管好、管到位。加强市场监管、质量监管、安全监管，完善基本公共服务体系。运用法治方式和现代科技加强源头治理、动态管理和应急处置，推进社会治理精细化。

三是构建群团组织助推体制。完善党建带群建制度机制，推动群团组织增强政治性、先进性、群众性，最广泛动员、组织群众投身社会治理实践。探索把适合群团组织承担的社会管理服务职能按法定程序转由群团组织行使，拓宽群团组织维护公共利益、救助困难群众、预防违法犯罪的制度化渠道。

四是构建社会组织协同体制。坚持党的领导与社会组织依法自治相统一，确保社会组织沿着正确方向发展。改革制约社会组织发展的体制机制，建立政社分开、权责明确、依法自治的社会组织制度。要扶持城乡基层生活服务类、公益慈善类、专业调处类、治保维稳类等社会组织，发挥它们在社会治理中的重要作用。

五是构建人民群众参与体制。推进基层直接民主制度化、规范化、程序化，依法保障群众知情权、参与权、表达权、监督权。健全促进市场主体履行社会责任的激励约束机制，鼓励企业参与社会治理。拓宽新社会阶层、社会工作者和志愿者参与社会治理的渠道，加强流动人口、网民以及自由职业者等新兴群体的群众工作，构建基层“群众自治圈”“社会共治圈”①。

（四）坚持和发展基层治理的“枫桥经验”

1.“枫桥经验”的内涵和特征

穿越时空的“枫桥经验”。半个多世纪前，浙江诸暨干部群众创造了“发动和依靠群众，坚持矛盾不上交”的“枫桥经验”，有效化解基层矛盾和问题，即把小矛盾小问题化解在基层、化解在萌芽状态②。作为基层社会治理的一面旗帜，“枫桥经验”形成于社会主义建设时期，发展于改革开放时期，创新于中国特色社会主义新时代，凝结着一代代中国共产党人带领人民创新社会治理的探索，历经时代淬炼而不朽，迸发出旺盛生命力。

依托互联网构建基层治理平台。在枫桥镇综合指挥中心，枫桥人生活的点滴问题都可以反馈在这个平台的大屏幕上；依托互联网建起的社会综治、市场监管、综合执法、便民服务“基层治理四平台”，实现了“受理、执行、督办、考核”闭环管理，要求“即事即办”，疑难复杂事项不超过 7 个工作日。

发挥社会组织和调解组织的作用。诸暨全面推广“三上三下”民主议决事制度，打造以“红枫义警”“老杨工作室”为代表的品牌社会组织。目前共有各类社会组织 4767 家，仅平安、调解类社会组织就达 1000 余家，平均每 4 个常住人口中就有 1 人参加社会组织。建立了包括 13 个专业调解机构、742 家调解组织、3536 名人民调解员的大调解体系；形成了人民调解、行政调解、司法调解相衔接的“多层次、社会化、全覆盖”大调解格局，调解成功率达到 97.7%。诸暨已连续 15 年被命名为“平安县市”，人民群众安全感满意度始终保持在 96% 以上。

---

① 陈一新．加强和创新社会治理［N］．人民日报，2021-01-22.

② 同上。

探索共建共治共享的基层社会治理。坚持党的领导，牢记党的根本宗旨，践行初心使命，妥善处理人民内部矛盾，实现最广大人民群众的根本利益，是引领“枫桥经验”的根本保证；坚持以人民为中心，走群众路线，发动和依靠群众，充分发挥群众主体作用和首创精神，是“枫桥经验”的精髓和灵魂；党建统领、人民主体、自治法治德治“三治”有机融合、共建共治共享平安和谐这五个要素构成“枫桥经验”的鲜明特征和时代内涵①。

坚持把矛盾风险防范化解在基层。“枫桥经验”最突出的特点，就是牢牢抓住基层基础这一本源，及时化解人民内部矛盾，最大限度把矛盾风险防范化解在基层，实现小事不出村、大事不出镇、矛盾不上交②。“枫桥经验”经久不衰，其强大生命力的根源就在于能够传承原初的精神内核，与时俱进、守正创新。

2. 习近平总书记引领“枫桥经验”守正创新

习近平总书记多次就坚持和发展新时代“枫桥经验”作出重要指示，提出一系列新理念新思想新战略，为推进基层社会治理现代化提供了根本遵循。2003 年，时任浙江省委书记的习近平同志指示，要充分珍惜、大力推广、不断创新“枫桥经验”。从此“枫桥经验”开始向更高水平治理转型。

2013 年 10 月，习近平总书记在重要指示中强调：各级党委和政府要充分认识“枫桥经验”的重大意义，发扬优良作风，适应时代要求，创新群众工作方法，善于运用法治思维和法治方式解决涉及群众切身利益的矛盾和问题，把“枫桥经验”坚持好、发展好，把党的群众路线坚持好、贯彻好。2020 年 11 月，习近平总书记在中央全面依法治国工作会议上强调，要完善预防性法律制度，坚持

① “枫桥经验”：基层社会治理的中国方案［N］. 光明日报，2021-03-17.

② 陈一新. 加强和创新社会治理［N］. 人民日报，2021-01-22.

和发展新时代“枫桥经验”，促进社会和谐稳定[①]。

3. 创新新时代“枫桥经验”，完善基层社会治理

“枫桥经验”是我们党领导人民创造的行之有效的社会治理方案，是习近平新时代中国特色社会主义思想的重要组成部分。2019年以来，“枫桥经验”陆续被写入《中国共产党农村基层组织工作条例》《为人民谋福利：新中国人权事业发展70年》白皮书，中共中央全会审议通过的党的十九届四中全会《决定》以及党的二十大报告，标志着“枫桥经验”已经成为坚持和完善中国特色社会主义制度，推进国家治理体系和治理能力现代化的有机组成部分。

不断创新“枫桥经验”工作理念、方法和载体。在治理理念上，从侧重社会稳定为主，转为社会全面进步，推进基层社会治理现代化；在治理主体上，从一元治理转为多元治理，形成共建共治共享的社会治理格局；在治理方式上，从传统治理转为数字治理，从被动治理转为主动治理，从事后治理转为事先预防，形成系统治理、依法治理、综合治理、源头治理的现代治理体系[②]。

树立强基固本思想，坚持重心下移、力量下沉、资源下投，建立健全富有活力和效率的新型基层治理体系。向基层放权赋能，制定权责清单，进一步厘清不同层级、部门、岗位之间的职责边界，把更多行政执法管理和公共服务职权下放到乡镇街道。

完善正确处理新形势下人民内部矛盾机制，加强和改进人民信访工作，畅通和规范群众诉求表达、利益协调、权益保障通道，完善网格化管理、精细化服务、信息化支撑的基层治理平台，健全城乡社区治理体系，及时把矛盾纠纷化解在基层、化解在萌芽

① “枫桥经验”：基层社会治理的中国方案［N］. 光明日报，2021-03-17.

② 同上。

状态[①]。

（五）加强社会治理队伍建设

1. 加强基层治理队伍建设

充实基层治理骨干力量。要立足各地人口结构、资源条件、居住特点、生产生活方式、文化传统等实际情况，上下联动、左右协调，以党建引领，整合各类力量，统筹各种资源，稳定和扩大基层社会治理队伍，形成各具特点、功能互补的基层社会治理力量体系，增强基层社会治理效能。研究制定加强城乡社区工作者队伍建设政策措施，市、县级政府要综合考虑服务居民数量等因素制定社区工作者配备标准；健全社区工作者职业体系，建立岗位薪酬制度并完善动态调整机制，落实社会保险待遇，将专职网格员纳入社区工作者管理。加强城乡社区服务人才队伍建设。

加强基层党务工作者队伍建设。各级党委要专门制定培养规划，探索建立基层干部分级培训制度，建好用好城乡基层干部培训基地和在线培训平台，加强对基层治理人才的培养使用。推进编制资源向乡镇（街道）倾斜，鼓励从上往下跨层级调剂使用行政和事业编制。严格执行乡镇（街道）干部任期调整、最低服务年限等规定，落实乡镇机关事业单位工作人员乡镇工作补贴政策。建立健全村（社区）党组织书记后备人才库，实行村（社区）党组织书记县级党委组织部门备案管理[②]。

打造高素质专业化基层治理人才队伍。目前基层治理中，专业

---

① 习近平. 高举中国特色社会主义伟大旗帜　为全面建设社会主义现代化国家而团结奋斗——在中国共产党第二十次全国代表大会上的报告［EB/OL］. 新华网，2022-10-25.

② 中共中央 国务院关于加强基层治理体系和治理能力现代化建设的意见［EB/OL］. 新华网，2021-07-11.

人才数量偏少、能力不强，使用机制不完善，专业人才培训相对不足，专业化的社会治理平台建设不足，社会服务的专业标准建设滞后，影响了基层治理服务水平的提升。要通过人才培养、人才引进、资金支持等扶持政策，健全“进、管、考、出”体系，完善职业资格认证、教育培训、管理考核、保障激励等制度，建设专业化、职业化社区工作者队伍。引导乡镇公务员、事业编制人员、乡镇自聘人员下沉到社区，鼓励高校毕业生、复转军人等优秀人才到社区担任专职工作人员，提升社区工作者队伍素质①。提高人才队伍福利待遇，既要引得进人才，又要留得住人才，促进基层治理体系和治理能力现代化建设和公共服务质量提高。

重庆市綦江区建设“1+5+N”社会治理现代化队伍。“1”即村（居）党组织，“5”即民警、律师、巡防队员、和议员、网格员，“N”即各村（居）参与到社会治理中的志愿者和社会组织。截至2019年底，381个村（社区）实现全覆盖。提高政治站位，扎实把工作做起来、把队伍沉下去，打通服务群众的痛点、堵点和难点；紧扣工作目标，强化党建引领，规范队伍运行，打造一支“愿治理、善治理、能治理、治理好”的社会治理现代化队伍。

内蒙古乌兰浩特市兴安街加强基层社会工作人才队伍建设。支持发展社会工作服务机构，社会工作专业人才不低于全市户籍人口千分之一。探索社会工作者分类分级管理办法，推进网格员、人民调解员、志愿服务者等队伍与社会工作人才队伍融合发展。健全志愿服务激励保障机制，支持志愿服务组织发展，汇集至全国志愿服务信息系统的城市建成区志愿者占常住人口比例不低于13%。根据社会治理突出问题建立志愿服务项目，组建若干志愿服务队伍。

完善乡村治理的组织与人才储备体系。浙江省选拔德才兼备者

---

① 仲红岩. 着力提升基层社会治理现代化水平［N］. 新华日报，2020-03-10.

为村党支部书记、村委会主任、村经济合作社社长“一肩挑”人选，以期减少决策掣肘，便于责任追究；建立村务监督委员会等机构；注重吸引与培养各类人才，如 2018 年吸收了 1.4 万名大学生到村任职，近 50% 的村行政班子里有大学生[①]。

2. 加强社会工作专业人才队伍建设

党的十九大报告强调，加强和创新社会治理，提高社会治理专业化水平[②]。社会工作是在一定的社会福利制度框架下，根据专业价值观念、运用专业方法帮助有困难的人或群体走出困境的职业性的活动[③]。社会治理专业化要求有专业的队伍、专业的理念、专业的技术和方法来开展社会服务。社会治理专业化的发达程度是衡量一个国家或地区社会服务和社会治理水平的重要标志。要培养造就一支数量充足、结构合理、素质优良的社会工作专业人才队伍[④]。

党的十六届六中全会做出建设社会工作专业人才队伍的战略部署，中央组织部联合民政部等 14 个部门开始研究制定关于加强社会工作专业人才队伍建设的专门意见，由民政部在全国 165 个地区和 260 家单位开展试点探索。2010 年中央发布的《国家中长期人才发展规划纲要（2010—2020 年）》进一步将社会工作专业人才提升为与党政人才、企业经营管理人才、专业技术人才、高技能人才和农村实用人才相并列的第六支主体人才地位；2011 年 7 月发布的《中共中央、国务院关于加强和创新社会管理的意见》也强调要

① 于逢春．浙江乡村社会治理现代化探索之路［EB/OL-N］．中国社会科学网—中国社会科学报，2020-12-23.

② 习近平．习近平谈治国理政．第三卷［M］．北京：外文出版社，2020：35，38.

③ 李甜．关于加强社会工作专业化发展和社工人才队伍建设的建议［EB/OL］．青岛政务网，2017-01-16.

④ 刘英新．关于社会工作人才队伍建设的思考［EB/OL］．期刊网，2018-10-15.

加强社会工作专业人才队伍建设[①]。

2011 年 11 月 8 日，中央组织部、中央政法委、民政部等 18 个部门和组织联合发布《关于加强社会工作专业人才队伍建设的意见》。这是中央第一个关于社会工作专业人才的专门文件，是当前和今后一个时期全国社会工作专业人才队伍建设的指导性纲领，提出了一系列新思想、新观点、新论断、新举措，在我国社会工作事业发展史上具有里程碑意义。主要有七个方面[②]：

一是明确发展定位。首次将“社会工作专业人才”界定为“具有一定社会工作专业知识和技能，在社会福利、社会救助、慈善事业、社区建设、婚姻家庭、精神卫生、残障康复、教育辅导、就业援助、职工帮扶、犯罪预防、禁毒戒毒、司法矫治、人口计生、应急处置等领域直接提供社会服务的专门人员”；明确提出社会工作专业人才在解决社会问题、应对社会风险、促进社会和谐、推动社会发展方面的重要基础性作用，反映了社会工作专业人才的本质要求，赋予社会工作专业人才以新的时代内涵。

二是明确发展思路。首次明确“以人才培养为基础，以人才使用为根本，以人才评价激励为重点，以政策制度建设为保障”的总体要求。坚持“以人才培养为基础”，通过专业教育和专业培训相结合，走出一条多出人才、快出人才的新路子；坚持“以人才使用为根本”，通过开发社会工作专业岗位、发展社会工作服务机构、建立社会工作专业人才流动机制等方式，实现“以用为本”的根本目的；坚持“以人才评价激励为重点”，通过建立健全人才评价制

① 《关于加强社会工作专业人才队伍建设的意见》发布 [EB/OL]. 中央人民政府门户网站，2011-11-08.

② 《关于加强社会工作专业人才队伍建设的意见》的框架内容与重大创新 [EB/OL]. 民政部门户网站，2011-11-08.

度、薪酬保障机制和表彰奖励制度，调动社会工作专业人才的积极性、主动性和创造性；坚持“以政策制度建设为保障”，通过社会工作政策制度建设，为社会工作专业人才发展提供有力法制保障。

三是明确发展方向。首次确立坚持“党的领导、政府推动、社会参与、突出重点、立足基层、中国特色”的指导原则，遵循社会工作专业人才队伍建设的一般规律，体现了世界不同国家和地区社会工作专业人才队伍建设的共性原则；遵循共产党执政规律和中国特色社会主义建设规律，立足于我国历史传统和现实国情，是中国特色社会工作专业人才队伍建设的基本遵循。

四是明确发展目标。首次系统提出今后一个时期社会工作专业人才队伍、制度、环境建设的战略目标。在队伍建设上，提出建立数量充足、结构合理、素质优良的社会工作专业人才队伍的战略目标。在制度建设上，要求围绕社会工作专业人才队伍建设关键环节，逐步建立比较完善的政策法规体系。在环境建设上，要求在全社会形成认知认同社会工作专业人才、共建共享社会工作专业人才队伍建设成果的良好社会氛围与发展环境。

五是明确发展政策。首次围绕“培养、评价、使用、激励”四个重要环节提出一系列配套性政策措施。就城乡社区、相关单位、社会组织、社会服务部门四类主体提出若干导向性较强的岗位开发和人才使用政策。完善社会工作专业人才职业水平评价制度，建立健全以薪酬待遇、岗位津贴、社会保险、奖励表彰为重点的激励保障制度。建立以财政投入为主体、社会投入为补充的经费保障机制，加快推进与社会工作专业人才队伍建设有关的法律制度建设。

六是明确发展举措。重点实施社会工作服务人才职业能力建设工程、社会工作管理人才综合素质提升工程、高层次社会工作专业人才培养工程、社会工作教育与研究人才培养引进工程、社会工作服务标准化建设工程、社会工作专业人才服务新农村建设计划以及社会工作专业人才服务边远贫困地区、边疆民族地区和革命老区计划等 7 项具有创新性示范性的重大工程与计划。

七是明确发展力量。首次确立组织部门牵头抓总、民政部门具体负责、有关部门密切配合、社会力量广泛参与的推进格局，为整合分散在各部门、各行业、各领域的社会工作资源，形成推进社会工作专业人才队伍建设强大合力提供了长效保障机制[①]。

我国社会工作人才队伍发展现状和存在问题。2006 年 10 月，党的十六届六中全会作出“建设一支宏大的社会工作人才队伍”战略部署；《国家中长期人才发展纲要（2010—2020 年）》《关于加强社会工作专业人才队伍建设的意见》《社会工作专业人才队伍建设中长期规划（2011—2020 年）》不断完善制度顶层设计和政策措施；2016 年 3 月 5 日，政府工作报告指出要“依法规范发展社会组织，支持专业社会工作、志愿服务和慈善事业发展”，我国社会工作专业人才队伍建设制度不断完善，专业社工队伍初具规模。

但是，我国社工专业人才队伍建设起步晚，底子薄，社工培养、评价、使用和激励机制等还不够健全，与经济社会发展要求有较大差距[②]。一是体制机制不健全、政策制度不配套、相关法律法规不完善；二是力量配置不能满足需求，而且分布不均衡，整体素质比较差，专业人才欠缺，专业化程度不高，难以提供专业化、个性化、多样化、系统化服务；三是薪酬福利待遇较差，社会认可度较低，职业发展空间不足，优秀人才流失严重；四是专业社会工作

① 《关于加强社会工作专业人才队伍建设的意见》的框架内容与重大创新［EB/OL］. 民政部门户网站，2011-11-08.

② 刘英新. 关于社会工作人才队伍建设的思考［EB/OL］. 期刊网，2018-10-15.

机构缺乏，影响了社会治理专业化水平的提高[①]。

加强社会工作人才队伍建设的对策建议。适应新形势、新需求，政府、社会、高校及社会工作者自身齐心协力、协同发展，加快建设一支规范化、专业化、职业化的社会工作人才队伍。

一要高度重视社会工作人才队伍建设。社会工作人才队伍是加强和创新社会治理不可或缺的重要力量。引导社会工作人才队伍来承担社会建设、社会治理和社会服务的工作是必然选择。这就需要将社工人才队伍建设纳入人才发展规划，提升社会工作人才队伍整体素质和水平。要强化社会工作专业人才思想政治工作，把广大社会工作专业人才团结凝聚在党组织周围，协助党和政府做好化解社会矛盾、协调社会关系、落实惠民政策等工作。

二要健全完善社会工作相关法律法规政策[②]，建立健全以培养、评价、使用、激励等为主要内容的社会工作人才培养政策措施和制度保障，加强规范管理、职业保障、表彰奖励，有效激发工作积极性[③]。围绕人才发展周期，着力探索“育、用、留”新模式、新机制，营造人才成长的良好生态和干事创业的社会氛围。

三要坚持待遇留人、事业留人、环境留人“三管齐下”，打通职业上升渠道，提高社会工作人才薪资福利待遇和社会工作认可度[④]。搭建人才使用平台，推动事业单位设置专岗、社会组织招聘吸纳、政府部门和群团组织加大使用力度，进一步加强社工岗位开发。鼓励大中专毕业生到基层社区锻炼和创业。

---

① 李甜. 关于加强社会工作专业化发展和社工人才队伍建设的建议［EB/OL］. 青岛政务网，2017-01-16.

② 刘英新. 关于社会工作人才队伍建设的思考［EB/OL］. 期刊网，2018-10-15.

③ 陈一新. 加强和创新社会治理 [N]. 人民日报，2021-01-22.

④ 刘英新. 关于社会工作人才队伍建设的思考［EB/OL］. 期刊网，2018-10-15.

四要加强对城乡社区工作者的教育培训，健全社会工作人才培养体系[①]。坚持全员培训、骨干培训、专业培训、全科培训四措并举，发挥高校、党校等阵地作用，推动社工队伍素质提升。要注重在实际工作中培养锻炼社会工作者，搞好传帮带，激励社会工作者在岗位上成才，提高社会工作者的实际工作能力。

五要加大对社工机构扶持力度[②]。积极培育社会工作服务机构，完善培育扶持政策，推动区县（市）社工机构孵化基地建设，制订落实各项财税优惠政策，降低其运行管理和提供服务成本，在重点领域打造一批示范性社会工作服务机构。加强社会工作服务机构监管，依法查处各类违法行为。构建县（市、区）社会工作服务中心、乡镇（街道）社会工作服务站、村（社区）社会工作服务点三级联动的社会工作服务体系。

二、人才发展治理现代化与文化繁荣发展

（一）文化治理的内涵

1. 文化治理的概念诠释

文化是一个国家、一个民族的灵魂。文化兴国运兴，文化强民族强[③]。文化治理是国家治理体系和治理现代化的重要组成部分[④]，是文化价值观和文化的生存方式的有机统一。现代化国家治理体系

① 刘英新．关于社会工作人才队伍建设的思考［EB/OL］．期刊网，2018-10-15．

② 李甜．关于加强社会工作专业化发展和社工人才队伍建设的建议［EB/OL］．青岛政务网，2017-01-16．

③ 习近平．习近平谈治国理政．第三卷［M］．北京：外文出版社，2020：32．

④ 赵海英，推进文化治理现代化实践［N］．光明网，2021-09-14．

的构建离不开成熟的文化治理。广义的文化治理包括意识形态、精神文明、道德信仰、文化产业等多重层面的治理①。

新时代国家治理以文化精神作为贯穿于中国特色社会主义制度建设始终的基础性、融贯性、统摄性力量，通过文化的强大建构力、传播力和引领力，形成共同的价值认知和意识形态共识，为国家治理提供有力支持②。发展社会主义先进文化、广泛凝聚人民精神力量，是国家治理体系和治理能力现代化的深厚支撑③。

新时代的文化治理，要发挥文化对制度的先导作用；持续培育更加多元的社会化主体；适应文化治理变革现实要求，以技术要素重塑的文化生态催生不断涌现的文化新业态；继续深化理念变革，以社会主义先进文化和核心价值观为引领，寻求文化机构社会效益与经济效益相统一，构建政府机构社会多方合作的新型治理机制，在保障活力前提下实现文化有序有效治理④。

2. 文化治理的功能与特征

文化具有社会治理的功能与特征。人类创造和生产文化，是为了有效地克服和解决人与人、人与社会和人与自然之间出现的问题，具有疏导、宣泄、沟通的意义。文化治理的特征是通过主动寻求一种创造性文化增生的范式实现文化的包容性发展。

---

① 刘世军，刘建军等：中国之治：国家治理体系与治理能力现代化［M］. 上海：上海人民出版社，2020：182、173.

② 李媛媛. 国家治理现代化视阈下的文化制度体系建设与创新［J］. 行政管理改革，2020（第 11 期）.

③ 本书编写组.《中共中央关于坚持和完善中国特色社会主义制度、推进国家治理体系和治理能力现代化若干重大问题的决定》辅导读本［M］. 北京：人民出版社，2019：23–24.

④ 高宏存. 贯彻落实十九届四中全会精神 推动文化治理现代化［EB/OL］. 理论网，2019–11–15.

在现代国家市场经济条件下，文化治理就是通过提供消费渠道和产品满足人们多样化的精神文化消费需求来实现。例如，美国的国家文化治理是通过它的文化产品生产及国际文化贸易所形成的以内容为核心的强大的文化产业所建构的。

深化文化体制改革，加快发展文化产业，在当下的中国就是为了改革与政治文明进程不相适应的精神政治生产模式和国家的精神政治秩序，推进国家治理文明转型和文明进程，推进国家治理体系和治理能力现代化①。

3. 文化制度建设

文化制度建设是囊括意识形态管理、文化经济事务管理和公益性文化服务等多领域的系统性建构，其目标是通过高效的制度运转体系来促进文化价值和意识形态目标的实现，对于推动国家文化治理和我国社会转型具有重大意义。中国精神、中国价值、中国力量既是中国文化传承创新的思想保障，也是形成强大价值认同和文化主体性的依托，更是中国崛起的重要精神支撑。

文化体制改革，不局限于管理理念方式改革，其最为本质的目标是为当代中国发展提供一套适合时代发展要求的价值坐标和精神秩序②。习近平总书记提出："培育和弘扬核心价值观，有效整合社会意识，是社会系统得以正常运转、社会秩序得以有效维护的重要途径，也是国家治理体系和治理能力的重要方面③。"

深化文化体制改革，为坚定文化自信和推进国家治理现代化提

① 刘世军，刘建军等. 中国之治：国家治理体系与治理能力现代化［M］. 上海：上海人民出版社，2020：181.

② 李媛媛. 国家治理现代化视阈下的文化制度体系建设与创新［J］. 行政管理改革，2020（第 11 期）.

③ 习近平在中共中央政治局第十三次集体学习时强调 把培育和弘扬社会主义核心价值观作为凝魂聚气强基固本的基础工程［EB/OL］. 新华网，2014-02-25.

供了重要精神支撑；通过体制改革和机制创新再造社会机能，激发文化创造活力；坚持以人民为中心，真正实现文化权利重心下移，保障人民文化权益；不止步于对外部体制架构的调整，更重要的是对深层的思想理念和价值观念的建设性重构[①]。

4. 新时代文化建设

新时代文化建设的责任和使命。发展不平衡不充分和人民向往美好生活需求之间的矛盾构成了新时代中国社会发展和文化发展的主要矛盾[②]。满足人民多层次、多方面的文化需求，是社会治理的重要内容。随着物质生活水平不断提高、人民对精神文化和美好生活需求更加旺盛，文化需求高品质、个性化的特点更加明显。人民群众改善生活品质、走向共同富裕的新期待，对文化建设提出新的更高要求[③]。随着中华民族迎来从站起来、富起来到强起来的伟大飞跃，文化建设也要提升至更高层面，承担起更大的责任和使命。

发展中国特色社会主义文化的基本方向。党的十九届四中全会《决定》提出："坚持和完善繁荣发展社会主义先进文化的制度，巩固全体人民团结奋斗的共同思想基础[④]"，从文化制度体系建设的角度明确了文化建设的战略定位、发展方位、职责使命和目标任务，并把"发展社会主义先进文化、广泛凝聚人民精神力量"作为

---

① 李媛媛. 国家治理现代化视阈下的文化制度体系建设与创新［J］. 行政管理改革，2020（第 11 期）.

② 刘世军，刘建军等. 中国之治：国家治理体系与治理能力现代化［M］. 上海：上海人民出版社，2020：182.

③ 李书磊. 增强实现中华民族伟大复兴的精神力量［N］. 人民日报，2022-11-10（第 6 版）.

④ 本书编写组.《中共中央关于坚持和完善中国特色社会主义制度、推进国家治理体系和治理能力现代化若干重大问题的决定》辅导读本［M］. 北京：人民出版社，2019：23.

“国家治理体系和治理能力现代化的深厚支撑[①]”。党的二十大报告明确了新时代文化建设的方针原则和发展路径，指明了发展中国特色社会主义文化、建设社会主义文化强国的正确方向。一是坚持马克思主义在意识形态领域指导地位的根本制度；二是坚持以社会主义核心价值观为引领；三是坚持“二为”方向、“双百”方针；四是坚持创造性转化、创新性发展[②]。

新时代中国特色社会主义文化建设总要求。党的二十大报告深刻把握文化建设规律和文化在新时代新征程中的地位作用，对建设社会主义文化强国作出了战略部署，为不断推进文化自信自强、铸就社会主义文化新辉煌、增强实现中华民族伟大复兴的精神力量提供了根本遵循[③]。

坚持中国特色社会主义文化发展道路，增强文化自信，围绕举旗帜、聚民心、育新人、兴文化、展形象建设社会主义文化强国，发展面向现代化、面向世界、面向未来的，民族的科学的大众的社会主义文化，激发全民族文化创新创造活力，增强实现中华民族伟大复兴的精神力量[④]。

坚持马克思主义在意识形态领域指导地位的根本制度，坚持为人民服务、为社会主义服务，坚持百花齐放、百家争鸣，坚持创造性转化、创新性发展，以社会主义核心价值观为引领，发展社会主义先进文化，弘扬革命文化，传承中华优秀传统文化，满足人民日

---

① 李媛媛．国家治理现代化视阈下的文化制度体系建设与创新［J］．行政管理改革，2020（第 11 期）.

② 李书磊．增强实现中华民族伟大复兴的精神力量［N］．人民日报，2022–11–10（第 6 版）.

③ 同上。

④ 习近平．高举中国特色社会主义伟大旗帜 为全面建设社会主义现代化国家而团结奋斗——在中国共产党第二十次全国代表大会上的报告 [EB/OL]．新华网，2022–10–25.

益增长的精神文化需求，巩固全党全国各族人民团结奋斗的共同思想基础，不断提升国家文化软实力和中华文化影响力[①]。

（二）坚定文化自信

1. 文化自信的内涵

文化自信是更基础、更广泛、更深厚的自信，是一个国家、一个民族发展中更基本、更深沉、更持久的力量[②]。文化自信是一个民族、一个国家、一个政党对自身文化理想、文化价值的高度信心，对自身文化生命力、创造力的高度信心[③]。文化自信的应有之义，是要对民族自身文化有更准确理解、更高度认同。文化自信自强，事关国运兴衰、事关文化安全、事关民族精神独立性[④]。

党的十九大报告对中国特色社会主义文化的阐释，彰显了一个伟大民族在苦难与奋斗的历程中积淀的文化自觉与文化自信[⑤]。习近平总书记强调，没有高度的文化自信，没有文化的繁荣兴盛，就没有中华民族伟大复兴。要坚持中国特色社会主义文化发展道路，激发全民族文化创新创造活力，建设社会主义文化强国[⑥]。

新时代新征程的使命任务，要求我们把文化建设作为全面建成社会主义现代化强国的重要内容和重要支撑，自觉担负起新的文化

---

① 习近平．高举中国特色社会主义伟大旗帜　为全面建设社会主义现代化国家而团结奋斗——在中国共产党第二十次全国代表大会上的报告［EB/OL］．新华网，2022-10-25．

② 习近平．习近平谈治国理政．第三卷［M］．北京：外文出版社，2020：18．

③ 本书编写组．党的十九届六中全会《决议》学习辅导百问［M］，北京：党建读物出版社　学习出版社，2021：142．

④ 李书磊．增强实现中华民族伟大复兴的精神力量［N］．人民日报，2022-11-10（第6版）．

⑤ 黄小希，姜潇．凝聚心力量 铸就新辉煌——从十九大报告看建设社会主义文化强国［EB/OL］．新华社，2017-10-23．

⑥ 习近平．习近平谈治国理政．第三卷［M］．北京：外文出版社，2020：32．

使命，大力推动社会主义文化强国建设，为实现第二个百年奋斗目标提供思想保证、舆论支持、精神动力和文化条件[①]。

2. 文化自信的依据

党的十九大代表、中央党校教授谢春涛认为，在道路自信、理论自信和制度自信的背后，是我们坚定的文化自信。“我们在国际上讲中国故事，往往都从讲中国文化开始。我们的制度与我们的文化密切相关，我们实施这样的制度、走这样的道路，有我们充分的道理，包括文化的道理。对此，我们要有充分的自信[②]。”

中国特色社会主义文化，源自中华民族五千多年文明历史所孕育的中华优秀传统文化，熔铸于党领导人民在革命、建设、改革中创造的革命文化和社会主义先进文化，植根于中国特色社会主义伟大实践[③]。中国特色社会主义制度和国家治理体系具有深厚中华文化根基；坚持共同的理想信念、价值理念、道德观念，弘扬中华优秀传统文化、革命文化、社会主义先进文化，促进全体人民在思想上精神上紧紧团结在一起，是我国国家制度和国家治理体系的“十三个显著优势”之一，是我们坚定中国特色社会主义道路自信、理论自信、制度自信、文化自信的基本依据[④]。

（三）推进文化治理现代化

随着改革开放的不断深入，我国已逐步建立起中国特色社会主

---

① 李书磊. 增强实现中华民族伟大复兴的精神力量［N］. 人民日报，2022-11-10（第6版）.

② 黄小希，姜潇. 凝聚心力量 铸就新辉煌——从十九大报告看建设社会主义文化强国［EB/OL］. 新华社，2017-10-23.

③ 习近平. 习近平谈治国理政. 第三卷［M］. 北京：外文出版社，2020：32.

④ 本书编写组.《中共中央关于坚持和完善中国特色社会主义制度、推进国家治理体系和治理能力现代化若干重大问题的决定》辅导读本［M］. 北京：人民出版社，2019：3-4.

义文化管理体制和一系列与之配套的制度与机制，文化治理能力不断增强。随着形势发展变化，传统文化管理理念、管理方法和管理手段已越来越不适应。经济转轨和社会转型改变了人们的利益关系和利益格局，对文化管理理念和方式带来挑战；信息网络技术革命迅猛推进、日益普及，文化产品的创作、生产、传播的技术环境发生根本变化对文化治理创新带来挑战；意识形态环境日益复杂，文化需求多样性不断增长，对文化工作如何正确把握导向、加强引领提出挑战；计划经济体制下形成的主要以管脚下、办文化为主的治理方式，已不能完全适应社会主义市场经济体制条件和法治政府、服务型政府、创新型政府建设的要求等①。

党的十六大报告提出深化文化体制改革、发展文化事业和文化产业、提升人民科学文化素质的战略任务。党的十六届三中全会确立文化体制改革总体思路，启动文化体制改革试点。党的十六届四中全会提出“解放和发展文化生产力”重要命题。党的十七大明确把文化建设作为中国特色社会主义的重要组成部分，提出推动文化大发展大繁荣、兴起文化建设新高潮的目标，明确提高国家文化软实力的重要任务。2009 年的《文化产业振兴规划》把发展文化产业上升为国家战略。党的十七届六中全会通过《中共中央关于深化文化体制改革推动社会主义文化大发展大繁荣若干重大问题的决定》，首次以专题形式全面部署文化建设总任务②。

党的十八届三中全会通过的《中共中央关于全面深化改革若干重大问题的决定》确定了推进文化体制机制创新的总体框架和基本

---

① 推进文化治理能力现代化——文化部部长蔡武答学习时报记者问［EB/OL］. 学习时报，2014-06-02.

② 南大伟．我国文化人才队伍建设面临的问题及对策研究［J］，河南理工大学学报（社会科学版），2014-09.

路径[①]；党的十九大报告对坚定文化自信、推动社会主义文化繁荣兴盛做出总体部署[②]；党的十九届五中全会对繁荣发展文化事业和文化产业、提高国家文化软实力做出规划设计；党的二十大报告对推进文化自信自强，铸就社会主义文化新辉煌作出部署[③]。

1. 建设具有强大凝聚力和引领力的社会主义意识形态

深入开展习近平新时代中国特色社会主义思想学习教育[④]，全面贯彻落实习近平新时代中国特色社会主义思想，健全用党的创新理论武装全党、教育人民工作体系，完善党委（党组）理论学习中心组等各层级学习制度，建设和用好网络学习平台[⑤]。加强理论武装，推动习近平新时代中国特色社会主义思想深入人心[⑥]。

坚持以马克思主义为指导，深入实施马克思主义理论研究和建设工程[⑦]，深化马克思主义理论研究和建设，加强中国特色新型智库建设[⑧]。把坚持以马克思主义为指导全面落实到思想理论建设、哲学社会科学研究、教育教学各方面[⑨]。加快构建中国特色哲学社会科学学科体系、学术体系、话语体系，培育壮大哲学社会科学人

① 中共中央关于全面深化改革若干重大问题的决定［EB/OL］. 新华社，2013-11-15.

② 习近平. 习近平谈治国理政. 第三卷［M］. 北京：外文出版社，2020：32.

③ 习近平. 高举中国特色社会主义伟大旗帜　为全面建设社会主义现代化国家而团结奋斗——在中国共产党第二十次全国代表大会上的报告［EB/OL］. 新华网，2022-10-25.

④ 中共中央关于制定国民经济和社会发展第十四个五年规划和二〇三五年远景目标的建议［EB/OL］. 新华社，2020-11-03.

⑤ 中共中央关于全面深化改革若干重大问题的决定［EB/OL］. 新华社，2013-11-15.

⑥ 习近平. 习近平谈治国理政. 第三卷［M］. 北京：外文出版社，2020：33.

⑦ 中共中央关于制定国民经济和社会发展第十四个五年规划和二〇三五年远景目标的建议［EB/OL］. 新华社，2020-11-03.

⑧ 习近平. 习近平谈治国理政. 第三卷［M］. 北京：外文出版社，2020：33.

⑨ 中共中央关于全面深化改革若干重大问题的决定［EB/OL］. 新华社，2013-11-15.

才队伍，为社会主义意识形态建设提供有力支撑[①]。

推进马克思主义中国化时代化大众化，使全体人民在理想信念、价值理念、道德观念上紧紧团结在一起[②]。加强和改进学校思想政治教育，建立全员、全程、全方位育人体制机制。完善青少年理想信念教育齐抓共管机制。

牢牢掌握党对意识形态工作的领导权，全面落实意识形态工作责任制，加强阵地建设和管理，注意区分政治原则问题、思想认识问题、学术观点问题，旗帜鲜明反对和抵制各种错误观点。高度重视传播手段建设和创新，坚持党管宣传、党管意识形态、党管媒体，加快推进媒体深度融合，加强全媒体传播体系建设，塑造主流舆论新格局，不断提高新闻舆论传播力、引导力、影响力、公信力[③]，巩固壮大奋进新时代的主流思想舆论。健全网络综合治理体系，推动形成良好网络生态[④]。

2. 践行社会主义核心价值观

弘扬以伟大建党精神为源头的中国共产党人精神谱系，用好红色资源，深入开展社会主义核心价值观宣传教育，深化爱国主义、集体主义、社会主义教育，着力培养担当民族复兴大任的时代新

---

① 李书磊. 增强实现中华民族伟大复兴的精神力量［N］. 人民日报，2022-11-10（第6版）.

② 习近平. 习近平谈治国理政. 第三卷［M］. 北京：外文出版社，2020：32-33.

③ 李书磊. 增强实现中华民族伟大复兴的精神力量［N］. 人民日报，2022-11-10（第6版）.

④ 习近平. 高举中国特色社会主义伟大旗帜　为全面建设社会主义现代化国家而团结奋斗——在中国共产党第二十次全国代表大会上的报告［EB/OL］. 新华网，2022-10-25.

人[1]。

坚持以社会主义核心价值观引领文化建设。推动形成适应新时代要求的思想观念、精神面貌、文明风尚、行为规范。深化中国特色社会主义和中国梦宣传教育，弘扬民族精神和时代精神[2]。广泛开展理想信念教育，推动理想信念教育常态化、制度化[3]。

持续抓好党史、新中国史、改革开放史、社会主义发展史宣传教育[4]，引导人们树立正确历史观、民族观、国家观、文化观[5]，知史爱党、知史爱国，不断坚定中国特色社会主义共同理想，发挥其蕴含的理想信念、价值取向、道德规范示范作用，引领人民坚定信心、强化自觉、提升素质，投身民族复兴伟业，在融入国家民族事业奋斗中实现全面发展。

用社会主义核心价值观铸魂育人，完善思想政治工作体系，推进大中小学思想政治教育一体化建设[6]。强化教育引导、实践养成、制度保障[7]。围绕举旗帜、聚民心、育新人、兴文化、展形象的使命任务，促进满足人民文化需求和增强人民精神力量相统一[8]，巩

---

① 习近平．高举中国特色社会主义伟大旗帜　为全面建设社会主义现代化国家而团结奋斗——在中国共产党第二十次全国代表大会上的报告［EB/OL］．新华网，2022-10-25．

② 习近平．习近平谈治国理政．第三卷［M］．北京：外文出版社，2020：33．

③ 中共中央关于制定国民经济和社会发展第十四个五年规划和二〇三五年远景目标的建议［EB/OL］．新华社，2020-11-03．

④ 中共中央关于全面深化改革若干重大问题的决定［EB/OL］．新华社，2013-11-15．

⑤ 习近平．习近平谈治国理政．第三卷［M］．北京：外文出版社，2020：33-34．

⑥ 习近平．高举中国特色社会主义伟大旗帜　为全面建设社会主义现代化国家而团结奋斗——在中国共产党第二十次全国代表大会上的报告［EB/OL］．新华网，2022-10-25．

⑦ 习近平．习近平谈治国理政．第三卷［M］．北京：外文出版社，2020：33．

⑧ 中共中央关于制定国民经济和社会发展第十四个五年规划和二〇三五年远景目标的建议［EB/OL］．新华社，2020-11-03．

固全党全国各族人民团结奋斗共同思想基础。

坚持依法治国和以德治国相结合，完善弘扬社会主义核心价值观法律政策体系，把社会主义核心价值观融入法治建设和社会治理，融入社会发展和日常生活，体现到国民教育、精神文明创建、文化产品创作生产全过程，转化为人们情感认同和行为习惯[①]。

引导主流文化、发展先进文化、增强中华文化阐释力和凝聚力。鼓励在社会实践和经济发展的各个领域提炼文化要素，促使中华文化根脉和当代文化风尚能够更加深入地覆盖人民生活全过程，形成博采众长、兼收并蓄且富有活力的文化氛围，让文化力量在社会多领域实现创造性转化、创新性发展[②]。

3. 提高社会文明程度

坚持社会主义先进文化前进方向，加强社会主义精神文明建设。实施文明创建工程，拓展新时代文明实践中心建设，深化群众性精神文明创建活动，弘扬科学精神，强化社会责任意识、规则意识、奉献意识，提高人民思想觉悟、道德水准、文明素养，提高全社会文明程度[③]。加强网络文明建设，发展积极健康的网络文化[④]。

推进中华优秀传统文化传承发展工程。深入挖掘中华优秀传统文化蕴含的思想观念、人文精神、道德规范，结合时代要求继承创新[⑤]。实施公民道德建设工程，弘扬中华传统美德，加强家庭家教家风建设，加强和改进未成年人思想道德建设，推动明大德、守公德、严私德，提高人民道德水准和文明素养。统筹推动文明培育、

① 习近平．习近平谈治国理政．第三卷［M］．北京：外文出版社，2020：33.

② 赵海英．推进文化治理现代化实践［EB/OL］．光明网，2021-09-14.

③ 习近平．习近平谈治国理政．第三卷［M］．北京：外文出版社，2020：33.

④ 中共中央关于制定国民经济和社会发展第十四个五年规划和二〇三五年远景目标的建议［EB/OL］．新华社，2020-11-03.

⑤ 习近平．习近平谈治国理政．第三卷［M］．北京：外文出版社，2020：33.

文明实践、文明创建，推进城乡精神文明建设融合发展，在全社会弘扬劳动精神、奋斗精神、奉献精神、创造精神、勤俭节约精神，培育时代新风新貌。加强国家科普能力建设，深化全民阅读活动。完善志愿服务制度和工作体系。弘扬诚信文化，完善诚信建设长效机制，健全覆盖全社会征信体系，加强失信惩戒①。发挥党和国家功勋荣誉表彰的精神引领、典型示范作用，推动全社会见贤思齐、崇尚英雄、争做先锋②。

4. 深化文化体制改革

健全党委领导、政府管理、行业自律、社会监督、企事业单位依法运营的文化管理体制③；构建把社会效益放在首位、社会效益和经济效益相统一的文化创作生产体制机制④；完善遵循社会主义先进文化发展规律、体现社会主义市场经济要求、有利于激发文化创新创造活力的文化管理体制和生产经营机制；按照建设服务型政府的要求，充分发挥政府在公共文化资源配置、管理协调中的主导作用，在产业发展方面的引导和服务作用；综合运用法律、行政、

---

① 本书编写组.《中共中央关于坚持和完善中国特色社会主义制度、推进国家治理体系和治理能力现代化若干重大问题的决定》辅导读本［M］. 北京：人民出版社，2019：24–25.

② 习近平. 高举中国特色社会主义伟大旗帜　为全面建设社会主义现代化国家而团结奋斗——在中国共产党第二十次全国代表大会上的报告［EB/OL］. 新华网，2022–10–25.

③ 李媛媛. 国家治理现代化视阈下的文化制度体系建设与创新［J］. 行政管理改革，2020（第 11 期）.

④ 本书编写组.《中共中央关于坚持和完善中国特色社会主义制度、推进国家治理体系和治理能力现代化若干重大问题的决定》辅导读本［M］. 北京：人民出版社，2019：26.

经济、科技等手段，不断提高政府治理效能①。

完善文化管理体制。按照政企分开、政事分开原则，推动政府部门由办文化向管文化转变，推动党政部门与其所属文化企事业单位进一步厘清政府与企业、市场、社会、个人的关系，把该管的事管好，把不该管的事交给企业、市场或社会。加快完善文化法律体系，加强市场监管，提高执法水平②。建立党委和政府监管国有文化资产的管理机构，实行管人管事管资产管导向相统一③。

深化文化供给侧结构性改革，培育社会多元服务供给主体。要把“以人民为中心”的发展理念贯穿文化发展全过程，优化文化发展生态、转变文化发展方式、重构文化发展格局。创新文化微观运行机制，支持、鼓励和引导各种文化主体的自我成长、社会参与，构建“合作治理”公共文化供给模式。讲究更加精细精准实效，通过推进公共文化服务标准化、均等化，加大对基层文化产品和服务供给的数量和质量，把文化领域的供需匹配起来。

调动社会力量参与文化建设，培育公益性文化类社会组织。发挥其在提高公共文化服务水平、繁荣艺术创作、拓展文化交流渠道等方面的作用。加强行业协会建设，提高行业自律水平；发挥公民个人参与文化创造的积极性和创造性，提供条件使基层群众自我管理、自我教育，激发蕴藏在人民群众中的巨大文化生产力④。

健全坚持正确舆论导向的体制机制。坚持党管媒体原则，坚持团结稳定鼓劲、正面宣传为主，唱响主旋律、弘扬正能量。整合新

---

① 推进文化治理能力现代化——文化部部长蔡武答学习时报记者问［N］. 学习时报，2014-06-02.

② 同上。

③ 中共中央关于全面深化改革若干重大问题的决定［EB/OL］. 新华社，2013-11-15.

④ 推进文化治理能力现代化——文化部部长蔡武答学习时报记者问［N］. 学习时报，2014-06-02.

闻媒体资源，推动传统和新兴媒体融合发展[①]。实施全媒体传播工程，做强新型主流媒体，建强用好县级融媒体中心[②]。构建网上网下一体、内宣外宣联动主流舆论格局，建立以内容建设为根本、先进技术为支撑、创新管理为保障的全媒体传播体系[③]。

强化舆论监督管理。推动新闻发布制度化。严格新闻工作者职业资格制度，重视新型媒介运用和管理，规范传播秩序。改进和创新正面宣传，完善舆论监督制度，健全重大舆情和突发舆论处置机制，形成正面引导和依法管理相结合的网络舆论工作格局[④]。建立健全网络综合治理体系，加强和创新互联网内容建设，落实互联网企业信息管理主体责任，全面提高网络治理能力[⑤]。

5. 繁荣发展文化事业

提升公共文化服务水平。全面繁荣新闻出版、广播影视、文学艺术、哲学社会科学事业[⑥]。建立公共文化服务体系建设协调机制，统筹服务设施网络建设，促进基本公共文化服务标准化、均等化。建立群众评价和反馈机制，推动文化惠民项目与群众文化需求有效

---

① 中共中央关于全面深化改革若干重大问题的决定［EB/OL］. 新华社，2013-11-15.

② 中共中央关于制定国民经济和社会发展第十四个五年规划和二〇三五年远景目标的建议［EB/OL］. 新华社，2020-11-03.

③ 本书编写组.《中共中央关于坚持和完善中国特色社会主义制度、推进国家治理体系和治理能力现代化若干重大问题的决定》辅导读本［M］. 北京：人民出版社，2019: 25-26.

④ 中共中央关于全面深化改革若干重大问题的决定［EB/OL］. 新华社，2013-11-15.

⑤ 本书编写组.《中共中央关于坚持和完善中国特色社会主义制度、推进国家治理体系和治理能力现代化若干重大问题的决定》辅导读本［M］. 北京：人民出版社，2019: 26.

⑥ 中共中央关于制定国民经济和社会发展第十四个五年规划和二〇三五年远景目标的建议［EB/OL］. 新华社，2020-11-03.

对接[①]。健全人民文化权益保障制度。

文化服务设施不断完善。截至 2021 年底，全国共有公共图书馆 3217 个、文化馆 3317 个，广播节目和电视节目综合人口覆盖率分别为 99.5% 和 99.7%。所有的公共图书馆、文化馆、文化站、美术馆已实行免费开放，实现了“无障碍、零门槛”[②]。

加强文艺创作引导，完善倡导讲品位讲格调讲责任、抵制低俗庸俗媚俗的工作机制[③]。实施文艺作品质量提升工程[④]，坚持思想精深、艺术精湛、制作精良相统一，加强现实题材创作，不断推出反映时代新气象、讴歌党、讴歌祖国、讴歌人民、讴歌英雄的精品力作[⑤]，满足人民群众的差异化、多样化文化需求。

明确不同文化事业单位功能定位，建立法人治理结构，完善绩效考核机制。推动公共图书馆、博物馆、文化馆、科技馆等组建理事会，吸纳有关方面代表、专业人士、各界群众参与管理。引入竞争机制，推动公共文化服务社会化发展。鼓励社会力量、社会资本参与公共文化服务体系建设，培育文化非营利组织[⑥]。

实施国家文化数字化战略，健全现代公共文化服务体系，推进城乡公共文化服务体系一体建设，优化城乡文化资源配置，推动基层文化惠民工程扩大覆盖面、增强实效性，健全支持开展群众性文

① 中共中央关于全面深化改革若干重大问题的决定［EB/OL］. 新华社，2013-11-15.

② 是说新语. 以人民为中心，建设社会主义文化强国［EB/OL］. 求是网，2022-05-13.

③ 本书编写组.《中共中央关于坚持和完善中国特色社会主义制度、推进国家治理体系和治理能力现代化若干重大问题的决定》辅导读本［M］. 北京：人民出版社，2019：26.

④ 中共中央关于制定国民经济和社会发展第十四个五年规划和二〇三五年远景目标的建议［EB/OL］. 新华社，2020-11-03.

⑤ 习近平. 习近平谈治国理政. 第三卷［M］. 北京：外文出版社，2020：34.

⑥ 中共中央关于全面深化改革若干重大问题的决定［EB/OL］. 新华社，2013-11-15.

化活动机制，鼓励社会力量参与公共文化服务体系建设，支持建设一批新时代特色文艺示范基地。开展群众性文化活动，推动公共文化数字化建设，建设文化数字化基础设施和服务平台，形成线上线下融合互动、立体覆盖的文化服务供给体系①。推进国家版本馆、国家文献储备库、智慧广电等工程。

传承弘扬中华优秀传统文化，加大文物和文化遗产保护力度，加强城乡建设中历史文化保护传承。加强文物古籍保护研究利用，强化重要文化和自然遗产、非物质文化遗产系统性保护，加强各民族优秀传统手工艺保护和传承，建设用好国家文化公园。坚持以文塑旅、以旅彰文，推进文化和旅游深度融合发展。加快推进体育强国建设，加强青少年体育工作，促进群众体育和竞技体育全面发展②，广泛开展全民健身运动，增强人民体质③。

我国文化遗产保护成效突出。我国已逐步构建起科学有效的文化遗产保护体系。我国世界遗产总数已达到 55 项，位居世界第二；全国共有国家级非遗项目保护单位 3154 家，入选联合国教科文组织人类非物质文化遗产代表作名录的项目总数达 40 个，是目前拥有世界非物质文化遗产数量最多的国家④。

---

① 中办国办印发《关于推进实施国家文化数字化战略的意见》[EB/OL]. 新华社，2022-05-22.

② 习近平. 高举中国特色社会主义伟大旗帜　为全面建设社会主义现代化国家而团结奋斗——在中国共产党第二十次全国代表大会上的报告[EB/OL]. 新华网，2022-10-25.

③ 中共中央关于制定国民经济和社会发展第十四个五年规划和二〇三五年远景目标的建议[EB/OL]. 新华社，2020-11-03.

④ 文化事业繁荣兴盛 文化产业快速发展——新中国成立 70 周年经济社会发展成就系列报告之八[EB/OL]. 统计局网站，2019-07-25.

6. 繁荣发展文化产业

健全现代文化产业体系和市场体系，实施重大文化产业项目带动战略。着力培育引导和规范市场力量，确保市场引导文化生产要素合理流动与优化配置，激活人民文化供给增长内生动力。坚持以人民为中心的工作导向，完善文化产品创作生产传播的引导激励机制，推出更多群众喜爱的文化精品。健全现代文化产业体系和市场体系，完善以高质量发展为导向的文化产业规划和文化经济政策，创新生产经营机制，扩大优质文化产品供给①。完善文化企业履行社会责任制度，健全引导新型文化业态健康发展机制②。

完善文化和旅游融合发展体制机制。实施文化产业数字化战略，加快发展新型文化企业、文化业态、文化消费模式，以新技术、新手段、新模式开发激活文化资源，满足人民的文化新需要。规范发展文化产业园区，推动区域文化产业带建设。建设一批富有文化底蕴的世界级旅游景区和度假区，打造一批文化特色鲜明的国家级旅游休闲城市和街区，发展红色旅游和乡村旅游③。

完善文化市场准入退出机制。鼓励各类市场主体公平竞争、优胜劣汰，促进文化资源流动。推进国有经营性文化单位转企改制，加快公司制、股份制改造。对按规定转制的重要国有传媒企业探索实行特殊管理制度。推动文化企业跨地区、跨行业、跨所有制兼并重组，提高文化产业规模化、集约化、专业化水平。

---

① 中共中央关于制定国民经济和社会发展第十四个五年规划和二〇三五年远景目标的建议［EB/OL］. 新华社，2020-11-03.

② 本书编写组.《中共中央关于坚持和完善中国特色社会主义制度、推进国家治理体系和治理能力现代化若干重大问题的决定》辅导读本［M］. 北京：人民出版社，2019：26.

③ 中共中央关于制定国民经济和社会发展第十四个五年规划和二〇三五年远景目标的建议［EB/OL］. 新华社，2020-11-03.

鼓励非公有制文化企业发展。降低社会资本进入门槛，允许参与对外出版、网络出版，允许以控股形式参与国有影视制作机构、文艺院团改制经营。支持各种小微文化企业发展。在坚持出版权、播出权特许经营前提下，允许制作和出版、制作和播出分开。建立多层次文化产品和要素市场，鼓励金融资本、社会资本、文化资源相结合。扩大政府文化资助和文化采购，加强版权保护。健全文化产品评价体系，改革评奖制度，推出更多文化精品[①]。

文化产业发展取得成效。2018 年，我国文化产业实现增加值 38737 亿元，文化产业增加值占 GDP 比重提高到 4.30%，文化产业对 GDP 增量的年平均贡献率提高到 5.5%；全国共有文化骨干企业 6.0 万家，从业人员为 845 万人，实现营业收入 89257 亿元。截至 2018 年底，全国共有 10 个国家级文化产业示范园区，10 个国家级文化产业实验园区和 335 个国家级文化产业示范基地，标志着我国文化产业进一步向规模化、集约化、专业化方向发展。文化新业态已成为引领和示范文化产业发展的重要力量[②]。

文化产业发展问题分析。一是产业集约化程度不高。规模较小、集中度不高，影响了文化产业现代化发展进程。文化企业自我创新和发展能力较弱，制作水平普遍偏低，影响到文化企业可持续发展。由于文化产品及服务限制内容较多，内容较为单薄，在国际竞争日益激烈的环境中，难以适应国际化发展趋势。

二是缺乏资金及高端人才。人力资源和物质资源普遍缺乏，从业人员综合素质能力较低，发展初期缺乏足够资金支持，竞争力不强，难以满足新时期文化产业的发展需求。文化企业内部缺乏技术

---

① 中共中央关于全面深化改革若干重大问题的决定 [EB/OL]. 新华社，2013-11-15.

② 文化事业繁荣兴盛 文化产业快速发展——新中国成立 70 周年经济社会发展成就系列报告之八 [EB/OL]. 统计局网站，2019-07-25.

水平较高且善于经营管理的人才，缺乏创意性人才，人才结构不合理，资金不到位，制约了文化产业发展。

三是管理体制不够完善。我国文化市场的主体主要是由政府主导的事业单位，更加注重社会效益，管理体制制约了文化产业发展。国有文化机构与民营文化组织的体制性鸿沟、政府与文化企业之间的管理边界等问题也形成理论与制度共识，大批文化企业活力不足。管理体制不完善，文化资源行业部门分割现象依然存在，亟须加快推动制度改革，培育市场配置资源机制。

四是西方文化入侵的挑战。技术、经济发展水平的差距，制约了我国丰富文化资源的有效利用。部分西方发达国家，凭借丰富的市场运作经验、强大的文化传播能力以及雄厚的资本实力，将其文化产品不断输入中国，在获得巨额商业利润的同时，对我国进行文化争夺、抢占和渗透，对我国文化安全和主权构成严重威胁，我国的主流价值观和主导意识形态存在被边缘化的风险①。

文化产业发展趋势分析。一是利好政策支持发展。2017 年 4 月，文化部印发《文化部“十三五”时期文化产业发展规划》。2018 年 4 月，国家统计局颁布新修订的《文化及相关产业分类（2018）》。2019–2022 年政府工作报告中指出，要加强互联网内容建设和管理；繁荣文艺创作，发展哲学社会科学、新闻出版、广播影视和档案等事业；加强文物保护利用和非物质文化遗产传承；推动文化事业和文化产业改革发展，推进公共文化数字化建设，扩大优质文化产品和服务供给，提升基层公共文化服务能力。

二是文化部、旅游局机构改革推动文化、旅游产业融合发展。2018 年 3 月，根据国务院机构改革方案，对文化部和国家旅游局

① 前瞻产业研究院. 2019 年中国文化产业市场现状及发展趋势分析［R］，2020-01-14.

进行职责整合，组建文化和旅游部作为国务院的组成部门，将文化工作与旅游工作进行更紧密的结合，既符合二者内在属性的关联，又把握了当下消费升级后文化及旅游产业的内在需求。

文化与旅游部的组建，是政府对文化旅游市场重视的体现，预示着“文化+旅游”将成为国内经济发展重要推动力量。当前越来越多大型企业进军文旅产业，特色小镇、全域旅游、田园综合体、养生度假等主题类型层出不穷。文化和旅游部的组建，将有助于加大文化产业挖掘力度，推动更多旅游企业在打造旅游硬件项目的同时，加入更多文化内涵，助力文化旅游产业整体发展。

三是数字文化产业多元化蓬勃发展。近年来，我国数字文化产业快速发展，结合云计算、大数据、物联网、人工智能与“互联网+”等技术广泛应用和推动，涌现出诸多适合新一代群体需求的动漫、游戏、网络影视剧、视频、直播、虚拟现实、增强现实和混合现实等新兴文化业态，文化产业结构从产业链到价值链不断优化升级，我国文化产业影响力和市场竞争力日益提升。

数字文化产业凭借其迅捷化、便利化、个性化、差异化、视听奇观化等消费特点，日益融入新一代年轻大众群体的日常生活，秉承引领文化产业发展的全过程全领域的重要力量，助力文化产业向更高质量发展，也给科技文化融合带来巨大发展空间。

随着数字化技术应用愈加普及，文化产业基于数字化互联网的个性化定制、精准化营销、协作化创新、网络化共享等新型文化生产经营方式、文化业态及多元化商业模式不断涌现，成为文化产业发展新动能，推动文化产业提质增效加速驶入快车道。

四是“互联网+”带来产业机遇。其一，互联网加速文化产业形态外延拓展。文化产业与互联网逐渐走向深度融合，一个全新的文化产业链逐步开始形成。其二，互联网激发文化产业消费意愿。

互联网已成为各类文化消费的重要途径，文化与互联网的融合，激发了人们的互联网文化消费意愿，推动文化产品供给进而刺激市场繁荣，对文化产业发展形成良性驱动。其三，互联网打破文化领域产业壁垒。互联网推动文化产业主动与其他产业融合发展，将文化产业理念带入其他行业；互联网推动其他产业进入文化产业领域发展；互联网促进文化产业内部细分部门之间的融合发展[①]。

7. 增强中华文明传播力影响力

坚持政府主导、企业主体、市场运作、社会参与，扩大对外文化交流。理顺内宣外宣体制，支持重点媒体面向国际发展。培育外向型文化企业，支持文化企业到境外开拓市场。鼓励社会组织、中资机构等参与海外文化中心建设，承担人文交流项目。吸收借鉴国外一切优秀文化成果，引进有利于我国文化发展的人才、技术、经营管理经验[②]，提高规划编制、项目策划、资金和资产管理水平[③]。

坚守中华文化立场，提炼展示中华文明的精神标识和文化精髓，加快构建中国话语和中国叙事体系，综合运用大众传播、群体传播、人际传播等多种方式，以文载道、以文传声、以文化人[④]；讲好中国故事、传播好中国声音，展现可信、可爱、可敬的中国形象，展现中华文明的悠久历史和人文底蕴，促使世界读懂中国、读懂中国人民、读懂中国共产党、读懂中华民族。加强国际传播能力建设，着力提高国际传播影响力、中华文化感召力、中国形象亲和力、中国话语说服力、国际舆论引导力，全面提升国际传播效

① 前瞻产业研究院．2019 年中国文化产业市场现状及发展趋势分析［R］，2020-01-14.

② 中共中央关于全面深化改革若干重大问题的决定［EB/OL］．新华社，2013-11-15.

③ 推进文化治理能力现代化——文化部部长蔡武答学习时报记者问［N］．学习时报，2014-06-02.

④ 赵海英，推进文化治理现代化实践［EB/OL］．光明网，2021-09-14.

能，形成同我国综合国力和国际地位相匹配的国际话语权[①]，加强对外文化交流和多层次文明对话[②]，增强文化、文明交流互鉴的实效性[③]，更好展示中华文化魅力，推动中华文化更好走向世界，提升国家文化软实力[④]，切实维护国家文化安全。

（四）加强文化人才队伍建设

文化人才队伍是建设文化强国的重要支撑。国家文化主管部门先后出台《全国文化系统人才发展规划（2010—2020）》和《关于实施人才兴文战略，进一步加强文化人才队伍建设的意见》等，对文化人才队伍建设进行专题部署和规划[⑤]；着力打造一支德才兼备、锐意创新、结构合理、规模宏大的文化人才队伍，确保社会主义先进文化发展方向，实现社会主义文化强国的宏伟目标。

1. 我国文化人才队伍建设存在的主要问题

文化人才队伍建设存在问题分析。第一，文化人才队伍整体素质相对较低。具有原创性的文化人才十分匮乏，文化的原创能力严重不足，对世界的文化引领力相对较弱；文化人才的创新精神、市场意识、驾驭全局、善于管理等能力不强，特别是经营和管理大规模文化产业的能力相对较弱，直接影响到文化产业的规模化运行；文化人才从事公共文化服务能力缺乏，对文化创造的规律性和创造性把握不足，直接影响到我国文化事业的发展进程。

---

① 李书磊．增强实现中华民族伟大复兴的精神力量［N］．人民日报，2022-11-10（第6版）．

② 中共中央关于制定国民经济和社会发展第十四个五年规划和二〇三五年远景目标的建议［EB/OL］．新华社，2020-11-03．

③ 赵海英，推进文化治理现代化实践［N］．光明网，2021-09-14．

④ 习近平．习近平谈治国理政．第三卷［M］．北京：外文出版社，2020：35．

⑤ 南大伟．我国文化人才队伍建设面临的问题及对策研究［J］．河南理工大学学报（社会科学版），2014-09．

第二，文化人才队伍结构有待优化。从专业结构看，我国经营管理、文化服务、高级文化技术、文化外交等方面人才严重短缺；从能级结构看，初中级人才较多，高级人才总量严重不足；从区域分布来看，西部地区文化人才密度较小，高级人才大多分布在东中部地区的大中城市，乡镇基层文化人才普遍短缺。

第三，文化人才队伍建设存在诸多障碍。一是体制障碍。文化人才价值及其创造性缺乏客观衡量标准，文化生产要素参与分配的局面还没有完全形成，导致部分高层次人才的劳动创造与收益关系失调；我国文化体制还存在“官本位”“按资排队”等现象，直接影响到文化人才积极性和主动性的发挥。

二是市场障碍。我国还没有建立起与社会主义文化事业发展相适应的文化人才市场，导致文化人才资源难以得到有效合理配置，带来文化人才供求矛盾和结构性失衡。文化人才管理和流动相对固化，急需的文化人才难以及时引进，现有文化人才不能发挥最大效能。文化产业单位人才流动中，由于文化人才自身特殊性，还存在市场管理、市场信息等方面的不足。大量的文化人才短缺；大量的相关人员找不到工作。如我国动漫制作专业，每年拥有大量毕业生，却很少通过市场渠道找到适合自己的工作。

三是使用障碍。文化人才使用过程中的激励和评价障碍严重影响文化的发展。当前，仍存在以工业生产的思维评价文化人才的状况。对于文化人才的价值，多是通过文化产品的数量进行评价，忽略了其自身创造性的大小；对于文化人才的晋升，仍存在论资排辈的状况，“行政化”思维仍然不同程度存在；在文化人才激励方面，也存在对其自身价值重视不够等问题。

基层文化人才队伍建设存在问题分析。一是支持文化人才发展的氛围不浓。乡镇基层对《公共文化体育设施条例》《公共文化服务保障法》等法规和政策贯彻落实不到位；把文化人才队伍建设视为软任务，认为可抓可不抓。特别是乡镇机构改革后，基层文化人才队伍建设普遍弱化，必要的机构和保障措施得不到落实。基层文化单位普遍规模小，人员编制少[①]。

二是文化人才总量严重不足，结构失衡。文化专干专业知识结构参差不齐，专业知识不均衡。文化艺术专业人才严重缺乏，已严重影响到专业院团的生存与发展。乡镇文化工作和文化人才未得到足够重视，懂业务、会管理的基层文化工作者较少，“文化专干”编内人员多数身兼数职，在编不在岗的现象极为普遍。

三是文化人才流动体制不畅。近年来文化场馆和文化活动大量增加，但文化部门缺编缺人，许多文化工作难以开展。加上人才管理的条块分离，文化单位缺乏用人自主权，在岗不能胜任的人出不去，有能力、有水平的文化人才进不来。文化专干地位不高待遇低，事业发展空间狭小，难以吸引具有较高水平的人才。

四是文化人才发展机制不完善。政府扶持文化人才的政策措施落实不到位，文化人才培养、引进和使用机制不健全。公共财政对文化人才投入不足。业务培训与深造机会极少，文化人才队伍活力不足。受市场经济冲击与体制改革的影响，相应的保障机制与激励机制滞后，不少艺术院团造血功能衰退，生存举步维艰[②]。

2. 加强我国文化人才队伍建设的对策建议

一是围绕文化事业高质量发展，强化人才保障和智力支撑。

坚持以习近平新时代中国特色社会主义思想为引领。人才是第

---

① 叶志坚主编．文化建设与文化体制改革［M］．北京：中共中央党校出版社，2015：257.

② 福安市人大常委会文化人才队伍建设情况调研组．关于我市文化人才队伍建设情况的调研报告［EB/OL］．福安市人大常委会网站，2017-12-29.

一资源，硬实力、软实力，归根结底要靠人才实力。文化人才是建设高质量文化的根本支撑，大家大作是建设高质量文化的显著标志。要更大力度推进文化强国建设，实行更加积极、更加开放、更加有效的人才政策，着力锻造一支矢志爱国奉献、勇于创新创造的高水平文化人才队伍，培育适应文化传播需要的专门人才队伍，为推动文化事业高质量发展提供强有力的人才保障和智力支撑。

坚持“以人为本”的理念，确立文化人才开发主体地位。在文化人才队伍建设中，尊重文化艺术发展规律，尊重文化人才成长规律，深入开展文化人才工作调研，了解不同艺术门类、不同体制、不同年龄层次文化人才队伍现状，深刻分析文化人才队伍的新变化，着力营造良好的文化人才发展生态，不断提升文化人才素养和能力，切实解决好文化人才队伍建设中遇到的困难和问题，促进文化人才的自由流动和全面、协调发展[①]。

坚持系统性谋划、整体性推进，进一步夯实工作基础。做好新时代文化人才工作，必须加强和改进党对文化人才工作的领导，以更大力度创新党管人才方式方法，发挥比较优势，推动文化人才发展治理体系现代化，强化高质量文化建设的人才支撑。厚植文化人才发展优势，创新文化人才发展机制，着力做好人才培养和引进工作，打造全链式人才发展模式，推动文化人才“高处再攀高”。

二是构建现代治理体系，提升文化人才集聚力。

注重战略引领。高度重视文化人才队伍建设。文化人才队伍强是推动文化建设迈上新台阶的目标之一，又对高地建设具有引领和支撑作用。要聚焦“文化事业强、文化产业强、文化人才队伍强”“文化凝聚力和引领力强、文化事业和产业强、文化人才队伍

---

① 南大伟. 我国文化人才队伍建设面临的问题及对策研究［J］. 河南理工大学学报（社会科学版），2014–09.

强”目标，把文化人才队伍强作为建设文化强国的重要内容，构筑思想文化建设高地、道德风尚建设高地、精品创作高地。

强化整体设计。统筹做好文化艺术、社科理论、新闻出版、文化产业四大领域文化人才培养引进工作。在培养层次上，重点实施文化名家、文化英才、文化优青培养计划。在培养方法上，通过实施名师带徒、创新大赛等方式，培养造就一支德才兼备、规模宏大、结构合理、活力迸发的文化人才队伍，构建开放包容、科学规范、运行高效的新时代文化人才发展治理体系。

凝聚工作合力。建立文化人才联席会议制度，党委宣传部统筹协调，组织、人社、财政、教育部门和宣传文化系统各相关单位参加。推动各级宣传思想文化部门定期研究文化人才工作，对文化企业集团人才工作进行考核。设立文化人才发展专项资金[①]。

三是坚持精准施策增效，提升文化人才竞争力。

以人才培养为根本。实施文化名家影响力提升行动，培养一批文化名家。遴选社科理论、新闻出版、文化艺术、文化创意英才。开展“名师带徒”计划，选聘文化艺术名师、徒弟，进行“一对一”培养。实施文化优青储备行动，加强文化人才基础性培养。

以人才引进为突破。针对文化艺术类人才出台特殊支持政策，持续增加文化人才创新（创业）类申报人数，入选文化类“双创计划”资助人选。实施青年优秀文艺人才引进计划，加大力度引进大师级文化人才、文化产业领军人才，引进文化人才工作室。

以人才培训为关键。制定各类文化人才培训计划，建立健全分类培训、分工负责、分级管理的文化人才教育培训机制。打造文化人才培养的标志性项目和品牌。组织开展跨单位、跨领域的文化人才培训，增强文化人才培训的系统性、协同性。聚焦增强“脚力、

① 邓海林. 以高素质文化人才支撑文化强省建设［J］. 群众・决策资讯，2021-08-27.

眼力、脑力、笔力”，努力打造一支政治过硬、本领高强、求实创新、能打胜仗的宣传思想文化人才队伍①。

四是坚持改革创新，提升文化人才创造力。

打造高素质队伍。引导文化人才大力弘扬爱国、奋斗精神，以精品奉献人民、以明德引领风尚，更好满足人民群众高品质精神文化生活需要。发现、培养、集聚一批有深厚马克思主义理论素养、学贯中西的思想家和理论家，一批理论功底扎实、勇于开拓创新的学科带头人，一批年富力强、锐意进取的中青年学术骨干，造就一支立场坚定、功底扎实、学风优良的哲学社会科学人才队伍②。培养造就大批德艺双馨文学艺术家，培育大批高水平创作人才③，培养造就大批高素质的文化事业和文化产业管理人才、文化产业领军人才，传统文化、民族宗教文化、红色文化人才。

构建高效能机制。打造文化人才政策支持链，加强对体制外文化人才的吸纳，通过加强荣誉激励等手段，生产更多的文化成果。建立文化名人工作室，打造高层次文化人才成果展示平台。注重名师大家的传承、名师大家的团队建设，持续推进“名师带徒”计划，打造全国一流的文化人才团队、文化人才高地。

创新高活力体制。深化国有文艺院团改革，建立和完善国有文艺院团可持续发展的体制机制和政策体系，让文艺院团“活”起来；大力培育引进名师大家，加强院团业务骨干特别是青年人才的培养，完善收入分配、职称评聘等政策机制，让文艺人才“强”起来；健全扶持优秀剧本创作的长效机制，深入挖掘红色历史文化和

① 邓海林. 以高素质文化人才支撑文化强省建设［J］. 群众·决策资讯，2021-08-27.

② 谢伏瞻. 建设具有中国特色中国风格中国气派的哲学社会科学［J］. 求是，2018-10-15.

③ 习近平. 习近平谈治国理政. 第三卷［M］. 北京：外文出版社，2020：34.

优秀传统文化，让文艺作品“亮”起来。

营造高品质生态。坚持以德才兼备评价人才、以社会贡献评价人才、以前瞻性和发展性评价人才，破除唯学历、唯资历、唯论文倾向，让文化人才各得其所、才尽其用。推动各类文化人才品牌集成、价值叠加，形成“名家研名家、名家演名家、名家写名家、名家画名家”工作格局。推进“放管服”改革，完善文化人才发展治理体系，打造具有全球竞争力的文化人才发展生态[①]。

五是坚持统筹兼顾，提升文化人才可持续发展能力。

统筹推进文化人才整体开发。统筹文化人才资源开发，盘活存量，优化结构，促使其与经济、文化、社会发展相协调。统筹协调不同地区之间文化人才开发力度和进程，配置、培养和使用好不同种类文化人才；统筹兼顾公有制和非公有制部门之间文化人才开发，形成以公有制为主体、多种所有制共同发展的文化产业格局；统筹协调城镇和农村文化人才资源开发，补短板、强弱项，加强乡镇基层文化人才队伍建设；统筹国内国际文化人才资源开发。

着力培养开发急需文化人才。针对文化发展中存在问题和文化人才发展特点，着力建设好“七支文化队伍”，即推进以文化党政人才队伍、文化经营管理人才队伍、文化艺术专业技术人才队伍、公共文化服务人才队伍、高技能文化人才队伍、文化科技人才队伍、文化外交人才队伍为主体的各类文化人才队伍建设。

注重文化人才开发的可持续性。在重视文化人才数量提升的同时，促进文化人才“质”的飞跃。在关注文化人才使用的同时，注重文化人才素质提升，从选拔、使用、管理、培训、保障和退休等各个环节，促进文化人才的全面、协调、科学开发。

---

① 邓海林. 以高素质文化人才支撑文化强省建设［J］. 群众 · 决策资讯，2021-08-27.

六是探索选拔管理激励等机制，激发文化人才队伍活力。

完善文化人才选拔机制。当前的文化人才选拔模式还不够健全，大多按照一般人才选拔模式进行，对于文化艺术特殊的规律性体现不够，对于文化人才成才和发挥作用的特殊性把握不够。完善文化人才选拔模式，需要坚持公开公正、德才兼备和竞争上岗等原则，按照特定程序和规范方法选择适合社会文化发展要求的人才，营造有利于年轻人才脱颖而出的良好氛围和环境。

优化文化人才管理机制。发挥市场配置基础作用和政府宏观调控作用；完善文化人才考试聘用、职务任免和考评监督等制度；按照“脱钩、分类、放权、搞活”原则，健全政事职责分开、政府依法监督、科学分类管理和配套措施完善的事业单位人事管理制度；建立与现代法人治理制度相适应的文化事业体制，促进文化人才合理流动和有效使用；健全文化人才淘汰制度。

健全文化人才激励机制。文化人才特有的“创造性”决定了事业发展对于自身成长的重要性，既要形成珍惜文化人才、爱护文化人才、敬重文化人才、用好文化人才的用人环境，又要完善优先效率、兼顾公平的基本分配制度，使劳有所得、智有所得、才有所得，保证文化人才报酬与其创造性贡献成正比，切实为其解除后顾之忧，真正激发文化人才的文化创造活力，激励文化人才全身心地投入中国特色社会主义文化事业建设之中[①]。

---

① 南大伟．我国文化人才队伍建设面临的问题及对策研究［J］．河南理工大学学报（社会科学版），2014-09．

第八章　推进网络强国建设　提升国家治理水平

一、以信息化推进国家治理现代化

（一）努力把我国建设成为网络强国

1. 从“数字福建”到“数字中国”

习近平总书记始终准确把握信息时代脉动、敏锐感受时代声音、科学回答时代命题[①]；高度重视发展数字技术、数字经济，大力推动信息化建设。在福建、浙江工作期间，习近平同志就高瞻远瞩，开创了数字省域建设范例[②]，为擘画部署推进“数字中国”“网络强国”建设做了积极探索，积累了宝贵经验。

2000 年，时任福建省省长的习近平同志极具前瞻性和创造性地做出了建设“数字福建”的战略部署，提出了建设“数字化、网

---

① 浪淘天地入东流——习近平总书记指引我国信息化发展纪实［J］. 中国网信，2022-06-08.

② 非戈，海英. 影响 · 数字福建 50 人——王钦敏的“数字”情缘［EB/OL］. 网易，2018-09-28.

络化、可视化、智能化”的“数字福建”奋斗目标，推动“数字福建”写入省委“十五”规划纲要建议，并挂帅担任“数字福建”建设领导小组组长，由此开启了福建的数字化转型、信息化建设的进程[①]。这也是数字中国建设的思想源头和实践起点[②]。

2003 年，时任浙江省委书记的习近平同志做出建设“数字浙江”的战略决策，把打造“数字浙江”作为“八八战略”的重要内容，绘制了“数字浙江”的美好蓝图[③]；强调要坚持以信息化带动工业化，以工业化促进信息化，打造“百亿信息化建设”工程，加快推进创新型省份和科技强省建设[④]。

从“数字福建”到“数字中国”可谓一脉相承。20 年间，数字化建设已经渗透到经济、政治、社会、文化、生态等各个方面，从“数字福建”到“数字中国”，从技术创新到广泛应用，“数字中国”建设实现跨越式发展，我国也由此迈进数字化时代。

2. 擘画数字中国建设

党的十八大以来，以习近平同志为核心的党中央着眼信息时代发展大势和国内国际发展大局，多次就数字中国建设做出重要论述、提出明确要求，深刻阐释了为什么要建设数字中国、怎样建设数字中国的重大理论和实践问题，系统谋划、统筹推进数字中国建

① 《求是》杂志社调研组．习近平：2000 年我在福建工作期间就提出建设“数字福建”[EB/OL]. 求是网，2022-02-27.

② 浪淘天地入东流——习近平总书记指引我国信息化发展纪实 [J]. 中国网信，2022-06-08.

③ 《求是》杂志编辑部．发展我国数字经济的科学指引 [EB/OL]. 求是网，2022-01-16.

④ 浪淘天地入东流——习近平总书记指引我国信息化发展纪实 [J]. 中国网信，2022-06-08.

设，为加快推进数字中国建设指明了方向、提供了遵循[①]：

（1）深刻认识数字中国建设的重大意义。习近平总书记站在统筹中华民族伟大复兴战略全局和世界百年未有之大变局高度，统筹国内国际两个大局、发展安全两件大事，深刻把握新一轮科技革命和产业变革发展趋势和规律，就发展我国数字经济做出一系列重要论述、重大部署，指引我国数字经济发展取得显著成就、为经济社会健康发展提供强大动力。

习近平总书记主持十九届中央政治局第三十四次集体学习，就推动我国数字经济健康发展发表重要讲话，深刻阐明发展数字经济的重大意义，科学总结我国数字经济发展的显著成就和主要问题，深刻阐述数字经济发展趋势和规律、我国数字经济发展的思路举措，对数字经济发展进行全局谋划和系统部署，提出一系列新理念新思想新战略，为我国数字经济健康发展提供了指引。

深刻把握数字化、网络化、智能化发展趋势，加快建设数字中国，是顺应信息时代潮流、抢占未来发展制高点的必然要求；加快建设数字中国，是坚持以人民为中心、让亿万人民共享互联网发展成果的现实需要；加快建设数字中国，是深入推进网络强国建设、全面建设社会主义现代化国家的重要支撑[②]。

（2）前瞻性做好数字中国建设整体布局。习近平总书记在第二届世界互联网大会开幕式上首次提出要推进“数字中国”建设；在十八届中央政治局第三十六次集体学习时强调要做大做强数字经济，同年在二十国集团领导人杭州峰会上首次提出发展数字经济的倡议；在党的十九大报告中提出要建设网络强国、数字中国、智

---

① 庄荣文. 加强数字中国建设整体布局 全面赋能新时代高质量发展［J］. 中国网信，2022-05-07.

② 同上。

慧社会[①]；在十九届中央政治局第二次集体学习时强调要加快建设“数字中国”；2018 年，在中央经济工作会议上强调要加快 5G 等新型基础设施建设；2021 年在致世界互联网大会乌镇峰会的贺信中指出，要激发数字经济活力，让数字文明造福各国人民。

把握数字中国建设的重点：一是加强数字技术自主创新；二是夯实数字基础设施根基；三是激发数字经济发展活力；四是提高数字政府建设水平；五是推动数字文化繁荣发展；六是加快数字社会建设步伐；七是深化数字生态文明建设；八是促进数字资源优化配置；九是筑牢数字安全防护屏障；十是完善数字化发展治理格局；十一是加强数字领域国际合作交流。

（3）坚持党对数字中国建设的全面领导。加快推进数字中国建设是一项事关全局、事关长远的系统工程，要坚持党中央的集中统一领导，胸怀“两个大局”，心系“国之大者”，加强全局、全域、全链的统筹谋划，广泛调动各方面积极因素，进一步完善政策协同、上下联动、资源整合的工作格局。一是强化组织领导，健全工作机制；二是完善政策法规，提供有力支撑；三是广泛宣传推介，深化交流合作；四是深化实践探索，把握发展规律[②]。

3. 部署网络强国建设

党的十八大以来，以习近平同志为核心的党中央牢牢把握信息革命的“时”与“势”，高度重视、积极发展、有效治理互联网，推动成立中央网络安全和信息化领导小组（后改为委员会），明确提出努力把我国建设成为网络强国的战略目标；站在信息时代发展大势和国内国际发展大局的高度，深刻分析新一轮信息革命带来的

① 习近平. 习近平谈治国理政. 第三卷［M］. 北京：外文出版社，2020：25.

② 庄荣文. 加强数字中国建设整体布局 全面赋能新时代高质量发展［J］. 中国网信，2022-05-07.

机遇和挑战，系统阐明了一系列方向性、全局性、根本性、战略性问题，对我国信息化发展做出全面部署①。

（1）阐述互联网发展治理新理念。习近平总书记科学运用马克思主义立场观点方法分析解决我国互联网发展治理问题，系统总结我国互联网发展治理成就和经验，形成了网络发展观、网络治理观、网络安全观、网络主权观等一系列重要思想理念②；深刻阐述信息化是国家治理现代化的重要支撑，强调要以信息化推进国家治理现代化，为推进网络强国建设提供了强大思想武器。

（2）强调抓住信息化历史性机遇。习近平总书记强调：我们提出推进国家治理体系和治理能力现代化，信息是国家治理的重要依据，要发挥其在这个进程中的重要作用。要以信息化推进国家治理体系和治理能力现代化③。信息化为中华民族带来了千载难逢的机遇。必须敏锐抓住信息化发展的历史机遇，推动信息领域核心技术突破，发挥信息化对经济社会发展的引领作用，主动参与网络空间国际治理进程，自主创新推进网络强国建设④。

（3）阐释网络强国战略思想。习近平总书记对维护网络安全、掌握核心技术、汇聚网络人才、清朗网络空间、加强国际合作等方面做出一系列重要论述⑤，强调：建设网络强国，要有自己的技术，

---

① 浪淘天地入东流——习近平总书记指引我国信息化发展纪实［J］. 中国网信，2022-06-08.

② 庄荣文. 网络强国建设的思想武器和行动指南——学习《习近平关于网络强国论述摘编》［EB/OL］. 求是，2021-02-01.

③ 习近平. 在网络安全和信息化工作座谈会上的讲话（2016-04-19）［EB/OL-N］. 人民网—人民日报，2016-04-26.

④ 习近平. 敏锐抓住信息化发展历史机遇 自主创新推进网络强国建设［EB/OL-N］. 人民网—人民日报，2018-04-22.

⑤ 习近平谈建设网络强国［EB/OL］. 党建网微平台，2019-03-24.

有过硬的技术；要有丰富全面的信息服务，繁荣发展的网络文化；要有良好的信息基础设施，形成实力雄厚的信息经济；要有高素质的网络安全和信息化人才队伍；要积极开展双边、多边的互联网国际交流合作。要从国际国内大势出发，总体布局，统筹各方，创新发展，努力把我国建设成为网络强国[①]。

第一，明确网信工作的重要地位。没有网络安全就没有国家安全，没有信息化就没有现代化，网络安全和信息化事关党的长期执政，事关国家长治久安，事关经济社会发展和人民群众福祉，过不了互联网这一关，就过不了长期执政这一关，要把网信工作摆在党和国家事业全局中来谋划，切实加强党的集中统一领导。

第二，明确网络强国建设的战略目标。要站在实现“两个一百年”奋斗目标和中华民族伟大复兴中国梦的高度，加快推进网络强国建设。要按照技术要强、内容要强、基础要强、人才要强、国际话语权要强的要求，向着网络基础设施基本普及、自主创新能力显著增强、数字经济全面发展、网络安全保障有力、网络攻防实力均衡的方向不断前进，最终达到技术先进、产业发达、攻防兼备、制网权尽在掌握、网络安全坚不可摧的目标。

第三，明确网络强国建设的原则要求。要坚持创新发展、依法治理、保障安全、兴利除弊、造福人民的原则，坚持创新驱动发展，以信息化培育新动能，用新动能推动新发展；坚持以法治网，让互联网始终在法治轨道上健康运行；坚持正确网络安全观，筑牢国家网络安全屏障；坚持防范风险和促进健康发展并重，把握机遇挑战，让互联网更好造福社会；坚持以人民为中心的发展思想，让亿万人民在共享互联网发展成果上有更多获得感。

---

① 习近平主持召开中央网络安全和信息化领导小组第一次会议，李克强、刘云山出席［EB/OL］. 新华网，2014-02-27.

第四，明确互联网治理的国际主张。要坚持尊重网络主权、维护和平安全、促进开放合作、构建良好秩序等全球互联网治理的四项原则，倡导加快全球网络基础设施建设、打造网上文化交流共享平台、推动网络经济创新发展、保障网络安全、构建互联网治理体系等构建网络空间命运共同体的五点主张，强调发展共同推进、安全共同维护、治理共同参与、成果共同分享，携手建设和平、安全、开放的网络空间。

第五，明确做好网信工作的基本方法。要加强统筹协调、实施综合治理，形成强大工作合力。要把握好安全和发展、自由和秩序、开放和自主、管理和服务的辩证关系，整体推进网络内容建设、网络安全、信息化、网络空间治理等各项工作[①]。

（二）信息已成为第七大生产要素

1. 数据是不可或缺的资源要素和生产力

当前全球正在进入以数字化生产力为主要标志的全新历史阶段。进入信息时代后，最重要的生产资料是用“比特”来描述的数字化信息，数据对生产的贡献越来越突出，同时也显著提升了其他生产要素在生产中的利用效率，已成为当今经济活动中不可或缺的生产资料，成为继劳动、资本、土地、知识、技术、管理之后的第七大生产要素，成为最重要的战略资源。

生产要素主要包含土地、资本、技术、劳动力和数据。数据作为新型生产要素，具有劳动工具和劳动对象的双重属性。首先，数据作为劳动对象，通过采集、加工、存储、流通、分析环节，具备了价值和使用价值；其次，数据作为劳动工具，通过融合应用能够提升生产效能，促进生产力发展。

---

① 中共中央党史和文献研究院编. 习近平关于网络强国论述摘编［M］. 北京：中央文献出版社，2021：43–45.

党的十九届四中全会《决定》提出："健全劳动、资本、土地、知识、技术、管理、数据等生产要素由市场评价贡献、按贡献决定报酬的机制。[①]"这是中央文件第一次将数据确立为一种生产要素。与资本、劳动、技术等传统生产要素相比，数据具有非稀缺性、非均质性、非排他性、隐私敏感性四种独特特征[②]。

2. 信息技术和产业发展程度决定着信息化发展水平

信息资源的作用得以全面发挥和释放，在满足信息资源和技术需求的前提下，信息化加速提升整个社会发展水平和转型。信息技术可以提高内外部环境的确定性，减少认知的不确定性，进而在资源配置优化和生产效能提升的竞争中胜出。

信息化智能化深度融合发展将促进形成一个新的经济管理运营模式及信息化治理体系。信息化治理能力内嵌在国家治理体系和国家发展体系之中，并将发挥越来越大作用。提升信息化时代国家治理体系和治理能力有自组织和他组织两个基本路径：提升适应性制度创新能力和提升复杂经济社会关系整体管理驾驭能力。

3. 信息化是国家综合实力的重要标志

信息技术革命日新月异，对国际政治、经济、文化、社会、军事等领域发展产生了深刻影响。信息化和经济全球化交织发展、相互促进，互联网已融入社会生活方方面面，深刻改变人们生产和生活方式，促进信息、资金、技术、人才等要素全球流动，增进不同文明交流融合。习近平总书记强调，信息流引领技术流、资金流、

---

① 本书编写组.《中共中央关于坚持和完善中国特色社会主义制度、推进国家治理体系和治理能力现代化若干重大问题的决定》辅导读本［M］. 北京：人民出版社，2019：21.

② 孙业亮. 数字经济专题报告：数字经济发展核心引擎是数据要素［EB/OL］ 未来智库官网，2022-02-14.

人才流，信息资源日益成为重要生产要素和社会财富，信息资源掌握的多寡已成为国家软实力和竞争力的重要标志[①]。

4. 信息化是现代化的内在要求和本质特征

数字化、网络化、智能化、平台化、生态化已成为信息时代标志。没有信息化，就没有国家治理体系和治理能力现代化。信息技术创新与发展是新时代国家治理的基石。新信息技术应用和普及将极大改变国家治理模式，在推进国家治理现代化、推动全球治理变革方面发挥着越来越重要的作用。信息化已成为国家治理体系建设和治理能力提升的重要环节，是国家治理体系和治理能力现代化的基本要求和重要标志。

5. 信息技术提供国家治理工具创新

随着数字化、网络化、智能化及大数据、人工智能等新一代信息技术的快速发展，信息技术正加速推动国家治理能力的提升，并发挥越来越重要的作用。在治理工具和手段中，大数据如同一个强有力的杠杆，撬动着包括私人、政府部门在内的一切事物。

信息技术创新为治理改革提供了新的路径选择，如“互联网 +”“大数据 +”“人工智能”等。信息技术和信息化支撑国家治理体系和治理能力现代化是全方位的。但信息技术是国家和社会治理的重要手段而不是目的。虽然信息化对国家治理体系和治理能力有非常关键的促进作用，但主要发挥的还是支撑赋能作用[②]。

---

① 习近平主持召开中央网络安全和信息化领导小组第一次会议，李克强、刘云山出席［EB/OL］. 新华网，2014-02-27.

② 郭福华，信息化是国家治理体系、治理能力现代化的重要支撑［EB/OL］. 中国改革网，2019-12-26.

（三）信息化是国家治理现代化的重要支撑

1. 信息化和智能化为治理模式创新提供了有力支持

一是信息技术赋能科学决策。国家治理离不开有效决策，而任何决策必须以信息为基础。现代信息技术创新发展为科学收集和处理信息提供了有力支撑，从而为科学决策提供了技术保障。及时、准确的数据，正确、科学的政策工具成为关键。信息技术有助于将科学引入决策咨询过程，尊重客观规律，遵循科学方法，按照科学程序，将决策由经验理性上升为科学理性。通过大数据、5G、区块链等技术手段，提供准确和丰富的信息数据，以数据说话和以数据决策①，增强信息开放共享，优化科学决策，提升政府治理水平。

二是信息技术提高治理效能。现代信息技术基于海量数据和智能分析，克服了传统治理思维的局限性和片面性，提高了治理决策的有效性。例如，“智慧信访”大数据分析平台具备“深度挖掘”与“态势感知”两大功能，可以整合信访历史积累的大数据资源，即时完成在线分析归类，方便有关部门实时掌握信访形势及发展动态，及时采取有效措施加以应对。信息化和智能化技术为治理者提供了不同于以往的数据资源，提高了决策和治理效率。政府借助大数据精准分析功能，征求社会公众意见和建议，能有效提高政策制定能力，提升决策效益和公共服务质量②。

2. 信息化和智能化为治理方式的转变提供了可行路径

一是为促进政府间协同治理提供了技术可行性。公共治理需要构建协同型政府，为此不仅要实现中央和地方政府之间的协同，还要实现政府内部各部门之间的协同。但政出多门、条块分割、政府

---

① 王稀珍，刘汉一. 把“互联网 +”思维内化为国家治理能力现代化驱动力［EB/OL-N］. 人民网—理论频道，2017-03-21.

② 同上。

部门之间信息不对称等现实问题，使这一过程面临重重挑战。构建政务信息一体化平台，既可以增强信息的公开性和透明性，有效减少政府间的博弈，保障政策的有效落地，又可以通过信息共享、明确权责归属，避免不同部门间相互扯皮，提高公共治理效率。

二是促进制度创新和治理体系改革。以信息技术手段实现多元主体平等协商、合作共治，通过从基建、技术到应用的系统实践，支撑多元主体自主、平等、有序参与治理过程。以新一代信息技术解决条块分割。重视数字产业化和产业数字化并进，提升各类社会主体使用信息化手段的能力，促进各部门组织间信息共享和业务协同，构建治理信息化的新生态。加强移动互联网、云计算等新一代信息技术研发应用，形成多主体协同治理新模式。

3. 信息技术是国家治理能力现代化的重要支撑和保障

新一代信息技术正日益广泛应用到政治、经济、社会、文化、生态等各个领域，国家治理的对象、内容都已经信息化了，治理环境和手段也必须随之而变。改革发展稳定、内政外交国防、治党治国治军都离不开信息技术的支撑和保障。通过构建信息化国家治理体系，可以提升国家治理体系整体效能。

党的十九大报告提出要“善于运用互联网技术和信息化手段开展工作[①]”，在各领域、各方面、各环节应用好互联网、大数据、人工智能等新一代信息技术，促进各项制度体系不断完善，持续提升各方面的治理能力和治理成效。为进一步推进国家治理现代化，应做到“六化”：以标准化和程序化夯实基础，靠法治化将标准化和程序化的成果上升到刚性的制度层次，以科学化为抓手，以信息化的技术力量予以固化并提升效能，不断提升服务和监管的精细化水平，从而真正实现国家治理现代化。依托信息化，促进经济建设

① 习近平. 习近平谈治国理政. 第三卷［M］. 北京：外文出版社，2020：53.

升级，提升决策管理水平，提升公共服务效能[①]。

（四）信息化变革引领国家治理现代化

1. 信息化和智能化为治理思维转变提供了重要条件

信息化引领四个创新：一是理念创新。人类已进入信息社会，经济社会生活各方面的信息化进程都在加速，需要用信息化的眼光看世界，治理理念也需要进行相应创新，互联网思维、复杂系统、迭代创新、包容审慎、底线思维、协同治理等新的治理理念将贯穿始终。二是制度创新。新产业、新业态、新模式层出不穷，原有产业也在加速转型，需要新的制度体系来保障。三是技术创新。信息化为解决新问题提供了有力的工具和手段，信息时代的问题也只有依靠信息技术才能更好地得到解决。四是模式创新。当治理对象运行模式发生重大变化时，治理模式也需相应创新[②]。

2. 信息化和智能化为治理思维创新提供了技术支撑

（1）互联网。互联网是彼此通信的计算机网络。“互联网 +”是把互联网的创新成果与经济社会各领域深度融合，推动技术进步、效率提升和组织变革，提升实体经济创新力和生产力，形成更广泛的以互联网为基础设施和创新要素的经济社会发展新形态。首先，“互联网 +”是基于物联网、云计算、大数据、移动互联网条件下的新一轮信息化；其次，它是轻装信息化；再次，它是全民参与的信息化；最后，它是经济大革命集结号[③]。

“互联网 +”思维已升华为全新的思维理念、创新的思维方式。其核心在于用大数据、云计算等数据分析工具和“互联网 +”的模

① 李仪. 以“六化”推动国家治理现代化［J］. 人民论坛，2017-12-06.

② 张新红. 发挥信息化支撑保障作用 推进国家治理体系和治理能力现代化［EB/OL］. “网信中国”微信公众号，2019-12-14.

③ 李广乾. “互联网 +”政务服务与国家治理现代化［J］. 社会治理，2019-04-26.

式来认识、思考和解决相关问题；特性在于跨界、创新、开放、自由、共享、共创、共治、共赢等，促使人类社会利益价值最大化；凸显治理主体多元化，有助于提升决策科学化水平；有助于实现智慧治理、风险预警等，提升治理能力现代化水平；把静态思维转化为动态思维，把单一、单向思维转化为多元化思维，把封闭思维转化为开放思维，推动产业变革，可提高实体经济的创新能力和生产力，整合和融合人类的资源和价值链；极大改变人类的生产生活、学习工作和思考方式，促进国家治理理念、制度和模式变革[①]。

（2）大数据。大数据是信息技术发展的必然产物，是信息化发展的新阶段。随着信息技术和人类生产生活交汇融合，互联网快速普及，全球数据呈现爆发性增长、海量集聚的特点，对经济发展、社会治理、国家管理、人民生活产生重大影响[②]。大数据提供了一种人类认识复杂系统的全新思维方式和探知客观规律、改造自然和社会的新手段，这是其引发经济社会变革根本性原因[③]。

大数据提供了一种认识社会、改造世界的全新视角，即在尊重事实、尊重规律的前提下，把现实社会和当今时代以数据化、可视化的方式进行描述、解读和展示，使人们对现实世界和发展变化有更为全面的了解与深刻的认识，由此形成与大数据紧密联系的思想观念、价值理念和社会文化等，从而更加科学地把握当前形势、发展大势、变革趋势，更加有效地应对各种风险挑战，并据此与时俱

① 王稀珍，刘汉一．把“互联网 +”思维内化为国家治理能力现代化驱动力［EB/OL］．人民网—理论频道，2017-03-21．

② 习近平主持中共中央政治局第二次集体学习并讲话［EB/OL］．新华社，2017-12-09．

③ 梅宏．大数据与数字经济［EB/OL］．求是网，2022-01-16．

进地拓展更新我们的治理理念①。

企业可以将实时数据流分析和历史相关数据相结合，对形成规模建制的大数据加以分析，并借此进行预测和诊断。政府公共服务部门可以利用大数据，强化对社会公众公共服务需求捕捉的洞察力和感知力；也可以依据大数据技术来追踪和记录公共服务供给过程中有关政府与公众的网络行为，凭借大数据轻松识别公共服务供给与消费过程中的有效度、均等化、可及性等指标。

大数据潜移默化地影响着政府与公众的思维与行为方式，最终转化为一种文化价值观念，即大数据观。国家治理现代化进程中的大数据观，还表现在行动布局上通过不同政府公共服务部门之间工作协同与业务合作，贯彻整体性政府和大部制的治理理念，形成网络化的治理结构形态。数字信息的开放共享使生产生活的透明度不断加大，也为政府公共服务部门、第三部门、企业、社会团体等形成协同治理提供了技术支持与保障②。

要以推行电子政务、建设智慧城市等为抓手，以数据集中和共享为途径，推动技术融合、业务融合、数据融合，打通信息壁垒，形成覆盖全国、统筹利用、统一接入的数据共享大平台，构建全国信息资源共享体系，实现跨层级、跨地域、跨系统、跨部门、跨业务的协同管理和服务。要充分利用大数据平台，综合分析风险因素，提高对风险因素的感知、预测、防范能力。要加强政企合作、多方参与，加快公共服务领域数据集中和共享，推进同企业积累的

---

① 曾维和．运用大数据推进国家治理能力现代化［EB/OL-N］．广西新闻网—广西日报，2019-11-14.

② 詹国彬．以大数据思维推进国家治理现代化［EB/OL-N］．中国社会科学网—中国社会科学报，2020-04-15.

社会数据进行平台对接，形成社会治理强大合力[①]。

大数据背后蕴含的是一种对技术去魅化的价值理性。要使大数据技术真正服务于国家治理，服务于人类命运共同体建设，离不开科学理性的大数据观。唯有秉持正确的观念、理性的态度，才能在国家治理现代化进程中恰到好处地把握和利用大数据技术，而非被大数据技术所异化和控制，大数据技术才会为人类社会创造出更多的价值，带来更优质的生活[②]。

（3）区块链。区块链技术被认为是一种潜在的颠覆性技术，将引领信息互联网走向价值互联网。在国家治理领域，区块链技术可被视为以信息化、智能化技术为基础的新型信息化治理工具，通过构建一个可以溯源、便于监管又难以篡改的信息共享平台，在保证信息的准确性的同时，为公民参与公共治理提供可靠的途径。区块链有助于强化国家、区域、各类组织的资源科学运用效率和决策科学化，避免公共资源分散、低效使用[③]。

区块链技术的集成应用在新的技术革新和产业变革中起着重要作用。区块链技术应用已延伸到数字金融、物联网、智能制造、供应链管理、数字资产交易等多个领域。目前，全球主要国家都在加快布局区块链技术。我国目前掌握的区块链核心技术与发达国家相比相对较少，总体性能也低于发达国家。要强化基础研究，提升原始创新能力，努力让我国在区块链这个新兴领域走在理论最前沿、占据创新制高点、取得产业新优势。要抓住区块链技术融合、功能

① 习近平主持中共中央政治局第二次集体学习并讲话［EB/OL］. 新华社，2017-12-09.

② 詹国彬. 以大数据思维推进国家治理现代化［EB/OL-N］. 中国社会科学网—中国社会科学报，2020-04-15.

③ 陈劲. 信息化、智能化对国家治理现代化至关重要［J］. 国家治理，2020-07-01.

拓展、产业细分的契机，发挥区块链在促进数据共享、优化业务流程、降低运营成本、提升协同效率、建设可信体系等方面的作用。要加强对区块链技术的引导和规范，加强对区块链安全风险的研究和分析，密切跟踪发展动态，积极探索发展规律①。

要加快区块链技术的开放式创新，构建良好的监督机制，监督保护开放式创新社区中区块链技术的知识产权，激励更多的创新主体参与到开放式创新社区中来，以开放式创新促进区块链技术自主创新发展。鉴于区块链技术能耗较大，必须发挥举国体制的优势，在重大信息基础设施平台建设，如区块主链的开发、区块链的公共服务平台建设方面发挥政府统一规划、统一建设、统一监管功能，避免重复建设和不合规管理②。

（4）虚拟现实。虚拟现实技术是一种可以创建和体验虚拟世界的计算机仿真系统。元宇宙是对现实世界的虚拟化、数字化过程，是虚拟现实的加强版；吸纳了网络通信、虚拟现实、游戏引擎、人工智能、区块链等技术成果，并成为这些技术的核心连接，构建可编辑开放、孪生拟真、高沉浸度社交、创造性游玩等虚拟世界；是一种整合用户替身创设、内容生产、社交互动、在线游戏、虚拟货币支付的网络空间，用户能全身心沉浸在相互补充和相互转化的物理世界和数字世界中；是一个由许多公司提供各种技术，逐步共同建设而成的生态系统，有逼真性、沉浸性、开放性、协作性；多应用于社交、游戏、影视内容等方面。虚拟现实等技术为虚拟社会构建提供了技术支撑，也为虚拟社会治理带来发展契机，要求形成虚

① 习近平在中央政治局第十八次集体学习时强调 把区块链作为核心技术自主创新重要突破口 加快推动区块链技术和产业创新发展［EB/OL］. 新华社，2019-10-25.

② 陈劲. 信息化、智能化对国家治理现代化至关重要［J］. 国家治理，2020-07-01.

拟社会的协同治理模式，完善虚拟社会治理体系[①]。

（5）云计算。云计算是一种基于因特网的超级计算模式，成千上万台电脑和服务器连接成一片电脑云；安全、方便、数据共享，大大降低中小企业成本；有每秒 10 万亿次的运算能力，如模拟核爆炸、预测气候变化和市场发展趋势。在云计算技术迅猛发展背景下，“云治理”应运而生，云产业、云社会雏形已经形成。

“云治理”是国家治理发展的最新趋向，其治理主体、治理对象和治理逻辑等已大大超越传统国家治理范畴，增添了虚拟治理、数据治理、流动治理、开放治理等新内容。充分认识并开展“云治理”，是推进国家治理现代化的内在要求。2022 北京冬奥会成为首个核心系统全面上云的“云上奥运”，云计算成为奥运会统筹调度、智能转播、节能减排的中国数字化转型方案[②]。

（6）人工智能。智能化是随着人工智能技术重大突破和新一代信息技术快速发展形成的一个重大发展的新趋势，未来人类社会将演变成一个智能社会[③]。人工智能是引领这一轮科技革命和产业变革的战略性技术，具有溢出带动性很强的“头雁”效应。人工智能加速发展，呈现出深度学习、跨界融合、人机协同、群智开放、自主操控等新特征，正在对经济发展、社会进步、国际政治经济格局等方面产生重大而深远影响。加快发展新一代人工智能技术是赢得全球科技竞争主动权的重要战略抓手，是推动我国科技跨越发展、

---

① 郑荣．虚拟社会治理的“虚实”之道［EB/OL］．人民论坛网，2018-04-04.

② 国际奥委会主席巴赫点赞中国技术，北京冬奥将书写历史［EB/OL］．参考消息，2022-02-04.

③ 任正非．以创新为核心竞争力 为祖国百年科技振兴而奋斗［EB/OL］．中国共产党新闻网，2016-07-27.

产业优化升级、生产力整体跃升的重要战略资源[①]。

一是推动治理理念更新。人工智能可以更加准确地模拟人类的感知、记忆、推理等活动，智能机器与人类将实现顺畅沟通，满足精准化的治理要求；更加精准地记录主体的常态性、捕捉主体的差异性，通过其深度挖掘和海量信息处理功能促进治理效能提升，延伸人类在数字信息世界的生活空间，满足人性化的治理需求。以人工智能为技术支撑的治理新模式在提高治理效率的同时，呈现人性化、场景化、价值化趋势，提供更加包容和谐的人文关怀。

二是带动“数字化治理”能力提升。人类的灵活性、创造性与机器的稳定性、逻辑性可实现优势互补。基于人类智能、机器智能的“数字化治理”，可以对治理体制机制、工具方法等进行系统性创新，强化治理协同性，推进跨部门数据共享、流程再造和业务联动，推动治理形式和服务方式从“碎片化”转变为“整体化”。

人工智能将提升治理的高效性，有力推动新的治理形态发展，让政府等治理主体可以在物理世界、数字信息世界交互中实现即时感知、科学决策、主动服务、智能监管。特别是依托数据分析、机器学习和精准算法等，可有效超越时间局限和地域限制。如智慧交通、智慧司法等，可“全天候”回应民众的服务需求。

三是推动“网络化治理”体系完善。人工智能推动各行各业加速向智能化跃升，让各类智能成果在物理世界和数字世界得到更广泛应用，不断改变生产生活关系，进一步提升与智能社会相匹配、以“网络化治理”为特色的治理能力。

大幅拓宽治理体系延展面。治理体系的“触觉”可深入生产生活各个方面，形成由点及面、串珠成链的治理体系，让公共服务共

---

① 习近平. 加强领导做好规划明确任务夯实基础 推动我国新一代人工智能健康发展［EB/OL-N］. 人民网—人民日报，2018-11-01.

建共治共享与社会发展场景互联互通，显著增强治理体系互动性；打破传统治理体系的单向局面，使治理体系更加开放，可根据用户需求做出及时反馈，实现自我更新优化。

四是推动实体经济智能化。围绕建设现代化经济体系，以供给侧结构性改革为主线，把握数字化、网络化、智能化融合发展契机，在质量、效率、动力变革中发挥人工智能作用，提高全要素生产率。培育具有重大引领带动作用的人工智能企业产业，构建数据驱动、人机协同、跨界融合、共创分享的智能经济形态[①]。

信息化与工业化深度融合的最终结果就是智能化。智能化是我国今后经济社会各方面必须全面实现的重大战略目标，也是高科技产业竞争的新战场，将会创造无法估量的市场应用。在智能化推动下，将出现巨大的跨界融合机遇。全球新兴科技会有巨大的跨界融合，智能产品与智能化服务的增量可能会呈爆发式增长。在服务领域可能率先实现智能化，在实体经济领域，会在智能制造、智能汽车、全屋智能、智能机器人等方面有长足进步。我国智能金融、智能港口、智能车间、智能工厂、智能旅游、智能体育都应运而生。

五是推进国家治理智能化。智能革命是一种技术、思维，更是一种方法。经济、科技、教育、社会、政府、军事、党建、司法、反腐等都将实现智能化。人工智能在政治领域尤其是政府治理领域的应用，实际上就是将复杂的政治和社会问题的分析与解决借助互联网、大数据和智能算法力量优化和实施。要加强人工智能同社会治理的结合，开发适用于政府服务和决策的人工智能系统，加强政务信息资源整合和公共需求精准预测，推进智慧城市建设，促进人工智能在公共安全领域的深度应用，加强生态领域人工智能运用，

---

① 习近平. 加强领导做好规划明确任务夯实基础 推动我国新一代人工智能健康发展［EB/OL-N］. 人民网—人民日报，2018-11-01.

运用人工智能提高公共服务和社会治理水平[①]。

随着互联网的普及、信息技术的广泛应用，人们越来越习惯以网络和社交平台为媒介提出利益诉求、表达政治意愿和参与公共事务，智能技术对政府决策与政治参与的影响慢慢显露。智能技术为政治生活和政府治理带来了全新变化，可以快速捕捉公众意愿、精确回应群众诉求、全面提升决策水平、提高政治参与度。

（五）以信息化提升国家治理现代化水平

中办、国办印发的《国家信息化发展战略纲要》提出，最大限度地发挥信息化的驱动作用，实施国家大数据战略，推进“互联网 +”行动计划，引导新一代信息技术与经济社会各领域深度融合，推动优势新兴业态向更广范围、更宽领域拓展，全面提升经济、政治、文化、社会、生态文明和国防等领域信息化水平[②]。党的十九届四中全会《决定》要求：“建立健全运用互联网、大数据、人工智能等技术手段进行行政管理的制度规则。推进数字政府建设，加强数据有序共享”[③]“更加重视运用人工智能、互联网、大数据等现代信息技术手段提升治理能力和治理现代化水平[④]”。

1. 信息化对国家治理现代化的作用和影响

信息化赋予“国家治理现代化”以新的内涵：“国家治理现代化”不仅是国家、市场和社会公众之间权力和权利、责任和义务配

① 习近平. 加强领导做好规划明确任务夯实基础 推动我国新一代人工智能健康发展［EB/OL-N］. 人民网—人民日报，2018-11-01.

② 中共中央办公厅 国务院办公厅印发《国家信息化发展战略纲要》［EB/OL］. 新华社，2016-07-27.

③ 本书编写组.《中共中央关于坚持和完善中国特色社会主义制度、推进国家治理体系和治理能力现代化若干重大问题的决定》辅导读本［M］. 北京：人民出版社，2019：18.

④ 党的十九届四中全会《决定》说明［EB/OL］. 新华网，2019-11-05.

置关系的现代化，也应是互联网和信息化对于国家治理的综合作用，使国家治理体系发生一些重大的结构性变化，也使国家治理能力进一步增强或给国家治理能力带来新的更大挑战。信息化对国家治理现代化的作用和影响主要体现在：

一是治理能力现代化：网络安全和网络治理成为国家能力建设和国家治理现代化的核心内容，信息化成为促进国家经济转型升级的基本方向，网络环境给法律法规建设带来重大挑战，影响政府－市场、政府－社会的关系。二是治理体系现代化：治理结构体系发生变化——各类网络平台正在重构国家－市场、国家－社会关系中的一些重要内容；治理功能体系发生变化——信息化强化了各项功能的作用和效能；治理运行体系发生变化——信息化压缩运行环节、简化运行程序，扁平化日益明显[①]。

网络在推进国家治理体系和治理能力现代化方面的作用日益凸显，电子政务应用走向深入，政府信息公开共享，推动政府决策科学化、民主化、法治化，畅通公民参与社会治理的渠道，成为保障公民知情权、参与权、表达权、监督权的重要途径。

2. 信息化是覆盖国家现代化建设全局的战略举措[②]

信息化改变了经济社会运行方式和国家治理方式，使国民获得的信息更加全面及时，参与公共治理的能力得到加强，国家与国民之间的互动更加密切，促进了经济社会各行业治理和管理能力不断完善和提升。除政府和城市管理外，信息化在其他行业应用与管理效果也非常突出。如产业、科研、国防、金融、交通、教育、文

---

① 李广乾. “互联网 +” 政务服务与国家治理现代化 [J]. 社会治理，2019-04-26.

② 陈庆修. 以信息化推进国家治理体系和治理能力现代化 [N]. 学习时报，2020-02-26.

化、旅游、经贸化、法制化、食品安全、生态文明信息化等[①]。

3. 信息化为“两个一百年”和实现“中国梦”提供支撑

进入新的历史阶段，信息化也将担负新的战略任务。习近平总书记指出，建设网络强国的战略部署要与“两个一百年”奋斗目标同步推进，向着网络基础设施基本普及、自主创新能力显著增强、信息经济全面发展、网络安全保障有力的目标不断前进[②]。

人类已经从工业社会迈向信息社会，我国已进入后工业时期，正在加快信息化与工业化深度融合。信息化已经给我国经济社会带来了巨大的发展和变化。实现“两个一百年”和中华民族伟大复兴的战略目标，信息化将扮演更加重要的角色，不但引领经济社会高质量发展，而且将在支撑国家治理现代化建设中发挥更重要作用[③]。

4. 信息化是推进治理体系和治理能力现代化的有效途径

习近平总书记提出，“要运用大数据提升国家治理现代化水平”，为推进国家治理现代化指明了方向。要充分认识信息在推进国家治理现代化中的重要作用，以信息化构建现代化治理体系，即用信息化思维和手段来推进国家治理体系和治理能力现代化。要充分运用互联网、大数据、人工智能等新技术手段，强化“互联网 +”思维，以信息化提高治理决策力、提升治理执行力、增强治

① 郭福华. 信息化是国家治理体系、治理能力现代化的重要支撑［EB/OL］. 中国改革网，2019–12–26.

② 习近平主持召开中央网络安全和信息化领导小组第一次会议，李克强、刘云山出席［EB/OL］. 新华网，2014–02–27.

③ 郭福华. 信息化是国家治理体系、治理能力现代化的重要支撑［EB/OL］. 中国改革网，2019–12–26.

理亲和力，以信息化全面提升国家治理能力现代化水平[①]。

习近平总书记强调：要统筹发展电子政务，构建一体化在线服务平台，分级分类推进新型智慧城市建设，打通信息壁垒，构建全国信息资源共享体系，更好地利用信息化手段感知社会态势、畅通沟通渠道、辅助科学决策[②]；要建立健全大数据辅助科学决策和社会治理的机制，推进政府管理和社会治理模式创新，实现政府决策科学化、社会治理精准化、公共服务高效化[③]；要把数字技术广泛应用于政府管理服务，推动政府数字化、智能化运行，为推进国家治理体系和治理能力现代化提供有力支撑[④]。

5. 构建“制度 + 技术”的现代化国家治理体系

充分运用互联网、大数据、人工智能等新技术手段，强化“互联网 +”思维，构建一个“制度 + 技术”的现代化国家治理体系；推进经济、政治、社会、文化、生态等各领域全面信息化，以信息化提高这些领域治理制度化、程序化、法制化水平，促进经济发展、政治民主、社会和谐、文化繁荣、生态文明。通过自上而下的管理和自下而上的监督以及部门之间的协同和基层单位的自治，构建强有力和高效率的政府，提高党科学执政、民主执政、依法执政水平，以适应信息时代变化，适应国家现代化总进程[⑤]。

---

① 陈庆修. 以信息化推进国家治理体系和治理能力现代化［N］. 学习时报，2020-02-26.

② 习近平. 在网络安全和信息化工作座谈会上的讲话（2016 年 4 月 19 日）［EB/OL-N. 人民网—人民日报，2016-04-26.

③ 在十九届中央政治局第二次集体学习时的讲话（2017 年 12 月 8 日）［N］. 人民日报，2017-12-10.

④ 浪淘天地入东流——习近平总书记指引我国信息化发展纪实［J］. 中国网信，2022-06-08.

⑤ 金江军. 以信息化推进国家治理体系和治理能力现代化——解读 4 月 19 日习近平总书记在网络安全和信息化工作座谈会上的讲话［EB/OL］. 紫光阁网，2016-05-24.

（六）以信息化引领经济高质量发展

习近平总书记指出，我国经济发展进入新常态，新常态要有新动力，互联网在这方面可以大有作为。要着力推动互联网和实体经济深度融合发展，以信息流带动技术流、资金流、人才流、物资流，促进资源配置优化，促进全要素生产率提升，为推动创新发展、转变经济发展方式、调整经济结构发挥积极作用①。

1. 信息化：经济发展新引擎

经济发展新动能。互联网等信息技术在国民经济各行业广泛应用，推动传统产业改造升级，催生了新技术、新业态、新产业、新模式，促进了经济结构调整和经济发展方式转变，为经济社会发展注入了新的动力。习近平总书记强调，网信事业代表着新的生产力和新的发展方向②。要加速推动信息领域核心技术突破，充分发挥信息化对经济社会发展的驱动引领作用。要加快发展数字经济，推动数字产业化和产业数字化，为经济高质量发展注入新动能。

信息化对土地、劳动力、资本、资源、能源等都有一定替代作用，可减少生产制造过程中资源、能源和原材料消耗，减少污染物排放；提高生产效率。信息化可节约工业用地，提高单位土地面积产出，减少企业对劳动力等传统生产要素的需求。以互联网为核心的新一代信息技术正逐步演化为人类社会经济活动的基础设施，并将对原有的物理基础设施完成深度信息化改造，推动新经济模式快速发展和行业产业数字化转型，并不断催生新业态，将劳动、土地、资本、技术、管理、知识等各类要素数字化并数据化，对提高

① 习近平．在网络安全和信息化工作座谈会上的讲话［EB/OL］．新华社，2018-04-19.

② 习近平出席全国网络安全和信息化工作会议并发表重要讲话［EB/OL］．新华社，2018-04-21.

生产效率发挥乘数倍增作用，形成新型数据生产力[①]。

提升智能化水平。加强人工智能和产业发展融合，发挥人工智能在产业升级、产品开发、服务创新中的技术优势，促进人工智能同一二三产业深度融合，推动产业变革，在中高端消费、创新引领、绿色低碳、共享经济、现代供应链、人力资本服务等领域培育新增长点、形成新动能。适应智能经济社会需要，推动智能化信息基础设施建设，提升传统基础设施智能化水平。

2. 数字经济的涵义特点

一是引领产业变革的一系列经济活动。2016 年 9 月《二十国集团数字经济发展与合作倡议》提出：数字经济是指以使用数字化的知识和信息作为关键生产要素、以现代信息网络作为重要载体、以信息通信技术的有效使用作为效率提升和经济结构优化的重要推动力的一系列经济活动。数字经济包括数字产业化和产业数字化。数字产业化指信息技术产业发展，包括电子信息制造业、软件和信息服务业、信息通信业等数字相关产业；产业数字化指以新一代信息技术为支撑，传统产业及其产业链上下游全要素数字化改造，通过与信息技术的深度融合，实现赋值、赋能[②]。

二是一种以现代信息技术为支撑的新经济形态。（1）以数字化知识和信息作为关键生产要素，以数字技术为核心驱动力，以现代信息网络为重要载体，通过数字技术与实体经济深度融合，不断提高数字化、网络化、智能化水平，加速重构经济发展治理模式的新型经济形态[③]。（2）《“十四五”数字经济发展规划》提出：数字经济是继农业经济、工业经济之后，以数据资源为关键要素，以现代

---

① 梅宏．大数据与数字经济［EB/OL］．求是网，2022-01-16．

② 同上。

③ 中国信通院．中国数字经济发展白皮书［R］．2020-07．

信息网络为主要载体，以信息通信技术融合应用、全要素数字化转型为重要推动力，促进公平与效率更加统一的新经济形态[①]。

三是一种基于现代信息技术的新型治理模式。数字经济时代，我国宏观经济增长逻辑、产业组织形式、企业组织形态、政府治理模式等多个维度均产生革命性变化[②]。我国数字化治理体系不断完善，治理手段和方式逐步优化，数字社会、数字政府建设持续推进，公共服务、社会治理数字化智能化水平不断提高[③]。

3. 数字经济的四大特征

一是信息化引领。信息技术深度渗入各个行业，促成其数字化并积累大量数据资源，进而通过网络平台实现共享和汇聚，通过挖掘数据、萃取知识和凝练智慧，又使行业变得更加智能。二是开放化融合。通过数据的开放、共享与流动，促进组织内各部门间、价值链上各企业间，甚至跨价值链跨行业不同组织间开展大规模协作和跨界融合，实现价值链优化与重组。三是泛在化普惠。无处不在的信息基础设施、按需服务的云模式和各种商贸、金融等服务平台降低了参与经济活动门槛，使数字经济出现“人人参与、共建共享”普惠格局[④]。四是以人为本。数字经济是第四次工业革命的核心组成部分，以人力资本投入为主，研发周期短、技术迭代快[⑤]。其最核心特点是以人的创造性和对市场的追求为原动力。

---

① 国务院关于印发“十四五”数字经济发展规划的通知（国发〔2021〕29 号）[EB/OL]. 中华人民共和国中央人民政府网站，2022-01-12.

② 腾讯研究院. 中国数字经济发展观察报告（2021）[R]. 2021-12-16.

③ 武汉大学国家发展战略智库课题组. 激发数字经济发展潜能 [EB/OL]. 求是网，2022-01-16.

④ 同上。

⑤ 以数字经济推动高质量发展——访北京大学新结构经济学研究院院长林毅夫 [N]. 新民晚报，2021-12-19.

4. 数字经济的发展趋势

当今世界，科技革命和产业变革日新月异，数字经济蓬勃发展，深刻改变着人类的生产生活方式，对各国经济社会发展、全球治理体系、人类文明进程影响深远。近年来，互联网、大数据、云计算、人工智能、区块链等技术加速创新，日益融入经济社会发展各领域全过程，数字经济发展速度之快、辐射范围之广、影响程度之深前所未有，正在成为重组全球要素资源、重塑全球经济结构、改变全球竞争格局的关键力量。[①]

一是与传统产业融合发展。新经济（数字经济）在产业组织格局上正与传统产业的道路融合，全面进入汽车、家电、石油、钢铁乃至教育、金融、保险和娱乐业。互联网经济正在全面地整合社会经济结构，向四个 A 的方向不断地逼近，Any where 无论在哪儿，Any time 无论何时，Any one 无论何人，Any device 无论任何一种装备。即使是劳动密集型的产业中，也在增加数字技术的含量，而在资本密集型产业中，数字技术含量正在不断地上升。

二是新经济带来产业变革。新技术革命是一次产业革命，正在引发社会结构变革。新经济将突破传统的金字塔纵向结构，向横向、互动、扁平的组织结构过渡；新经济将引发民众的广泛参与；新经济将带来不仅是经济，而且是社会结构重大的变革等；新经济又与全球一体化、WTO 等重大命题联系在一起。新经济所追求的目标和建立市场体制、进一步推动改革的目标高度一致。以互联网为依托的新经济已成为国家竞争力核心因素[②]。

---

① 习近平. 不断做强做优做大我国数字经济［EB/OL］. 求是网，2022-01-15.

② 刘鹤. 我呼吁大家重新认识新经济［EB/OL］. 首席经济学家论坛，2021-12-28.

5. 发展数字经济意义重大

发展数字经济是把握新一轮科技革命和产业变革新机遇的战略选择。一是有利于推动构建新发展格局。构建新发展格局关键在于经济循环高效运转、畅通无阻。数字技术、数字经济可以推动各类资源要素快捷流动、各类市场主体加速融合，帮助市场主体重构组织模式，实现跨界发展，打破时空限制，延伸产业链条，畅通国内国际双循环。

二是有利于推动建设现代化经济体系。数字经济具有高创新性、强渗透性、广覆盖性，既是新的经济增长点，也是改造提升传统产业的支点，可以成为构建现代化经济体系的重要引擎。数字经济可以有效扩大消费需求，激发投资活力，提供新的就业岗位，是现代化经济体系建设中不可或缺的一部分。数字经济适应我国高质量发展阶段的新需求，是推动供给侧结构性改革、产业基础高级化、产业链现代化的有力抓手。

三是有利于推动构筑国家竞争新优势。数字经济是重组全球要素资源、重塑全球经济结构、改变全球竞争格局的关键力量，是新一轮国际竞争重点领域。发展数字经济已成为不可阻挡的时代趋势。数字技术、数字经济是世界科技革命和产业变革的先机，是新一轮国际竞争的战略制高点。抢抓数字技术、数字经济这一世界科技革命和产业变革的先机，对于我国抢占未来发展制高点、构筑国家竞争新优势具有至关重要的意义[①]。

发展数字经济是中国经济在第四次工业革命中实现“换道超车”的机会，是我国在新征程上实现高质量发展的大好机遇。在以大数据、人工智能、互联网为特征的新技术发展方面，我国有数据、人才和市场等方面的比较优势。在第四次工业革命中，我

① 习近平. 不断做强做优做大我国数字经济［EB/OL］. 求是网，2022-01-15.

国有望与其他发达国家齐头并进，用数字化缩短落后产业追赶周期，保持领先产业优势，提升快要失去比较优势产业的竞争力。[①]

6. 我国数字经济发展路径

20 世纪 90 年代初，我国抓住全球信息化浪潮的机遇，加快推进信息技术产业和信息化发展，促进信息化与工业化融合发展。党的十五大首次提出以信息化带动工业化，以工业化推进信息化；党的十六大提出信息化与工业化融合发展；党的十七大提出“两化深度融合”并走新型工业化道路；党的十八大和十九大进一步提出利用信息化、新一代信息技术、云计算、大数据、人工智能等发展先进制造业、推进智能制造、建设制造业强国和网络强国等重大战略目标。信息化与工业化融合发展，既是重大国家发展战略，也是我国国家治理体系和治理能力不断增强的体现。

党的十八大以来，我国数字经济新技术新业态蓬勃发展，对经济社会的影响日益深入。党的十八届五中全会提出，实施网络强国战略和国家大数据战略，拓展网络经济空间，促进互联网和经济社会融合发展，支持基于互联网的各类创新。党的十九大提出，推动互联网、大数据、人工智能和实体经济深度融合，建设“数字中国”、智慧社会[②]。党的十九届五中全会提出，发展数字经济，推进数字产业化和产业数字化，推动数字经济和实体经济深度融合，打造具有国际竞争力的数字产业集群。出台《网络强国战略实施纲要》《数字经济发展战略纲要》，部署推动数字经济发展。

信息通信业跨越式发展。加强信息基础设施建设，加快行业监管体系和能力现代化建设，建立健全网络安全保障体系，推动信息

① 以数字经济推动高质量发展——访北京大学新结构经济学研究院院长林毅夫［N］. 新民晚报，2021-12-19.

② 习近平. 习近平谈治国理政. 第三卷［M］. 北京：外文出版社，2020：24，25.

通信技术与经济社会各领域深度融合，取得历史性成就、发生历史性变革，成为国民经济的战略性、基础性、先导性行业，促进了经济发展、社会进步和人民生活质量提高。信息通信业实现从无到有、从小到大跨越、由大向强跃升。

加速新型工业化进程。我国拥有联合国产业分类目录中所有工业门类，包括 41 个大类，191 个中类和 525 个小类；制造业增加值稳居全球第一；工业和信息化领域创新能力日益增强，先进制造业发展势头良好，多个领域实现重大突破；新技术、新产品、新业态、新模式不断涌现；工业化和信息化高速发展造就了我国第一贸易大国地位。信息网络基础设施世界规模最大、配套设施最全、用户数最多、对经济发展带动作用最大。

"十三五"时期，我国数字经济发展取得显著成就，成为推动经济发展新引擎。数字基础设施建设全球领先，建成全球规模最大光纤和 4G 网络，5G 网络建设和应用加速推进；新业态新模式日新月异，移动支付、视频直播、远程会议、智慧物流等竞相发展；推进数字产业化和产业数字化取得积极成效。数字产业化取得显著进展，人工智能、大数据、区块链、云计算等新兴数字产业异军突起。产业数字化转型成效明显，服务业数字化水平大幅提升，制造业和农业数字化转型取得突破①。

2020 年，我国数字经济规模位列世界第二，同比增速位居全球第一；数字经济增加值规模 39.2 万亿元，占国内生产总值（GDP）比重为 38.6%；数字产业化规模为 7.5 万亿元，占数字经济比重为 19.1%，数字技术产业化、规模化应用世界领先；产业数字化规模为 31.7 万亿元，农业、工业、服务业数字经济渗透率分

① 王一鸣."十四五"数字经济高质量发展的行动纲领［N］. 经济日报，2022-01-19.

别达 8.9%、21.0% 和 40.7%[①]；产业数字化赋能传统产业与实体经济重要作用得到强化[②]。数字经济核心产业增加值占国内生产总值（GDP）比重达 7.8%，数字经济引领作用日益凸显[③]。

为经济社会发展提供强大动力。《数字中国发展报告（2021年）》显示，2017 年到 2021 年，我国数字经济规模从 27.2 万亿元增至 45.5 万亿元，总量稳居世界第二，占国内生产总值比重从 32.9% 提升至 39.8%，成为推动经济增长的主要引擎之一[④]。数字技术赋能实体经济提质增效；数字经济拓展经济增长新空间；数字抗疫发挥举足轻重作用；数字化公共服务水平不断提升；数字经济国际合作持续深化。我国在数字经济领域具备优势，可以渗透到实体经济的各个方面。加快产业数字化转型，可以帮助我国数字经济占国内生产总值的比重达到甚至超过发达国家水平，以制造业为核心的实体经济也会实现提质增效发展[⑤]。

7. 数字经济发展面临挑战

2020 年，发达国家数字经济规模达 24.4 万亿美元，占全球总量 74.7%；占国内生产总值比重达 54.3%，远超发展中国家 27.6% 的水平。产业数字化是数字经济发展主引擎，占数字经济比重为 84.4%[⑥]。同世界数字经济大国、强国相比，我国数字经济大而不

---

① 是说新语．这一发展，成就显著、影响深远［EB/OL］．求是网，2022-01-26.

② 武汉大学国家发展战略智库课题组．激发数字经济发展潜能［EB/OL］．求是网，2022-01-16.

③ 国家发展和改革委员会．大力推动我国数字经济健康发展［EB/OL］．求是网，2022-01-16.

④ 王思北，白瀛．瞭望 · 治国理政纪事丨努力把我国建设成为网络强国［EB/OL］．新华网，2022-08-27.

⑤ 以数字经济推动高质量发展——访北京大学新结构经济学研究院院长林毅夫［N］．新民晚报，2021-12-19.

⑥ 梅宏．大数据与数字经济［EB/OL］．求是网，2022-01-16.

强、快而不优，发展不平衡不充分问题仍然突出，关键领域创新能力不强，产业链供应链、核心技术受制于人的局面尚未得到根本扭转，特别是在互联网创新能力、基础设施建设、信息资源共享、产业实力等方面还存在不小差距，最大差距在核心技术上[①]；不同行业、区域、群体间“数字鸿沟”未有效弥合，甚至有进一步扩大趋势；数据资源规模庞大，但价值潜力有待释放[②]；数字经济治理体系亟待完善，迫切需要补齐短板弱项[③]。数字经济人才相对紧缺。在核心技术研发、大数据挖掘应用等领域人才储备不足，自主创新研发能力较弱。特别是经济欠发达地区，人才是制约其发展的最大因素。有利于数字经济发展的政策、投资环境等尚未整体形成[④]。

8. 数字经济发展目标

2021 年 3 月，十三届全国人大四次会议提出“加快数字化发展 建设数字中国”，在打造数字经济新优势、加快数字社会建设步伐、提高数字政府建设水平、营造良好数字生态等方面做出战略部署。同年底，中央网络安全和信息化委员会印发《“十四五”国家信息化规划》，明确提出：到 2025 年，数字中国建设取得决定性进展，信息化发展水平大幅跃升，数字基础设施全面夯实，数字技术创新能力显著增强，数据要素价值充分发挥，数字经济高质量发展，数字治理效能整体提升[⑤]。

---

① 习近平．在网络安全和信息化工作座谈会上的讲话（2016 年 4 月 19 日）[EB/OL-N]．人民网—人民日报，2016-04-26.

② 国务院关于印发“十四五”数字经济发展规划的通知（国发〔2021〕29 号）[EB/OL]．中华人民共和国中央人民政府网站，2022-01-12.

③ 王一鸣．“十四五”数字经济高质量发展的行动纲领 [N]．经济日报，2022-01-19.

④ 汪玉凯．政府数字化转型助推数字经济发展 [EB/OL]．东方财富网，2020-11-16.

⑤ 浪淘天地入东流——习近平总书记指引我国信息化发展纪实 [J]．中国网信，2022-06-08.

国务院印发的《“十四五”数字经济发展规划》提出：坚持“创新引领、融合发展，应用牵引、数据赋能，公平竞争、安全有序，系统推进、协同高效”原则，统筹国际国内两个大局、发展安全两件大事，发挥海量数据和丰富应用场景优势，以数据为关键要素，以数字技术与实体经济深度融合为主线，加强数字基础设施建设，完善数字经济治理体系，协同推进数字产业化和产业数字化，赋能传统产业转型升级，培育新产业新业态新模式，加强关键核心技术攻关、加快新型基础设施建设、推动数字经济和实体经济融合发展、推进重点领域数字产业发展、规范数字经济发展、完善数字经济治理体系、积极参与数字经济国际合作，做强做优做大数字经济，为构建数字中国提供有力支撑。

到 2025 年，数字经济迈向全面扩展期，数字经济核心产业增加值占 GDP 比重达到 10%，数字化创新引领发展能力大幅提升，智能化水平明显增强，数字技术与实体经济融合取得显著成效，数字经济治理体系更加完善，我国数字经济竞争力和影响力稳步提升，数据要素市场体系初步建立，产业数字化转型迈上新台阶，数字产业化水平显著提升，数字化公共服务更加普惠均等，数字经济治理体系更加完善。到 2035 年，数字经济将迈向繁荣成熟期，力争形成统一公平、竞争有序、成熟完备的数字经济现代市场体系，数字经济发展基础、产业体系发展水平位居世界前列[①]。

9. 数字经济发展重点任务

一是优化升级数字基础设施。加快建设信息网络基础设施，推进云网协同和算网融合发展，有序推进基础设施智能升级。二是发挥数据要素作用。强化高质量数据要素供给，加快数据要素市场化

① 国务院关于印发“十四五”数字经济发展规划的通知（国发〔2021〕29 号）[EB/OL]. 中华人民共和国中央人民政府网站，2022-01-12.

流通，创新数据要素开发利用机制。三是推进产业数字化转型。加快企业数字化转型升级，全面深化重点行业、产业园区和集群数字化转型，培育转型支撑服务生态。四是推动数字产业化。增强关键技术创新能力，加快培育新业态新模式，营造繁荣有序的创新生态。五是提升公共服务数字化水平。提高“互联网＋政务服务”效能，提升社会服务数字化普惠水平，推动数字城乡融合发展。六是完善数字经济治理体系。强化协同治理和监管机制，增强政府数字化治理能力，完善多元共治新格局。七是强化数字经济安全体系。增强网络安全防护能力，提升数据安全保障水平，有效防范各类风险。八是拓展数字经济国际合作。加快贸易数字化发展，推动“数字丝绸之路”深入发展，构建良好国际合作环境①。

（七）以信息化提升政府治理水平

1. 政府数字化转型的必要性

政府数字化转型是提升经济调节有效性的必然途径，是推动社会治理智能化的先导力量，是促进公共服务高效化的主要方式，是强化市场监督职能的有效手段，是政府主动适应新时代的必然选择。通过技术创新和制度创新改变传统低效的信息传递模式，重塑政府的业务模式、服务模式，优化行政审批流程、加强监督管理、提升服务质量，提升政府治理能力，以最大限度地刺激市场活力和社会创新力，推动社会经济实现高质量发展。

2. 以信息化推进政府创新

创新政务信息化，是推进政府改革的重要抓手，是改善公共服务的迫切要求。建立健全大数据辅助科学决策和社会治理的机制，推进政府管理和社会治理模式创新，实现政府决策科学化、社会治理精准化、公共服务高效化。发挥政府引导作用，在现代信息技术

① 国务院印发《“十四五”数字经济发展规划》[EB/OL]. 新华网，2022-01-12.

支持下，加快制度创新，构建新型政府，汇集各方信息与资源，实现国家治理现代化。通过信息化和智能化技术手段，搭建政府间协同、政企间及政府与公民间的电子政务平台，如“智慧政府”“数字政府”等，实现多方平等对话、协同治理。

一些地方政府已开展以网络平台为依托的“开放型政府”治理试验，并取得较好治理效果；健康码为疫情防控提供了精准的信息化、智能化保障，在很大程度上提升了地方政府科学治理水平。各级政府管理已全面实行信息化。电子政务、自动化办公、信息网络、信息公开、信息窗口、信息查询、一站式服务等信息化手段已基本覆盖各级政府，提高了行政效能和施政水平，方便了人民群众，减轻了社会负担，让人民群众在信息化发展中有更多获得感、幸福感、安全感，增强了群众对政府的了解和信任。

3. 加快建设数字政府

（1）加强数字政府建设，是创新政府治理理念和方式的重要举措。党的十九届四中全会《决定》首次提出“推进数字政府建设”，要求利用信息化手段，提高政府机构履职能力；提出以数字化转型提升政府治理体系和治理能力现代化，中国政府正逐步从经济建设型政府转向公共服务型政府，以数字化转型推动经济社会持续健康发展成为政府履职的第一要务。要做好顶层设计和统筹规划。各地发布数字政府建设行动规划，将其作为行政体制改革、智慧城市建设的重要手段。

我国数字政府建设起步较晚，处于全球中上水平，在线服务走在全球前列。《2020 联合国电子政务调查报告》显示，我国电子政务发展指数（EGDI）排名升至全球第 45 位，较 2018 年提升 20 个位次[①]。在推进“互联网 + 政务服务”过程中，“百姓少跑腿，数据

① 是说新语. 这一发展，成就显著、影响深远！[EB/OL] 求是网，2022-01-26.

多跑路”的电子政务服务理念在全国推广，全国一体化政务服务平台实名用户超 9 亿，“一网通办”“最多跑一次”广泛实践，电子政务已经成为国家治理现代化的重要组成部分[①]。

在实践模式上，呈现自下而上、分散推进、百花齐放的特征。在建设特点上，呈现用户中心、数据驱动、整体协同、泛在智能四大特征。广东、浙江、福建、贵州等省积极探索“数字政府”建设，通过大数据为政府科学决策、精准施策提供有力支撑；通过“数字政府”建设，推动公安、工商、社保、税务等部门打通后台、共享数据；带动促进其他省市和地区加快“数字政府”建设。

近年来，深圳把“数字政府”建设作为全面深化改革、优化营商环境和增进人民福祉的重要抓手；以数据资源攻坚、共享、共用为突破口，推出了一系列改革措施，创造了多个“全国第一”，为提升城市治理体系和治理能力现代化赋能，数字化治理走在全国前列。深圳在现代治理上的成功实践，很大程度上得益于现代治理理念和科技手段的运用。比如企业审批项目实现 100% 网上审批，甚至是 24 小时无人秒批，这些都是深圳在治理能力现代化方面的先行先试和有益探索，降低了市民的成本和企业的一些制度性交易成本，在治理能力现代化方面成效显著[②]。

（2）数字政府建设的主要目标。到 2025 年，与政府治理能力现代化相适应的数字政府顶层设计更加完善、统筹协调机制更加健全，政府数字化履职能力、安全保障、制度规则、数据资源、平台支撑等数字政府体系框架基本形成，政府履职数字化、智能化水平

① 浪淘天地入东流——习近平总书记指引我国信息化发展纪实［J］. 中国网信，2022-06-08.

② 钟义见. 深圳：数字化治理赋能城市可持续创新发展［EB/OL］. 中国社会科学网，2020-08-28.

显著提升，政府决策科学化、社会治理精准化、公共服务高效化取得重要进展，数字政府建设在服务党和国家重大战略、促进经济社会高质量发展、建设人民满意的服务型政府等方面发挥重要作用。到 2035 年，与国家治理现代化相适应的数字政府体系框架更加成熟完备，整体协同、敏捷高效、智能精准、开放透明、公平普惠的数字政府基本建成，为基本实现社会主义现代化提供有力支撑①。

（3）数字政府建设主要内容：一是政务服务方面，利用现代信息技术手段，对外实现政务服务质量和流程改善，对内实现跨区域、跨部门以及部门内部的协同办公；二是数字治理方面，利用大数据技术推进政府管理职能履行，包括宏观决策、经济调控、市场监管、社会治理、生态保护等具体领域；三是数据治理方面，包括政务数据收集、存储、清理、共享、开放、利用的全生命周期管理，打破信息孤岛，加强数据开放。

为此，首先，必须转变政府工作理念。其次，必须创新政府服务模式。再次，必须开放政府数据资源。最后，还要营造洁净的网络文化体系。提高政府信息化水平。完善部门信息共享机制，建立国家治理大数据中心；加强经济运行数据交换共享、处理分析和监测预警，增强宏观调控和决策支持能力。深化财政、税务信息化应用，支撑中央和地方财政关系调整，促进税收制度改革。推进人口、企业基础信息共享，有效支撑户籍制度改革和商事制度改革。推进政务公开信息化，加强互联网政务信息数据服务平台和便民服务平台建设，提供更加优质高效的网上政务服务。

（4）着力破解四重矛盾。一是建设供需不平衡的矛盾，地方政府关注数字平台建设，但对治理赋能效果及平台使用情况关注不

---

① 国务院关于加强数字政府建设的指导意见（国发〔2022〕14 号）[EB/OL]. 中华人民共和国中央人民政府网站，2022-06-23.

够。二是统一规划和探索创新的矛盾，过分强调顶层规划和统一建设运营，数据向上归集、技术向上看齐，向下回流机制不健全，抑制了基层创新活力。三是创新治理与体制机制的矛盾，官僚制原有组织、运行、信息传递规则与数字时代信息扁平化流动及开放型组织建设不相适应，政府治理理念、治理文化、技术人才等不能满足现代化治理需要。四是数据安全与数据利用的矛盾，数据利用范围和标准不够明确，政务数据经济社会赋能作用未充分显现①。政府数字化转型面临瓶颈：体制机制和配套基础尚未健全；政企合作边界有待进一步厘清；政府数据共享开放有待取得实质性突破。

（八）以信息化推进法治国家建设

1. 以信息化推进依法治理

强化信息化思维，发挥信息化在科学立法、严格执法、公正司法和全民守法中的建设性作用。以信息化促进科学立法、加强严格执法、推进公正司法、推动全民守法②。建立健全网络信息平台，密切人大代表同人民群众联系。加快政协信息化建设，推进协商民主广泛多层制度化发展。实施“科技强检”，推进检察工作现代化。建设“智慧法院”，提高案件受理、审判、执行、监督等环节信息化水平，推动执法司法信息公开，促进司法公平正义。

2. 加强民主法制信息化建设

一是加快人大信息系统建设，完善法律信息库。二是整合共享有关信息资源，完善政协业务网络系统。三是加快推进法院系统信息化，建设完善法院案件管理及决策支持系统。四是加快推进检察

---

① 苏晓．提升数字治理能力推动国家治理体系和治理能力现代化［N］．人民邮电报，2021-03-09.

② 金江军．以信息化推进国家治理体系和治理能力现代化——解读 4 月 19 日习近平总书记在网络安全和信息化工作座谈会上的讲话［EB/OL］．紫光阁网，2016-05-24.

系统信息化，建设以控告举报与刑事申诉、侦查监督等为主的检察院法律监督信息系统。

3. 推进立法司法过程网络公开和公众参与

鼓励采用网上听证、互联网征集意见等新方式，提高广大群众参与政府立法的积极性。通过微博、网络视频等多种信息传递方式，联合媒体开展网络庭审直播，让社会公众能够即时了解庭审信息并发表评论意见，创造公开透明的司法环境。

4. 建立纪检监察的信息化体系

加快建设行政监察信息系统，以落实违法违纪责任追究为重点，加强行政权力运行监察监管机制，完善电子监察系统。以行政许可和行政处罚等执法行为为重点，建设行政执法监督信息系统。有序引导网络反腐走向规范化，加强群众对党员干部的监督。

5. 构建公开透明的政府问责机制

建设公众诉求信息管理平台，改进信访工作方式，实行网上受理信访制度，拓宽民意反映渠道。利用以居民身份证号码为基础的统一社会信用代码制度及不动产登记制度，为预防和惩治腐败夯实制度建设、信息平台和技术支持。

6. 大数据技术赋能法律监督

随着信息技术飞速发展和国家大数据战略的深入实施，大数据在经济社会发展中的作用日益凸显。社会各领域均被大数据、人工智能、区块链等技术深度渗透、广泛影响，新型违法犯罪更趋网络化、科技化、智能化。任何违法犯罪都有一个信息链条，运用大数据筛查、比对、碰撞，信息点之间就有了交集、串联，问题线索就清晰地展现出来。推进国家治理体系和治理能力现代化，推进法治体系建设，都离不开大数据。

适应信息化大势，充分挖掘、用好大数据，以“数字革命”驱动新时代法律监督整体提质增效。这是新时代法治工作高质量发展重大战略，是实现法律监督质效飞跃的关键变量。要树牢大数据思维、大数据理念，增强运用大数据的综合能力，积极探索大数据运用方式、平台、工具，推动司法办案与信息技术深度融合，助力推进执法司法制约监督体系改革和建设。

浙江检察机关通过建立多种形式的数据互联、共享平台，从海量数据中智能分析，发现监督线索，成案数量倍增，质效明显提升。充分获取各方面相关数据，探索、创新、优化数据监督模型，归集、碰撞相关数据，发现深藏其中的监督线索，促进解决法治领域深层次问题；打通“数据孤岛”，实现信息共享，充分发挥大数据在惩防违法犯罪、监督纠正违法、保护国家利益和社会公共利益、促进国家治理、助力法治体系建设中的作用[①]。

7. 加强区块链司法应用

近年来，人民法院大力推进区块链技术在司法领域应用，建成人民法院司法区块链平台，司法区块链上链存证超过 22 亿条，存固证据、智能辅助、卷宗管理等方面的应用效能和规范程度不断提升，电子证据、电子送达存验证防篡改等应用场景落地见效[②]。

2022 年 5 月，最高人民法院制定出台《最高人民法院关于加强区块链司法应用的意见》，一是提出建成互通共享的司法区块链联盟；二是明确人民法院区块链平台建设要求；三是提出运用区块链数据防篡改技术提升司法公信力；四是提出应用区块链优化业务流程提高司法效率；五是提出应用区块链互通联动促进司法协同；六是提出利用区块链联盟互信服务经济社会治理。

① 是说新语. 大数据如何赋能法律监督［EB/OL］. 求是网，2022-02-22.

② 最高人民法院. 最高人民法院关于加强区块链司法应用的意见［EB/OL］. 2022-05-25.

二、推进网络空间发展治理

现代化国家必然是网络强国。党的二十大报告明确提出加快建设“网络强国、数字中国”。网络强国涉及网络基础设施、网络技术、网络标准、网络应用、网络产业、网络安全、网络规制、网络法治、网络治理、网络文明等诸多方面，表现为在这些方面拥有综合优势和强大能量，在世界范围内具有广泛影响力、话语权，拥有网络规则制定、网络标准设定、网络执法等方面的主导权。建设网络强国离不开法治的引领、规范和保障，必须在法治轨道上全面推进网络强国建设。一是加快形成中国特色网络法治体系；二是大力推进网络治理法治化；三是为做大做强做优数字经济营造良好的法治环境；四是以良法善治促进网络文明；五是推进全球网络治理体系变革，携手构建网络空间命运共同体①。

（一）规范发展完善数字经济治理体系

1. 数字经济治理取得成效

我国数字化治理体系不断完善，治理手段和方式逐步优化，数字社会、数字政府建设持续推进，公共服务、社会治理数字化智能化水平不断提高。围绕加强数字经济治理，法律法规和政策制度不断健全。《互联网信息服务算法推荐管理规定》为互联网信息服务算法综合治理提供了重要法治保障②；发布规范性文件，颁布实施网络与信息安全标准，不断提升网络基础设施安全防护能力。

---

① 张文显. 在法治轨道上全面建设网络强国 [J]. 民主与法制，2022-11-23.

② 构建互联网信息服务算法安全监管体系［EB/OL］. 新华网，2022-03-01.

推进网络安全顶层设计。发布《国家网络空间安全战略》[①]，形成以《网络安全法》为核心的网络安全法律法规和政策标准体系。颁布《数据安全法》《个人信息保护法》《关键信息基础设施安全保护条例》等法律法规，出台《网络安全审查办法》《云计算服务安全评估办法》等部门规章和政策文件，制定发布 340 余项国家标准，推动发布多项我国主导和参与的国际标准……网络安全领域相关制度不断完善，为维护国家网络安全提供了坚实的法治保障[②]。

提升应急响应能力。实施《国家网络安全事件应急预案》，有效提升网络安全应急响应和处置能力；建立网络安全审查评估制度，发布《网络安全审查办法》，有效防范化解供应链网络安全风险；制定《云计算服务安全评估办法》，提高党政机关、关键信息基础设施运营者采购使用云计算服务的安全可控水平；出台《数据出境安全评估办法》，提升国家数据出境安全管理水平[③]。

2022 年 4 月，《中共中央 国务院关于加快建设全国统一大市场的意见》正式发布，明确要求加快培育数据要素市场，建立健全数据安全、权利保护、跨境传输管理、交易流通、开放共享、安全认证等基础制度和标准规范，推动数据资源开发利用[④]。

2. 数字经济治理存在问题

我国数字经济发展也出现了一些不健康、不规范的苗头和趋势；怎么解决数字经济发展的监管问题，怎样更好保障用户权益和

① 王思北，白瀛．瞭望·治国理政纪事丨努力把我国建设成为网络强国［EB/OL］．新华网，2022–08–27.

② 亓玉昆．不断筑牢网络安全法治防线［N］．人民日报，2022–06–10.

③ 王思北，白瀛．瞭望·治国理政纪事丨努力把我国建设成为网络强国［EB/OL］．新华网，2022–08–27.

④ 浪淘天地入东流——习近平总书记指引我国信息化发展纪实［J］，中国网信，2022–06–08.

信息安全等，需要进一步探索完善，建立适应新业态发展要求的管理制度；传统的治理体系、机制与规则难以适应数字化发展所带来的变革，无法有效解决数字平台崛起所带来的市场垄断、税收侵蚀、安全隐私、伦理道德等问题①，需尽快完善治理。

3. 完善数字经济治理体系

数字经济治理体系是推进数字经济持续健康发展的有力保障。要通过科学有效治理，促进数字经济健康发展。要健全法律法规和政策制度，完善体制机制，提升数字经济治理水平。

一是加快数字经济、互联网金融、人工智能、大数据、云计算等领域立法步伐②，健全数字经济治理政策法规体系，完善协同监管制度规则，强化反垄断和防止资本无序扩张，建立健全适应数字经济发展的市场监管、宏观调控、政策法规体系。

二是完善主管部门、监管机构职责，分工合作、相互配合；改进监管技术和手段，把监管和治理贯穿创新、生产、经营、投资全过程；健全完善协同监管机制，强化跨部门、跨层级、跨区域协同监管，实现事前事中事后全链条全领域监管。探索建立适应平台经济特点的监管机制，保护平台经济参与者合法权益。明确平台企业主体责任和义务，建设行业自律机制。

三是开展社会监督、媒体监督、公众监督，形成监督合力；充分调动社会各界积极参与，开展社会、媒体、公众监督，畅通多元主体诉求表达、权益保障渠道，及时化解矛盾纠纷，维护公众利益

---

① 梅宏．大数据与数字经济［EB/OL］．求是网，2022-01-16．

② 习近平．坚持走中国特色社会主义法治道路 更好推进中国特色社会主义法治体系建设［J］．求是，2022（第4期）．

和社会稳定[①]。

四是深入实施《网络安全法》《数据安全法》《个人信息保护法》《关键信息基础设施安全保护法》等法律法规，有效防范化解各类风险挑战[②]；完善国家安全制度体系，加强数字经济安全风险预警、防控机制和能力建设，实现核心技术、重要产业、关键设施、战略资源、重大科技、头部企业等安全可控[③]。

五是完善互联网信息服务算法安全监管体系。落实国家互联网信息办公室等九部委联合印发的《关于加强互联网信息服务算法综合治理的指导意见》，做好算法备案、算法监督检查、算法风险监测、算法安全评估等工作；进一步加强技术支撑和能力建设[④]。

4. 促进数字经济规范有序发展

坚持促进发展和监管规范两手抓、两手都要硬，在发展中规范、在规范中发展；健全市场准入制度、公平竞争审查制度、公平竞争监管制度，建立全方位、多层次、立体化监管体系，实现事前事中事后全链条全领域监管，堵塞监管漏洞，提高监管效能；纠正和规范发展过程中损害群众利益、妨碍公平竞争的行为和做法，防止平台垄断和资本无序扩张，依法查处垄断和不正当竞争行为；保护平台从业人员和消费者合法权益；加强税收监管和税务稽查[⑤]。

5. 推进数据治理体系建设

数据治理体系建设涉及国家、行业和组织三个层次，包含数据

① 国家发展和改革委员会．大力推动我国数字经济健康发展［EB/OL］．求是网，2022-01-16.

② 庄荣文．加强数字中国建设整体布局 全面赋能新时代高质量发展［J］．网信中国，2022-05-07.

③ 习近平．不断做强做优做大我国数字经济［EB/OL］．求是网，2022-01-15.

④ 沈华伟．构建互联网信息服务算法安全监管体系［EB/OL］．新华网，2022-03-01.

⑤ 习近平．不断做强做优做大我国数字经济［EB/OL］．求是网，2022-01-15.

的资产地位确立、管理体制机制、共享与开放、安全与隐私保护等内容，需要从制度法规、标准规范、应用实践和支撑技术等方面多管齐下，提供支撑[①]。破解“互联互通难、业务协同难、沟通数据难”，打破“数据不通、网络不通、业务不通”限制，实现“跨部门、跨行业、跨区域”的一体化政务服务。数据治理的重要性体现在提升数字治理能力。通过有效数据治理，提高数字基础设施的统筹能力。整合和统筹数字资源，防止数字中心“遍地开花”，造成资源重复浪费。通过工业大数据的有效治理，提高智能制造的能力和水平，提高数据共享能力[②]。

“十四五”期间，全面完善基础通信网络漏洞管理等重要制度，加快构建 5G、工业互联网等融合领域网络安全保障体系，加快构建数据安全风险技术监测体系；进一步健全法律法规和政策制度，健全完善事中事后监管长效机制，加强监督检查，让各类企业在公平合理规则下实现健康有序发展。通过完善相关措施，及时堵住漏洞、补齐短板，更好实现数字经济长远发展[③]。

6. 规范数字经济发展，促进共同富裕

第一，加强对数字经济的合理规制，使其在规范中发展。一是对数字产品和服务进行价格规制。二是在数字企业的数据收集与挖掘、算法规则的可解释性及其目标函数的透明度等方面加强监管。三是降低数字行业的进入和退出成本，增强这些行业的可竞争性。四是探索和尝试在合理的补偿机制下打通各类数字平台业务，实现用户跨平台访问、企业跨平台服务和流量共享等。

---

① 梅宏．大数据与数字经济［EB/OL］．求是网，2022-01-16．

② 汪玉凯．政府数字化转型助推数字经济发展［EB/OL］．东方财富网，2020-11-16．

③ 张辛欣．做强做优做大我国数字经济 “十四五”怎样走好“先手棋”［EB/OL］．新华网，2022-01-15．

第二，加快建立与数字经济相适应的收入分配制度。首先，探索数据要素参与一次分配的理论基础和可行方案。加快数据要素确权工作。一要全面体现数据生产过程中消费者、商家、互联网企业等各相关方的贡献度；二要考虑数据要素在使用过程中的非竞争性等特点，同时确保数据安全和隐私保护。其次，研究制定与数字经济相适应的二次分配制度。应根据数字经济特点建立与之相适应的公平税收征管体系，研究出台数字调节税，让数字税在调节收入分配方面发挥应有作用，并发挥数字技术在课税主客体识别、税收公平和公共服务均等化等方面的重要作用[①]。

（二）加强网络空间治理

网络科技是一把双刃剑，数字化、网络化带来的不只是福音，还伴随着危机。网络资源管得好就能造福人类，管不好就会祸害百姓。人们在享受互联网带来的便利的同时，也面临着个人隐私泄露、不平等对待（歧视）、非法监视等风险，以及网络主权受到挑战与侵犯的风险。必须有效应对、加强治理。网络治理是国家治理体系的重要组成部分。党的二十大报告提出“健全网络综合治理体系，推动形成良好网络生态。”网络治理目标是切实维护国家主权、安全、发展利益，切实保障公民、社会组织的网络空间合法权利和利益[②]。既要利用互联网参与国家治理，也要对互联网本身进行治理，进一步提高用网水平，增强治网能力，维护良好网络生态，造福国家和人民。

1. 用好网络治理工具

互联网是人类文明发展到一定阶段后，用来解决问题、改造世界的工具，为解决问题和困难提供了一种全新的方法，也成为国家

---

① 谭洪波．数字经济与共同富裕［N］．光明日报，2022-02-15．

② 张文显．在法治轨道上全面建设网络强国 [J]．民主与法制，2022-11-23.

和社会治理的一种快捷途径和有效手段，成为推进国家治理现代化的重要工具。互联网在各行各业的普遍运用，其工具作用发挥得越充分，其治理效能就越高。在推进国家治理体系和治理能力现代化进程中，需要与时俱进，完善相关法律制度，创新治理手段，做到趋利避害，让互联网更健康发展，更好地为社会服务。

2. 依法治理网络空间

要坚持依法治网、依法办网、依法上网，让互联网在法治轨道上健康运行[①]。《法治中国建设规划（2020—2025 年）》提出，要"加强信息技术领域立法，及时跟进研究数字经济、互联网金融、人工智能、大数据、云计算等相关法律制度，抓紧补齐短板。"要发挥立法的引领和推动作用，有序推进信息化立法进程，完善互联网信息内容管理、关键信息基础设施保护和大数据治理、数字经济领域反垄断、反不正当竞争[②]等法律法规。要完善依法监管措施，依法治理网络空间，化解网络风险[③]。保护网络空间信息依法有序自由流动，保护个人隐私，保护知识产权，维护公民合法权益。规范企业和个人信息采集、存储、使用等行为。加强执法能力建设，提高全社会自觉守法意识，营造良好的信息化法治环境，打造一个健康清朗的互联网环境。

3. 加强网络生态治理

网络空间是亿万民众共同的精神家园。强化网上舆论引导，坚持正能量是总要求、管得住是硬道理、用得好是真本事；坚持党管媒体原则，运用网络传播规律，推进网上宣传理念、内容、形式、方法、手段等创新，把握好时效度，构建网上网下同心圆，更好凝

---

① 习近平在第二届世界互联网大会开幕式上的讲话［EB/OL］. 新华网，2015-12-16.

② 张文显. 在法治轨道上全面建设网络强国 [J]. 民主与法制，2022-11-23.

③ 习近平. 树立正确的网络安全观［EB/OL］. 新华网，2016-04-20.

聚全社会共识，巩固全党全国人民团结奋斗的共同思想基础[①]；加强全网全程管理，建设为民、文明、诚信、法治、安全、创新的网络空间，使网络空间清朗起来[②]，更好地增进人民福祉。

4. 强化互联网管理

坚持积极利用、科学发展、依法管理、确保安全的方针，建立法律规范、行政监管、行业自律、技术保障、公众监督、社会教育相结合的网络治理体系。落实网络身份管理制度，建立网络诚信评价体系，健全网络服务提供者和网民信用记录，完善褒奖和惩戒机制。加强互联网域名、地址等基础资源管理，确保登记备案信息真实准确。强化网络舆情管理，对所有从事新闻信息服务、具有媒体属性和舆论动员功能的网络传播平台进行管理。依法完善互联网信息服务市场准入和退出机制。

5. 形成全社会参与治理机制

加快建立政府引领，企业、社会组织、技术社群、公民共同参与、相互协作的互联网治理机制，处理好政府治理、社会治理、行业自律、企业和公民自治的关系，形成共建共治共享的网络法治基本格局[③]。强化互联网企业主体责任，引导企业公平竞争、自我管理和改善服务。建立健全网络社会组织，发挥社会组织自我管理、自我监督作用。加强社会力量引导，培育"中国好网民"。

（三）强化网络空间安全

1. 树立正确网络安全观

习近平总书记指出，网络安全成为新安全挑战，网络安全和信

---

① 庄荣文. 网络强国建设的思想武器和行动指南——学习《习近平关于网络强国论述摘编》[J]. 求是，2021-02-01.

② 习近平主持召开中央网络安全和信息化领导小组第一次会议，李克强、刘云山出席[EB/OL]. 新华网，2014-02-27.

③ 张文显 . 在法治轨道上全面建设网络强国 [J]. 民主与法制，2022-11-23.

息化相辅相成。安全是发展的前提，发展是安全的保障，安全和发展要同步推进；网络安全牵一发而动全身，没有网络安全就没有国家安全，就没有经济社会稳定运行，广大人民群众利益难以得到保障。要构建网络与信息安全保障体系，加强顶层设计和统筹协调，实现全国网络安全“整体一盘棋”。网络安全为人民，网络安全靠人民，维护网络安全是全社会的共同责任，需要政府、企业、社会组织、广大网民共筑网络安全防线①。

2. 筑牢国家网络安全屏障

要牢固树立正确的网络安全观，统筹发展和安全两件大事，全面加强网络安全保障体系和能力建设，深入落实网络安全工作责任制，加强关键信息基础设施安全防护，加快推进关键信息技术国产化替代进程，强化供应链安全，加大个人信息和重要数据保护力度，依法严厉打击网络违法犯罪，加强网络安全产业、人才、学科建设，使网络安全风险得到有效控制，国家网络安全保障体系健全完善，核心技术装备安全可控，网络和信息系统运行稳定可靠，切实维护国家网络安全和人民群众切身利益②。

3. 维护网络空间主权安全

互联网发展对国家主权、安全、发展利益提出了新的挑战。以美国为首的西方敌对势力利用人才、技术、经济和军事等优势，大搞网络霸权，肆意对他国实施“棱镜计划”等网络监控、网络攻击，严重危害他国和全球安全。网络空间已成为国家继陆、海、空、天四个疆域之后的第五疆域，网络空间主权是陆、海、空、天

① 习近平．在网络安全和信息化工作座谈会上的讲话（2016 年 4 月 19 日）[EB/OL-N]. 人民网－人民日报，2016-04-26.

② 庄荣文．网络强国建设的思想武器和行动指南——学习《习近平关于网络强国论述摘编》[J]. 求是，2021-02-01.

之外的国家第五大空间主权。新《国家安全法》以法律形式明确“维护国家网络空间主权”[①]。

要坚持积极防御、有效应对，增强网络安全防御和威慑能力，依法管理我国主权范围内网络活动，坚定捍卫我国网络主权。要确保关键信息基础设施安全。加快构建关键信息基础设施安全保障体系，加强党政机关及重点领域网站安全防护，建立政府、行业与企业网络安全信息有序共享机制。建立实施网络安全审查制度，对关键信息基础设施中使用的重要信息技术产品和服务开展安全审查。健全信息安全等级保护制度。

4. 强化网络安全基础性工作

加强网络安全基础理论研究、关键技术研发和技术手段建设，完善国家网络安全技术支撑体系，推进网络安全标准化和认证认可工作。提升全天候全方位感知网络安全态势能力，做好等级保护、风险评估、漏洞发现等基础性工作，完善网络安全监测预警和网络安全重大事件应急处置机制。实施网络安全人才工程，开展全民网络安全教育，增强全社会网络安全意识防护技能。

统筹网络安全法治化和标准化建设。要加快配套立法，加强网络安全跨部门、跨区域、跨行业的执法协作。同时，强化网络安全国家标准顶层设计，不断完善网络安全国家标准体系，下大力气提升标准质量。要按照《网络安全法》“坚持网络安全与信息化发展并重”的要求，一手抓信息化发展，一手抓网络安全[②]。

构建关键信息基础设施安全保障体系。我国的网络安全技术、特别是核心技术与发达国家还有一定差距。核心技术受制于人、关键基础设施受控于人，已经成为我国网络安全的软肋。习近平总书

---

① 习近平. 树立正确的网络安全观［EB/OL］. 新华网，2016-04-20.

② 亓玉昆. 不断筑牢网络安全法治防线［N］. 人民日报，2022-06-10.

记强调：要加强核心技术自主创新和基础设施建设，提升信息采集、处理、传播、利用、安全能力，更好惠及民生。要通过持续技术创新和发展来做好网络安全防护，尤其是核心技术创新。要加快构建高速、移动、安全、泛在的新一代网络和信息基础设施[①]。

5. 统筹网络安全与发展

没有网络安全就没有国家安全。网络安全和信息化是一体之两翼、驱动之双轮。要正确处理发展和安全的关系，坚持以安全保发展，以发展促安全。安全是发展的前提，任何以牺牲安全为代价的发展都难以持续。发展是安全的基础，不发展是最大不安全。没有信息化，网络安全也没有保障，已有的安全甚至还会丧失。

6. 维护网络意识形态安全

互联网日益成为意识形态斗争的主阵地、主战场、最前沿。必须落实网络意识形态工作责任制，提高网络综合治理能力，形成党委领导、政府管理、企业履责、社会监督、网民自律等多主体参与，经济、法律、技术等多种手段相结合的综合治网格局[②]。要坚决打赢网络意识形态斗争，切实维护以政权安全、制度安全为核心的国家政治安全。加快建立网络综合治理体系，强化互联网企业反垄断和防止资本无序扩张，推动网络文明建设，发展积极健康的网络文化，切实维护网络意识形态安全和政治安全[③]。

（四）构建网络空间命运共同体

互联网是人类的共同家园，网络空间前途命运应由世界各国共

① 习近平. 树立正确的网络安全观［EB/OL］. 新华网，2016-04-20.

② 习近平. 敏锐抓住信息化发展历史机遇 自主创新推进网络强国建设［EB/OL-N］. 人民网—人民日报，2018-04-22.

③ 庄荣文. 网络强国建设的思想武器和行动指南——学习《习近平关于网络强国论述摘编》［J］. 求是，2021-02-01.

同掌握，建设和维护一个和平、安全、开放、合作、有序的网络空间，是各国的共同期盼和愿望。当前，互联网领域发展不平衡、规则不健全、秩序不合理等问题日益凸显，不同国家和地区信息鸿沟不断拉大[①]，网络霸权主义对世界和平与发展构成新的威胁。网络空间治理呼唤更加公平、合理、有效的解决方案，全球性威胁和挑战需要全球共同携手应对[②]。

习近平主席在致2022年世界互联网大会贺信中阐述了数字化对人类社会带来的机遇和挑战，表达了中国愿与世界各国携手构建网络空间、走出一条充满希望的全球数字发展道路的真诚愿望，提出的理念主张体现了对数字化发展趋势的深刻洞察，对人类社会发展进步的深邃思考，为深化数字领域交流合作、构建网络空间命运共同体指明了方向[③]。

党的十八大以来，习近平总书记创造性提出构建网络空间命运共同体的理念主张，全面系统深入地阐释了全球互联网发展治理的一系列重大理论和实践问题，为网络空间的未来擘画了美好愿景、指明了发展方向[④]。中国秉持共商共建共享的全球治理观，推动构建网络空间命运共同体，为全球在尊重网络主权的基础上，推进网络空间发展和治理体系变革提出了中国方案，贡献了中国智慧[⑤]。

---

① 习近平总书记指引推动构建网络空间命运共同体纪实［J］. 中国网信，2022-11-07.

② 习近平在第二届世界互联网大会开幕式上的讲话［EB/OL］. 新华网，2015-12-16.

③ 2022年世界互联网大会乌镇峰会开幕　李书磊宣读习近平主席贺信并发表主旨演讲[EB/OL]. 新华网，2022-11-09.

④ 李浩燃. 互联网让世界变成“地球村”（人民论坛）——携手构建网络空间命运共同体①［EB/OL-N］. 人民网—人民日报，2022-11-09.

⑤ 王思北. 新华时评：共同携手，让互联网发展成果更好造福全人类［EB/OL］. 新华网，2022-11-09.

1. 积极参加全球网络空间治理

数字经济健康有序发展，需要各国共担责任，携手合作，积极营造开放、公平、公正、非歧视的发展环境。当前国际数字治理体系尚处探索阶段，有全球性多边机制，也有区域性或双边机制，更有私营平台企业的事实性规则。未来全球数字治理体系将呈现面向关注点差异、多元化层次化、多机制共存的格局[①]。要完善网络空间对话协商机制，积极参与国际规则制定，推动全球互联网治理体系变革，积极倡导国际社会在相互尊重、相互信任的基础上，共同解决互联网领域发展存在的突出问题，推动制定全世界都能够接受的、代表最广大国家利益的网络空间国际规则，使互联网治理体系更加公正合理[②]。要积极推进双多边数字治理合作，维护和完善多边数字经济治理机制，加强网络安全国际交流与合作。

2. 强化网络空间治理共同责任

互联网加速推进全球化，让世界变成地球村，推动国际社会越来越成为你中有我、我中有你的命运共同体。全球互联网治理体系变革进入关键时期，推进全球互联网治理体系变革是大势所趋、人心所向，构建网络空间命运共同体日益成为国际社会的广泛共识。网络治理不仅是国家治理的重要领域，也是全球治理的重要战场。只有用好治好互联网，才能有效推进国家治理体系和治理能力现代化，从而为全球治理提供“中国方案”。让互联网这个人类的共同家园更美丽、更干净、更安全，是国际社会的共同责任。

3. 贡献中国智慧中国方案

当今世界，数据资源成为新生产要素，信息技术成为新创新高地，信息网络成为新基础设施，数字经济成为新经济引擎，信息化

---

① 梅宏. 大数据与数字经济［EB/OL］. 求是网，2022-01-16.

② 习近平在第二届世界互联网大会开幕式上的讲话［EB/OL］. 新华网，2015-12-16.

成为新治理手段，网络安全成为新安全挑战，深刻影响着全球安全格局。习近平总书记着眼全球互联网发展与治理大势，深入分析网络空间面临的机遇和挑战，创造性地提出关于构建网络空间命运共同体的理念主张，强调发展共同推进、安全共同维护、治理共同参与、成果共同分享，成为构建人类命运共同体重要思想的重要组成部分，反映了世界绝大多数国家特别是广大发展中国家的共同心声，为全球互联网发展治理做出了重要贡献。

4. 构建网络空间命运共同体

坚持习近平总书记倡导的全球互联网治理“四项原则”“五点主张”[①]；坚持多边、多方参与，发挥政府、国际组织、互联网企业、技术社群、民间机构、公民个人等主体作用；坚持相互尊重、相互信任原则，深化国际合作，维护网络安全，共同推动网络空间互联互通、共享共治，共同构建和平、安全、开放、合作、有序的网络空间，建立多边、民主、透明的国际互联网治理体系[②]；深入开展网络空间国际交流合作，助力高水平对外开放[③]；推动联合国框架内的网络治理，发挥各类非国家行为体的积极作用[④]。

5. 推进数字经济国际合作

一是积极参与全球数字经贸规则制定。深化数字经贸国际合作，参与数字经济领域全球科技合作与科技创新治理，为全球数字治理贡献中国智慧和中国方案；推动数字贸易领域制度型开放，发展跨境电商，打造跨境电商产业链和生态圈，提高跨国数字贸易平

---

① 习近平致第四届世界互联网大会的贺信［EB/OL］. 新华网，2017-12-03.

② 习近平向首届世界互联网大会致贺词［EB/OL］. 新华网，2014-11-19.

③ 习近平在第三届世界互联网大会开幕式上的视频讲话［EB/OL］. 新华社，2016-11-16.

④ 习近平致第四届世界互联网大会的贺信［EB/OL］. 新华网，2017-12-03.

台管理服务水平；推动以数字化驱动贸易主体转型和贸易方式变革，营造贸易数字化良好环境；完善数字贸易促进政策，放宽数字经济新业态准入，引进优质外资企业和创业团队。

二是构建“数字丝绸之路”。推动“数字丝绸之路”与国内区域重大战略互促共进、融合发展，畅通经济内外循环。推动与“一带一路”相关国家政策、规则等“软联通”，加快数字基础设施“硬联通”，与“一带一路”沿线国家形成多层次对接合作。针对沿线国家数字化发展现实应用场景，弥补数字基础设施短板弱项。以“绿色”与“数字”协同发展推动“一带一路”、中国－东盟、中国－中东欧数字经济合作，拓展与东盟、欧盟数字经济合作伙伴关系，与非盟和非洲国家研究开展数字经济领域合作，高质量开展智慧城市、电子商务、移动支付等领域合作，更好地惠及各国人民。支持我国数字经济企业“走出去”，积极参与国际合作。

三是推动数字经济领域对话协商。积极参与数字经济技术创新领域国际标准制定，提高我国在全球科技创新体系中话语权和影响力；加强国际数字治理规则研究与治理政策储备，加快研究制定符合我国国情的数字经济相关标准和治理规则。开展数字经济标准国际协调和数字经济治理合作。深化政府间数字经济政策交流对话，建立多边数字经济合作伙伴关系，主动参与国际组织数字经济议题谈判，拓展前沿领域合作[①]。

四是构建“开放创新”“互惠互利”的全球合作伙伴关系。面对数字经济领域的新形势新任务，需要建立互惠互利合作方式，积极推动国际合作并筹划布局跨国数据共享机制与合规的数据跨境流动机制，与其他国家一起分享数字经济的红利，使我国获得更多发

① 国务院关于印发“十四五”数字经济发展规划的通知（国发〔2021〕29 号）[EB/OL]. 中华人民共和国中央人民政府网站，2022-01-12.

展机遇和更大发展空间[①]。

三、推动人才发展治理数字化转型

（一）数字化转型是数字时代对人才治理的要求

1. 数字化变革对人才工作数字化转型提出新要求

当代信息技术进阶迭代越来越快，推动数字化变革已成为世界潮流，深刻改变我国人才工作的外部环境；突如其来的新冠肺炎疫情，给人才工作带来新挑战。面对新技术、新情况、新问题，人才工作亟须数字化转型。数字已成为最重要的生产要素和战略资源，互联网已成为最重要的基础设施，云计算已成为最重要的公共平台，进入数字经济时代，生产方式、生活模式、组织范式都面临重大变革。推动人才工作数字化转型对推进人才发展治理现代化，提升把握机遇、应对挑战能力具有重要意义。

2. 人才工作数字化转型是数字化治理的重要组成部分

随着数字技术的广泛应用，数字化生产力正在崛起，数字经济、数字产业蓬勃发展，全球数字经济融合发展趋势更加深入，数字产业化、产业数字化成为驱动全球数字经济发展的主导力量。全球正在进入以数字化生产力为主要标志的全新历史阶段。这一背景给世界各国带来构筑数字化时代国家竞争新优势的挑战。在此背景下，人才工作如何把握数字时代的发展趋势，如何主动转型、立足大势、面向未来，不断缩小数字鸿沟、释放人才数据价值，这是人才工作面临的重要命题。为适应和引领数字化发展，我国经济社会发展“十四五”规划中明确提出要加快数字化发展，并对数字经

① 梅宏．大数据与数字经济［J］．Cismag 信息安全与通信保密，2022-06-26.

济、数字社会、数字政府建设做出系统部署。

3. 推动人才工作数字化转型是顺应人才发展的必然要求

人才工作新形态要求加快数字化转型。数字技术革命改变并创造了新的劳动现实、过程和形式，数字劳动、虚拟工作等人才工作形态出现，在线工作、在线交流、众包日益流行，重构了劳动和社会关系，人才工作对象、范围、方式日益数字化、智能化、个性化，要求加快人才治理数字化转型，为新的劳动形式、发展形态，创造合宜的氛围、奠定重要基础。

人才供求变化需要加快数字化转型。充分把握数字化发展趋势、有效开发和利用数字技术，把潜藏的人才自身不同维度的知识、能力发现、激发出来，就能够更早更快更好地发掘人才供给无限可能、激发人才供给无穷力量[①]。

4. 加快数字化转型，提升人才发展治理水平

加快数字化转型，加快数字化系统建设，是推进人才发展治理现代化，提升治理能力的重要举措。习近平总书记高度重视数字化建设，多次强调要抓住数字化的机遇，大力推进"数字中国"建设，建立健全大数据辅助科学决策和社会治理的机制，推进政府管理和社会治理模式创新，实现政府决策科学化、社会治理精准化、公共服务高效化，提升国家治理现代化水平。

人才工作是党的工作、国家治理体系的重要组成部分。人才发展治理成效关系着国家治理效能。人才领域是数字化转型、数字化建设的重要组成部分，把握数字时代信息技术发展的趋势、适应数字经济发展的要求，加快推进人才工作数字化转型，让数字赋能人才发展，让数字化转型成为人才引领发展的重要动力，是深入实施新时代人才强国战略的题中应有之义。

---

① 汪怿. 推进人才工作数字化转型［EB/OL］. 大国人才，2022-06-02.

数字化转型助力人才发展治理现代化。人才发展治理主体应着眼数字化发展趋势，加快数字化系统建设，积极推动数字化转型，广泛运用数字技术，强化数据共享、流程再造和业务协同，使人才发展治理体系更智能、人才发展治理能力更提升，使“智治”渗透到人才发展治理体系现代化的方方面面，更好地赋能和服务于人才开发，更精准地激发人才的创造活力和激情[①]。

（二）推动党委、政府人才发展治理数字化转型

1. 数字化转型是创新人才的转型

吴江认为，数字化转型，从根本上说，是创新人才的转型。为此，需要重新定义数字人才。专业知识与专门技能已不能反映数字人才的本质特征。数字人才的核心本质要素不是专的问题，而是跨领域、跨学科。人才培养必须把软技能潜能与硬技能知识的双重培养结合起来。人才工作能否转型关键在于能否抓住未来人才的先机，这非常具有挑战性。人才工作未来最大的使命就是创造新价值，就是能够在国际竞争当中占据优势。

2. 数字化转型是人才发展治理创新

人才工作数字化转型，重在激发“人”的数字化转变，由上而下管理思想的转变，推动人才工作职能和方法的转变；是数字技术推动下的思维模式转变，本质上是战略、组织、文化、流程、管理体系全面变革；要统筹运用数字化技术、数字化思维、数字化认知，把数字化一体化贯穿人才发展治理全过程，对人才发展治理的体制机制、组织架构、方式、流程、手段、工具进行全方位系统性重塑；要把握数据、技术赋能策略，积极释放数字化蕴含的巨大能量，有效激活人才、市场主体、社会和政府的内在动能，不断提升人才治理的配置效率、人才工作的运行效率、人才发展治理的整体

---

① 汪怿．推进人才工作数字化转型［EB/OL］．大国人才，2022-06-02．

效果；要把握一体化全方位制度，重塑数字资本的改革特征，全面构建数字化治理新模式，推动管理流程和规则的深层次变革，以更大力度推进人才工作流程再造、规则重构、制度创新；要加强人才工作数字化顶层设计，建立统一的人才信息公共服务平台，构建国际国内人才流动监测体系。

3. 数字化转型实现“赋能人才”目标

人才工作数字化，不是简单的人才工作信息化，而是有着更深层次的意义和更长远的目标，需要重新定义数字化转型、数字人才和人才培养、引进、管理。数字化的显著优点，是可以让外部资源组合的效率更高、成本更低。数字时代的创新、人才集聚，必须强化协同创新。未来人才分工管理职能应转变为协同创新治理职能。人才工作从战略上要学会从竞争逻辑转向共生逻辑。要运用大数据、云计算等技术手段实现智能化转变，充分采集有机关联各类人才数据，构建数据应用基本框架，构筑人才工作数字底座，围绕人才需求、业务协同，实现全方位赋能，持续拓展人才工作的应用场景，使人才引进、培养、评价、服务等各个环节无缝对接紧密相连，通过数字化与智能化举措实现革命性重组，促进人才工作流程、机制、体制的进一步创新和协同发展优化再造，提升人才发展治理现代化水平，实现人才工作能力整体跃升，优化人才创新创业环境，实现聚天下英才而用之。

4. 推进人才工作数字化转型探索

人才工作以人为核心，网络外向，伴随日新月异的外部环境和越发活跃的人才流动，每天都在产生新的海量数据，也持续改变着人才工作的开展方式和人才生态环境。数字时代已经来临，人才工作也应主动转型，立足大势，面向未来，不断缩小数字鸿沟，释放人才数据价值，努力提升人才发展治理能力的现代化水平。人才发展治理能力现代化，除了向市场化、社会化、法治化转型，还应着眼数字化发展时代趋势，积极推动数字化转型，进而实现人才发展“智治”。“数字赋能”思维正逐渐延展至人才发展领域。浙江嘉兴和上海、武汉等地正积极探索人才数字化转型之路。

5. 让人才治理科学决策有“据”可依

浙江嘉兴推行人才码已经一年多，人才领取人才码之后通过人才码来享受服务，可以精准地掌握人才队伍结构、年龄层次、学历、行业分布、流动的情况，也能掌握人才更希望享受哪些服务，更常用哪些服务，也便于下一步推出更加适合人才、含金量更高、更受人才欢迎的服务和举措。通过使用人才码，人才会形成一系列大数据，作为管理端，政府可以用大数据进行人才治理。可以推进全周期全渠道全智能的人才服务，用数字化推进人才服务集成化，也可以推进人才一体化发展。浙江在各市推行人才码的基础上，正在尝试打破地市壁垒，实现省内人才服务一体化。

6. 助力人才链产业链创新链科学匹配

人才工作数字化转型，要看人才大数据是否真正能有助于人才链与产业链、创新链科学匹配。当前关键核心技术“卡脖子”问题已引起全国共同关注，各地都在积极投入一些比较大的项目，比如芯片制造、大规模集成电路、生物医药等，但关键核心技术领域高端人才与创新链、产业链的匹配是不是最佳匹配，是否重复建设，目前尚没有一个科学依据可以判断。未来要通过人才大数据，真正地去帮助实现人才链、创新链和价值链的科学匹配。

7. 让人才参与信息采集、加大平台建设力度

人才工作数字化智能化帮助人才治理实现科学化，人才大数据本身也可能会形成一个全产业链，贯穿人才发现、人才评价、人才数据交易，以至人才数据产业化应用。人才工作数字化转型势在必

行，要一手抓信息采集，一手抓平台建设。由于人才的特殊性，人才工作数字化转型还面临诸多瓶颈制约。数据之间相互独立，在更深层次的数据集成、数据互联、数据应用等方面还存在一定壁垒，普遍存在如何采集、如何连接、如何使用的困境。

需要克服三个困难：一是对人才工作数据这个战略资源认识还不到位；二是人才大数据还比较分散、割裂；三是人才进行数据采集和应用的主体作用尚未完全调动起来。人才大数据就是人才行为自身的过程中产生的数据，要充分调动人才主体的积极性，让人才愿意主动地把数据进行分享，进而实现人才参与人才治理。人才工作数字化转型也面临人才数据使用的规范性、伦理性、合法性等方面的考验。面对机遇挑战，要依赖良好的数字化基础和最具活力的人才资源，进一步推进人才发展数字化转型。

（三）推动人力资源服务业发展治理数字化转型

1. 数字化助力人力资源服务业转型

随着新科技迅速发展和广泛应用，服务第一资源的人力资源服务业也进入了数字化转型、平台化升级的关键时期。在新科技驱动下，人力资源产业规模化、专业化、国际化程度不断提升，集聚力、辐射力、影响力持续加强，已成为国民经济稳步发展的重要支撑。人力资源服务业正处在粗放发展阶段，急需转向一个寻求思路、技术、产品突破的关键时期，从而实现从低端业态向高端业态、从量变到质变、从粗放向集约发展，这种突破就是要靠科技创新驱动。未来大数据、云计算、区块链、人工智能等新技术，与人力资源服务业深度融合，获取新动能，这样的前景指日可待。

2. 数字化推进人力资源管理服务创新

新科技在重塑组织、颠覆产业、变革时代的同时，更全面赋能于人，改变人类的生产生活方式，提升人类的潜能和价值。从现在到未来是人力资源 3.0 时代，即人力资源数字化转型，通过认知计算和个性化设置，引入人工智能进入人力资源服务领域。随着世界经济及人力资源管理模式发展，还将出现一种透明的方式来提供员工的管理和服务。它关注经验和技能，它的输出是交互，员工和企业的交互，人力资源部门和员工的交互，员工和经理的交互。

数字化深度走进人力资源服务。如金柚网不断创新产品和服务，大幅提升效率并优化用户体验；借助大数据、人工智能等数字新技术，打造开放的人力资源交互创新平台，为 6 万多家企业提供定制化、专业化人力资源服务和解决方案，优化企业人力资源体系，从而满足企业战略发展的人才需求。

3. 数字化转型成为新业态新趋势

在招聘中引入新科技，直播招聘、视频面试、AI 面试走进大众视野。2020 年全国各类人力资源服务机构通过网络发布岗位招聘信息 16.47 亿条，同比增长 307.10%；发布求职信息 8.4 亿条，同比增长 2.04%。数字化技术的发展有利于提高供需结合效率。在线技术的普及让一名劳动者从一天参加 2–3 场面试变为 1 天可参加 10 场面试，人工智能技术应用使企业对劳动者评估更为完善，有利于增强匹配效果，降低劳动者入职后的离职率。

4. 支持发展数字经济促进就业

国家发改委等 19 部门发布《关于发展数字经济稳定并扩大就业的指导意见》指出，以大力发展数字经济促进就业为主线，以同步推进产业结构和劳动者技能数字化转型为重点，加快形成适应数字经济发展的就业政策体系，提升数字化、网络化、智能化就业创业服务能力，拓展就业创业新空间，着力实现更高质量和更充分就业。人社部出台《网络招聘服务管理规定》，对网络招聘服务活动准入、服务规范、监督管理、法律责任等做出规定，为人力资源服务业促进就业创业营造良好市场环境。国务院印发的《“十四五”数字经济发展规划》提出，鼓励个人利用社交软件、知识分享、音视频网站等新型平台就业创业，促进灵活就业、副业创新。

5. 数据赋能人力资源服务业的对策建议

（1）加强顶层设计合作，推动人力资源服务业数据标准和规范编制，做好数据开发利用准备。一是加强统筹联动，建立统一标准；二是实践付费开放，提升数据质量；三是紧抓用户需求，营造产业生态圈。

（2）开展新基建合作，设计“1+X+3”的人力资源服务产业大数据中心架构，夯实平台层和数据层基础。新基建驱动的人力资源服务产业大数据中心建设面临三大机遇：一是 5G+X；二是云网融合；三是自主创新。

（3）聚焦用户需求体验，围绕政府、企业、个人层建设创新示范应用，引领和丰富行业应用场景。一是针对政府用户层面，重点围绕人力资源服务业的态势感知、决策支撑打造创新示范应用；二是针对企业用户层面，建议重点围绕灵活用工，中高端人才智力资源共享打造创新示范应用；三是针对个人用户层面，重点围绕人才政策、人才精准服务打造创新示范应用。

（4）建立试点运行机制，选择适宜的区域先行试点建设后进行分步推进，引领和拓展行业发展路径。一是选择试点区域；二是以“企业人力资源公共服务云”建设为切口；三是由人力资源服务产业园与国内人力资源服务业的头部企业联合大数据中心组建“人力资源大数据工程实验室”[①]。

① 九三学社成都市委. 数字化“赋能”人力资源服务助推生产性服务业高质量发展［EB/OL］. 成都市政协，2021-02-04.

（四）推动企业人才发展治理数字化转型

1. 人才管理数字化转型之路

数字化转型已成为企业的核心战略，首要的就是自身人才管理的数字化转型，即数字化人才管理，就是人才管理要数据化。首先，要采集有效数据。其次，要建立分析模型，通过数据分析得出人才管理建议和决策。（1）技术层。一是IT技术，即大数据、AI人工智能及云计算等核心技术以及PaaS和SaaS系统平台。二是人才管理的专业技术，包括人才的各种指标库、模型库、题库、常模库、量表库等大数据库。二者共同形成有力的技术底层，支撑整体数字化人才管理。（2）工具层。开发人才管理工具，包括敬业度满意度调研、组织氛围调研、素质测评、360度评估、AC评价中心、各类工作坊、个人IDP等。（3）应用层。解决招聘选拔、人才盘点、梯队建设、高潜识别等问题。（4）决策层。做好人岗匹配、团队匹配、人与战略匹配等；更好的自我认知，明确的职业路径等。技术层是基础，工具层是手段，应用层是路径，决策层是目的。用数据驱动决策，提前规避用人风险和解决人才管理难题，制定更前瞻的人才管理规划，支撑公司战略和人才战略有效落地①。

2. 加强互联网平台运用

互联网平台企业以其信息采集、用户连接、大数据、云计算、人工智能等技术优势，为公共应急危机处理提供了新思维、新方法、新经验，推动了国家治理数字化转型，促进了互联网平台企业嵌入国家治理与社会发展的融合趋势。互联网平台能有效弥补政府在信息传播与资源适配上的短板，推动社会治理结构创新发展，促进国家治理数字化转型，是加快社会数字化转型的重要驱动力。

激发互联网企业助力国家治理现代化，提高政府治理能力，加

---

① 李曙光．构筑人才管理的数字化转型之路［EB/OL］．搜狐网，2020-05-11．

快国家治理现代化，需进一步优化政策，创新政、企、社协同机制。一是政企间数据合作共享应常态化与制度化；二是政府部门的公共治理资源统筹，应将互联网平台企业纳入；三是公共危机应急管理体系中，探索政府与互联网平台企业的合作机制[①]。

3. 加强大数据运用

（1）完善行业人才数据。打通同行业不同企业人才数据，对行业人才发展有重大价值。（2）为人力资源规划提供更为科学、全面的信息与数据基础。能有效挖掘和利用信息资源，提高管理工作准确性和客观性。通过挖掘员工基本信息、考勤记录、工作记录、奖金信息、变动信息、培训经历、培训考核情况、销售及生产数据，可获得人力资本生产率指标，如人均销售额、流失率、出勤率，通过对这些数据信息的科学分析，实现人力资源管理科学决策。（3）基于人才数据库的招聘将在招聘信息发布、简历收集筛选、人才测评、人岗匹配等方面提高工作效率和效果。（4）帮助企业实现人才与岗位有效匹配，实现“为岗择人”和“为人择岗”。（5）通过大数据建立起来的绩效数据库，可使绩效数据分析更加客观和便捷，使绩效管理从繁琐的数据分析中解脱出来。（6）员工信息数据库使劳动关系管理变得更加科学规范，有利于防范用工风险。（7）完善企业内人才数据，提升人才使用准确性。

4. 加强区块链运用

（1）以创新技术解决行业痛点。基于区块链技术开发的企业人力资源管理平台——才链云是区块链和人力资源合力之举，首次把区块链应用于人力资源管理，实现区块链跨界创新应用落地。区块链利用去中心化、数据不可篡改、分布式记账等特性，所有信息均保存在 Talust 公有链上，可实现信息追本溯源，营造更加安全真实

① 张志安. 互联网平台企业推动 国家治理数字化转型［N］. 南方日报，2020-09-28.

的个人、企业、商业环境；避免简历造假、虚假招聘及招聘平台管理繁琐等弊端，提高人力资源管理系统和企业管理体系运行效率。

（2）个性化定制开发，为企业量身打造更好的用户体验。企业人力资源管理，很难找到完美匹配自己的管理手段以及业务模式的管理产品。对于这类企业，定制开发一套专属的管理系统是最好的解决办法。除了人力资源管理通用功能外，才链云还推出定制开发服务，编写贴合所需场景应用的智能合约，并能通过智能合约构建出符合商业逻辑的区块链应用。在产品研发前，才链会先收集企业所需功能、服务、维护等需求 ，根据企业所需个性化定制产品，量身打造最适合企业使用的高端产品。

（3）引领全球信用产业发展。区块链是“信用机器”，它通过技术手段帮助人们降低信任成本，确保信息安全。这是区块链的“初心”，也是它的最大价值。Talust 通过区块链技术和人的数据信息存证需求完美结合，记录人的全生命周期里各项重要、真实的用户数据信息。Talust 通过与多平台合作，构建个人信用数据体系，应用于人才招聘等多领域中，实现在各种社会关系体系中“人人真实”的信用模式。在区块链技术与人类信息存证应用中，Talust 项目对于信用社会的建立具有划时代意义。

5. 加强人工智能运用

（1）胜任力与人工智能结合。每个行业、企业、层级、岗位对员工都有特定的胜任要求，借助人工智能，将巨量不同属性的胜任力归类、计算，将大大降低人工判断岗位胜任力所投入时间成本，提升岗位胜任力的有效性。（2）建立员工行为库。通过人工智能分析绩优人员日常工作行为，建立绩优人员行为库，胜任力模型精准性将会大幅提高。高潜人才、管理潜力人才、技术专家类人才都可借助人工智能来实现。（3）绘制个人学习画像。通过人工智能技术，结合员工兴趣、发展目标、胜任力情况，绘制出个人学习画像，为员工学习发展、达成高绩效导航。

6. 加强云计算技术应用

（1）人力资源管理系统可根据不同企业不同需求，进行定制化服务，做到随时更新、信息共享。（2）招聘系统采用冗余存储的方式确保了招聘数据的准确性。从不同渠道广泛收集简历，同时将收集到的简历形成标准格式，并实现智能识别，避免数据重复输入，保证每条人才数据有效性。（3）绩效管理系统可将员工特性与绩效考核工具的特点进行自动匹配，根据被考评对象的职位特点，灵活选择恰当的考评工具。（4）人力资源管理系统具有薪酬与计算功能，可确保员工薪酬数据的核算更加方便有效。

7. 加强全流程数字化管理

（1）人才画像：数字化塑造“面向未来的”人才画像，AI 算法让人才画像更有应用价值。（2）人才吸引与招聘：人才吸引与招聘是领先的数字化人才管理阵地，吸引大量新技术和产品涌入。（3）绩效管理：数字化时代，绩效管理是战略支撑与持续改进、员工激励与成长平台。（4）人才盘点与发展数字化：实施人才盘点技术，应具备一定的内部人才管理数字化基础，助力内部人才发展数字化的成功，提升 HR 影响力，延长员工生命周期。（5）全职业生涯学习：数字化新技术引领组织学习变革，从知识学习到能力发展，无论企业规模大小和发展阶段，都面临将“系统化”能力转变为“数字化”能力的挑战。（6）组织效能与员工敬业：组织效能评估不仅停留在财务度量层面，需将人才管理状况和员工感知纳入。（7）多元评估组织效能，根据企业业务发展特点定义关键组织效能指标。纳入人才结构、高潜人才保有率、员工敬业度、离职率等指标，更直接、及时和真实地获得员工反馈。（8）共享服务与员工体验：新技术让员工共享服务水平飞速提升。数字化核心发展过程中，要收集员工心声，做机器人服务。

8. 加强数字化人才团队建设

人才困境是企业数字化转型的一个巨大挑战。拥有一批数字化人才是企业数字化转型的核心驱动力。企业数字化转型既涉及技术层面，还须从企业的企业文化、战略目标、组织建设、业务流程等方面实施再造。数字化人才团队建设至关重要，其主要构成：

（1）数字化领导者。带领企业进行数字化转型的引领者，必须具备数字化的思维，对数字化发展有坚定的信念，并且对企业的业务系统相对熟悉，能够找到企业业务发展与数字化转型的接口，能够加强企业内部、外部供应商、客户之间关系互动和数据流通，推动企业传统组织方式、运营模式与数字化技术的融合。

（2）数字化专业人才。企业数字化转型的底座，是基础中的基础，企业需要通过他们来打造领先的数字化平台，支撑数字化转型的实现；有传统的系统工程师、软件工程师、硬件工程师，也有新兴的区块链工程技术人员、大数据专家、用户体验师等。

（3）数字化应用人才。将数字化专业技术与企业转型实践结合起来的人才，是企业数字化转型成功与否的关键；来自战略、企管、营销、财务、人力资源、生产制造等各业务领域，基于业务运作实际需要，提出数字化需求，应用数字化技术，将数字化与业务发展需要相融合，真正实现数字化对企业价值创造。

数字化专业人才培养关乎整个社会发展，需要政府、高校、企业共同发力。许多企业正在建立一个数据科学团队，包括具有大数据分析知识和专业知识人员，及 IT 和业务领域行业专家；一起补充彼此的专业知识，互相协作并提出业务问题解决方案。

四、加强信息化人才资源开发

（一）我国信息化人才供需分析

信息化人才内涵较广，包括发展数字经济所需的数字人才，网络安全和信息管理人才，等等。数字人才日益成为我国创新驱动发展、企业转型升级的核心竞争力。数字人才不仅是拥有 ICT（信息和通信技术）专业技能的人才，更涵盖了其他与信息技术专业技能互补协同的跨界人才。具体而言，从价值链的数字化转型角度出发，将数字人才分为六大类：数字战略管理、深度分析、产品研发、先进制造、数字化运营和数字营销人才[①]。

1. 供需分析是实施人才战略的需要

我国正在从国家层面上推动“人才强国战略”的实施，各级地方政府也在大力推行人才政策，但在落实和开展过程中仍存在诸多尚未解决的问题。一是数字经济发展需要什么样的人才，在目前的“人才强国战略”框架下没有清晰的说明；二是数字人才储备情况如何，人才结构是否合理，有哪些优势和短板，这些问题在制定人才战略时并未得到充分考虑；三是哪些因素对吸引数字人才具有重要意义，这是政府在制定人才政策时面临的主要问题[②]。

2. 数字经济成为就业主渠道

在全球疫情影响下，实体经济面临内外部环境复杂严峻、下行

① 清华经管学院. 中国经济的数字化转型：人才与就业——中国数字人才现状与趋势研究报告［R］. 数据观导读，2018-01-17.

② 陈煜波. 数字人才是中国经济数字化转型的核心驱动［EB/OL］. 新浪财经 - 自媒体综合，2019-01-30.

压力较大等挑战，数字经济就业逆势提升，获得更多发展机遇。在众多数字经济平台上，实现了人才共享，人才就业新空间也被打开，数字化新业态、新需求、新经济激发了就业新动能。

2017 年我国数字经济领域就业人数达 1.71 亿人。2018 年我国数字经济领域就业岗位为 1.91 亿个。专家预测数字经济就业岗位已超过 2 亿。视频制作、网络主播、平台经济、共享经济蓬勃发展，孕育出丰富就业方式，灵活就业成为当下年轻人就业新选择。截至 2021 年底，我国灵活就业人员已达 2 亿人，其中从事主播及相关职业人员 160 多万人，较 2020 年增加近 3 倍。

3. 信息化人才供不应求

传统人才培养管理模式无法满足数字经济发展需求。人才培育与社会需求存在错位；高水平创新人才供给不足；就业服务保障体系有待完善。我国信息技术人才严重匮乏，已成为产业发展的严重制约因素。据教育部、工信部等共同发布的人才需求报告测算，全国计算机应用专业人才的需求每年增加百万人左右，而我国大专院校每年却只有约 4 万名信息技术相关专业大学生。

4. 数字经济人才需求巨大

随着经济数字化转型不断深入，拥有专业数字技能人才需求急剧增长。数字技能类人才短缺的三个主要表现：一是拥有顶尖数字技能的人才供不应求；二是具备数字技术与行业经验的跨界人才供不应求；三是初级数字技能人才的培养跟不上需求增长。数字技能人才短缺制约企业数字化转型，影响整个经济数字化转型进程①。

据腾讯研究院《中国数字经济发展观察报告（2021）》显示，数字经济时代的人才需求结构发生革命性变化：一是政府对数字化

---

① 陈煜波. 数字人才是中国经济数字化转型的核心驱动［EB/OL］. 新浪财经 – 自媒体综合，2019–01–30.

综合管理人才需求强烈；二是传统企业对数字化应用人才需求强烈；三是科技企业对数字技术研发人才需求强烈；四是个人对数字技能和新兴技能需求强烈[①]。

中国信通院发布的数据显示，目前中国数字化人才缺口接近1100万，随着全行业数字化的快速推进，这一缺口还会加大。紧缺的数字化人才不仅包括数字产业化创造的数字技术、数字教研岗位，也包括产业数字化转型过程中产生的大量数字技能人才。当下，数字经济领域，特别是元宇宙创新领域，紧缺的人才包括网络基础设施、芯片、可穿戴设备、网络及运算技术、交互技术、人工智能、3D引擎、区块链等12个领域[②]。

清华经管学院互联网发展与治理研究中心联合LinkedIn发布的报告显示，目前中国85%以上数字人才分布在产品研发领域，而深度分析、先进制造、数字营销等领域职能人才加起来不到5%。大数据分析、先进制造、数字营销等新兴技术相关职能数字人才存在较大缺口，新兴技术人才和创新型人才培养滞后。

人才缺失严重制约各行各业数字化发展速度。在人工智能领域，美国从业者数量在85万人以上，印度15万人，英国14万人，中国仅5万多人。据统计显示，我国仅人工智能人才缺口就达到500万人以上。到2025年我国大数据人才缺口将达200万人。

5. 技能型信息化人才和高层次信息化人才严重缺乏

技能型信息化人才指一线软硬件开发人员和应用操作人员，也就是信息产业的蓝领工人，这部分人工作具有很累、重复、枯燥、收入相对不高等特点，很多人不愿从事这些工作，导致这部分人才

---

① 腾讯研究院. 中国数字经济发展观察报告（2021）[R]，2021-12-16.

② 李晓平. 聚焦投洽会丨中国元宇宙产业人才峰会举行，成立中华全国数字化人才培育联盟[EB/OL]. “学习强国”厦门学习平台，2022-09-11.

缺口很大；高层次信息化人才主要指既懂管理又懂技术还熟悉国际惯例的领军人才和具有国际水平的高级技术人才。上海、北京、广州等信息化程度较高的城市相当缺乏这方面的人才。

“技术 + 管理”的复合型人才“一将难求”。据中国软件行业协会发布的《中国 ICT 人才生态白皮书》显示，2017 年 ICT 产业人才总体需求缺口在 765 万人，到 2020 年已经接近 1100 万人，且伴随着行业数字化转型进程加速，全国全行业数字化推进需要更为广泛的数字化人才引入，ICT 人才需求缺口依然在持续扩大。

缺乏信息管理人才。信息管理人才的特点是，既要懂一些信息技术又要懂行政或企业管理知识以及相关的国家或行业标准与法规。由于信息化工作用到的都是高新技术，所以重技术轻管理的思想比其他行业更突出，忽略了管理人才的培养，“三分技术七分管理”，信息管理人才的缺乏不利于信息化事业的持续高效推进。虽然我国高校已专门开办了有关信息管理专业，但由于开办时间不长，毕业人数不多，还无法满足社会需要。

缺乏信息安全人才。中央已把信息安全提到关乎国家安全的战略高度。习近平总书记强调，要加强信息安全人才建设与培养工作，要有高素质的网络安全和信息化人才队伍。我国已形成从专科到博士的信息安全高等教育人才培养体系，具备每年培养信息安全专业高级专门人才近万人的能力，但网络安全人才培养规模和能力还远远不能适应发展需要。网络安全是技术性和专业性非常强的新兴领域，并且网络技术的更新发展极其迅速，网络安全专门人才尤为匮乏，加快网络安全人才建设迫在眉睫[①]。

6. 信息化人才培养不能满足用人单位需要

工业与信息化部已全面启动全国信息技术人才培养工程，加快

① 习近平. 树立正确的网络安全观［EB/OL］. 新华网，2016-04-20.

培养一大批高、中和初级信息技术专业人员和后备人才。目前我国开展信息化专业人才培养的正规大专院校有200多所，包括计算机科学与技术、通信工程、信息与计算科学、电子信息科学与技术、信息工程、软件工程、网络工程、信息安全、电子商务、信息管理等十多个学科专业，社会各种职业院校、认证或资格培训机构多达数千家。很多大专院校或中专职业学校都在办信息技术专业，这些培养机构培养目标模糊，教学内容滞后，课程设置与使用教材不规范，培养质量评价指标不健全，不能适应信息产业发展需求。

（二）我国信息化人才队伍管理存在的主要问题

1. 产学研分割，缺乏系统全面预测规划

网络与信息化、工业与信息化、教育和科技主管部门各自独立组织专家制定中长期发展规划及相关政策，统筹与协作不足，未能形成一个高度统一的国家信息化人才发展总体规划，不利于我国信息化人才和信息产业协调发展，教育系统培养出来的信息化人才可能在规模或素质上不能满足信息产业和信息科学技术发展需要。

2. 信息化人才标准缺乏统一定义

传统人才标准是1982年国家人事部制定的“中专毕业”或“初级职称”。按照2003年12月19日全国工作人才工作会议的“重能力轻学历”“人人都可以成才”的大人才观，传统的人才标准或统计原则不适用了。必须制定信息化人才最低标准要求的指标体系，以便学校进行针对性培养及使用单位进行选才。

3. 信息人才管理机制不健全

信息技术日新月异，知识更新比其他行业要快得多，在职培训非常重要，我国目前信息化人才继续或终身教育制度还很不完善。在管理上还存在这些问题：人才选拔与用人机制不健全，造成任人唯亲和人才埋没；人才评价机制不完善，挫伤了人才积极性；人才合理流动机制不健全，尤其是户籍、档案、社保、子女就学等保障制度及流动争议制度与商业秘密保护措施不完善，限制了一部分人才合理流动，人才缺乏与闲置并存；激励、竞争和薪酬制度不健全，不利于发挥人才最大效能；重体制内人才轻体制外人才，重学历、职称，轻能力、业绩，重人才使用、轻人才投入等。

4. 公民信息化素质有待提高

大多数人缺乏有关计算机、互联网等方面的基本常识，对国家信息化、企业信息化和家庭信息化重要性和必要性认识不足，也没有真正认识到知识经济或信息经济对未来工作、生活和学习的重要影响，不利于信息化人才队伍建设和信息化工作的推进。

（三）加强我国信息化人才队伍建设的对策建议

1. 大力开发信息化人才资源

习近平总书记强调：网络空间的竞争，归根结底是人才竞争。建设网络强国，没有一支优秀的人才队伍，没有人才创造力迸发、活力涌流，是难以成功的。念好了人才经，才能事半功倍①。建设网络强国，要把人才资源汇聚起来，建设一支政治强、业务精、作风好的强大队伍②。要推动人才发展体制机制改革，构建具有全球竞争力的人才制度体系，为信息化事业发展提供有力人才支撑③。要站在科技和产业发展高度，对未来15年我国信息化人才需求进行系统研究，加强需求预测，为国家相关部委提供权威决策依据，

---

① 习近平．在网络安全和信息化工作座谈会上的讲话（2016年4月19日）[EB/OL-N]. 人民网—人民日报，2016-04-26.

② 习近平主持召开中央网络安全和信息化领导小组第一次会议，李克强、刘云山出席 [EB/OL]. 新华网，2014-02-27.

③ 中共中央办公厅 国务院办公厅印发《国家信息化发展战略纲要》[EB/OL]. 新华社，2016-07-27.

研究制定我国信息化人才发展整体规划[①]。

2. 强化智慧治理人才支撑

智慧政府建设亟须提升专业化、复合型治理能力。目前，我国政府职能管理部门能够熟练运用大数据技术专业人才较少。培养既懂业务又懂大数据技术复合型人才刻不容缓。智慧政府中人才队伍建设事关核心行动者、中层管理者、街头官僚这三个层级人员的专业能力建设。街头官僚是推动智慧政府建设的主要力量，需要招录、培训直接面对“用户”及处理“海量信息”的一线工作人员，他们在熟练掌握政府组织结构职能、运作方式的同时，还需具备与工作相符的融合应用大数据的能力和数据挖掘能力[②]。

3. 加强人才队伍建设

打造适应数字化转型需求的数字化人才培养体系，为未来转型发展储备合格人才[③]。将数字经济领域人才纳入各类人才计划支持范围，探索高效灵活的人才引进、培养、评价及激励政策。打造多种形式高层次人才培养平台，加强后备人才培养力度，为科技和产业发展提供更加充分人才支撑[④]。要坚持以数据为纽带促进产学研深度融合，形成数据驱动型创新体系和发展模式，培育造就一批大数据领军企业，打造多层次、多类型的大数据人才队伍。

4. 造就一批领军人才

推进数字经济和前沿数字科技创新相关学科建设，培养一批

---

① 习近平．敏锐抓住信息化发展历史机遇 自主创新推进网络强国建设［EB/OL-N］．人民网—人民日报，2018-04-22．

② 余敏江，以智慧政府建设推进社会治理现代化［EB/OL-N］．中国社会科学网－中国社会科学报，2020-04-24．

③ 梅宏．大数据与数字经济［EB/OL］．求是网，2022-01-16．

④ 习近平．加强领导做好规划明确任务夯实基础　推动我国新一代人工智能健康发展［EB/OL-N］．人民网—人民日报，2018-11-01．

勇闯科技创新“无人区”的领军型人才[①]。依托国家重大人才工程，加大对信息化领军人才支持力度，培养造就世界水平科学家、网络科技领军人才、卓越工程师、高水平创新团队和信息化管理人才。吸引和扶持海外高层次人才回国创新创业，探索建立海外人才特聘专家制度、技术移民制度，提高我国在全球配置人才资源能力[②]。

5. 壮大专业人才队伍

健全信息化人才培养体系，加快形成结构多元、层次合理的人才队伍。要引导企业优化综合型数字化人才的开发投入机制和选拔培养体系，培育海量技术技能型人才，以职业教育培养高素质技术技能人才、能工巧匠、大国工匠，引导职业教育更好服务制造强国和数字中国建设；以赛促研、以赛促学，广泛组织开展与数字技能相关的职业技能竞赛。着力培育更多创新研发与高层次应用型专业人才。培育大量善于跨界整合的高端人才，加快推进面向数字经济的新工科、新文科建设，发展新兴交叉专业，促进各学科互促共进[③]。规范信息化专业的课程体系和使用教材以及实验环境；制定完善学科专业评估指标体系；国家创新体系、国家科技平台和国家实验室建设应考虑区域平衡性问题，在省市县区建设一批大型、综合、开放的实习基地，产学研相结合，加强国际合作，促进信息化人才创新能力、动手能力及创业能力培养。

构建以高等教育、职业教育为主体，继续教育为补充的信息化专业人才培养体系。在普通本科院校和职业院校中设置信息技术应

① 武汉大学国家发展战略智库课题组．激发数字经济发展潜能［EB/OL］．求是网，2022-01-16．

② 中共中央办公厅 国务院办公厅印发《国家信息化发展战略纲要》［EB/OL］．新华社，2016-07-27．

③ 武汉大学国家发展战略智库课题组．激发数字经济发展潜能［EB/OL］．求是网，2022-01-16．

用课程。推广订单式人才培养，建立信息化人才培养实训基地。支持与海外高水平机构联合开展人才培养①。鼓励与高校、企业合作，依托社会化教育资源，开设一些大数据科学方面的中长期课程，打造多层次、复合型的大数据中层管理者人才梯队，科学规划与推进智慧政府建设进程。要实施网络安全人才建设工程，研究设立网络空间安全一级学科，打造一流网络安全学院和创新园区，完善相关政策，吸引和用好网络安全专业人才②。

6. 完善评价激励机制

根据信息化人才所必须具备的专业素质要求，制定品德、知识和能力等方面的指标体系。深化职称制度改革，推行职业资格制度；完善评价标准、评价手段、评价技术、评价规程和评价周期，建立规范、科学、社会化的信息化人才评价体系。建立有利于优秀人才脱颖而出并能充分施展才能的选人、用人机制，实现从“伯乐相马”到“赛场选马”；采取特殊政策，建立适应信息化特点的人事、薪酬制度。支持开展创新创业大赛、技能竞赛等活动，善用竞争性机制选拔特殊人才。建立健全科技成果知识产权收益分配机制③。引入股权、期权等多种激励机制，充分体现 IT 人才创新价值。

7. 提升国民信息技能

提高全社会数字素养和技能，夯实数字经济发展社会基础。数字经济是吸纳就业重要途径，提升全民数字素养和技能有利于缓解就业结构性矛盾。数字经济创新驱动实质是人才驱动，人才短缺是

---

① 中共中央办公厅 国务院办公厅印发《国家信息化发展战略纲要》[EB/OL]. 新华社，2016-07-27.

② 习近平. 树立正确的网络安全观 [EB/OL]. 新华网，2016-04-20.

③ 中共中央办公厅 国务院办公厅印发《国家信息化发展战略纲要》[EB/OL]. 新华社，2016-07-27.

制约数字经济发展重要因素之一，需要造就数以亿计适应数字经济发展、具备数字化知识结构和数字化动手能力的人才[①]。

一是推进中小学信息技术课程建设，推进信息化基础教育。把信息技术纳入国家9年制义务教育，从小学开始学习信息技术选修课程；把计算机语言课程作为初中必修课程，在中考、高考综合考试中加入信息技术方面的内容，并计入总分。

二是加强职业院校、技工院校数字技术技能类人才培养，深化数字经济领域新工科、新文科建设，支持企业与院校共建现代产业学院、联合实验室、实习基地，发展订单制、现代学徒制等多元化人才培养模式。在大专院校，按信息化人才最低要求组织非信息化专业学生学习信息技术知识，把信息技术作为基础课程，帮助他们把信息技术运用于本专业设计开发中。

三是建立终身教育培养制度，构建技能型社会，加快建成全民终身数字学习体系，构建面向全体人民、贯穿全生命周期、服务全产业链的数字学习体系，为信息化人才提供不断学习和提高的机会。制定“公民信息化素质标准或要求”，作为《全国信息技术人才培养工程》内容之一。

四是制订实施数字技能提升专项培训计划，开发和共享优质数字化教育资源，促进老年人、残疾人等特殊群体数字技能稳步提升，弥合数字鸿沟。实施信息扫盲行动计划，发挥博士服务团、大学生村官、大学生志愿服务西部计划、“三支一扶”等项目作用，为老少边穷地区和弱势群体提供知识技能培训[②]。

---

① 武汉大学国家发展战略智库课题组．激发数字经济发展潜能［EB/OL］．求是网，2022–01–16.

② 中共中央办公厅 国务院办公厅印发《国家信息化发展战略纲要》［EB/OL］．新华社，2016–07–27.

五是实施全民数字素养与技能提升计划，扩大优质数字资源供给，鼓励公共数字资源更大范围向社会开放。把公民信息化素质要求纳入《科普法》中，依法对公民进行信息技术宣传与教育。开展国家工作人员信息化培训和考核、大数据知识普及和应用技能相关培训，作为智慧政府能力建设的重要内容。

六是开展形式多样全民全社会数字素养和技能提升主题活动，营造社会共同关注、全民积极参与的浓厚氛围，让数字素养和技能融入经济、走进生活、植入文化、深入人心。塑造良好创新文化，营造激励创新、宽容失败的社会氛围和发展环境[①]。提高公民网络文明素养，强化数字社会道德规范。

8. 提升领导干部信息化水平

各级领导干部要加强学习，懂得大数据，用好大数据，增强利用数据推进各项工作的本领，不断提高对大数据发展规律的把握能力，使大数据在各项工作中发挥更大作用[②]；要主动适应信息化要求、强化互联网思维，不断提高对互联网规律的把握能力、对网络舆论的引导能力、对信息化发展的驾驭能力、对网络安全的保障能力[③]；要提高数字经济思维能力和专业素质，增强发展数字经济本领，强化安全意识，推动数字经济更好服务和融入新发展格局；运用信息技术提高党员、干部、人才管理和服务的科学化水平。

9. 健全信息化人才管理体系

一是促进人才合理流动。打破人才流动壁垒，完善人才流动服

① 武汉大学国家发展战略智库课题组．激发数字经济发展潜能［EB/OL］．求是网，2022-01-16．

② 在十九届中央政治局第二次集体学习时的讲话（2017 年 12 月 8 日）［N］．人民日报，2017-12-10．

③ 习近平．敏锐抓住信息化发展历史机遇 自主创新推进网络强国建设［EB/OL-N］．人民网—人民日报，2018-04-22．

务体系，鼓励引导人才到东北、西部、基层等地方工作创业，实现人才资源优化配置；建立信息化人才在政府、企业、各类研究机构和高校智库之间实现合理、高效流动的制度机制，让他们的智慧转化为核心技术、科技成果①；树立“不求所有，但求所用”理念，探索以“柔性流动”方式引进集聚所需的信息化专门人才。

二是优化人才发展环境。要尊重知识、尊重人才，为人才发挥聪明才智创造良好条件，提供广阔平台②；建立配套的户籍、档案、社保和子女就学等政策；加快推进人才法制建设，营造良好的政策环境、营商环境和创业环境，提供良好的工作、学习和生活环境，切实解决其后顾之忧；鼓励探索与创新，善待个性化人才，支持个性化人才发展；打破轻体制外人才的观念，加大非公经济组织和社会组织人才资源开发力度，聚天下英才而用之。

三是激发人才创造活力。加快信息化载体建设，构建创业、区域、服务和市场平台；健全人才培养、选拔、配置、使用、评价、激励、保障等机制；改革人才统计办法，建立全覆盖的信息化人才统计体系；改变“重使用轻投入”的观念，充分利用社会资本，加大投入力度；优化人才队伍，提升信息技能，为信息化事业高质量、可持续发展提供有力人才支撑。

① 尹立成．时评｜加强网信人才队伍建设 推动媒体融合纵深发展［EB/OL］．宣讲家网，http：//www.71.cn/2019/0131/1032762.shtml，2019-01-31．

② 习近平．在网络安全和信息化工作座谈会上的讲话（2016 年 4 月 19 日）［EB/OL-N］．人民网—人民日报，2016-04-26．

第九章　开发老龄人力资源　创新老龄社会治理

习近平总书记亲自擘画引领新时代老龄工作。党的十九大报告明确提出："积极应对人口老龄化，构建养老、孝老、敬老政策体系和社会环境，推进医养结合，加快老龄事业和产业发展"；做出"认真做好离退休干部工作"的部署和要求[①]。

2021 年 10 月 14 日，在重阳节来临之际，习近平总书记代表党中央祝全国老年人健康长寿、生活幸福；要求各级党委和政府要高度重视并切实做好老龄工作，贯彻落实积极应对人口老龄化国家战略，把积极老龄观、健康老龄化理念融入经济社会发展全过程，加大制度创新、政策供给、财政投入力度，健全完善老龄工作体系，强化基层力量配备，加快健全社会保障体系、养老服务体系、健康支撑体系；要大力弘扬孝亲敬老传统美德，落实好老年优待政策，维护好老年人合法权益，发挥好老年人积极作用，让老年人共

① 习近平．习近平谈治国理政．第三卷［M］．北京：外文出版社，2020：38、50．

享改革发展成果、安享幸福晚年[①]。

党的二十大报告提出，实施积极应对人口老龄化国家战略，发展养老事业和养老产业，优化孤寡老人服务，推动实现全体老年人享有基本养老服务[②]。

习近平总书记的重要指示和重要讲话，为实施积极应对人口老龄化战略，做好新时代老龄工作指明了方向，提供了遵循。

一、实施积极应对人口老龄化国家战略

（一）发达国家应对人口老龄化的经验借鉴

1. 人口老龄化趋势

人口老龄化是多种因素综合影响的结果，其中起决定性作用的主要是人口预期寿命与生育率。人口老龄化是全球性的，因为老龄化的主因，生育率下降及平均寿命延长是全球性的[③]。英国工业革命以后，随着全球老年人占总人口比重大幅上升，人口老龄化逐渐成为世界性重大挑战之一。最新数据显示，2019 年，欧盟 27 国 65 岁以上老龄人口达 9050 万人，占总人口的 20.3%；到 2050 年，65

① 贯彻落实积极应对人口老龄化国家战略 让老年人共享改革发展成果安享幸福晚年 在重阳节来临之际向全国老年人致以节日祝福［EB/OL–N］. 人民网—人民日报，2021-10-14.

② 习近平. 高举中国特色社会主义伟大旗帜 为全面建设社会主义现代化国家而团结奋斗——在中国共产党第二十次全国代表大会上的报告［EB/OL］. 新华网，2022-10-25.

③ 齐明珠. 全球应对人口老龄化的政策比较及启示［J］. 国家行政学院学报，2014-10-13.

岁以上人口将达到 1.298 亿人，占总人口的 29.4%[①]。

2. 人口老龄化标准

人口老龄化社会的标准有二：一是根据 1956 年联合国《人口老龄化及其社会经济后果》，当一个国家或地区 65 岁及以上老年人口数量占总人口比例超过 7% 时，则意味着这个国家或地区进入老龄化；二是根据 1982 年维也纳老龄问题世界大会，确定 60 岁及以上老年人口占总人口比例超过 10%，意味着这个国家或地区进入老龄化。据此，2000 年前后，全球已经进入老龄化社会[②]。

法国、英国、美国先后进入老龄化社会，欧洲则已经整体步入“超高龄社会”；日本已进入人口负增长时期，属于“超老龄社会”。全世界 65 岁及以上老年人口比例从 1950 年的 5.2% 上升到 2000 年的 6.9%，标志着全球人口已接近老龄社会水平，到 2010 年该比例上升到 7.6%，预计到 2050 年将达到 16.2%[③]。

3. 人口老龄化压力

人口老龄化的压力来自三个方面：一是可能带来劳动力市场供不应求；二是可能导致养老金计划入不敷出；三是对健康照顾计划造成庞大压力[④]。2002 年美国战略和国际问题研究中心发表一篇报告《全球退休危机：对世界稳定的威胁及对策》，称到 2050 年，发达国家公众开支将增加到 GDP（国内生产总值）的 13%，如果这些国家不对人口老龄化采取紧急措施，那么人口迅速老龄化带来的

---

① 张朋辉. 欧洲国家积极应对人口老龄化［EB/OL］. 人民网，2020-12-18.

② 黄石松，纪竞垚. 新时代我国人口老龄化的发展趋势与应对［EB/OL］. 光明网 - 理论频道，2019-05-20.

③ 齐明珠. 全球应对人口老龄化的政策比较及启示［J］. 国家行政学院学报，2014-10-13.

④ 同上。

医疗费用和退休金问题，将给世界稳定带来威胁[①]。

伴随着老龄化程度加深，欧洲多国老年人抚养比不断下降，社会养老负担不断加重。法国 GDP 的 14% 用于公共养老开支；如不进行必要改革，到 2025 年，公共养老开支缺口将超过 170 亿欧元；意大利、希腊等面临的形势更为严峻，其中意大利公共财政约 30% 用于养老金开支；德国养老机构也面临经费缺乏等问题[②]。

4. 应对人口老龄化挑战

欧盟委员会主席冯德莱恩表示，老龄化既是挑战，也是机遇，要充分评估人口老龄化对经济社会的影响；敦促欧洲国家积极应对人口老龄化，探索建立社会保障水平高、财政可持续的养老体系。面对日益增大的养老金支付压力，欧洲多国着手推动延迟退休等计划，探索居家养老、定制公寓养老等多元化养老方式；挖掘“银发经济”蕴含的商机，带动相关产业发展[③]。

一是探索多元化养老方式。

（1）立法保障老年人劳动权益。美国、日本、韩国等国家通过专门立法保障老年人特殊权益。如美国在 1935 年通过以养老保险为主体的《社会保险法案》，在 20 世纪 60 年代又颁布《美国老年人法》《禁止就业中的年龄歧视法案》（ADEA，1986 年修订），取消 70 岁年龄上限，使对象扩展为 40 岁以上劳动者。澳大利亚、加拿大、英国、挪威等国家，涉及老年人权益保护的相关条款，分散在人权保障法案、社会保障法案、社会福利法案中。立法的主要内容是老年人经济保障、医疗保健、护理保险、平等就业等权益保障。

（2）实施鼓励生育政策。俄罗斯、瑞典、德国、法国、西班

① 林珏. 中国人口老龄化问题研究［EB/OL］. 中国社会科学网，2019-07-12.

② 张朋辉. 欧洲国家积极应对人口老龄化［EB/OL］. 人民网，2020-12-18.

③ 同上。

牙、澳大利亚、日本、韩国等国家通过立法、奖励、补贴、假期、住房等措施鼓励生育。2005 年，韩国制定《低生育、老龄化社会基本法》，针对结婚、生育、子女养育等环节均制定奖励政策。2006 年，俄罗斯颁布实施“母亲基金”法案，从收入、教育、住房、就业及社保等多层面挖掘人口增值潜力。1995–2000 年，日本政府先后实施一系列“天使计划”，但人口出生率持续下降。

（3）实施移民等引才政策。美国实施职业移民政策，吸引全球人才。第一优先者为具有特有、特殊、特异技能的外国人、著名教授或杰出研究人员；第二优先者为具有高学历、特殊专长的专业人士；第三优先者为具有两年以上职业训练或两年工作经验的技术劳工、初级专业人员、非技术劳工①。美国采用雇主担保制度，建立杰出外国人才优先审批制度等，引进国外的杰出人才②，集聚全球高科技人才。美国等西方发达国家采取引入高素质年轻劳动力政策改善人口年龄结构，缓和人口老龄化进程，提升人力资本水平③。

（4）实行弹性退休制度。近年来许多人口老龄化程度较高的发达国家和新兴国家都推出了延迟法定退休年龄的改革计划④。一是出于对人口老龄化带来劳动力短缺的担忧；二是推迟养老金支付以达到减少支付的目的；三是延长养老金贡献的时间亦即增加养老金

① 毛黎．美国：成功的人才引进政策［EB/OL］．原创力文档知识分享平台，2017-05-12．

② 吴贵明．深化体制机制改革，优化海外引才用才环境，《人才发展体制机制改革理论与实践研究》［M］．北京：中国人事出版社，2016：227-228．

③ 齐明珠．全球应对人口老龄化的政策比较及启示［J］．国家行政学院学报，2014-10-13．

④ 习近平．促进我国社会保障事业高质量发展、可持续发展［EB/OL］．求是网，2022-04-15．

的罐子[①]。欧洲国家普遍采取延长退休年龄等措施，出台逐步提高退休年龄计划；提高最低养老缴费年限和提前退休门槛。国外不少国家将退休年龄定在63–65岁[②]。有些国家实行弹性退休制度，即退休人员在退休方式、退休年龄、退休收入等方面具有弹性，可灵活变动。如，美国法定退休年龄按照人口出生时间动态设定，不同年份出生人口退休年龄不同；既鼓励延迟退休，也鼓励提前退休，体现了人口均衡发展理念[③]。美国有20%退休老年人在继续从事有偿性社会服务，年满75岁老年人有7%的人仍在坚持工作。

（5）实施养老金及医疗健康改革。养老金占了所有欧洲社会福利支出的一半；2002年欧盟25个国家平均养老金占总社会福利花费的41.5%，或GDP的25%，亟需改革政府支出过多的养老金制度。欧洲发达国家多采取“现收现付”养老模式，即劳动就业人口缴纳养老金供养同一时期的退休人员。2017年，欧盟委员会推出一项覆盖整个欧盟养老金计划，参加这项计划的人可在欧盟范围内转移养老金账户，使养老金项目在欧盟范围内进行竞争，有助于提高效率。德国和瑞典等已准备在未来降低养老福利水平[④]。

（6）强化老年教育和职业培训。英国老年教育培训机构有三类：一是高等教育机构和开放大学；二是政府和公立机关共同支持的具有地方性质的机构；三是第三年龄大学，作为专门为老年人提供教育的组织，多采用小组方式，经费采取自给自足的方式。美国

---

① 齐明珠．全球应对人口老龄化的政策比较及启示［J］．国家行政学院学报，2014-10-13．

② 林珏．中国人口老龄化问题研究［EB/OL］．中国社会科学网，2019-07-12．

③ 黄石松．政策简报 | 积极应对人口老龄化，增强首都竞争力，挖掘发展潜力，激发内在活力［EB/OL］．人大国发院，2020-01-01．

④ 齐明珠．全球应对人口老龄化的政策比较及启示［J］．国家行政学院学报，2014-10-13．

于 1976 年制定世界上首部《终身教育法》，老年教育培训机构体系健全，培训机构既有高等教育机构采取的正规教育形式，又有社区学院和各种民间教育机构的非正式教育形式，已退休而有意愿参与职业教育培训的老年人享受政府学费减免和就业推荐等优惠条件。

（7）改善老年人工作环境。例如，日本企业给老年人安排特定工作，并开发了很多辅助工具，比如说提重物就穿着特殊的工作服，重量就会减少很多，还有用机器人协助老年人工作等，这样就让这些工作适合老年人参与[①]。

（8）社区和非政府组织参与。国外非政府组织在新移民教育、文化融合、心理疏导等方面有很多机制性安排[②]。

二是挖掘“银发经济”商机。欧洲“银发经济”规模持续扩大。目前欧盟 65 岁以上老年人年消费总额超过 3 万亿欧元；2015 年，欧盟“银发经济”规模至少为 3.7 万亿欧元；到 2025 年，这一数字将达 5.7 万亿欧元，对整个经济的贡献总规模有望达到 6.4 万亿欧元，占欧盟 GDP 的 32%，在住房、服务、老年用品等领域将创造 8800 万个就业岗位，占欧盟就业总人数的 38%。

欧盟发布的“银发经济十大机遇”报告显示，欧盟 65 岁以上老年人旅行市场规模超过 660 亿欧元，近年来呈上升趋势。2025 年以前，欧盟范围内将有数千万座房屋进行智能化改造，以满足老年人需求。通信设备、可穿戴设备等领域都将迎来更多老年消费者。欧盟大力推广老年人健康生活方式，提升老年人社会参与度和归属感；敦促成员国优化就业体系，重视老年群体中的人力资源，减少歧视，帮助他们融入社会，提高生活质量。

---

① 黄石松．政策简报 | 积极应对人口老龄化，增强首都竞争力，挖掘发展潜力，激发内在活力［EB/OL］．人大国发院，2020-01-01．

② 同上。

据测算，欧盟65岁以上老年就业人口与劳动适龄人口的比值将持续上升。挖掘“银发经济”潜力需要政府、企业等共同行动，制定系统规划。为分享发展“银发经济”经验，欧盟专门建立“银发经济研究网”，提供政策指引，鼓励政府和企业分享成功案例。针对老年群体最为关注的医疗问题，欧盟建立“欧盟创新伙伴”平台，推动老年医疗服务数字化，挖掘老年医疗潜力①。

三是开发老年人力资源。面对日益严重的少子化、高龄化问题，日本政府、社会、企业界不断创新，从立法、政策、行政管理等角度展开了诸多开发老年人力资源实践，发挥了积极作用。

（1）重视国民终身教育。日本老年大学发展相对成熟，开办了多所老年大学，文部科学省允许为达到一定条件的老年人颁发大学毕业证书。日本东京都立教大学开设了老年大学——立教第二舞台大学。该校入学年龄规定为50岁以上，学制一年，课程内容由老年社会教养、社区生活与商业、第二舞台构想等科目群构成，学员在完成必修、选修、课题小组规定课程并合格后可获得毕业证书。

（2）促进老年人再就业。2013年日本修订《老年人就业稳定法》，采取延迟退休年龄制度。根据该法案，2006–2013年进行第一步调整，65岁退休者可一步到位获得全额年金和企业年金；60岁退休者，办理退休手续后再就业，得到一定比例年金和企业年金；对于迎来60岁退休年龄的员工，日本企业有义务继续雇用仍有工作意愿的员工至65岁，为65–70岁的老年人创造继续工作的条件，支持老年员工到其他公司再就业、创业等。

（3）搭建信息平台。日本的一些地方政府专门成立了老年人才开发中心，建立了老年人才信息库及工作推介网站，为老年人再次

① 张朋辉．欧洲国家积极应对人口老龄化［EB/OL］．人民网，2020–12–18．

服务社会搭建平台，这些做法值得我们借鉴①。

（4）利用科技创新应对人口老龄化。一是发挥科技创新优势，化解老龄化社会难题；二是以科技创新开发适合老年人的产品、打造适老化环境，改善老年人生活质量；三是以科技创新提升老年人自理能力，提升服务效能和精度；四是运用智能技术，推进为老服务产业发展，解决就业问题，培育新的经济增长点②。

（二）实施积极应对人口老龄化国家战略的重大意义

1. 我国人口老龄化趋势

《中国人口老龄化发展趋势预测研究报告》指出，我国于 1999 年进入老龄社会，有老年人口规模大、增速快、城乡差异大等基本特点③。我国老年人口数量和占总人口的比重持续增长，2000–2018 年，60 岁及以上老年人口从 1.26 亿人增加到 2.49 亿人，老年人口占总人口的比重从 10.2% 上升至 17.9%。截至 2019 年末，我国 60 岁及以上人口约 2.54 亿人，占总人口的 18.1%；我国 60 岁及以上人口数量已超过 0–15 岁人口数量，进入“少子老龄化”时代。

我国人口老龄化程度持续加深。《2021 年度国家老龄事业发展公报》显示，截至 2021 年末，全国 60 岁及以上老年人口 26736 万人，占总人口的 18.9%；全国 65 岁及以上老年人口 20056 万人，占总人口的 14.2%④。“十四五”时期，我国老年人口将以年均约

---

① 王桥．积极开发老年人力资源［EB/OL］．中国社会科学院，2019–12–27.

② 韩振秋．日本如何利用科技创新应对人口老龄化［N］．学习时报，2020–09–09.

③ 黄石松、纪竞垚：新时代我国人口老龄化的发展趋势与应对［EB/OL］．光明网 – 理论频道，2019–05–20.

④ 董瑞，李恒．我国基本养老保险参保人数达 102871 万人［EB/OL］．新华社，2022–10–26.

1000 万人的规模持续增长[①]。到“十四五”期末，我国将进入“中度老龄化”社会,60 岁及以上老年人口规模达到 3 亿人[②]。到 21 世纪中叶，60 岁及以上人口将达到 4.87 亿人，约占总人口的 35%，老年人口数量和占总人口比例双双达到峰值。

2. 老龄化的机遇与挑战

人口老龄化对经济运行全领域、社会建设各环节、社会文化多方面、国家综合实力和国际竞争力，都具有深远影响，挑战与机遇并存[③]。人口老龄化引起社会结构、消费结构、保障制度、福利供给等全方位、多方面、深层次的变化[④]；必将对经济增长、科技进步、社会保障、制度建设、公共服务、社区发展、文化生活、婚姻家庭等，提出新挑战新要求，产生一定制约和影响。

（1）“未富先老”的挑战。我国在人均 GDP 不足 1000 美元经济条件下迈入老龄化社会，这与多数发达国家进入老龄化社会时人均 GDP 超过 1 万美元相比差距甚远[⑤]。2019 年我国人均 GDP 超过 1 万美元时，65 岁及以上人口占比达 12.6%；而过去在达到此占比时，美日韩等国人均 GDP 均在 2.4 万美元以上。我国在经济发达程度远低于主要发达国家情况下进入老龄化社会，经济发展与人口老龄化进程不相适应，国家安全、经济发展、社会治理、社会保障

---

① 实施积极应对人口老龄化国家战略服务“一老一小”普惠落到实处［N］. 人民日报，2021-06-09.

② 马晓华. 积极应对人口老龄化成为国家战略，“十四五”是宝贵窗口期［EB/OL］. 新浪第一财经网，2020-10-29.

③ 中共中央 国务院印发《国家积极应对人口老龄化中长期规划》［EB/OL］. 新华社，2019-11-21.

④ 赵伟. 构建老龄化社会治理的多元共治体系［J］. 人民论坛，2020-03-12.

⑤ 易雪琴. 积极应对人口老龄化问题的实践着力点［EB/OL］. 中国社会科学网，2020-12-02.

及养老服务等领域将面临更大压力。

（2）老龄化的负面影响。人口老龄化意味着符合法定工作年龄者人数减少，劳动力成本提高，退休人员比例上升，医疗保健、养老金等社会保障支出增多，社会总抚养比提高。对于高福利发达国家而言，政府财政开支日趋庞大而难以维系，一些国家退休金将出现赤字；对于“未富先老”新兴经济体国家而言，劳动力成本上升，产品市场竞争力下降，经济可持续发展受阻，经济增长速度放慢[①]。人口老龄化降低国民储蓄率、减弱经济增长潜力，提高劳动力稀缺性。我国老年人口规模大，老龄化速度快，老年人需求结构正在从生存型向发展型转变，老龄事业和养老服务还存在发展不平衡不充分等问题，主要体现在农村养老服务水平不高、居家社区养老和优质普惠服务供给不足、专业人才特别是护理人员短缺、科技创新和产品支撑有待加强、事业产业协同发展尚需提升等[②]。

（3）老龄化的正向效应。通过扩大消费，拉动内需，刺激投资与生产；推动老年教育、文化服饰、娱乐消费、旅游运输、老年公寓、病床护理等为老服务产业兴起[③]。坚持应对人口老龄化和促进经济社会发展相结合，坚持满足老年人需求和解决人口老龄化问题相结合，努力挖掘人口老龄化给国家发展带来的机遇，就能在积极应对老龄化的同时开辟“银发经济”新蓝海，不断满足老有所养新需求。我国具备坚实的物质基础、充足的人力资本、历史悠久的孝道文化，完全有条件、有能力、有信心解决好这一重大课题[④]；要

① 林珏．中国人口老龄化问题研究［EB/OL］．中国社会科学网，2019-07-12．

② 国务院关于印发“十四五”国家老龄事业发展和养老服务体系规划的通知（国发〔2021〕35号）［EB/OL］．中华人民共和国中央人民政府网站，2022-02-21．

③ 林珏．中国人口老龄化问题研究［EB/OL］．中国社会科学网，2019-07-12．

④ 国务院关于印发“十四五”国家老龄事业发展和养老服务体系规划的通知（国发〔2021〕35号）［EB/OL］．中华人民共和国中央人民政府网站，2022-02-21．

从财富储备、人力资源、物质服务、科技支撑、社会环境等方面综合施策，最大限度地发挥人口对经济社会发展的能动作用。

（4）应对人口老龄化意义重大。积极应对人口老龄化是党中央、国务院正确把握人口发展大趋势和老龄化规律，深刻分析我国经济社会发展新形势、审时度势做出的立足当下、着眼长远的重大战略部署，事关实现"两个一百年"奋斗目标和实现中华民族伟大复兴中国梦，对于坚持以人民为中心的发展思想、实现经济高质量发展、维护国家安全和社会和谐稳定，具有重大意义。

积极应对人口老龄化是贯彻以人民为中心的发展思想的内在要求。伴随着人口年龄结构老化，社会与家庭负担加重，社会保障支出压力加大，养老和健康服务供需矛盾更加突出。积极应对人口老龄化，健全可持续的多层次社会保障体系，完善养老服务体系和健康服务体系，构建养老、孝老、敬老的政策体系和社会环境，有利于满足人民日益增长的美好生活需要。

积极应对人口老龄化是实现经济高质量发展的必要保障。在人口老龄化过程中，劳动年龄人口数量持续下降，青壮年劳动力供给逐步减少，对潜在经济增长率造成不利影响。积极应对人口老龄化，加快积累人力资本，加快提高全要素生产率，加快建设创新型国家，可化被动为主动，对冲人口老龄化带来的不利影响。

积极应对人口老龄化是维护国家安全和社会和谐稳定的重要举措。人口结构持续老龄化，既不利于保持代际和谐与社会活力，也不利于维护国家人口安全和增强国际竞争力。必须有效防范和化解人口老龄化带来的社会稳定风险和国家安全风险，才能确保中华民族世代永续发展、始终屹立于世界民族之林[①]。

① 坚持以人民为中心，积极应对人口老龄化——国家发展改革委负责人就《国家积极应对人口老龄化中长期规划》答记者问［EB/OL］. 新华社，2019-11-22.

（三）实施积极应对人口老龄化国家战略的主要内容

1. 强化国家战略规划引领

《中共中央关于制定国民经济和社会发展第十四个五年规划和二〇三五年远景目标的建议》提出："实施积极应对人口老龄化国家战略""促进人口长期均衡发展"。[①] 把应对人口老龄化上升为国家战略，反映了人口老龄化成因的复杂性、影响的重要性和趋势的长期性。《国家积极应对人口老龄化中长期规划》是我国积极应对人口老龄化的战略性、综合性、指导性文件。从国家层面编制应对人口老龄化的中长期规划，具有未雨绸缪、纲举目张之深远意义。

2. 提升系统性治理水平

人口老龄化是社会发展的重要趋势，也是今后较长一段时期我国的基本国情，积极应对人口老龄化是我国的一项基本国策。积极应对人口老龄化，实现老龄社会治理的现代化，是坚持和完善中国特色社会主义制度、推进国家治理体系和治理能力现代化的重要议题[②]。老龄化社会治理事关人口和经济社会发展全局，是一项战略性、全局性、综合性的宏大系统工程。要统筹把握老年群体与全体社会成员、老年期与全生命周期、老龄政策与公共政策的关系，系统整体推进老龄事业发展[③]；坚持以供给侧结构性改革为主线，构建管长远的制度框架；坚持积极应对、共建共享、量力适度、创新开放的基本原则，走出一条中国特色应对人口老龄化道路；建立同

---

① 中共中央关于制定国民经济和社会发展第十四个五年规划和二〇三五年远景目标的建议（2020 年 10 月 29 日中国共产党第十九届中央委员会第五次全体会议通过）[EB/OL]. 新华社，2020-11-03.

② 张铎. 积极应对人口老龄化的"中国之制"[EB/OL-N]. 中国社会科学网—中国社会科学报，2020-07-22.

③ 国务院关于印发"十四五"国家老龄事业发展和养老服务体系规划的通知（国发〔2021〕35 号）[EB/OL]. 中华人民共和国中央人民政府网站，2022-02-21.

国家治理体系和治理能力现代化相适应的积极应对人口老龄化的法律法规体系和养老、孝老、敬老政策体系；充分发挥政府、市场、社会、家庭和包括老年人在内各方面力量的协同作用，构建多元共治体系，以更加积极的态度和行动来应对人口老龄化。

3. 做好前瞻性制度安排

中国式现代化是人口规模巨大的现代化[①]，也是人口老龄化日趋加深的现代化。积极应对老龄化是“中国之治”的重要体现，治理制度安排涉及国家安全、经济发展、社会发展、地缘政治等，具有深远的战略意义。2020 年我国进入小康社会，相对富有，以应对出现“未富先老”，但同时老龄化开始提速；2020–2035 年，要着力改变“慢备快老”；2035–2050 年，实现现代化，则要关注“富而过老”；到 2050 年，我国将是老龄人口最多的国家，需要符合老龄型社会新形态的制度安排。

（1）战略总目标：积极应对人口老龄化的制度基础持续巩固，财富储备日益充沛，人力资本不断提升，科技支撑更加有力，产品和服务丰富优质，社会环境宜居友好，经济社会发展始终与人口老龄化进程相适应，顺利建成社会主义现代化强国，实现中华民族伟大复兴的中国梦。

（2）阶段性目标：到 2022 年，积极应对人口老龄化的制度框架初步建立。全员劳动生产率平稳增长，劳动年龄人口平均受教育年限稳步提升。基本养老保险和基本医疗保险基本实现法定人员全覆盖，养老保障水平正常调整机制初步建立。多层次养老保险制度体系初步构建，功能完善、规模适度、覆盖城乡、医养结合的养老

① 习近平. 高举中国特色社会主义伟大旗帜 为全面建设社会主义现代化国家而团结奋斗——在中国共产党第二十次全国代表大会上的报告［EB/OL］. 新华网，2022-10-25.

服务体系基本建成，老年宜居的社会环境初步建立[①]。

“十四五”时期，积极应对人口老龄化国家战略制度框架基本建立，老龄事业产业有效协同、高质量发展，居家社区机构相协调、医养康养相结合养老服务体系和健康支撑体系加快健全，全社会积极应对人口老龄化格局初步形成，老年人获得感、幸福感、安全感显著提升。养老服务供给不断扩大，为老服务多业态创新融合发展，社会环境更加适老宜居[②]。

到 2035 年，积极应对人口老龄化的制度安排更加科学有效，社会财富储备进入高收入国家行列。全员劳动生产率合理增长，总体实现教育现代化。基本养老保险和基本医疗保险应保尽保，实现法定人员全覆盖。构建起多层次养老保险制度体系。主要健康指标进入高收入国家行列，人均预期寿命和健康预期寿命稳步提升，老年人健康水平不断提高，有序衔接、综合连续的健康服务体系基本形成。中国特色养老服务体系成熟定型，全体老年人享有基本养老服务。国家创新能力跻身世界前列，科技对应对人口老龄化的支撑作用显著增强。老年友好型社会总体建成。

到 21 世纪中叶，与社会主义现代化强国相适应的应对人口老龄化制度安排成熟完备，老年友好城市、友好乡村、友好社区遍布全国，全体人民生活更加幸福安康，中华民族实现伟大复兴，以更加昂扬的姿态屹立于世界民族之林[③]。

---

① 坚持以人民为中心，积极应对人口老龄化——国家发展改革委负责人就《国家积极应对人口老龄化中长期规划》答记者问［EB/OL］. 新华社，2019-11-22.

② 国务院关于印发“十四五”国家老龄事业发展和养老服务体系规划的通知（国发〔2021〕35 号）［EB/OL］. 中华人民共和国中央人民政府网站，2022-02-21.

③ 坚持以人民为中心，积极应对人口老龄化——国家发展改革委负责人就《国家积极应对人口老龄化中长期规划》答记者问［EB/OL］. 新华社，2019-11-22.

二、积极开发老龄人力资源，激发老龄化正面效应

（一）老龄人力资源开发对老年健康和国家发展的意义

1. 老龄人力资源开发的重点

世界卫生组织将积极老龄化定义为：人到老年时，为提高生活质量，使健康、参与和保障的机会尽可能获得最佳机会的过程。老龄人力资源指身体健康、有劳动能力且有劳动意愿的老年人口。我国仍将面临劳动力总量短缺和结构性短缺并存局面。据世界银行和联合国教科文组织通用标准和我国现实情况，可将老龄人力资源开发重点定位在低龄、有劳动能力、有意愿继续工作的老年人口，包括少数身体健康状况良好、有意愿有能力的中高老年人口[①]。

进入 60 岁的老年人特别是低龄老年人还能够较好地保持良好的智力水平和身体状态，他们知识阅历丰富、技术能力强，通常具有比较强烈的参与社会的愿望[②]。近年来我国老年科技工作者已达 600 多万人，占我国在职科技人员总数的 15%，其中有高级职称的老年科技工作者占全国高级职称科技人员的比例更大[③]。无论是从积极应对人口老龄化的宏观层面，还是从提高老年人口生活质量的微观层面，开发老龄人力资源都有极其重要的战略意义。

2. 有助于实现健康老龄化

获得劳动条件并在劳动中建立一定社会关系是构成一个人健康

---

① 向春玲．积极开发老龄人力资源 激发老龄化正面效应［N］．学习时报，2021-04-07.

② 王乃静．应对老龄化推进老年人参与社会发展［EB/OL］．光明网，2018-02-26.

③ 王桥．积极开发老年人力资源［EB/OL］．中国社会科学院，2019-12-27.

的重要因素。1948 年，世界卫生组织将健康定义为“健康不仅仅是没有身体疾病，还要有完整的心理、生理和社会适应能力”，构建了包括生理、心理和社会多种因素的整体健康观。1982 年老龄问题世界大会通过的《老龄问题国际行动计划》提出：“社会政策和实践规定了老年人的权利义务，比如当人年老时有权去选择继续工作或休息；所有人都属于这个社会，其参加工作并为之做贡献的机会应该得到社会的保障。”老年人选择继续就业，有助于积极适应社会，满足受尊重、实现自我价值需要，实现老年人全面发展。

3. 有效缓解劳动力短缺矛盾

随着我国进入老龄化社会和人口生育率下降，数量型人口红利正在减弱乃至消失，结构性人力资源缺乏表现得尤为突出，劳动力供需矛盾也逐渐凸显。老年人口中有大量工作经验丰富、知识雄厚和技能熟练的人才，可有效弥补人力资源市场上劳动力结构性短缺，开发老龄人力资源就显得尤为必要。

2019 年，我国 60–69 岁年龄段的低龄老年人口约 1.4 亿人，人力资源开发潜力巨大。如对这一群体的人力资源加以充分地开发利用，将有效缓解劳动力市场供需矛盾。通过开发老龄人力资源，有助于减轻过重的社会养老负担。目前我国用于养老的社会保障支出逐年增长，老年抚养比持续提高。2019 年我国老年抚养比已达 17.8%。开发利用低龄老年人口人力资源，是缓解社会养老负担过重这一困境的有效选择，有利于经济发展方式转型。一些老年人通过继续工作增加收入，可促进社会消费，发展“银发经济”。

4. 充分发掘老年人口“智慧红利”

我国以大规模劳动力和相对较轻养老抚养比在接受国际制造业转型过程中获得了大量人口红利。随着劳动力减少和老龄化趋势日益凸显，人口数量红利逐渐消失，使过去以低劳动力成本价格获得投资以刺激经济的模式难以为继。随着人口老龄化进程加快，我国人力资源供给需求关系发生了深层次变化，尤其是对高技术、高素质人才的需求。优化劳动力结构，拓展人口质量红利，是新发展阶段的新要求。具有知识、经验和技能优势的老年人口是经济社会发展的宝贵人力资源和财富。充分开发利用老年人口的“智慧红利”，鼓励吸纳一部分老年人口再次进入人力资源市场，在一些管理和专业领域继续发挥作用，实现经济和社会效益双赢①。

（二）我国老龄人力资源开发面临的困境

1. 老年人才资源闲置

苏州是全国人口老龄化程度较高的地区之一。该市大量老年人才长期奋斗在党政管理、经济管理、专业技术等各条战线，积累了丰富的实践经验，具有较高专业理论水平和管理能力，曾为经济社会发展、科技进步做出了重要贡献，却由于种种原因，作用无处发挥。老龄人口中，近 46% 都是低龄健康老人，这一部分人才资源被闲置，是一个很大的浪费，这种现象还是比较普遍的。

2. 缺乏制度顶层设计

由于缺乏前瞻性、战略性、规范性的系统设计且管理服务体制缺乏统一规划，我国老年人管理服务工作职能分散在发改、人社、民政、卫健等多个部门及各单位老干部工作机构，工作力量分散，未建立有效的老年人力资源开发工作体制机制，老有所为方针落实基本处于各自为政、自找门路的无序状态②，缺少统管的部门和有

---

① 向春玲. 积极开发老龄人力资源 激发老龄化正面效应［N］. 学习时报，2021-04-07.

② 连雪红编辑. 民生智库 | 应对人口老龄化，推进老年人力资源开发［N］. 中国劳动保障报，2021-01-18.

效的协调协作机制，难以形成工作合力[①]。

3. 相关法规体系欠缺

老年人就业权益缺乏法律保障，《老年人权益保障法》对老年人口人力资源开发权益未作明确规定。《劳动法》关于退休人员再就业的权益保护尚处于法律空白阶段，没有老年人口就业条款予以保障，当退休再就业人员的权益受到侵害时无法及时有效地受到保护；劳动者达到法定退休年龄的，劳动合同终止；退休人员重新工作与用人单位无法建立劳动关系，只能是劳务关系，不利于老年人平等享有劳动权利；工资定价随意、无理由辞退、工伤无法认定和处理等问题的存在，影响老年人力资源参与就业的积极性[②]。

4. 缺少就业政策支持

较早进入老龄化社会的国家普遍出台完善老年人力资源开发政策体系，以积极老龄化为指导思想实施一揽子政策和行动，包括放宽退休年龄限制、建立老年人才市场、保障老年就业权益、出台老年就业激励政策、加强老年人教育培训等。我国老年人尚未被纳入现行就业政策服务体系，就业政策服务对象不包括已达退休年龄的老年人，老年人缺少寻找工作的服务平台，且无法享受就业、培训补贴等促进就业政策。老年创业者在获得创业资金（贷款）、税收政策优惠、租用经营场所等方面也缺乏政策支持[③]。

① 王乃静．应对老龄化推进老年人参与社会发展［EB/OL］．光明网，2018-02-26.

② 连雪红编辑．民生智库 | 应对人口老龄化，推进老年人力资源开发［N］．中国劳动保障报，2021-01-18.

③ 同上。

5. 组织支持力度不够

我国老年人力资源开发尚未得到足够重视，还缺乏具体的操作细则指引，适合老年人口人力资源开发的具体项目较少，面向城市社区及农村的就业促进项目还在探索状态。老年人口就业渠道较少，常规就业招聘渠道一般不对老年人开放，老年人求职就业主要通过亲戚朋友介绍；部分退休老人通过熟人介绍继续到企业或私营机构协助从事管理、技术指导方面工作[①]。

6. 老年教育培训体系发展不充分

目前我国老年教育统筹管理程度和水平都相对较低，老有所教缺乏体制保障和经费规范。老年大学课程针对老年人的学习培训相对较少，较为有限的培训内容也多是一些知识性、兴趣性的内容，以养生健康、生活护理和业余兴趣为主，专门针对就业方面的学习培训有限，对老年人力资源开发难以起到有效支持作用。各类民间老年培训机构虽有发展，但社会化和市场化程度不高，培训水平和层次相对较低，也未被纳入国家职业培训体系[②]。

（三）积极有效推进老龄人力资源开发

1. 改善人口老龄化背景下劳动力有效供给

劳动力有效供给必须考虑数量、质量和结构三方面。一方面，要全面提高人力资源素质。一是实施人口均衡发展国家战略。调整优化人口生育政策，提高生育率和出生人口素质；建立渐进式延迟退休制度，把握老年人口中低龄老人数量多、素质高等特点，推动人口红利向人才红利转变。二是加快完善国民教育体系，实现更高

① 向春玲. 积极开发老龄人力资源 激发老龄化正面效应［N］. 学习时报，2021-04-07.

② 连雪红编辑. 民生智库 | 应对人口老龄化，推进老年人力资源开发［N］. 中国劳动保障报，2021-01-18.

质量就业和更加充分就业，提高劳动年龄人口素质和劳动力供给质量。着力培养具有国际竞争力的创新型、复合型、应用型、技能型人才和高素质劳动者，提升新增劳动力质量。三是构建老有所学的终身学习体系，推行终身职业技能培训制度，加快终身学习立法进程，建立健全社区教育办学网络，创新发展老年教育，实施发展老年大学行动计划，全国县级以上城市至少建有 1 所老年大学，确保积极应对人口老龄化的人力资源总量足、素质高。

另一方面，要推进人力资源开发利用。一是进一步完善统一开放、竞争有序的人力资源市场，深化户籍、社保、土地等制度改革，加大就业灵活性。二是创造老有所为的就业环境，充分调动大龄劳动者和老年人参与就业创业的积极性，推进有意愿和有能力的大龄劳动者和老年人在农村就业创业。三是构建为老服务的人力资源队伍，加快培养养老护理员队伍，壮大老龄产业从业队伍，培养为老服务的社会工作者、志愿者队伍。四是有效运用两个市场和两种资源扩大劳动力供给，以全面开放扩大劳动力供给。

2. 采取更灵活有效的促进措施

随着我国经济社会不断发展及人均寿命不断延长，相应延迟退休年龄是一种必然趋势。数以亿计的老年人口是我国一支重要的消费生力军，也是支撑我国经济持续快速发展的新动能。我国居民人均预期寿命达到 78.2 岁[①]，这是开发老龄人力资源的客观条件[②]。相当多的老年人，尤其是专业技术人员“退而不休”。在城乡基层社区治理、社会矛盾调解、社会治安维持、扶老助残、幼儿教育、环

① 习近平. 高举中国特色社会主义伟大旗帜　为全面建设社会主义现代化国家而团结奋斗——在中国共产党第二十次全国代表大会上的报告［EB/OL］. 新华网，2022-10-25.

② 赵忠. 从国家战略高度应对人口老龄化［N］. 人民日报，2021-04-29.

境卫生，及文化传承等各方面，老年人广泛参与并发挥着越来越重要的作用。大批老年人积极参与志愿服务等无报酬的活动，在志愿工作岗位上做出积极贡献。通过渐进式延迟退休年龄和为老年人提供更多灵活就业机会，身体健康且有意愿就业的老年人将继续成为社会财富的创造者和贡献者①。

3. 树立积极老龄观和“大人才观”

树立“老有所为”的积极老龄观。目前，针对老龄化的社会认知更多地把重点放在“老有所养”，在“老有所为”方面有所忽视。人口老龄化既是挑战，也是机遇，不能简单地把老龄化当作问题来看待，要倡导积极老龄化和健康老龄化理念，更新观念，消除老年人再就业的歧视现象，充分认识老年人力资源的优势和价值；科学引导社会认知，在充分尊重老年人的意愿且身体条件符合就业要求的情况下，合理规划、有效推进老龄人力资源开发②。

树立积极应对人口老龄化的“大人才观”。1956 年提出的把达到 65 岁甚至 60 岁作为进入老年的标准，依据的是年龄这个单一的生理指标。如今老年人总体上健康水平大为提升，人口预期寿命延长，为应对人口老龄化和日益加大的养老金支付压力，许多国家纷纷提高退休年龄，60 岁已非划分老年人的年龄标准。国际学术界试图以“期望余寿”而不是“已存活年份”来作为新的老年界定标准。60–70 岁的老年人正值人生经验丰富时期，属于经验型人力资本，在身体条件允许的情况下，完全可以继续为社会做贡献③；特

① 青连斌. 实施积极应对人口老龄化国家战略，有何深意［N］. 学习时报，2021-05-26.

② 向春玲. 积极开发老龄人力资源 激发老龄化正面效应［N］. 学习时报，2021-04-07.

③ 王桥. 积极开发老年人力资源［EB/OL］. 中国社会科学院，2019-12-27.

别是中高端人才仍然是劳动力市场中的重要力量[①]。

4. 银发人才催生银发经济

未来老年群体有更高的受教育水平，较丰厚的财富积累，较完备的社会保障，对互联网等新技术的接受程度高，其社会参与能力、养老观念、消费观念等与当前老年人有很大不同。一方面对照护人才的质量提出新需求，另一方面对养老金融、信息、制造、建筑、设计等目前没有或稀缺的各类人才也提出需求。《养老产业统计分类（2020）》将养老产业范围确定为养老照护服务、老年医疗卫生服务、老年健康促进与社会参与、老年社会保障、养老教育培训和人力资源服务、养老金融服务、养老科技和智慧养老服务、养老公共管理、其他养老服务、老年用品及相关产品制造、老年用品及相关产品销售和租赁、养老设施建设等 12 个大类，就是证明。

5. 健全法律法规和政策支持体系

强化制度顶层设计。将老年人力资源开发利用纳入政府职能范畴，给予各方面的政策扶持，组织建设好各种形式的涉老机构，为老年人再就业创造条件，支持老年人才在多个领域发挥作用[②]。地方应结合具体实际制定老年人力资源开发规划和具体鼓励政策，对于专业技术领域人才应适当延长工作年限，对于积极推进老年就业的企业给予优惠政策。选取具备条件的地方城市开展政策试点，推进老年人力资源开发政策体系改革进程。

健全法律法规。完善《劳动法》中关于退休人员再就业的权益保护相关条例，明确退休再就业人员的入职条件，包括年龄要求、身体状况要求等；允许退休再就业人员的工作类型、工作时长等。

---

① 张雪永．积极应对人口老龄化的人才发展治理创新［EB/OL］．搜狐网，2020-07-23．

② 王桥．积极开发老年人力资源［EB/OL］．中国社会科学院，2019-12-27．

制定有利于老年人进入劳动力市场的法律法规和政策。修订和补充《老年人权益保障法》中老年人劳动权利保护条款，创新政策办法，在劳动合同期限和社会保险问题上允许灵活对待。

完善支持政策。健全就业促进机制，完善就业公共服务体系，消除影响平等就业的不合理限制和就业歧视，使老年人有通过劳动实现自身发展的机会；健全终身职业技能培训制度，完善劳动者权益保障制度，加强老年劳动者权益保障①。健全老年人就业保障、就业创业鼓励和奖励机制，将老年劳动者纳入现行就业促进政策服务体系，公共管理和社会服务岗位、城市综合治理岗位、市民生活服务岗位等面向老年人开放，支持老年人灵活就业。对大量雇用老年人的用人单位给予适当奖励，如资金奖励、税收优惠、社保补贴、培训补贴等，提高用人单位雇用老年人积极性②。

6. 深化退休制度改革，实行弹性退休制度

推行适合我国国情的弹性退休制度。对不同工作领域、不同时间开始工作的人可实行不同的退休年龄。延迟退休政策不搞“一刀切”，按照小步调整、弹性实施、分类推进、统筹兼顾等基本原则，逐步延迟退休年龄，以此达到充分利用老龄人力资源的效果③。推行弹性退休制度，通过养老保险等制度设计，鼓励老龄人口延迟退休，增加老年人口的劳动供给数量。

---

① 习近平. 高举中国特色社会主义伟大旗帜 为全面建设社会主义现代化国家而团结奋斗——在中国共产党第二十次全国代表大会上的报告［EB/OL］. 新华网，2022-10-25.

② 连雪红编辑. 民生智库 | 应对人口老龄化，推进老年人力资源开发［N］. 中国劳动保障报，2021-01-18.

③ 向春玲. 积极开发老龄人力资源 激发老龄化正面效应［N］. 学习时报，2021-04-07.

7. 设立老龄人力资源开发信息平台

建立老年人才信息数据库，准确掌握老年人的健康信息、职业信息、技术特长、再就业意愿等，免费为老年人才登记入库，及时有效地对接相关企事业单位的用人需求，实现供需关系精准匹配。现有人力资源市场增设老年人力资源招聘信息板块，面向已退休老年人发布招聘信息，定期举办以老年人力资源为主要对象的市场招聘会。有条件的地区可建立专门的老年人力资源市场，定期为老年人才交流提供场所，搭建供需对接服务平台，提供就业供求信息[①]；实现信息互联互通共享，拓宽老年人口就业渠道，为老年人口再就业提供有价值参考建议[②]。发挥人才中介组织的作用，为老年人实现老有所为沟通社会信息、开拓就业渠道。

8. 建立终身教育机制

建立终身学习制度，更好地应对经济社会发展和技术变革[③]。鼓励高校与地方老年大学合作办学，提高老年大学课程质量；鼓励社区和社会组织参与老年人口教育培训，设立与老年人口再就业需求相对应的培训学习平台，使老年人学习培训常态化[④]。完善老年人力资源教育培训开发体系。拓展老年人教育培训内容，既要涵盖健康、文化、心理等内容，又要考虑老年人参与社会的需要，拓展获取信息知识、网络操作、新的行为规范及相关新知识新技能的学习途径。聚焦适合老年人继续发挥作用的重点领域，统筹考虑老年教育培训制度体系设计，布局和设计一些面向老年人力资源开发的

① 王乃静．应对老龄化推进老年人参与社会发展［EB/OL］．光明网，2018-02-26.

② 向春玲．积极开发老龄人力资源 激发老龄化正面效应［N］．学习时报，2021-04-07.

③ 赵忠．从国家战略高度应对人口老龄化［N］．人民日报，2021-04-29.

④ 向春玲．积极开发老龄人力资源 激发老龄化正面效应［N］．学习时报，2021-04-07.

新项目，提升老年人的职业素养和就业能力。

9. 鼓励老年人继续发挥作用

一是加强老年人就业服务。鼓励各地为有劳动意愿的老年人提供职业介绍、技能培训和创新创业指导服务。在学校、医院等单位和社区家政服务、公共场所服务管理等行业，探索适合老年人灵活就业的模式[①]。健全相关法律法规和政策，保障老年人劳动就业和创业权益。支持老年人依法依规经营，兴办社会公益事业。坚持按需聘请、个人自愿原则，鼓励专业技术人才合理延长工作年限。

二是促进老年人社会参与。倡导积极老龄观，引导老年人积极参与家庭、社区和社会发展。支持老年人参与文明实践、公益慈善、志愿服务、科教文卫等事业。建设高层次老年人才智库，在咨询建言等方面发挥作用。鼓励和引导老年人在城乡社区建立基层老年协会等基层老年社会组织，搭建自我服务、自我管理、自我教育平台。指导促进基层老年社会组织规范化建设[②]。

三是发挥低龄老年人作用。引导老年人以志愿服务形式参与基层民主监督、移风易俗、民事调解、文教卫生等活动；发挥老年人在家庭教育、家风传承等方面的积极作用。加强离退休干部职工基层党组织建设，鼓励老党员将组织关系转入经常居住地，引导老党员结合自身实际发挥作用，做好老年人精神关爱和思想引导[③]。

10. 完善涉老技能人才职业标准和培养体系

一要加强健康养老技能人才职业标准建设。加强职业资格证书制度和培训机制的制度供给，推动从业人员工资待遇与专业技能等

① 中共中央 国务院关于加强新时代老龄工作的意见［EB/OL］. 新华社，2021-11-24.

② 国务院关于印发“十四五”国家老龄事业发展和养老服务体系规划的通知（国发〔2021〕35号）［EB/OL］. 中华人民共和国中央人民政府网站，2022-02-21.

③ 中共中央 国务院关于加强新时代老龄工作的意见［EB/OL］. 新华社，2021-11-24.

级、从业年限挂钩，提高行业和岗位的吸引力。目前的国家职业资格目录中，健康养老领域的技能人员职业资格仅包括健康咨询服务人员、保健服务人员、生活照料服务人员等几种。持续深度人口老龄化带来的变化要求康养人才必须具备综合性的专业素质，具有康复、心理、营养、体育、管理等方面的复合素养和交叉技能，这就迫切需要根据需求变化创设更多的职业标准。

二要推进职业标准和职业教育、岗位评价衔接。政府有关部门积极推进学历证书和职业技能等级证书融合的“1+X”制度、健全以职业能力为导向、以工作业绩为重点、注重职业道德和知识水平的技能人才评价体系，以畅通技能人才成长通道，但青年人不愿从事技能工作局面仍未打破。要制定完善相关细则和配套政策，打通产业 – 专业 – 职业壁垒，形成完整的人才培养 – 使用链①。

三、构建老龄人力资源开发支撑体系

（一）健全社会保障体系

中国式现代化是全体人民共同富裕的现代化②，需要高质量的社会保障来助力实现，健全社会保障体系是促进共同富裕的重要抓手。习近平总书记在主持中共中央政治局第二十八次集体学习时强调，社会保障是保障和改善民生、维护社会公平、增进人民福祉的

① 张雪永. 积极应对人口老龄化的人才发展治理创新［EB/OL］. 搜狐网，2020-07-23.

② 习近平. 高举中国特色社会主义伟大旗帜　为全面建设社会主义现代化国家而团结奋斗——在中国共产党第二十次全国代表大会上的报告［EB/OL］. 新华网，2022-10-25.

基本制度保障，是促进经济社会发展、实现广大人民群众共享改革发展成果的重要制度安排，是治国安邦的大问题。要完善覆盖全民的社会保障体系，促进社会保障事业高质量发展、可持续发展[①]。

1. 夯实应对人口老龄化的财富基础

“未富先老”是既成事实；养老保险积累缺口大、基本养老保险替代率低、养老基金收不抵支风险持续升高[②]。随着人口老龄化程度加深，老年人口负担比以及制度赡养比不断上升，面临“食之者众、生之者寡”代际人口失衡挑战。防范和解决养老金“空缺”可能带来的老无所养危机，国家要增加国民财富积累，做好“财富蛋糕”和“福利蛋糕”，为应对人口老龄化提供坚实的社会财富保障。分配制度是促进共同富裕的基础性制度。要完善分配制度。坚持按劳分配为主体、多种分配方式并存；坚持多劳多得，鼓励勤劳致富，促进机会公平，增加低收入者收入，扩大中等收入群体；规范收入分配秩序，规范财富积累机制[③]。在把“蛋糕”做大做好的基础上，把“蛋糕”切好分好，健全更加公平更可持续的社会保障制度，持续增进全体人民获得感、幸福感、安全感。

一方面，做好“财富蛋糕”，增强应对人口老龄化的经济基础。通过保持经济持续稳定增长，优化经济发展结构，提高经济发展质量效益，促进经济发展与人口老龄化进程相适应；通过完善国民收入分配体系，加大财政支持力度，促进企业财富积累与合理分配，

---

① 习近平在中共中央政治局第二十八次集体学习时强调 完善覆盖全民的社会保障体系 促进社会保障事业高质量发展可持续发展［EB/OL］. 新华网，2021-02-27.

② 易雪琴．积极应对人口老龄化问题的实践着力点［EB/OL］. 中国社会科学网，2020-12-02.

③ 习近平．高举中国特色社会主义伟大旗帜　为全面建设社会主义现代化国家而团结奋斗——在中国共产党第二十次全国代表大会上的报告［EB/OL］. 新华网，2022-10-25.

鼓励家庭、个人建立养老财富储备，稳步增加全社会的养老财富储备。另一方面，做好“福利蛋糕”，注重提高社会保障能力。加快建立覆盖全民的多层次养老保险制度；健全老有所医的医疗保障制度；建立多层次长期照护保障制度，实施兜底性长期照护服务保障行动计划；完善社会福利和社会救助体系[①]。

2. 完善覆盖全民的社会保障体系

“十三五”时期，我国已建成世界上规模最大的社会保障体系，基本养老保险覆盖十亿四千万人[②]，多元社会保障不断加强；基本社会保险进一步扩大覆盖范围，企业退休人员养老保险待遇和城乡居民基础养老金水平得到提升；稳步推进长期护理保险试点工作；商业养老保险、商业健康保险快速发展[③]。同时，随着我国社会主要矛盾发生变化和城镇化、人口老龄化、就业方式多样化加快发展，我国社会保障体系仍存在不足，必须高度重视并切实加以解决。

（1）完善社会保障制度顶层设计。研判未来我国人口老龄化、人均预期寿命提升、受教育年限增加、劳动力结构变化等发展趋势，分析新情况新问题，提高工作预见性和主动性，未雨绸缪采取应对措施。坚持制度引领，围绕全覆盖、保基本、多层次、可持续等目标加强社会保障体系建设；不断推动劳有所得、病有所医、老有所养、住有所居、弱有所扶取得新进展。加大再分配力度，强化互助共济功能，把更多人纳入社会保障体系，为广大人民群众提供

① 坚持以人民为中心，积极应对人口老龄化——国家发展改革委负责人就《国家积极应对人口老龄化中长期规划》答记者问［EB/OL］. 新华社，2019-11-22.

② 习近平. 高举中国特色社会主义伟大旗帜　为全面建设社会主义现代化国家而团结奋斗——在中国共产党第二十次全国代表大会上的报告［EB/OL］. 新华网，2022-10-25.

③ 国务院关于印发“十四五”国家老龄事业发展和养老服务体系规划的通知（国发〔2021〕35号）［EB/OL］. 中华人民共和国中央人民政府网站，2022-02-21.

更可靠更充分的保障，不断满足人民群众多层次多样化需求，健全覆盖全民、统筹城乡、公平统一、安全规范、可持续的多层次社会保障体系，进一步织密社会保障安全网。推进社会保障法治化。加快制定或修订社会保险、社会救助、社会福利等相关法律，依法落实各级政府和用人单位、个人、社会的社会保障权利、义务、责任。坚持制度统一性和规范性，加强对制度运行的管理监督。

（2）深化社会保障制度改革。完善基本养老保险全国统筹制度，发展多层次、多支柱养老保险体系。实施渐进式延迟法定退休年龄。扩大社会保险覆盖面，健全基本养老、基本医疗保险筹资和待遇调整机制，推动基本医疗保险、失业保险、工伤保险省级统筹。促进多层次医疗保障有序衔接，完善大病保险和医疗救助制度，落实异地就医结算，建立长期护理保险制度。积极发展商业医疗保险。健全农民工、灵活就业人员、新业态就业人员参加社会保险制度，健全退役军人保障制度，启动实施个人养老金制度。

（3）加强社会保障精细化管理。完善社会保障管理体系和服务网络，提高管理精细化程度和服务水平，提升社会保障治理效能。健全分层分类的社会救助体系，实现应保尽保、应助尽助、应享尽享。加快完善全国统一的社会保险公共服务平台，深入推进社保经办数字化转型。完善残疾人社会保障制度和关爱服务体系[①]，提供更加贴心暖心的社会保障服务。健全社会保障基金监管体系，防范

① 习近平. 高举中国特色社会主义伟大旗帜　为全面建设社会主义现代化国家而团结奋斗——在中国共产党第二十次全国代表大会上的报告［EB/OL］. 新华网，2022-10-25.

化解基金运行风险，维护基金安全[①]。

（二）健全养老服务体系

1. 不断完善养老服务体系

“十三五”期间，全国各类养老服务机构和设施从 11.6 万个增加到 32.9 万个，床位数从 672.7 万张增加到 821 万张。各级政府持续推进公办养老机构建设，加强特困人员养老保障，对经济困难的高龄、失能老年人给予补贴，初步建立农村留守老年人关爱服务体系。居家社区养老服务发展迅速，机构养老服务稳步推进，普惠养老专项行动顺利实施[②]。

我国养老服务发展仍存在发展不平衡、总体质量和水平有待提高、养老服务供给与老年人养老服务需求相脱节，及人才队伍和行业规范建设等亟待解决等突出问题。要落实《国务院办公厅关于推进养老服务发展的意见》和《“十四五”国家老龄事业发展和养老服务体系规划》，加大养老服务投入力度，多渠道、宽领域扩大适老产品和服务供给，健全以居家为基础、社区为依托、机构充分发展、医养有机结合的多层次养老服务体系。

2. 提升居家社区养老品质

完善支持居家社区养老政策体系，鼓励成年子女与老年父母就近居住或共同生活，履行赡养义务、承担照料责任。探索社区互助式养老，鼓励老年人根据喜好及相互约定，自愿开展多种形式互助式养老。加强社区养老服务设施布局，加快建设分布式、多功能、专业化社区养老服务设施，制定完善适老性住宅建筑标准和规范。

---

① 习近平．促进我国社会保障事业高质量发展、可持续发展［EB/OL］．求是网，2022-04-15.

② 国务院关于印发“十四五”国家老龄事业发展和养老服务体系规划的通知（国发〔2021〕35 号）［EB/OL］．中华人民共和国中央人民政府网站，2022-02-21.

3. 强化养老机构服务能力

强化公办养老机构保障作用。进一步明确公办养老机构“兜底线、保基本”的职能定位，加快推进公办养老机构入住综合评估和轮候制度，公办养老机构优先给计划生育特殊家庭、做出特殊贡献的老年人以及经济困难的孤寡、失能、残疾、高龄老年人提供服务。鼓励有条件的党政机关和国有企事业单位举办的培训中心、疗养院及其他具有教育培训或疗养休养功能的各类机构经过一定程序整合改造为养老服务设施。

大力发展民办养老机构。逐步形成以社会力量为主体的养老服务格局。全面放开养老服务市场，支持社会资本投资兴办养老机构，落实同等优惠政策。提高对护理型、连锁型民办养老机构的扶持力度。引导规范金融、地产企业进入养老市场，鼓励养老机构探索各类跨界养老商业模式。推动养老机构将服务逐步延伸至居家社区。扶持引导养老机构聚焦失能失智老年人长期照护。

4. 推进医养有机结合

改善老年人健康养老服务。鼓励医疗卫生机构、养老机构以多种形式开展合作，提供多样化、多层次的医养结合服务。养老机构内部设置诊所、卫生所（室）、医务室、护理站，取消行政审批，实行备案管理。对养老机构设置的医疗机构，符合条件的按规定纳入基本医疗保险定点范围。根据医保基金水平，探索将符合条件的家庭病床、安宁疗护等医疗费用纳入基本医疗保险支付范围。

（三）完善老年人健康支撑体系

1. 不断健全健康支撑体系

“十三五”期间，老年人健康水平持续提升，人均预期寿命增长到 78.2 岁，65 岁及以上老年人在基层医疗卫生机构免费获得健康管理服务；医养结合服务有序发展，照护服务能力明显提高，

2020 年全国两证齐全医养结合机构 5857 家，床位数达 158 万张[①]。

我国养老服务发展还存在立法和顶层设计尚不完善、供给体系不够协调、投入保障有待加强、监管体系不够完善、人才与技术支撑不足等问题。要贯彻落实《关于深入推进医养结合发展的若干意见》《关于建立完善老年健康服务体系的指导意见》、国家积极应对人口老龄化中长期规划部署和《"十四五"国家老龄事业发展和养老服务体系规划》，积极推进健康中国建设，打造高质量的健康服务体系，建立和完善包括健康教育、预防保健、疾病诊治、康复护理、长期照护、安宁疗护的综合、连续的老年健康服务体系。

2. 普及健康生活

坚持以人民健康为中心，落实预防为主，推行健康生活方式，减少疾病发生，强化早诊断、早治疗、早康复，大幅提高健康水平。推进全民健康生活方式行动，强化家庭和老年人健康生活方式指导及干预。广泛开展全民健身。实施国民营养计划。

3. 加大设施供给

推进公共体育普及工程，加强社区健身中心、体育公园、健身步道等场地设施建设，打造城镇社区 15 分钟健身圈。将老年医院、康复医院、护理院、安宁疗护机构作为区域卫生规划的重点，加大建设力度。加快国家老年医学中心和区域老年医疗中心建设。

4. 优化健康服务

全面建成体系完整、分工明确、功能互补、密切协作、运行高效的整合型医疗卫生服务体系。实施中医临床优势培育工程和中医治未病健康工程。实施慢性病综合防控战略，推广老年人健康体检。加强心理健康服务体系建设和规范化管理，推动开展老年心理

① 国务院关于印发"十四五"国家老龄事业发展和养老服务体系规划的通知（国发〔2021〕35 号）[EB/OL]. 中华人民共和国中央人民政府网站，2022-02-21.

健康与关怀服务。加快安宁疗护机构标准化、规范化建设。

（四）打造高质量为老服务和产品供给体系

1. 养老服务供需矛盾突出

我国基本养老服务和长期照护的刚性需求持续增长，但有支付能力的有效需求、护理人员同时严重不足；居家、社区养老服务供给能力不足，导致养老服务供给总量短缺与结构矛盾并存。一般性为老服务和产品无法满足日益增长的多元化、高品质和专业性养老需求。要大力发展“银发经济”，增加为老服务和产品有效供给。

2. 推动老年产品市场提质扩容

开发适老生活用品市场，发展老年功能代偿产品市场，增加配套产品有效供给，创新开发智慧健康产品。实施康复辅助器具应用推广工程，研究出台居家社区和养老服务机构康复辅助器具配置及使用指南，开展康复辅助器具社区租赁和回收再利用服务试点。

3. 推动养老服务业融合发展

适应多元化、高品质养老需求，促进养老服务业与教育培训、医疗健康、科技体育、文化旅游、家政服务等幸福产业融合发展，不断提供满足老年人需求的健康养老、智慧养老、养生旅游、文娱活动等服务，推动与养老服务上下游产业相配套的教育培训和平台建设，不断提升服务品质，改善服务体验，扩大有效供给。

（五）强化应对人口老龄化的科技支撑体系

1. 强化应对人口老龄化的科技创新能力

实施创新驱动发展战略，发挥科技创新的引领作用，把技术创新作为积极应对人口老龄化的第一动力和战略支撑，提高老年服务科技化、信息化水平，加快老年相关产品服务科技研发，加大老年健康科技支撑力度，加强老年辅助技术研发和应用，推动新型养老服务业与科技融合，推动“银发经济”发展和养老产业转型升级。

2. 依靠科技创新引领产业升级

推动以科技创新为核心的全面创新，转变经济增长动力机制，切实把科技进步和创新作为加快转变经济发展方式和调整经济结构的重要支撑，增强科技进步对经济增长的贡献度，推动我国产业迈向全球中高端价值链，对冲人口老龄化对经济增长的负面影响。

3. 发展劳动力替代及增强技术

顺应劳动年龄人口减少的趋势，大力发展物联网、云计算、人工智能、机器人等新技术、新设备，推动科技创新成为经济社会发展新引擎。实施智能服务机器人后发赶超行动计划，加强智能服务机器人研发和应用，培育壮大自主品牌智能服务机器人的市场规模。在社区打造虚拟养老院，帮助老年人实现在熟悉环境和人群互动中在地老化、在家养老的心愿，通过互联网 + 远程智能化科技支持下的养老服务平台，可根据需要为老年人提供上门家政服务。

4. 加大老年健康科技支撑力度

发展老年医学，促进医研企共同开展创新性和集成性研究，推动老年医学科技发展。促进生物技术和信息技术融合发展，推进老年医疗临床和科研大数据应用，推动一系列前沿共性技术发展。

5. 加强老年辅助技术研发和应用

加强老年辅助器材及产品研发创新，优先发展老年人护理照料、生活辅助、功能代偿增进等老年辅助科技产品。优化老年辅助产品设计，提高实用性，为老年人功能退化缺损提供智能科技代偿，辅助、替代人力照护，以技术创新增进老龄群体社会参与。

融合移动互联网、大数据、可穿戴、云计算等新一代信息技术，发展以主动健康技术为引领的信息化老年健康服务。从以治病为中心转变为以人民健康为中心，关注疾病预防、功能完善以及健康寿命延长，建设基于循证医学的持续性健康维护和干预体系。实施智慧老龄化技术推广应用工程①。

（六）构建老龄化社会治理多元共治体系

推进老龄化社会治理现代化是国家治理体系和治理能力现代化的重要组成部分。传统以政府为主导的管理模式难以满足新时代老龄化的社会治理需要。要实现由“管”到“治”的转变，突出源头治理、主动治理、科学治理、依法治理，注重发挥政府、市场、社会、家庭四个层面的协同作用，构建多元共治体系②。

1. 强化政府宏观调控

妥善处理好公益性和民营化的关系，既要保障满足基本养老需求，又要注重通过市场化手段提供多元化养老服务。坚持公办养老机构公益属性，围绕兜底保障的核心群体深化改革，体现公办养老的普惠价值；突出养老服务产业公共产品供给，提高养老服务承载能力。推进依法治理，统筹推进政府、社会和市场依法共治。

2. 强化市场调节功能

瞄准老年群体个性化、多样化养老服务需求，开发多元服务产品，提升养老服务水平；围绕健康陪护、心理咨询、文化和旅游服务等市场，挖掘养老服务市场潜力；探索政府、市场、社会多方参与的产品供给机制，增加公共产品供给。拓展养老健康保健、金融支持、家政服务等服务产业，提升养老服务供给能力。依托市场化手段完善农村养老体系。强化金融业对养老服务产业的保障能力。

3. 强化组织服务功能

发挥社区养老职能。社区养老具有部分公益属性，要鼓励市场和社会多元参与，探索完善社区养老服务模式。完善社区养老基础

---

① 坚持以人民为中心，积极应对人口老龄化——国家发展改革委负责人就《国家积极应对人口老龄化中长期规划》答记者问［EB/OL］. 新华社，2019-11-22.

② 赵伟. 构建老龄化社会治理的多元共治体系［J］. 人民论坛，2020-03-12.

设施建设，采用政府投资、市场运作的模式引入专业养老服务机构，推进养老模式创新。利用信息技术，搭建社区养老网络服务平台，提高社区养老便利化程度，实时跟踪老人身体健康状况及生活状态，及时有效地提供服务。强化养老组织服务功能。提升互助养老组织化水平，增进沟通交流，满足老年人的精神文化需求。

4. 强化自我治理能力

强化家庭养老的主体作用。家庭是老年群体获得精神慰藉不可替代的载体，家庭养老是我国养老的主要模式。要完善居家养老基础设施建设，让老年人的生活更加方便舒适；加强老年人自身养老规划和治理，打好身体基础；提前做好物质准备，为养老留足资金。推动老年群体自我治理。发挥老年群体的技术经验优势，为社会发展做贡献；鼓励支持老年人融入社会，继续参与社会发展[①]。

5. 创新基层社会治理模式

我国基层社会治理体制以社区为基本建设单元，街乡社区在政策落实、公共服务提供、对接供需中起着不可替代的支持作用，是解决养老服务“最后一公里”的“关键点”和“关节点”。要完善街乡社区在养老服务中的支持功能，推动机构、社区、居家养老服务融合发展。完善制度，实现老年人从“社会人”到“社区人”转变。授权赋能，完善街乡社区在养老服务中支持功能[②]。

① 赵伟. 构建老龄化社会治理的多元共治体系［J］. 人民论坛，2020-03-12.

② 黄石松. 政策简报丨积极应对人口老龄化，增强首都竞争力，挖掘发展潜力，激发内在活力［EB/OL］. 人大国发院，2020-01-01.

四、强化老龄人力资源开发的服务保障

（一）构建养老、孝老、敬老的社会环境

1. 弘扬养老孝老敬老美德

中华民族有“百善孝为先”的优良传统，传承着亘古未变的养老梦以及历久弥新的慈孝观。习近平总书记大力倡导弘扬孝亲敬老传统美德，并身体力行，率先垂范。要将弘扬孝亲敬老纳入社会主义核心价值观宣传教育，在全社会大力弘扬孝亲敬老精神，树立孝亲敬老道德模范。鼓励各地推广与当地文化风俗、经济社会发展水平相适应的敬老爱老优待服务和活动，营造良好社会氛围。

2. 加强老年人权益保障

加强法治建设，健全老年人权益保障机制。根据人口老龄化实际情况和经济社会发展需要，适时调整完善法律法规，细化治理手段，优化应对人口老龄化的法治环境；加大普法宣传教育力度，加强法律服务和法律援助，鼓励老年人依法维护自身合法权益。

3. 增强家庭养老功能

开展人口老龄化国情教育，推进幸福家庭创建，营造良好家风，加大对生活困难家庭帮扶力度。建立常态化指导监督机制，督促赡养人履行赡养义务，防止欺老虐老弃老问题发生，将有能力赡养而拒不赡养老年人的违法行为纳入个人社会信用记录。支持地方制定具体措施，推动解决无监护人特殊困难老年人监护保障问题。

4. 完善家庭支持体系

将家庭照护者纳入职业技能培训范围，支持有关机构、行业协会开发公益课程并向公众免费开放，帮助老年人家庭成员提高照护

能力。支持有条件的地区对分散供养特困人员中的高龄、失能、残疾老年人家庭实施居家适老化改造，配备辅助器具和防走失装置等设施设备。探索设立独生子女父母护理假制度[①]。完善老年精神关怀服务体系，维护老年人尊严，满足老年人的情感需求；推动老有所养、老有所乐、老有所学、老有所为、老有所医和老有所安。

5. 建设老年友好型社会

逐步健全老年人社会优待制度体系。一要聚焦全民意识提高和全社会自觉参与，推动社会力量共同参与，建设人人尽责、人人共享的老年友好型社会、城市，形成老年人、家庭、社会、政府共同参与的良好氛围。二要普及公共基础设施无障碍建设，建设老年友好型社区，打造老年宜居环境。三要构建终身学习体系，鼓励老年人积极参与继续学习，丰富老有所乐的精神文化生活，帮助老年人跟上时代步伐。四要鼓励老年人发挥专长和优势参与社会治理事务，帮助其实现人生价值和提升社会获得感[②]。

（二）充分运用国际资源

融合发展、便利化是人类发展的基本趋势。我国老年人口增长速度快，总量将占到全球的四分之一；未富先老、资源有限，解决养老问题需畅通国际国内双循环，在全球范围内配置资源。

1. 在关键领域环节取得突破

着眼全球资源配置，依托区域产业集聚和资金、技术、人才等优势，建设示范性高端老龄科技产业园区，组织人员联合攻关，研发和掌握一批具有自主知识产权的核心关键技术产品，培育一批具

---

① 国务院关于印发“十四五”国家老龄事业发展和养老服务体系规划的通知（国发〔2021〕35号）[EB/OL]. 中华人民共和国中央人民政府网站，2022-02-21.

② 易雪琴. 积极应对人口老龄化问题的实践着力点[EB/OL]. 中国社会科学网，2020-12-02.

有国际竞争力的世界级科技型养老服务企业，培育和储备一批世界级老龄科技领军人才，为老龄技术革命的到来做好储备。

2. 参与国际标准和规则制定

发挥行业协会作用，鼓励老龄科研机构和科技企业走出去、引进来，建立海外研发中心、生产基地、销售网络和服务体系，持续拓展中高端产品国际国内市场，包括健康医疗照护产品、适老化建筑与环境设计国际技术标准、规范，使我国老龄产品和技术规范逐步融入国际体系、成为国际通用行业技术标准和规范。

3. 加强国际及地区治理合作

全面放开养老服务市场，广泛开展国际交流与合作，推动落实一批具有技术先进性、理念创新性、模式带动性示范合作项目，支持我国优质产品和服务走出去。推动建立健全双多边合作机制，探索与老龄化程度较高国家及国际组织开展合作，加强政策交流、项目对接、人才培养、学术研究等务实合作。积极参与全球及地区老龄问题治理，推动实施积极应对人口老龄化国家战略与落实 2030 年可持续发展议程相关目标有效对接[①]；推动与“一带一路”相关国家开展应对人口老龄化政策对话和项目对接[②]。

（三）加强老龄工作人才队伍建设

1. 加快建设从业人员和志愿者队伍

实施激励政策，加快壮大老龄产业从业队伍，建设一支适应新时代老龄工作需要的专业技术、社会服务、经营管理、科学研究人才和志愿者队伍。用人单位要切实保障养老服务人员工资待遇，建立基于岗位价值、能力素质、业绩贡献的工资分配机制，提升养老

① 中共中央 国务院关于加强新时代老龄工作的意见［EB/OL］. 新华网，2021-11-24.

② 坚持以人民为中心，积极应对人口老龄化——国家发展改革委负责人就《国家积极应对人口老龄化中长期规划》答记者问［EB/OL］. 新华社，2019-11-22.

服务岗位吸引力。大力发展相关职业教育，开展养老服务、护理人员培养培训行动。对在养老机构举办的医疗机构中工作的医务人员，可参照执行基层医务人员相关激励政策[①]。

2. 强化老年健康队伍建设

加强老年健康人才培养，支持开展老年健康服务相关从业人员的继续教育。加强老年健康促进、老年医学及其相关专业人员培训，建立培训机制，建设培训基地，提高相关人员的服务能力和服务水平。培养扩大老年护理服务队伍，补齐服务短板，满足老年人护理服务需求。完善老年健康相关职业资格认证制度和以技术技能价值激励为导向的薪酬分配体系，拓宽职业发展前景[②]。

3. 扩大医养结合服务队伍

将医养结合人才队伍建设分别纳入卫生健康和养老服务发展规划。鼓励引导普通高校、职业院校（含技工院校）增设相关专业和课程，加强老年医学、康复、护理、健康管理、社工、老年服务与管理等专业人才培养，扩大相关专业招生规模。统筹现有资源，设立一批医养结合培训基地，探索普通高校、职业院校、科研机构、行业学会协会与医养结合机构协同培养培训模式。分级分类对相关专业技术人员及服务人员进行专业技能培训和安全常识培训，医养结合机构要优先招聘培训合格的医疗护理员和养老护理员[③]。

4. 完善人才激励政策

完善养老机构等级评定、质量评价等政策，鼓励聘用取得职业

① 中共中央 国务院关于加强新时代老龄工作的意见［EB/OL］. 新华网，2021-11-24.

② 关于建立完善老年健康服务体系的指导意见（国卫老龄发〔2019〕61 号）［EB/OL］. 国家中医药管理局（政策文件），2019-11-05.

③ 关于深入推进医养结合发展的若干意见（国卫老龄发〔2019〕60 号）［EB/OL］. 中华人民共和国中央人民政府网站，2019-10-26.

技能等级证书的养老护理员，推动行业专业化发展。完善养老护理员薪酬待遇和社会保险政策。建立基于岗位价值、能力素质、业绩贡献的工资分配机制，科学评价技能水平和业绩贡献，强化技能价值激励导向。对符合条件的养老护理员按规定给予职业技能鉴定补贴。支持城乡未继续升学初高中毕业生、农村转移就业劳动者、城镇登记失业人员等从事养老服务业，引导其取得职业技能等级证书，按规定获得补贴。建立健全从业人员和为老志愿服务激励褒扬机制。支持地方探索将行业紧缺、高技能的养老服务从业者纳入人才目录、积分落户、市民待遇等政策范围加以优待。

5. 拓宽人才培养途径

优化专业设置，增设养老服务相关专业并完善教学标准体系，引导普通高校、职业院校、开放大学、成人高校等加大养老服务人才培养力度。推进“学历证书＋若干职业技能等级证书”制度。推进养老领域产教融合，培育一批产教融合型养老企业，支持院校和优质机构共建合办养老服务实训基地，探索将有条件养老机构发展成实习实训点。引导高校开设老年学、老年医学、老年护理学、老年心理学、老年社会学、老年营养学、老年服务与管理、老年社会工作等课程，自主培养积极应对人口老龄化相关领域高水平人才，加大新技术新应用新业态引才用人力度，为智慧健康养老、老龄科研、适老化产品研发制造等领域培养引进储备专业人才[①]。

6. 支持医务人员从事医养结合服务

实施医师执业地点区域注册制度，支持医务人员到医养结合机构执业。建立医养结合机构医务人员进修轮训机制，提高其服务能力水平。鼓励退休医务人员到医养结合机构执业。各地要出台支持

① 国务院关于印发“十四五”国家老龄事业发展和养老服务体系规划的通知（国发〔2021〕35号）[EB/OL]. 中华人民共和国中央人民政府网站，2022-02-21.

政策，引导职业院校护理及相关专业毕业生到医养结合机构执业。医养结合机构中的医务人员享有与其他医疗卫生机构同等职称评定、专业技术人员继续教育等待遇，各地卫生健康行政部门可统筹安排有条件的单位为医务人员提供继续教育培训[①]。

7. 充分发挥社会公益组织作用

加大对助老志愿服务项目组织培育和支持力度，鼓励志愿服务组织与医养结合机构结对开展服务，通过开展志愿服务给予老年人更多关爱照顾。鼓励医疗机构、养老机构及其他专业机构为老年人家庭成员及家政服务等从业人员提供照护和应急救护培训[②]。建立健全为老志愿服务项目库，鼓励机构开发志愿服务项目，支持公益慈善类社会组织参与，引导在校生志愿服务和暑期实践、相关专业学生社会实习、社会爱心人士志愿服务等与老年人生活健康服务、精神慰藉、法律援助等需求有效对接[③]。

（四）扩大养老服务就业创业

1. 建立完善养老护理员职业技能等级认定和教育培训制度

制定养老护理员职业技能标准。加强对养老服务机构负责人、管理人员岗前培训及定期培训，使其掌握养老服务法律法规、政策和标准。按规定落实养老服务从业人员培训费补贴、职业技能鉴定补贴等政策。鼓励各类院校特别是职业院校（含技工学校）设置养老服务专业或开设相关课程，在普通高校开设健康服务与管理、中医养生学、中医康复学等相关专业。推进职业院校（含技工学校）

① 关于深入推进医养结合发展的若干意见（国卫老龄发〔2019〕60 号）[EB/OL]. 中华人民共和国中央人民政府网站，2019-10-26.

② 同上。

③ 国务院关于印发“十四五”国家老龄事业发展和养老服务体系规划的通知（国发〔2021〕35 号）[EB/OL]. 中华人民共和国中央人民政府网站，2022-02-21.

养老服务实训基地建设。按规定落实学生资助政策。

2. 大力推进养老服务业吸纳就业

结合政府购买基层公共管理和社会服务，在基层特别是街道（乡镇）、社区（村）开发一批为老服务岗位，优先吸纳就业困难人员、建档立卡贫困人口和高校毕业生就业。对养老服务机构招用就业困难人员，签订劳动合同并缴纳社会保险费的，政府按规定给予社会保险补贴。加强建档立卡贫困人口职业技能培训和就业指导服务，引导其在养老服务机构就业，吸纳建档立卡贫困人口就业的养老服务机构按规定享受创业就业税收优惠、职业培训补贴等支持政策。对符合小微企业标准的养老服务机构新招用毕业年度高校毕业生，签订 1 年以上劳动合同并缴纳社会保险费的，按规定给予社会保险补贴。落实就业见习补贴政策，对见习期满留用率达 50% 以上的见习单位，适当提高就业见习补贴标准。

3. 建立养老服务褒扬机制

设立全国养老服务工作先进集体和先进个人评比达标表彰项目。组织开展国家养老护理员技能大赛，对获奖选手按规定授予“全国技术能手”荣誉称号，并晋升相应职业技能等级。开展养老护理员关爱活动，加强对养老护理员先进事迹与奉献精神的社会宣传，让养老护理员的劳动创造和社会价值在全社会得到尊重[①]。

（五）强化老龄人力资源开发组织保障

1. 加强战略谋划

高度重视老年人力资源开发和老年人才队伍建设，结合贯彻实施《国家积极应对人口老龄化中长期规划》，与国家产业政策和老龄政策紧密结合，制定老年人力资源开发利用发展中长期规划，把

---

① 国务院办公厅关于推进养老服务发展的意见（国办发〔2019〕5 号）[EB/OL]. 中华人民共和国中央人民政府网站，2019-04-16.

老年人力资源开发利用纳入国民经济和社会发展总体规划，纳入国家中长期人才发展规划纲要，纳入深化医药卫生体制改革和促进养老、健康服务业发展的总体部署。

2. 完善体制机制

一是加强党的领导。充分发挥党总揽全局、协调各方作用，为落实《国家积极应对人口老龄化中长期规划》提供坚强保证。二是强化法治保障。根据人口老龄化实际情况和经济社会发展需要，调整法律法规，依法保障老年人合法权益。三是完善组织协调机制。建立和完善党委统一领导、政府依法行政、部门密切配合、群团组织积极参与、上下左右协同联动老龄工作机制。发改、民政、卫健、教育、人社等部门形成齐抓共管、整体推进的工作格局①。各级老龄工作委员会要发挥统筹协调作用，推动各成员单位履职尽责，形成工作合力。发挥养老服务联席会议制度作用，推进养老服务体系建设，强化区域养老服务资源统筹管理②。

3. 深化“放管服”改革

首先，现有涉老人才制度与政策安排仍未脱离“政府管控型”的管理模式，束缚了培养培训和中介组织自主根据行业和市场需求造就和输送人才的手脚。要进一步深化“放管服”改革，该放给社会和市场的要坚决放。其次，涉老人才培养涉及生育、教育、就业、社会保障等多个环节，需要各部门加强协同。在实际工作中，有些工作无人管，有些工作又抢着管，亟须统筹协调有序分工合作。最后，随着市场需求和健康养老产业发展，涌现出很多新的人

① 坚持以人民为中心，积极应对人口老龄化——国家发展改革委负责人就《国家积极应对人口老龄化中长期规划》答记者问［EB/OL］. 新华社，2019-11-22.

② 国务院关于印发“十四五”国家老龄事业发展和养老服务体系规划的通知（国发〔2021〕35 号）［EB/OL］. 中华人民共和国中央人民政府网站，2022-02-21.

才类型和职业、岗位，而现实中这些资源却大多游离于各个部门视线之外，需要政府部门加强监管和服务，规范市场秩序[①]。

① 张雪永. 积极应对人口老龄化的人才发展治理创新［EB/OL］. 搜狐网，2020-07-23.

第三编　展望篇

第十章　人才强国的历史路径与未来图景

一、人才发展治理历程：人才强国战略演进

（一）推进人才强国战略向纵深拓展

人才强国是新世纪党中央战略决策。大力实施人才强国战略，是中央深刻分析我国面临的国际国内形势做出的重大决策。21 世纪以来，中央曾先后召开两次全国人才工作会议和一次中央人才工作会议，对推动我国人才强国战略的实施做出全面部署，表明我们党对人才工作重要性的认识不断提升，达到一个全新高度，人才工作在我国经济社会发展全局中的战略地位日益凸显。

1. 2003 年 12 月：第一次全国人才工作会议

会议通过了《关于进一步加强人才工作的决定》，提出大力实施人才强国战略是新世纪新阶段人才工作的根本任务；阐述了实施人才强国战略的科学内涵、指导思想、根本原则和基本要求，人才工作的具体任务和战略抓手；首次对实施人才强国战略作出全面部署；提出党管人才原则是开创人才工作新局面的根本保证，阐明了党管人才的重大意义、科学内涵、工作要求和工作格局；强调要坚持党总揽全局、协调各方的原则，各级党委和政府要把人才工作作

为一项重大而紧迫的战略任务，切实抓紧抓好[①]。

2. 2010 年 5 月：第二次全国人才工作会议

会议就落实我国第一个中长期人才发展规划和实施人才强国战略的总体规划——《国家中长期人才发展规划纲要（2010—2020年）》做出全面部署，确立了人才优先发展的战略布局，人才资源优先开发、人才结构优先调整、人才投资优先保证、人才制度优先创新，标志着我国实施人才强国战略跃升到新的层次。会后，各具特色而又相互配套的全国人才发展规划体系基本形成，10 项重大人才政策与 12 项重大人才工程陆续启动实施。

3. 2021 年 9 月：中央人才工作会议

会议全面回顾了党的十八大以来人才工作取得的历史性成就、发生的历史性变革，深入分析了人才工作面临的新形势新任务新挑战，科学回答了新时代人才工作的一系列重大理论和实践问题，明确了指导思想、战略目标、重点任务、政策举措，强调要坚持党管人才，坚持面向世界科技前沿、面向经济主战场、面向国家重大需求、面向人民生命健康，深入实施新时代人才强国战略，全方位培养、引进、用好人才，加快建设世界重要人才中心和创新高地，为 2035 年基本实现社会主义现代化提供人才支撑，为 2050 年全面建成社会主义现代化强国打好人才基础[②]。

（二）实施人才强国战略取得历史性成就

我们党始终重视培养人才、团结人才、引领人才、成就人才，

---

① 方玉瑶. 第一次全国人才工作会议：人才强国战略站到新起点上［N］. 中国组织人事报，2021-04-16.

② 习近平在中央人才工作会议上强调 深入实施新时代人才强国战略 加快建设世界重要人才中心和创新高地 李克强主持 栗战书汪洋赵乐际韩正出席 王沪宁讲话［EB/OL］. 新华社，2021-09-28.

团结和支持各方面人才为党和人民事业建功立业。党的十八大以来，党中央作出人才是实现民族振兴、赢得国际竞争主动的战略资源的重大判断，作出全方位培养、引进、使用人才的重大部署，推动新时代人才工作取得历史性成就、发生历史性变革。我国已经拥有一支规模宏大、素质优良、结构不断优化、作用日益突出的人才队伍，我国人才工作站在了一个新的历史起点上[①]。

1. 人才工作战略地位日益凸显

《中共中央关于党的百年奋斗重大成就和历史经验的决议》把人才队伍建设放在后继有人的战略高度来强调，体现了我们党重才爱才、求贤若渴的深厚情怀，也蕴含着党的优良传统和宝贵经验[②]。党中央坚持发展是第一要务、创新是第一动力、人才是第一资源，确立人才引领发展战略地位，发挥重大人才工程牵引作用，深化人才发展体制机制改革，激发各类人才创新活力，各地各部门抓人才工作的积极性主动性前所未有，事业发展和政策创新为人才营造的条件前所未有，人才对我国发展支撑作用前所未有，中华大地正在成为各类人才大有可为、大有作为的热土[③]。

2. 人才事业顶层设计不断完善

加强党对人才工作的全面领导，发挥党总揽全局、协调各方的领导核心作用；健全党管人才领导体制和工作格局、完善党管人才工作运行机制、创新党管人才方式方法、加强党管人才保障措施，党管人才迈进制度化规范化轨道；党的十八大提出加快确立人才优

---

① 习近平．深入实施新时代人才强国战略 加快建设世界重要人才中心和创新高地［J］．求是，2021（第 24 期）．

② 陈希．必须抓好后继有人这个根本大计，党的十九届六中全会《决议》学习辅导百问［M］．北京：党建读物出版社　学习出版社，2021：91．

③ 习近平．深入实施新时代人才强国战略 加快建设世界重要人才中心和创新高地［J］．求是，2021（第 24 期）．

先发展战略布局，造就规模宏大、素质优良的人才队伍；十八届三中全会聚焦全面深化改革，提出“建立集聚人才体制机制”改革任务；十八届四中全会围绕全面依法治国，将人才发展纳入法治建设轨道；十九大强调“努力形成人人渴望成才、人人努力成才、人人皆可成才、人人尽展其才的良好局面，让各类人才的创造活力竞相迸发、聪明才智充分涌流”；2018 年召开的全国组织工作会议将“着力集聚爱国奉献的各方面优秀人才”纳入新时代党的组织路线；十九届四中全会将“坚持德才兼备、选贤任能，聚天下英才而用之，培养造就更多更优秀人才”作为我国国家制度和国家治理体系的显著优势之一；十九届五中全会明确到 2035 年我国进入创新型国家前列、建成人才强国的战略目标[①]。

3. 人才资源开发和人才队伍建设取得显著成效

党的十八大以来，坚持“高端引领、整体开发”，党政人才、企业经营管理人才、专业技术人才、高技能人才、农村实用人才、社会工作人才队伍建设齐头并进，人才资源总量快速壮大、人才素质整体提升、人才创新成绩显著、人才比较优势稳步增强、人才吸引力不断增强、人才效能持续增强。

（1）人才资源总量快速壮大。目前，我国已建成全球规模最宏大的科技人才队伍。截至 2018 年底，我国科技人力资源总量达 10154.5 万人，规模继续保持世界第一。到 2019 年，全国人才资源总量 2.2 亿人[②]；其中，百千万人才工程国家级人选达 6500 多人，留学回国人员 423 万人，具有高级职称以上人员占 11.3%，大学本

① 朱基钗，丁小溪，高蕾等．让更多千里马竞相奔腾于伟大时代——以习近平同志为核心的党中央引领推动人才工作纪实［EB/OL］．新华社，2021-09-26.

② 习近平．深入实施新时代人才强国战略 加快建设世界重要人才中心和创新高地［J］．求是，2021（第 24 期）．

科及以上学历人员占 48%[①]。截至 2020 年，我国专业技术人才超过 8000 万人，其中集聚了以两院院士为代表的一大批高端人才，成为全球规模最宏大、门类最齐全的人才资源大国。

（2）人才素质整体提升。截至 2019 年底，主要劳动年龄人口受过高等教育比例提高到 21.2%[②]。2020 年，我国技能劳动者已超过 2 亿人。其中高技能人才超过 5000 万人[③]，专业技术人才中本科及以上学历人员比例提高到 48%；全国具有大专以上学历人口达到 2.18 亿人，各类高等教育在学总规模达到 4183 万人。

（3）人才创新成绩显著。2021 年全国研究与试验发展（R&D）经费投入强度（与 GDP 之比）达 2.44%，研发经费投入 2.79 万亿元，稳居世界第二。人才发展与科技创新相互成就，一批重大科技创新成果喷涌而出，一些前沿领域开始进入并跑、领跑阶段，科技实力实现历史性跨越，在全球创新版图中的位势节节攀升。

（4）人才比较优势稳步增强。我国研发人员总量连续 8 年稳居世界首位，2021 年各类研发（R&D）人员全时当量预计为 562 万人年，占全球研发人员的比重超过 30%；PCT 国际专利申请量以 6.95 万件稳居世界第一。到 2021 年底，全国共有博士后科研工作站 3888 个，累计招收培养博士后近 30 万人[④]。2021 年，世界知识产权组织发布的全球创新指数显示，我国排名上升至世界第 12 位；

---

① 祖任平. 凝聚逐梦复兴的创新力量——党的十八大以来专业技术人才工作述评 [N]. 中国组织人事报，2022-09-26.

② 朱基钗，丁小溪，高蕾等. 让更多千里马竞相奔腾于伟大时代——以习近平同志为核心的党中央引领推动人才工作纪实 [EB/OL]. 新华社，2021-09-26.

③ 人民日报评论员. 大力弘扬工匠精神，培养更多高技能人才和大国工匠——论中国共产党人的精神谱系之二十一 [N]. 人民日报，2021-10-11.

④ 祖任平. 凝聚逐梦复兴的创新力量——党的十八大以来专业技术人才工作述评 [N]. 中国组织人事报，2022-09-26.

我国在全球人才竞争力指数（GTCI）排名中位列第 37 名。化学、材料、工程科学、生命科学等学科领域高水平科学家数量增长迅速、进入世界前列。

（5）人才吸引力不断增强。1978–2019 年，我国各类出国留学人员累计达 656.06 万人，其中 165.62 万人正在国外进行相关阶段的学习或研究；490.44 万人已完成学业，423.17 万人在完成学业后选择回国发展，占已完成学业群体的 86.28%。截至 2019 年，上海的“海归”总数已超过 16 万人，2018 年落户人数达到 1.27 万人。我国正在成为全球人才创新创业的沃土。

（6）人才效能持续增强。一是人才治理优势正在显现：党管人才的政治优势正在转化为全球人才竞争的制度优势；人才队伍的规模优势正在转化为引领发展的创新优势；持续深化人才发展体制机制的改革红利正转化为激发人才创新活力的环境优势[①]。二是人才治理效能显著提升：人才对经济社会发展贡献逐年提升，2020 年我国人才贡献率达 35%；人才工作服务创新驱动发展、决战脱贫攻坚、决胜全面建成小康社会、推动区域协调发展、抗击新冠肺炎疫情等国家重大战略和重大工作卓有成效；科技实力正从量的积累迈向质的飞跃、从点的突破迈向系统能力提升。

（三）我国人才工作的短板和不足

1. 人才队伍结构性矛盾突出

与建设社会主义现代化国家和世界科技强国要求相比，我国科技人才队伍结构性矛盾突出，战略科学家、高水平基础研究人才和关键核心技术攻关人才匮乏[②]；高水平创新人才数量质量与世界一

---

① 蔡秀萍. 重磅解读！新时代人才工作的战略擘画［J］. 中国人才，2021（第 10 期）.

② 侯建国. 建设高水平科技人才队伍［EB/OL］. 求是网，2021-12-17.

流水平仍有差距，缺乏国际级大师。2020年《全球人才竞争力指数报告》显示，我国人才竞争力仅排在132个国家中的第42位，主要是在吸引人才、职业技术技能两项指标上排名不够理想[①]。

2. 创新领域人才短缺

由于全球范围新兴产业发展的速度远快于人才培养的速度，人才短缺问题不断加剧。我国经济正处于向创新驱动发展转型的重要阶段，知识密集型的高科技产业与智能装备制造业快速发展，使创新领域的人才短缺问题更加凸显。以人工智能产业为例，国内人才严重不足，据估算未来几年人才缺口将超过500万人[②]。

3. 原始创新能力不强

我国目前仍存在基础科学研究短板突出、关键核心技术长期受制于人等问题。在信息、生命科学等领域大部分基础技术和关键共性技术方面，我国还处于跟跑地位[③]。我国面临的很多关键核心技术问题，根子是基础理论研究跟不上，源头和底层的东西没有搞清楚，迫切需要进一步加强基础研究和源头创新[④]。我国创新体系整体效能不高，科技投入产出效益较低；尚未建立起一个“经得起失败”的完善科研生态系统，科技生态需进一步完善。

4. 人才发展体制机制改革滞后

习近平总书记指出，我国人才工作同新形势新任务相比还有很多不适应的地方。人才政策精准化程度不高，人才发展体制机制改革还存在“最后一公里”不畅通的问题，人才评价唯论文、唯职

---

① 吴江．加快建设世界重要人才中心和创新高地［N］．光明日报，2021-10-10．

② 赵曙明．聚天下英才而用之［N］．人民日报，2021-06-08．

③ 侯建国．建设高水平科技人才队伍．求是网［EB/OL］，2021-12-17．

④ 陈芳，胡喆．大国创新的关键之举——科技部部长王志刚为科技政策扎实落地“划重点”［EB/OL］．新华社，2021-12-22．

称、唯学历、唯奖项“四唯”等问题仍然比较突出，等等。这些问题，不少是长期存在的难点，需要继续下大气力加以解决。

当前，我国进入了全面建设社会主义现代化国家、向第二个百年奋斗目标进军的新征程，我们比历史上任何时期都更加接近实现中华民族伟大复兴的宏伟目标，也比历史上任何时期都更加渴求人才。实现我们的奋斗目标，高水平科技自立自强是关键。人才是衡量一个国家综合国力的重要指标，是自主创新的关键，顶尖人才具有不可替代性。国家发展靠人才，民族振兴靠人才。必须增强忧患意识，更加重视人才自主培养，加快建立人才资源竞争优势①。

二、人才发展治理目标：人才强国未来愿景

（一）新时代人才强国战略目标

深入贯彻党的十九届六中全会、中央人才工作会议和党的二十大的部署和要求，全面落实习近平总书记关于新时代人才工作的新理念新战略新举措，坚持党管人才，坚持人才引领发展的战略地位，坚持面向世界科技前沿、面向经济主战场、面向国家重大需求、面向人民生命健康，深入实施新时代人才强国战略，全方位培养、引进、用好人才，加快建设世界重要人才中心和创新高地，聚天下英才而用之，为 2035 年基本实现社会主义现代化提供人才支撑，为 2050 年全面建成社会主义现代化强国打好人才基础。

（二）实现战略目标三步走路线图

习近平总书记在中央人才工作会议重要讲话中提出了新时代人

① 习近平．深入实施新时代人才强国战略 加快建设世界重要人才中心和创新高地．求是［J］，2021（第 24 期）．

才工作的重要战略目标——建设世界重要人才中心和创新高地，擘画出一张分三步走的清晰路线图。

1. 第一步（到 2025 年）目标

通过全社会研发经费投入大幅增长，不断增强人才自主培养能力，实现科技创新主力军队伍建设取得重要进展和顶尖科学家集聚水平明显提高，在关键核心技术领域拥有一大批战略科技人才、一流科技领军人才和创新团队。加大投入是大国科技研发竞争的重要指标。近年来大多数经合组织国家的 R&D 投入强度普遍有所增长，我国连续五年 R&D 投入增长在两位数以上，位居世界第 12 位。相比美国、日本、德国 3% 以上的高投入水平，我国 2020 年的研发投入 2.4%，经费总量约为美国的 54%，仍在追赶之中，世界高层次创新人才的集聚与 R&D 投入强度直接相关。同时，还有自主培养创新人才的能力问题。因此，第一步是要完善补短板的举措。

2. 第二步（到 2030 年）目标

适应高质量发展的人才制度体系基本形成，创新人才自主培养能力显著提升，对世界优秀人才的吸引力明显增强，在主要科技领域有一批领跑者，在新兴前沿交叉领域有一批开拓者。我国的人才制度体系有社会主义制度举国体制的政治优势，但也有不适应市场经济体制和高质量发展的短板，需要把政治优势转化为人才竞争的制度优势，以适应建设世界重要人才中心和创新高地的要求。

3. 第三步（到 2035 年）目标

形成我国在诸多领域人才竞争比较优势，国家战略科技力量和高水平人才队伍位居世界前列。有了自立自强的诸多领域人才竞争比较优势，才能建成世界重要人才中心和创新高地。我国科学家全球影响力正逐渐提升。科睿唯安发布了 2020 年度高被引科学家名单。我国科学家人数激增，已占据总数的 12.1%。

这“三步走”，是习近平总书记从赢得投入优势，到构建制度优势，再到形成比较优势的三级跳过程的建成人才强国战略谋划，也是实施新时代人才强国战略的路线图[①]。

（三）建成世界重要人才中心

1. 实现科技自立自强目标

科技进步是推动社会历史前进的磅礴力量，人类历史上的每次科技革命和产业革命，都会引发世界科学中心和产业中心的转移，并重塑世界格局。2018年5月28日，在中国科学院第十九次院士大会、中国工程院第十四次院士大会上，习近平总书记为科技工作和人才工作锚定了新目标：“中国要强盛、要复兴，就一定要大力发展科学技术，努力成为世界主要科学中心和创新高地。”[②]科技自立自强归根结底要靠高水平创新人才。只有下大决心、花大气力、用大智慧把我国建设成世界重要人才中心和创新高地，在全球范围内吸引人才、留住人才、用好人才，勇于重构全球创新人才版图、重塑全球创新人才高地，才能实现科技自立自强的目标。

2. 世界科学中心历史溯源

英国科学家贝尔纳最早借助“世界科学中心”概念描述世界科学力量形成与转移的历史现象。日本学者汤浅光朝以定量的方法对世界科学中心作出如下界定：重大科学成果超过同时期内全球重大科学成果25%的国家，就被称为世界科学中心[③]。16世纪以来，全球先后形成5个科学和人才中心。世界科学中心依次分别为16世纪的意大利、17世纪的英国、18世纪的法国、19世纪的德国和20

---

① 蔡秀萍．重磅解读！新时代人才工作的战略擘画［J］．中国人才，2021（第10期）．

② 习近平．习近平谈治国理政．第三卷［M］．北京：外文出版社，2020：246．

③ 王通讯．加快建设世界重要人才中心［N］．组织人事报，2021-10-14（第11版）．

世纪的美国。英国处于科学中心的时候，全国有 60 多位杰出科学家，约占当时世界杰出科学家总数的 36% 以上，科学发现约占全世界总数的 40%。20 世纪的美国，集聚了一大批顶尖科学家，产生了一大批顶尖发明家，集聚了全球近 50% 的高被引科学家，获得近 70% 的诺贝尔奖，产出占同期世界总数 60% 以上的科学成果。人们发现，科学中心在一个国家保留的时间大约为 80 年。科学中心的转移，本质上是科技人才群聚方位的转移。

3. 世界重要人才中心界定

王通讯借鉴“世界科学中心”的概念，提出对“世界重要人才中心”的界定，其重要科学人才数量在世界占比应不低于 25%，重要科研成果占比应不低于 30%，重要科学家平均年龄似不应高于 50 岁：采用五个维度来进行测量：（1）有一定数量的科学大家。其数量在全世界相同类型人才中不低于 25% 的比例，这属密度问题。（2）有一定厚度的青年才俊。中青年科学家应占一定比例，这属青度问题。（3）要做到阴阳平衡。不仅硬件设施好，文化资质也要跟上去，实现阴阳平衡，这属黏度问题。（4）要促成学术兴盛。科学交流、科学合作须达到一定频率，这属浓度问题。（5）要做到扩大开放。对世界人才友好热情、兼容并包，这属温度问题[①]。

4. 世界重要人才中心功能

叶忠海认为，所谓人才中心，也可称人才高地，即人才发展极核区。极化与扩散是人才开发活动地域过程中的两个最基本侧面。在极化机制作用下，人才中心有着强有力的吸引力，促使其他地区人才向该中心集聚；在扩散机制作用下，人才中心又有强大的辐射力和影响力，推动该中心人才及其影响向其他地区扩散。人才中心

① 王通讯. 加快建设世界重要人才中心［N］. 组织人事报，2021-10-14（第 11 版）.

是人才集聚和辐射中心，也必然是人才创新创造创业高地、人才价值实现高地。人才中心是多层次、多能级的，可分为世界级、国家级、地区级人才中心。作为世界重要人才中心，则是世界级人才中心，是人才中心系列中的最高层级，是世界范围内人才发展极核区，是国际化人才的集散中心。世界重要人才中心的建成，是建成人才强国的重要标志，对全球人才资源开发具有举足轻重作用。

5. 战略科学家：世界级人才中心支撑

建设世界级人才中心，离不开具有全球战略视野的战略科学家，他们是世界级人才中心构架中的顶梁柱和主心骨。战略科学家是战略家与科学家的集合体，兼备战略家与科学家的素质。首先，深怀爱国之心，砥砺报国之志；其次，具有深厚的科学素养和学术造诣，以及出众的科学创新精神和能力；再次，具有深谋远虑的战略意识和非凡的战略思维；最后，具有前瞻性判断力、跨学科理解能力、大兵团作战组织领导能力以及领军人格魅力等。战略科学家是科技领军人才，在科研第一线直接引领科技人才队伍成长和发展。具体表现为：培植团队的科研精神、把握团队的发展方向、提升团队的创新水平、形成团队的师承效应、发挥团队的晶核凝聚作用。他们是加快建设世界级人才中心关键中的关键[①]。

（四）建成高水平人才高地

高水平人才高地是全球各类卓越人才集聚、向往之地，是各类优秀人才与资本、技术、信息充分互动的交融、创造之地，是改变世界、创造未来的新知识、新技术、新流程、新模式、新产业、新文化策源、诞生之地，是世界重要人才中心和创新高地重要组成部分。世界重要人才中心和创新高地由高水平人才高地、高层次人才

① 叶忠海. 造就战略科学家，建设世界重要人才中心［N］. 组织人事报，2021-10-19（第 11 版）.

集中的中心城市、战略支点各司其职、相互融合、协同创新、共同发展雁阵格局和网络体系；高水平人才高地是高层次人才集聚中心城市、战略支点构成的雁阵格局“排头兵”“先行者”[①]。

1. 提供高质量人才供给

从创新维度，抓好创新生产者、组织者、服务者、治理者队伍建设。从战略维度，集聚创造新技术、新领域、新产业的科学家、工程师、技能人才；关注属于战略领域、掌握战略资源、位居战略层次、具有战略影响的人才。从未来维度，聚焦青年科学家、研发人员、工程师、企业家、技术工人、政治精英、未来领袖等，强化具有国际竞争力和创新潜力的未来人才的培养发现储备使用。

2. 建设高能级人才平台

加快世界一流重大科技基础设施建设，加快国家实验室、综合性科学中心等全球领先科技创新重大设置、重大项目攻关项目，吸引集聚一流战略科技人才、领军人才和创新团队；加快世界一流大学、若干优势学科建设进程，促进人才链、创新链与产业链深度融合；推动重点实验室、工程技术研发中心、企业技术中心、研发实验服务基地、技术中介机构、产业技术创新联盟等平台建设。

3. 构建高通量人才节点

高水平人才高地是世界重要人才中心和创新高地联通全球人才创新网络的核心枢纽；是构成和影响世界重要人才中心和创新高地的重要基础；是联通国内国际循环高通量的战略链接、关键节点。

（1）把握科技革命和产业变革趋势，制定具有竞争优势的制度体系和产业、创新、人才政策，培育集聚站在创新创业潮头和行业科技前沿，具有国际视野、引领潮流的人才，把影响造就未来的人

---

① 汪怿．两天内，北京、上海相继召开人才会议，释放了什么信号［EB/OL］．搜狐网，2021-11-18.

才吸引、集聚起来，不断提升人才实力、竞争优势和发展含金量。

（2）聚焦高层次人才集中的中心城市、战略支点，加快建立以高水平人才高地为引领，推动区域协调、融合发展的人才发展共同体，协同开展人才发展体制机制综合改革试点，探索可复制可推广的经验。延伸一批“产－才－城”融合的增长极、聚集带、发展圈，整体提升国内人才网络能级，推动科技创新与产业发展深度融合，促进人才等要素顺畅自由流动、科研资源共享。

（3）嵌入全球人才和创新网络。丰富产业、市场、基础设施、创新集群、“引擎”企业、共性技术服务平台等人才引进的“硬”资源；丰富一流高校、专业、顶级科学家论坛、全球青年创业者论坛等人才引进的“软”资源，建立多重人才发展社群和网络，打造全球创新和人才网络节点，增强全球人才资源吸引力、影响力，使高水平人才高地成为配置全球人才的重要枢纽、重要平台。

4. 健全高成长人才机制

向用人主体放权、为人才松绑，给予用人主体在培养、引进、使用中更多权力；赋予人才更大技术路线决定权、经费使用权、资源调度权；健全以创新价值、能力、贡献为导向的人才评价体系，构建体现知识、技术等创新要素价值的收益分配机制，落实攻关任务“揭榜挂帅”等机制，完善人才创新创业机制，丰富创新创业资源、建立创新创业载体、优化创新创业服务，激发人才创造活力；推动人才制度型开放，建设具有国际吸引力和竞争优势的人才制度体系，使海外人才便捷流动、自由发展、快速成长。

5. 建设高品质人才环境

聚焦不同人才群体对工作、生活、学习等各层面多样化需求，以人才友好型环境为核心，打造宽松的工作环境，让他们全身心投入创新创造活动；提供优质公共服务和配套设施，完善优质基础教育项目布局，打造高水平综合医疗中心；加强基础设施建设，打造智慧城市示范区，提供智能生活方式，优化人才发展生态。

6. 推进高效能人才治理

强化政府主体职责，发挥用人主体作用，激励企业、高校、科研机构、社会组织和个人等多元主体积极参与、良性互动、协同治理，完善人才发展治理体系；强化政府制度供给、政策工具职责，落实用人主体、人才个体在微观组织的主体作用，发挥专业团体、行业协会、民间组织等作用[①]，提升人才发展治理效能。

三、人才发展治理制度：人才强国显著优势

（一）深化人才事业发展规律性认识

习近平总书记在中央人才工作会议强调指出，党的十八大以来，党中央深刻回答了为什么建设人才强国、什么是人才强国、怎样建设人才强国的重大理论和实践问题，提出了一系列新理念新战略新举措。归纳为“八个坚持”：坚持党对人才工作的全面领导；坚持人才引领发展的战略地位；坚持面向世界科技前沿、面向经济主战场、面向国家重大需求、面向人民生命健康；坚持全方位培养用好人才；坚持深化人才发展体制机制改革；坚持聚天下英才而用之；坚持营造识才爱才敬才用才的环境；坚持弘扬科学家精神。这八个“坚持”，是对我国人才事业发展规律性认识的深化，具有极强的指导意义，必须始终坚持并不断丰富发展。

① 汪怿. 两天内，北京、上海相继召开人才会议，释放了什么信号［EB/OL］. 搜狐网，2021-11-18.

（二）坚持党对人才工作的全面领导

这是做好人才工作的根本保证。千秋基业，人才为本。党管人才就是党要领导实施人才强国战略、推进高水平科技自立自强，加强对人才工作的政治引领，全方位支持人才、帮助人才，千方百计造就人才、成就人才，以识才的慧眼、爱才的诚意、用才的胆识、容才的雅量、聚才的良方，着力把党内和党外、国内和国外各方面优秀人才集聚到党和人民的伟大奋斗中来，努力建设一支规模宏大、结构合理、素质优良的人才队伍[①]。

中国式现代化是中国共产党领导的社会主义现代化，党的全面领导是我国人才制度的最大优势[②]。人才工作是党的事业的重要组成部分，必须置于党的绝对领导之下，任何时候都必须坚持，都不能动摇。聚天下英才而用之，关键是要坚持党管人才原则，确立党的核心地位，发挥党总揽全局、协调各方的领导核心作用。习近平总书记着重将"坚持党对人才工作的全面领导"放在新时代人才工作的首要位置，对党的各级组织提出不同层面的要求，层层压实责任。党的十八大以来，党管人才领导体制和工作格局不断完善。2021 年 5 月，党的历史上第一部关于组织工作的统领性、综合性基础主干法规《中国共产党组织工作条例》印发，设专章对党的人才工作做出规定，明确党管人才的体制机制[③]。原"中央人才工作协调小组"改为"中央人才工作领导小组"，"全国人才工作会议"变为"中央人才工作会议"，都凸显了党管人才原则，体现了发挥

---

① 习近平．深入实施新时代人才强国战略 加快建设世界重要人才中心和创新高地［J］．求是，2021（第 24 期）．

② 吴江，蔡秀萍．为中国式现代化强化人才支撑［J］．中国人才，2022（第 11 期）．

③ 朱基钗，丁小溪，高蕾等．让更多千里马竞相奔腾于伟大时代——以习近平同志为核心的党中央引领推动人才工作纪实［EB/OL］．新华社，2021-09-26．

党总揽全局、协调各方的领导核心作用。

一是加强党中央对人才工作的全面领导，有利于改变目前的集中不够、决策分散、执行不力的部门分割状态；也有利于统筹解决区域和地方人才工作的不平衡、不充分的矛盾；还有利于加强对国家人才安全工作和防范风险的治理工作。二是加强人才发展的法治建设，有利于人才发展的依法治理。研究制定党的人才工作条例，出台外国人永久居留管理条例，有利于推进人才工作的法治化，提升人才发展的现代治理能力。三是进一步完善人才工作体系，有利于形成矩阵式的责任共同体。进一步明确党委主要负责同志、分管负责同志，组织人事部门和各有关部门的职责①；强调各地和各人才工作主管部门及人才集中的单位要设立人才工作机构，配强人才工作力量。要进一步完善“党对人才工作的全面领导”领导体制和管理体制、运行机制和工作格局；推动“党对人才工作的全面领导”的制度优势同步转化为人才优势和创新优势；以法制建设体现党对人才工作的全面领导；建立人才工作跨部门联动机制和综合协调机制；建立人才发展创新项目系统策划机制；强化人才服务体系建设②。

（三）坚持人才引领发展的战略地位

这是做好人才工作的重大战略。人才是创新的第一资源，人才资源是我国在激烈的国际竞争中的重要力量和显著优势。创新驱动本质上是人才驱动，立足新发展阶段、贯彻新发展理念、构建新发展格局、推动高质量发展，必须把人才资源开发放在最优先位置，

---

① 蔡秀萍．重磅解读！新时代人才工作的战略擘画［J］．中国人才，2021（第10期）．

② 吴江，蔡秀萍．为中国式现代化强化人才支撑［J］．中国人才，2022（第11期）．

大力建设战略人才力量，着力夯实创新发展人才基础[①]。

2010 年 6 月，中央颁布的《国家中长期人才发展规划纲要（2010—2020 年）》首次确立人才优先发展的战略地位，旨在通过人才优先发展引领经济社会全面发展。人才优先主要包括资源开发优先、资本积累优先、制度改革优先、理论创新优先。人才对经济社会发展的作用，从过去支撑助推变成现在的引领拉动，这是人才理论的重大飞跃，是人才使命的重大转变[②]。

1. 把人才作为引领发展战略性资源

从人才是第一资源到人才是战略性资源是人才发展理念的战略提升。人才作为战略性资源对其他资源发挥根本性、决定性、全局性作用，其他资源只有在人才资源支配下才能最大限度地发挥作用，最有效实现配置，产生最大的社会和经济效益。人才竞争力核心是提高在全球配置人才资源的能力。要牢固树立人才引领发展的战略思想，更加注重发挥市场配置人才资源的决定性作用，注重人才与产业的需求对接、精准引才，注重人才发挥作用的环境营造。

2. 发挥人才对创新发展引领作用

实施创新驱动战略、推动科技自立自强、实现高质量发展，最根本的是靠人才引领。企业是技术创新的主体，要充分发挥创新型企业家的带动作用，造就一大批战略企业家和创新型企业家。要充分发挥战略科学家和科技领军人才在科技创新中的引领作用，更加注重青年人才和创新型人才的发现、培养和任用，促使一大批青年人才脱颖而出。要更好发挥高技能人才在“中国制造”“中国创造”

---

① 习近平. 深入实施新时代人才强国战略 加快建设世界重要人才中心和创新高地［J］. 求是，2021（第 24 期）.

② 吴德贵. 坚持和发展新时代人才建设的宝贵经验［N］. 组织人事报，2021-11-2（第 11 版）.

中的支撑作用。要加快建设教育强国，加大教育人才培养力度。

3. 构建人才引领发展的制度体系

要深化人才发展体制机制改革，完善人才培养、引进、评价、流动、使用、激励机制，激发各类人才创新活力。要坚持人才资源优先开发、人才结构优先调整、人才投资优先保证、人才制度优先创新，发挥人才对经济社会发展的支撑引领作用。要营造“近者悦、远者来”的人才生态环境，构建创新生态体系集聚创新人才，走出一条创新链、产业链、人才链、政策链、资金链深度融合新路子。要依靠市场力量构建聚天下英才而用之的制度优势，加快发展现代人力资本产业，推动人力资源服务业向现代人力资本产业转型升级，着力培育人才资本产业创新和服务新动能[①]。

（四）坚持面向世界科技前沿、面向经济主战场、面向国家重大需求、面向人民生命健康

这是做好人才工作的目标方向。必须支持和鼓励广大科学家和科技工作者紧跟世界科技发展大势，对标一流水平，根据国家发展急迫需要和长远需求，敢于提出新理论、开辟新领域、探索新路径，多出战略性、关键性重大科技成果，不断攻克“卡脖子”关键核心技术，不断向科学技术广度和深度进军，把论文写在祖国大地上，把科技成果应用在实现社会主义现代化伟大事业中[②]。

1. 明确提高科技创新能力方向

四个“面向”指出，要促进我国科技领域的技术进步，必须要在原始创新能力方面下硬功夫、出硬招、出实招。四个“面向”是

① 李志刚. 主旨演讲：牢固确立人才引领发展的战略地位［EB/OL］. 中华全国工商业联合会，2019-07-01.

② 习近平. 深入实施新时代人才强国战略 加快建设世界重要人才中心和创新高地［J］. 求是，2021（第24期）.

提高我国科技创新能力的方向，实现了两个“结合”，一是科技和经济的结合，二是国家和人民的结合。“面向世界科技前沿”要求创新要立足高起点，站在世界科技的最前沿，这样才能不甘人后，勇立潮头。“面向经济主战场”要求创新要服务经济社会发展的大局。“面向国家重大需求”要求创新要符合核心利益和重大需求，要为实现国家的长治久安服务。“面向人民生命健康”要求创新要以人民为中心，为人民生命健康服务。

2. 坚持两点论与重点论的统一

创新是第一动力，更是发展的直接推动力。四个“面向”精辟地指出了在世界百年未有之大变局与中华民族伟大复兴战略全局的时代背景下，我国科技发展的战略方向；既聚焦了我国科技发展的目标任务，又聚焦了国家、人民对科技发展的重大需求；既聚焦了我国科技全面发展的主要方向，又聚焦了我国科技发展的重点领域，坚持了两点论与重点论的统一。面向我国“十四五”时期及更长时期的发展，科学技术的作用更加凸显，更加需要增强创新这个第一动力。要坚持以人民为中心的发展思想，将科学技术发展成果更多惠及人民，让人民共享科技发展的成果。

3. 体现创新四个维度辩证统一

面向世界科技前沿，就是要顺应科技发展潮流动态，通过科技自主创新占领世界科技创新制高点，寻找重大突破，彻底解决“卡脖子”问题。面向经济主战场，就是一定要把科学技术融入经济建设当中，围绕经济建设这个中心，用心用力用情进行创新，提高科技成果转化率、科学技术贡献率，推动经济高质量发展。面向国家重大需求，就是要坚持需求导向，服务于国家主权和领土安全、国家核心利益维护等，在创新中不断提高人民的获得感，实现人民美好生活。面向人民生命健康，就是要为健康中国建设服务，坚持以人为本、人民至上、生命至上，细心呵护人民生命健康，实现人民幸福。四个“面向”深刻体现了创新的技术维度、经济维度、市场维度与生命维度四个方面辩证统一，其中技术维度是手段、经济维度是基础、市场维度是导向、生命维度是灵魂。

4. 蕴含深刻现实意蕴和价值旨归

科技乃国之利器，科学家和广大科技工作者更是国之栋梁，被赋予国之重任。广大科学家和科技工作者要坚持四个“面向”，是基于我国国情提出的深刻论断，体现了对科学家和科技工作者的殷切希望；同时，也是对科技创新工作向高精尖方向发展的总体要求；更是着眼于世界眼光、统筹国家发展且兼顾人民美好生活的一体谋划，有着深刻的现实意蕴和价值旨归。

5. 宣示我国战略目标和制度优势

习近平总书记强调，要坚持需求和问题导向，对能够快速突破、及时解决问题的技术，要抓紧推进；对属于战略性、需要久久为功的技术，要提前部署。要发挥社会主义制度能够集中力量办大事的优势，整合优化科技资源配置，狠抓创新体系建设，进行优化组合，完善我国实验室体系，发挥高校在科研中的重要作用，推动重要领域关键核心技术攻关。要持之以恒加强基础研究，明确我国基础研究领域方向和发展目标，加大基础研究投入，在财政、金融、税收等方面给予必要政策支持，创造有利于基础研究的良好科研生态，建立健全科学评价体系、激励机制，持续不断坚持下去①。

① 从三个层面领会习近平在科学家座谈会上的重要讲话［N］. 中国青年报，2020-09-15.

（五）坚持全方位培养用好人才

这是做好人才工作的重点任务。必须坚定人才培养自信，造就一流科技领军人才和创新团队，培养具有国际竞争力的青年科技人才后备军，用好用活人才，大胆使用青年人才，激发创新活力，放开视野选人才、不拘一格用人才[①]。

1. 全方位推进人才开发

习近平总书记强调，要锚定2035年跻身创新型国家前列、建成人才强国的远景目标，下大气力全方位培养、引进、用好人才[②]。培养是基础，使用是关键，培养是为了更好地使用。“全方位”包括五个方面涵义：一是包括人才培养、引进、使用、激励等全链条、全过程开发；二是包括党政人才、专业技术人才、企业经营人才、高技能人才、农村实用人才、社会工作人才等各类人才主体的综合开发；三是包括“塔尖”“塔身”“塔基”的“各层”人才开发；四是包括不同专业特长、能力水平、职业岗位的“各种”人才开发[③]；五是包括各级组织人事部门，各级党委、政府中与人才工作相关的职能机构，以及广大的市场主体——用人单位。“全方位”强调的是包括过程、环节和各个主体的人才工作举国体制[④]。

2. 提升人才自主培养能力

提升人才自主培养能力，是教育优先发展的使命和主线。推动高质量发展的核心是培养造就高素质人才，而高素质人才依赖于高

---

① 习近平. 深入实施新时代人才强国战略 加快建设世界重要人才中心和创新高地［J］. 求是，2021（第24期）.

② 同上。

③ 汪怿. 二十大报告为何将这项工作，提升到与高质量发展几乎并重的位置［EB/OL］. 上观新闻，2022-11-02.

④ 赵永乐. 人才工作重心下移：发挥用人主体在人才培养、引进、使用中的积极作用［N］. 组织人事报，2021-11-25.

质量自主培养体系建设[①]。人才培养是人才队伍建设的基础，重视人才自主培养是建成人才强国的关键环节。我国对人才数量、质量、结构的需求是全方位的，满足这样庞大的人才需求必须主要依靠自己培养，提高人才供给自主可控能力。要充分发挥我国高等教育体系的规模优势，发挥科教融合培养高水平科技人才的显著独特优势，发挥国家事业发展急需各类人才的广阔舞台优势，把我国人才竞争优势牢固建立在主要依靠自主培养的坚实基础之上。

党的十八大以来，党中央坚持创新驱动、高端引领、整体推进，加快构建科学的人才培养体系，不断改善人才发展环境，大力培养造就一大批具有全球视野和国际水平的战略科技人才、科技领军人才、青年科技人才和高水平创新团队，科技创新取得新的历史性成就[②]。与此同时，我国在创新人才自主培养方面与发达国家相比还有很大差距，短板在研究生阶段创新教育和高技能人才职业教育。要更加重视人才自主培养，加快建立人才资源竞争优势。

3. 明确人才自主培养的重点

一是解决基础研究人才数量不足、质量不高问题。要发挥高校特别是“双一流”大学人才主力军作用，全方位谋划基础学科人才培养，突破常规，创新模式，更加重视科学精神、创新能力、批判性思维的培养教育。要建设一批基础学科培养基地，吸引最优秀的学生立志投身基础研究，加大重大原始创新人才培养力度。要建立交叉学科发展引导机制，培养高水平复合型人才。要制定实施人才专项，长期稳定支持一批在自然科学领域取得突出成绩且具有明显创新潜力的青年人才。二是培养造就大批哲学家、社会科学家、文

① 吴江，蔡秀萍．为中国式现代化强化人才支撑［J］．中国人才，2022（第 11 期）．

② 聚天下英才而用之——党的十八大以来我国人才事业创新发展综述［EB/OL］．新华社，2021-09-28．

学艺术家等各方面人才。要培养造就一批中国问题研究人才，推进马克思主义中国化、时代化；要培养造就一批中华优秀文化传播人才，不断提高中华文化影响力；要研究编制专项规划，为构建中国特色哲学社会科学、繁荣发展社会主义文艺提供坚实人才支撑。

4. 破解人才自主培养瓶颈

习近平总书记指出："我国拥有世界上规模最大的高等教育体系，有各项事业发展的广阔舞台，完全能够源源不断培养造就大批优秀人才，完全能够培养出大师。我们要有这样的决心、这样的自信。"培养大师的自信来自教育制度和人才培养机制改革的决心和勇气。"卡脖子"技术实质是人才培养的瓶颈，没有自主培养就没有自立自强。自主培养的关键是处理好政府管理职责与学校自主办学的权力关系、学校育人与企业用人的供需关系、组织培养与人才成长的价值关系。未来的自主培养模式一定是具有全球视野和中国特色结合的模式。要从重视自主教育、自主学习、自主成长开始做起，从个人到教师，再到学校，都应赋予自主培养的权利[①]。

5. 改革教育培养模式

教育培养制度要遵循人才成长规律。创新人才需要尊重差异化、个性化和包容性的成长路径，而不是我们教育体制的标准考试成长模式。我们之所以缺乏创新人才，原因在于教育培养体制上的行政化色彩和价值取向上的功利主义。要调动好高校和企业两个积极性，实现产学研深度融合。一是发挥教师在创新人才培养中的关键作用，全面提高教师的专业创新能力，引导教师潜心教书育人、做"大先生"、研究真问题。二是创新人才培养模式，鼓励学生开展原创性实践活动，提升学生的科学精神、创新能力和批判性思

① 蔡秀萍. 重磅解读！新时代人才工作的战略擘画［J］. 中国人才，2021（第10期）.

维。允许大学建立特殊遴选通道，加大力度招收天才、奇才、偏才学生。三是改革高校考核评价体系。将创新人才培养质量和能力作为评价高校特别是“双一流”大学核心指标。四是发挥企业创新主体作用，让企业在创新实践中发现人才、培养人才、成就人才[①]。

6. 加强创新人才培养

我国高校人才培养面临的最大挑战之一是高层次拔尖创新人才培养能力不足。要探索推动本科生文理渗透、通专融合培养方式，加强科学精神、创新能力、批判性思维培养教育，创新完善因材施教模式，实施“强基计划”，构筑人才培养特区，激励最优秀学生投身基础学科研究，为国家培养一批学术思想活跃、具备国际视野、发展潜力巨大的基础学科领域未来学术领军人才。

秉持科教融合理念，完善研究生分类选拔、培养、评价的制度和机制，把学科交叉融合等优势转化为人才培养优势，加大原创能力、独创精神的培养力度，支持研究生特别是博士生直接面向国家重大战略领域开展钻研探索，引导学生热爱学术、追求真理，把奉献国家民族作为毕生的追求。

7. 强化工科人才培养

我国制造业总体上处于全球价值链中低端，许多产业工程师数量不足、质量不高；工程类人才培养存在与产业需求脱节、动手实践能力不足、工程知识积累不够等问题。要重点培养学生解决社会、经济和产业发展中面临的实际问题能力，兼顾专业知识的深化、学术能力培养和综合素质扩展、职业胜任力提升；推进创意、创新、创业“三创融合”的高层次创新创业教育，激发和培养学生首创精神、企业家精神；深化研究生专业学位改革，完善大学

① 蔡秀萍．重磅解读！新时代人才工作的战略擘画［J］．中国人才，2021（第10期）.

与企业之间高水平人才流动机制，确保科学家与工程师之间、大学与企业之间在人才培养和供给方面保持持续深入的对话与合作，共同面向未来产业发展人才需求，打造产教融合的高水平人才培养新体系。

8. 提高人才使用效能

用好用活人才，激发人才创新活力，是每个管理者的担当与责任。人才难得，轻视不得，耽误不得。在重视人才自主培养的同时，还要优化人才资源配置，发挥用人主体作用，用好用活各类人才。人才培养，以用为本。用才是聚才的根本目的，唯有用其所能、任其所宜，才能最大限度地实现人才价值。要建立以信任为基础的人才使用机制，让有真才实学的人才英雄有用武之地①。

（六）坚持深化人才发展体制机制改革

这是做好人才工作的重要保障。必须破除人才培养、使用、评价、服务、支持、激励等方面的体制机制障碍，破除“四唯”现象，向用人主体授权，为人才松绑，把我国制度优势转化为人才优势、科技竞争优势，加快形成有利于人才成长的培养机制、有利于人尽其才的使用机制、有利于人才各展其能的激励机制、有利于人才脱颖而出的竞争机制，把人才从科研管理的各种形式主义、官僚主义的束缚中解放出来②。

党的十八大以来，党中央大力推进人才培养、使用、评价、服务、支持、激励等机制改革创新，于 2016 年 3 月印发人才发展体制机制改革综合性文件《关于深化人才发展体制机制改革的意见》；

① 陈鑫. 坚持全方位培养用好人才——学习贯彻习主席在中央人才工作会议上的重要讲话精神系列谈④［N］. 解放军报，2021-11-01.

② 习近平. 深入实施新时代人才强国战略 加快建设世界重要人才中心和创新高地［J］. 求是，2021（第 24 期）.

中央和国家相关部门配套出台政策 140 余项，各省区市出台改革政策 700 多项，体制机制改革呈现密集创新突破态势。以“放权、松绑”为核心，突出“精准、分类”要求，提出一系列务实管用的改革举措[①]：改革人才管理体制，落实用人主体自主权；分类推进人才评价机制改革，更好发挥人才评价“指挥棒”作用；改革人才激励机制，充分调动人才创新创业积极性；改革科研经费使用管理，建立以信任为前提的人才使用机制。向用人主体放权，为人才松绑，强大的人才引擎为我国推进高质量发展提供了强劲动力[②]。

人才发展体制机制改革取得一定成效，但改革步子仍跟不上人才事业快速发展的需要。习近平总书记指出，我国人才发展体制机制改革“破”得不够，“立”得也不够，既有中国特色又有国际竞争比较优势的人才发展体制机制尚未建立。要坚持问题导向，着力解决多年困扰、反映强烈的突出问题[③]：一是对改革措施执行力度逐级递减，落实难度大，针对性、操作性不够强。特别是向用人主体充分授权、为人才松绑、科研经费管理改革、外籍人才引进使用、人才评价体系改革、激励包容人才干事创业等具体政策问题，仍然阻力较大、障碍较多。二是改革措施不配套，思想认识不统一。教育、科技、人才等各部门协同性不够，各自为政，改革政策相互掣肘，出现很多中梗阻现象。三是改革成果难以巩固，法治化程度较低，人才参与度、知晓度较低，很难依法维权和依法监督。要加强督促考核，将人才政策落地、人才投入、队伍建设、项目推

① 朱基钗，丁小溪，高蕾等．让更多千里马竞相奔腾于伟大时代——以习近平同志为核心的党中央引领推动人才工作纪实［EB/OL］．新华社，2021-09-26.

② 聚天下英才而用之——党的十八大以来我国人才事业创新发展综述［EB/OL］．新华社，2021-09-28.

③ 习近平．深入实施新时代人才强国战略 加快建设世界重要人才中心和创新高地［J］．求是，2021（第 24 期）.

进、环境优化等列为党建工作述职评议考核重要内容。

1. 向用人主体授权

要根据需要和实际向用人主体充分授权。行政部门应该下放的权力都要下放，用人单位可以自己决定的事情都应该由用人单位决定，发挥用人主体在人才培养、引进、使用中的积极作用。用人主体要发挥主观能动性，增强服务意识和保障能力，建立有效的自我约束和外部监督机制，确保下放的权限接得住、用得好。用人单位要切实履行好主体责任，用不好授权、履责不到位的要问责，目的是保障用人主体在人才培养、引进、使用中充分发挥积极作用①。

2. 积极为人才松绑

长期以来，一些部门和单位习惯把人才管住，许多政策措施还是着眼于管，而在服务、支持、激励等方面措施不多、方法不灵。要遵循人才成长规律和科研规律，进一步破除"官本位"、行政化的传统思维，不能简单套用行政管理的办法对待科研工作，不能像管行政干部那样管科研人才。要完善人才管理制度，做到人才为本、信任人才、尊重人才、善待人才、包容人才。要建立健全责任制和"军令状"制度，确保科研项目取得成效。要深化科研经费管理改革，落实让经费为人的创造性活动服务的理念。要改革科研项目管理，优化整合人才计划，让人才静心做学问、搞研究，多出成果、出好成果。要改进科研院所管理，增强服务保障一线科研人员的意识和能力，扩大科研人员在科研过程中的技术路线决定权、经费支配权、资源调度权，革除科研管理中的形式主义和官僚主义，为科研人员松绑、减负、降压，让科研人员在宽松的科研环境中有充足的时间潜心科研，充分释放聪明才智，有效激发创新热情。

---

① 赵永乐. 人才工作重心下移：发挥用人主体在人才培养、引进、使用中的积极作用［N］. 组织人事报，2021-11-25.

3. 完善人才评价体系

我国人才评价体系不合理，“四唯”现象仍然严重，滋长急功近利、浮躁浮夸等不良风气。要加快建立以创新价值、能力、贡献为导向的人才评价体系，基础前沿研究突出原创导向，社会公益性研究突出需求导向，应用技术开发和成果转化评价突出市场导向，形成并实施有利于科技人才潜心研究和创新的评价体系。一是品质要好。心怀“国之大者”，要具备为国分忧、为国解难、为国尽责的优秀品质。二是能力要强。要具备解决创新过程中实际问题的领导能力和专业能力。三是标准要专。用人如器，不能用一把尺子衡量。对专业技术人员要评其所长，扬长避短。四是评价要实。坚持实践标准，重在科研一线成果，要随着跨学科的团队创新趋势和工程技术的复杂性、不确定性特点，在实践中动态地评价人才。五是眼光要远。要通过评价工作有意识地发现和培养更多具有战略科学家潜质的高层次复合型人才，形成战略科学家成长梯队①。

4. 用好用活各类人才

（1）根本在于“让事业激励人才，让人才成就事业”。从根本上来说要让人才报国有门，让有真才实学的人才英雄有用武之地。“人才政策，手脚还要放开一些”“要着力完善人才发展机制，用好用活人才，建立更为灵活的人才管理机制，打通人才流动、使用、发挥作用中的体制机制障碍”。要从推进治理体系与治理能力现代化的高度谋划人才工作，尊重人才成长管理规律，破解人才工作体制性机制性障碍，建立更加灵活、更加开放、更加实效的人才新体制机制，为人才脱颖而出释放出体制机制最大的牵引性动能。

（2）建立以信任为基础的人才使用机制。一是制度要有弹性。

---

① 蔡秀萍. 重磅解读！新时代人才工作的战略擘画［J］. 中国人才，2021（第10期）.

要区别对待，有特殊政策，让有真才实学的人才英雄有用武之地。二是强化激励机制。允许失败、宽容失败，鼓励科技领军人才挂帅出征。三是完善问责机制。领导要有用人才的担当，要敢于为各类人才搭建干事创业的平台。四是建立维权机制，要有申诉维权的渠道，切实解决人才维权成本高、周期长问题。五是畅通流动机制。克服人才资源配置分散、低效、重复的弊端，促进城乡、区域、行业和不同所有制之间人才顺畅流动。

（3）探索人才发展引领区。在政策环境上求突破，探索建立一批“三不一综合”（不设定行政级别、不核定编制数量、不受岗位和工资总额限制、实行综合预算管理）新型研发机构，加快实施顶尖科学家全权负责制，实施有利于人才潜心研究和创新的评价体系。在海外人才引进制度上率先突破，探索建立覆盖海外人才来华工作生活全流程、全周期政策体系。在重点区域内谋创新，推进“国际人才发展引领区”建设，支持构建开放型人才治理体系，加快建设顶尖科学家社区等载体平台。在服务保障上抓提升，对两院院士等高层次人才给予重点保障，对于海外高层次人才、国防科工人才等落实好专项政策，解决青年人才安居问题①。

（七）坚持聚天下英才而用之

这是做好人才工作的基本要求。我国发展需要世界人才的参与，我国发展也为世界人才提供机遇。必须实行更加积极、更加开放、更加有效的人才引进政策，用好全球创新资源，精准引进急需紧缺人才，形成具有吸引力和国际竞争力的人才制度体系，加快建设世界重要人才中心和创新高地②。

---

① 中共上海市委．加快建设高水平人才高地［EB/OL］．求是网，2021-12-16.

② 习近平．深入实施新时代人才强国战略 加快建设世界重要人才中心和创新高地［J］．求是，2021（第 24 期）.

1. 树立全球人才视野

习近平总书记强调，要加强人才国际交流，坚持全球视野、世界一流水平，千方百计引进那些能为我所用的顶尖人才，使更多全球智慧资源、创新要素为我所用。要采取多种方式开辟人才走出去培养的新路子，使人才培养渠道多元化，储备更多人才[①]。

要“改革人才引进各项配套制度，构建具有全球竞争力的人才制度体系”，不断提高“全球配置人才资源能力”[②]。“在人才选拔上要有全球视野，下大气力引进高端人才……不管是哪个国家、哪个地区的，只要是优秀人才，都可以为我所用。”必须把握大势、放眼全球，真诚欢迎各类高素质国际人才到我国来创新和发展，广聚天下英才服务于我国社会主义现代化建设。

2. 优化海外引才战略

（1）拓展海外人才类型。把优势海外人才智力作为重点。一是赢得战略竞争的战略人才；二是属于战略领域的人才；三是掌握战略资源的人才；四是处在战略层次的人才；五是具有战略影响的人才。（2）拓展海外引才渠道。拓展高校、科研机构等创新策源地引才核心渠道；把拓展跨国公司、创新企业、重点产业作为引才重要渠道；拓展中介机构渠道；充分用好政府渠道。（3）优化海外人才发展策略。丰富人才引进“软”“硬”资源，厚植优势资源。构建更有竞争力的人才引进政策体系，健全全球人才配置体系，建设全球人才发展治理体系，增强全球人才吸引力、影响力[③]。

---

① 习近平. 深入实施新时代人才强国战略 加快建设世界重要人才中心和创新高地［J］. 求是，2021（第 24 期）.

② 习近平总书记在网络安全和信息化工作座谈会上的讲话［EB/OL］. 新华社，2016-04-25.

③ 汪怿. 拓宽渠道，聚天下英才而用之［J］. 神州学人，2022（第 1 期）.

3. 丰富人才“国际化”内涵

着眼打造全球优秀人才向往之地、人才资源配置之地、卓越人才培育之地，原创性理论策源地、颠覆性技术发明地、开创性产业诞生地、世界性先进文化交汇地、全球性高峰人才成长地的要求，谋划面向世界、面向未来的高水平人才高地建设发展战略，吸引集聚全球各类优秀人才近悦远来；把握创新发展、产业变革、人才流动趋势，把握全球人才链、创新链、产业链变迁新特点，加快“走出去”步伐，加大海外空间、全球布局的拓展力度。

4. 提升人才“国际化”水平

深化人才开放深度、广度和力度，把最高水平、最佳状态、最前沿领域，具有最全面资源、掌握最重要方向，最具有影响力、号召力、引领力的顶尖人才、战略科技人才“引进来”“留下来”“发展好”，提升国际化的“高度”和“亮度”。聚焦能够引领潮流、创造未来的创新创业创意人才，掌握全球、技术、信息、人才资本等专业服务人才，善于城市治理、基层治理、智慧治理的人才，提升国际化的“宽度”和“深度”。把最具有潜力和爆发力的全球青年人才吸引过来、集聚起来，点燃他们创新创业的梦想和激情；打造丰富的、多样化的人才组合、社群、圈层、网络，让来自世界各个角落的科学家、企业家、投资家互动起来。

5. 优化“国际化”人才生态

加大“筑巢引凤”力度，搭建世界一流创新平台，建设国家重点实验室、大科学设施和高水平研究型大学、科研院所，集聚具有国际竞争力的跨国公司、创新企业，培育世界级产业集群，打造顶尖科学家论坛、创新联盟等载体平台。“固巢养凤”，推动产学研、内外资、政社企多主体协同创新创业平台，推动高校、科研院所、企业联合共建新型研发机构，完善产学研用结合、产教融合的协同育人模式。以建设高水平人才高地为契机，带动深层次制度型开放，形成具有整体竞争力的制度优势，探索具有中国特色的人才制度体系、发展路径，为建设世界重要人才中心和创新高地探路[①]。

6. 塑造我国参与国际合作和竞争新优势

适应深化国际交流和合作的要求，大力引进和培养更多通晓国际规则的人才、“一专多能”的复合型人才、具有全球思维、战略眼光的人才。创新人力资源管理模式、夯实产业转型发展的人才基础，以更加开放的视野完善引进、培养、使用、留住国际化人才的体制机制，真正做到在全球范围挖掘、使用、配置人才资源，努力实现“聚天下英才而用之”。国家工作大局在哪里，就要把人才往哪里汇聚；国家战略需求在哪里，就要把人才往哪里吸引。

7. 坚持“走出去、引得进、留得住”的策略

要营造有较强国际竞争力的人才发展环境，包括政策配套佳、服务效能高、人居条件好等。一是完善政策。实施更积极、更开放、更有效的国际化人才政策，加快转变政府人才管理职能，完善国际化人才发现、评价和激励机制。二是搭建平台。探索人才柔性双向流动，打造国际化人才创新创业生态圈，为国际化人才创业、创新、创优搭建平台。三是优化服务。推进国际化人才与国际化城市互动融合，进一步完善城市基础设施、公共服务等配套服务。

8. 将国际化人才优势转化为创新优势

要根据各地经济社会发展需求，立足优化产业结构、提升产业层次，建立起地方人才动态调控机制，稳步提升国际化人才集聚的质量和效益。用好政策红利，充分发挥“一带一路”建设、自贸试验区建设等政策红利的溢出效应，强化区域产业链协作、人才支

---

① 汪怿．做足人才国际化这篇大文章——学习贯彻党的十九届六中全会精神系列评论［EB/OL］．文汇时评，2021-12-10．

撑、要素流动的协同合作，为将国际化人才资源转化为创新优势赋能。要加强本土人才开发，借助国际化人才引进的东风，统筹协调各类人才开发工作，提高本土人才队伍素质，增强创新发展后劲。

9. 吸引留学人员回国创新发展

王辉耀认为，首先应该欢迎更多的国际人才尤其是华人华侨、出国留学人员为我国做出贡献。以近 700 万名出国留学人员为例，他们接受国际化的高质量教育，培养全球视野，提高国际竞争力。这种经历使其更加熟悉全球规则，增强了他们的全球网络、跨文化适应能力和语言能力，使其很好地适应了现代全球化经济的需要。在我国不断融入全球经济并在全球治理中发挥越来越大作用的情况下，我国出国留学人员可以为我国参与国际多边合作、帮助我国企业“走出去”和跨国企业在我国投资做出更多贡献。

10. 提高国际人才管理和服务水平

公安部在上海、北京、粤港澳大湾区等地推行出入境新政，出入境便利化改革向纵深发展，从永久居留申请、工作签证办理、出入境自助检查等多维出击，突破国际引才政策瓶颈，展现了我国对优质国际人才来华创新发展高度欢迎及不拘一格、开放的引才态度。上海等地政策创新体现在：一是开通高层次人才绿卡直通车；二是在永久居留申请中引入市场化认定标准；三是针对外籍华人降低永居申请门槛；四是允许外籍优秀人才，包括优秀跨国公司人才，外籍优秀留学生毕业后直接在华创新创业，便于他们今后成为连接中国与其母国商务和经济的桥梁与纽带[①]。厦门市探索设立国际留学人员创业就业基地，建立具有国际竞争力的引才用才制度。

① 王辉耀. 加快建设世界重要人才中心和创新高地［N］. 组织人事报，2021-10-28（第 11 版）.

（八）坚持营造识才爱才敬才用才的环境

这是做好人才工作的社会条件。必须积极营造尊重人才、求贤若渴的社会环境，公正平等、竞争择优的制度环境，待遇适当、保障有力的生活环境，为人才心无旁骛钻研业务创造良好条件，在全社会营造鼓励大胆创新、勇于创新、包容创新的良好氛围[①]。

1. 营造求贤若渴的社会环境

习近平总书记在欧美同学会成立 100 周年庆祝大会上强调，“环境好，则人才聚、事业兴；环境不好，则人才散、事业衰”。[②]为此，要真心爱才、悉心育才、倾心引才、精心用才[③]，大力营造尊重人才、见贤思齐的社会环境，鼓励创新、宽容失败的工作环境，待遇适当、无后顾之忧的生活环境，公开平等、竞争择优的制度环境，形成有利于人才发展的法治环境[④]。

2. 把握人才发展环境内涵

人才发展环境包括硬环境和软环境。硬环境包括自然环境、基础设施、工作环境、生活环境；软环境包括政治环境、经济环境、人文环境、社会环境。人才发展环境重点是人才的工作、创业等事业发展环境，子女教育、医疗保障和饮食起居等生活环境，及休闲娱乐社交等文化环境。现代人关注就业工作环境、配套服务、就业

---

① 习近平．深入实施新时代人才强国战略 加快建设世界重要人才中心和创新高地［J］．求是，2021（第 24 期）．

② 习近平．创新正当其时 圆梦适得其势［EB/OL］．人民网 – 人民日报新闻研究网，2016–03–02．

③ 习近平．高举中国特色社会主义伟大旗帜　为全面建设社会主义现代化国家而团结奋斗——在中国共产党第二十次全国代表大会上的报告［EB/OL］．新华网，2022–10–25．

④ 中共中央办公厅印发《关于进一步加强党管人才工作的意见》［N］．人民日报，2012–09–27．

政策、薪酬待遇等。林泽炎认为，理想的人才环境应该是：社会尊重人才、政府引导人才、市场流动人才、单位认可人才、舆论宣传人才、家长鼓励孩子成才、孩子崇尚成才[①]。

3. 重视人才发展环境建设

“良禽择木而栖”“水积而鱼聚，木茂而鸟集”“环境之于人才，犹如水之于鱼”。环境影响着人才的追求方向和目标选择。能否吸引、集聚、用好人才，人才发展环境是关键要素。环境是凝聚力、吸引力、竞争力、生产力。当今社会人才的竞争，是人才环境的竞争。抓住了人才环境建设，就抓住了人才开发的关键点和制高点。人才环境建设，既要重视硬环境，更要重视软环境。硬环境建设受制于物质基础，需要时间和过程，而软环境建设主要取决于人们主观努力程度[②]。硬环境打造需要时间和条件，不可能一蹴而就。软环境建设可以超前进行，如法治环境、人文环境、政策环境等[③]。

4. 发挥软环境的聚才效应

王通讯认为，环境好了，就会对人才产生“黏着效应”，直至其“舍不得走，也走不了”。良好人才软环境就像“大熔炉”，可以将全世界优秀人才吸纳过来。要抓好文化建设，用城市科技与人文高品位把人才吸引住。“高科技”需要“高情感”平衡，硬软结合，方为高超引才之道。城市要具备宽容的胸怀，宽容人才的个性、宽容人才的缺点、宽容人才失败。吴江认为，“最能激发人才创新活力的舞台是宽容失败”。要以爱才的情怀和宽容的胸怀，充分信任、大胆使用人才，宽容创新失误，拿出最大诚意和耐心，为人才提供

① 姚志强．坚持营造识才爱才敬才用才的环境［EB/OL］．深圳新闻网，2021-09-30．

② 尚允雪．人才发展环境是关键［EB/OL］．搜狐网，2017-11-03．

③ 吴德贵．坚持和发展新时代人才建设的宝贵经验［N］．组织人事报，2021-11-02（第 11 版）．

将失误转化为成功的阶梯，轻装上阵。要营造一个宽容的人才环境，为人才干事创业提供服务保障，以最大诚意留住、用好人才，最大限度地发挥人才的积极性和创造潜能。

营造有利于人才脱颖而出的环境。积极主动招引人才、用好人才，加强对优秀人才、名家名匠宣传推介，形成凝聚各方面优秀人才创新创业的强大合力；要让人才干事创业有舞台，努力让各行业的人才充分发挥特长，在各自的领域不断推出高水平研究成果，在推动事业发展中展现自己的人生价值；要对有突出贡献的人才建立杰出人才荣誉制度，让他们有成就感、获得感。要始终把人才困难和需求挂在心上，对他们多关心、多帮助、多支持，最大限度地为他们解决子女教育、医疗保健、社会保障、家属就业等难题，让他们凝神聚力、心无旁骛地干事创业发挥作用[①]。

5. 培育识才爱才敬才用才的风尚

党的十八大以来，以习近平同志为核心的党中央，以强烈的人才意识，带动各地区各部门各单位和全社会厚植尊重劳动、尊重知识、尊重人才、尊重创造的良好氛围，把各方面优秀人才集聚到党和国家事业中来。各级党委和政府对人才的关心与尊重、理解与支持、信任与依靠有增无减，既为人才发挥作用创造敬才、重才的社会环境，识才用才的工作环境，也为人才提供引才聚才的政策环境、优才留才的生活环境，还为人才提供宽容探索、宽容试错的政治环境，形成人人渴望成才、人人可以成才的社会风尚，以此为千千万万的人才创造施展才华的沃土。建功新时代、奋进新征程，坚持广开进贤之路，广纳天下英才，创新创造活力必将被不断激发，为实现中华民族伟大复兴的中国梦注入强大动力。

① 姚志强. 坚持营造识才爱才敬才用才的环境［EB/OL］. 深圳新闻网，2021-09-30.

（九）坚持弘扬科学家精神

这是做好人才工作的精神引领和思想保证。必须弘扬胸怀祖国、服务人民的爱国精神，勇攀高峰、敢为人先的创新精神，追求真理、严谨治学的求实精神，淡泊名利、潜心研究的奉献精神，集智攻关、团结协作的协同精神，甘为人梯、奖掖后学的育人精神，教育引导各类人才矢志爱国奋斗、锐意开拓创新[①]。

习近平总书记指出："科学家精神是科技工作者在长期科学实践中积累的宝贵财富"[②]"在中华民族伟大复兴的征程上，一代又一代科学家心系祖国和人民，不畏艰难，无私奉献，为科学技术进步、人民生活改善、中华民族发展做出了重大贡献。新时代更需要继承发扬以国家民族命运为己任的爱国主义精神，更需要继续发扬以爱国主义为底色的科学家精神"。[③]他号召学习黄大年等新时代优秀知识分子心有大我、至诚报国的爱国情怀，寄语青年学子"立大志、明大德、成大才、担大任，努力成为堪当民族复兴重任的时代新人"。

我国科技事业取得的历史性成就，是一代又一代矢志报国的科学家前仆后继、接续奋斗的结果。2019 年 5 月，中央出台《关于进一步弘扬科学家精神加强作风和学风建设的意见》，对科学家精神作出了明确界定。新时代，加快建设科技强国，实现高水平科技自立自强，需要大力弘扬科学家精神，继承和弘扬老一辈科学家胸怀祖国、服务人民的优秀品质，为国分忧、为国解难、为国尽责。

---

① 习近平．深入实施新时代人才强国战略 加快建设世界重要人才中心和创新高地［J］．求是，2021（第 24 期）．

② 习近平．在科学家座谈会上的讲话［EB/OL］．新华网，2020-09-11．

③ 习近平．在中国科学院第二十次院士大会、中国工程院第十五次院士大会、中国科协第十次全国代表大会上的讲话［EB/OL］．新华社，2021-05-28．

1. 胸怀祖国、服务人民的爱国精神

科学无国界，科学家有祖国[①]。爱国是科学家精神之魂，也是立德之源、立功之本。爱国是最高的道德，报国是最大的成功。胸怀祖国、服务人民的爱国精神，生动展示了我国科学家的高尚情怀和优秀品质。他们的一生追求与祖国需要紧紧联系在一起。他们的事业，因自觉与国家需要和民族命运相结合而倍显光辉。

2. 勇攀高峰、敢为人先的创新精神

科学探索永无止境，创新就要勇攀高峰、敢为人先。爱国、创新的精神代代相传。创新既是科研工作的内在要求，也是不可或缺的精神特质。敢为天下先、勇闯“无人区”的实践，让我们收获了创新的自信和勇气，铸就了勇攀高峰的信念。从根本上改变我国关键核心技术受制于人的局面，必须立足自主创新、自立自强。勇于创新、不断创新，是科技工作者实干报国、奋斗圆梦的根本途径。

3. 追求真理、严谨治学的求实精神

科技创新特别是原始创新，是一个不断观察、思考、假设、实验、求证、归纳的复杂过程，唯实唯真是立足之本。追求真理、严谨治学，意味着坚持解放思想，不迷信学术权威。这既是科研的态度，也是潜心研究的高尚品格。正是热爱科学、探求真理的追求，立德为先、诚信为本的底色，老一辈科学家脚踏实地，做出一个又一个了不起的成就，卓越的品格随之升华。

4. 淡泊名利、潜心研究的奉献精神

科学是持之以恒的事业，只有静心笃志，“十年磨一剑”，甘于奉献，才能创造出一流科研成果。新中国成立以来，我国许多优秀科学家不畏困难、不慕虚荣，为科学事业舍身探索，为国家民族鞠躬尽瘁，为造福人类无私奉献。面临激烈的国际竞争，要把原始

① 习近平. 在科学家座谈会上的讲话 [EB/OL]. 新华网，2020-09-11.

创新能力提升摆在更加突出位置，努力实现更多“从 0 到 1”的突破。无论从事基础研究还是应用研究，都更加需要科学家们甘坐冷板凳，淡泊名利，勇做新时代科技创新的排头兵。

5. 集智攻关、团结协作的协同精神

现代科学发展日新月异，融合深度、广度和复杂程度前所未有，协作攻关是大科学时代的必然趋势。协同是我国科学界的优良传统。新中国科技发展史是一部集智攻关、团结协作的历史。万众一心、众志成城，创造了一个又一个科技发展奇迹。应坚持全球视野，为推动科技进步、构建人类命运共同体贡献中国智慧。

6. 甘为人梯、奖掖后学的育人精神

科学事业是接力事业，只有薪火相传才能拾级而上、登高望远。科学事业的未来属于年轻人。大力弘扬甘为人梯、奖掖后学的育人精神，善于发现、培养青年科技人才，甘做致力提携后学的铺路石，我国的科技事业才能活水涌流、基业长青①。

（十）“八个坚持”的理论创新

余兴安认为，习近平总书记的重要讲话为新时代人才强国战略擘画了新的蓝图：四个“面向”，是人才工作的发展方向；建设世界重要人才中心和创新高地是战略目标；培养战略科学家、打造一流科技领军人才和创新团队是战略重点；深化人才发展体制机制改革是基本方略；全方位培养、引进、用好人才是人才工作的着力点；坚持正确政治方向、坚持党管人才是坚强保障②。

郑亨钰对“八个坚持”作了如下解读：一是在国家治理体系层

---

① 喻思南. 大力弘扬科学家精神 实现科技自立自强［N］. 人民日报，2021-10-12（第 6 版）.

② 余兴安. 擘画新时代人才强国战略的新蓝图［N］. 组织人事报，2021-10-12（第 11 版）.

面，确立党的核心地位，即坚持党对人才工作的全面领导；二是在人才的战略作用方面，坚持人才引领发展的战略地位；三是在人才发展重点领域方面，坚持面向世界科技前沿、面向经济主战场、面向国家重大需求、面向人民生命健康；四是在人才成长主要环节方面，坚持全方位培养用好人才；五是在人才发展动力机制方面，坚持深化人才发展体制机制改革；六是在人才吸引集聚方面，坚持聚天下英才而用之；七是在改善人才发展外部条件方面，坚持营造识才爱才敬才用才的环境；八是在精神引领方面，坚持弘扬科学家精神，并纳入共产党人精神谱系之中[①]。

吴江认为，“八个坚持”是党的十八大以来习近平总书记关于建设人才强国的战略思想体系，这八个规律性认识全面系统地揭示了建设人才强国的本质特征、逻辑关系和实践作用。从理论和实践结合上，阐明了五个理论层面的逻辑关系：一是人才资源与执政党科学执政的关系；二是人才资源与国家发展战略的关系；三是人才资源与国际竞争力的关系；四是人才资源与治理能力的关系；五是人才资源与社会环境的关系。这是对中国特色社会主义人才理论的重大创新。

“八个坚持”既是对党的十八大以来人才工作实践经验的科学总结，也是深入实施新时代人才强国战略的指导思想和基本原则，是新时代人才工作的新理念新战略新举措。其中最为核心的就是坚持党对人才工作的全面领导，这是最为关键的价值理念。只有不折不扣地遵循这八个坚持，才能够把握好未来人才工作的方向。习近平总书记强调要始终坚持并不断丰富发展人才事业发展规律性认

---

① 郑亨钰．新时代人才强国的战略引领——学习中央人才工作会议精神的几点体会［N］．组织人事报，2021-11-11（第 11 版）．

识，这说明人才工作更需要知行合一，贵在实践创新[①]。

认真学习领会这些新理念，需要解放思想、摒弃教条。一是更加突出实力提升，更大力度加强“帅才”的培养造就，更大力度储备国家战略力量；二是更加突出潜力开发，突出未来导向，聚焦具有潜力的未来人才、青年人才；三是更加突出活力迸发，深化人才发展体制机制改革，用改革的力度激发人才的力量和活力；四是更加突出合力协同，推动各类人才有效合作，握指成拳[②]。

四、人才发展治理路径：人才强国策略措施

当今世界，新一轮科技革命和产业变革迅猛发展，围绕科技制高点和高端人才的竞争空前激烈，既面临难得历史机遇，又面临严峻挑战。要赢得优势、赢得主动、赢得未来，就要把党的十九届六中全会、中央人才工作会议和党的二十大对人才工作的部署要求落到实处，更加重视发挥人才第一资源的支撑作用，“源源不断培养造就爱国奉献、勇于创新的优秀人才，真心爱才、悉心育才、精心用才，把各方面优秀人才集聚到党和人民的伟大奋斗中来”[③]。

（一）加快建设世界重要人才中心和创新高地

1. 强化战略谋划和顶层设计

人类历史上，科技和人才总是向发展势头好、文明程度高、创

---

① 蔡秀萍．重磅解读！新时代人才工作的战略擘画［J］．中国人才，2021（第10期）．

② 吴江．新时代人才强国战略新在何处［EB/OL］．大国人才，2022-01-17．

③ 本书编写组．中共中央关于党的百年奋斗重大成就和历史经验的决议（2021 年 11 月 1 日中国共产党第十九届中央委员会第六次全体会议通过），党的十九届六中全会《决议》学习辅导百问［M］．北京：党建读物出版社　学习出版社，2021：69．

新最活跃的地方集聚。我国正处于政治最稳定、经济最繁荣、创新最活跃的时期，党的坚强领导和我国社会主义制度的政治优势，基础研究和应用基础研究实现重大突破，面向国家重大需求的战略高技术研究取得重要成果，应用研究引领产业向中高端迈进，经济实力、科技实力、综合国力显著增强，为我国科技和人才事业加快发展、加快建设世界重要人才中心和创新高地提供了难得的历史机遇、创造了有利条件。加快建设世界重要人才中心和创新高地，是党中央在更高起点、更高层次、更高目标上对加快建设人才强国做出的战略谋划和顶层设计，是建设创新型国家和人才强国的重要抓手，必将为我国人才事业发展提供强大牵引力和驱动力①。

2. 加快形成人才竞争比较优势

探索构建新型创新组织形态，系统谋划城市群创新人才集聚、协同、开放和智能发展，向要素融合要活力，向体制机制改革要活力，向区域协同发展要活力②。结合国家级科技创新中心、自贸试验区、高新区、示范区等功能区建设，梯次推进世界重要人才中心和创新高地建设。在北京、上海、粤港澳大湾区建设高水平人才高地，使其率先成为世界重要人才中心和创新高地。在一些高层次人才集中的中心城市开展人才发展体制机制综合改革试点，使其成为世界重要人才中心和创新高地第二梯队。发挥这些中心城市的优势，加快教育、科技、文化设施布局和建设，加大研发投入，加速创新业态培育，提升公共服务水平，开展人才政策改革创新试点，使之成为全国对外开放程度最高、创新活力最强、科技和人才成果最丰富的国家人才示范区。集中国家优质资源重点支持建设一批国

① 中央组织部人才工作局. 深入实施新时代人才强国战略（深入学习贯彻习近平新时代中国特色社会主义思想）[EB/OL–N]. 人民网—人民日报，2022–01–13.

② 吴江，蔡秀萍. 为中国式现代化强化人才支撑［J］. 中国人才，2022（第 11 期）.

家实验室和新型研发机构，发起国际大科学计划，为人才提供国际一流创新平台，加快形成战略支点和雁阵格局。

（二）深化人才发展体制机制改革

加快建设世界重要人才中心和创新高地，必须向改革要动力、用改革增活力，向用人主体授权、积极为人才松绑，建立起既有中国特色又有国际竞争比较优势的人才发展体制机制。

1. 创新人才发展体制机制

坚持问题导向，破除人才发展体制机制顽障痼疾。要赋予科学家更大技术路线决定权、经费支配权、资源调度权。要向用人主体充分授权，发挥用人主体在人才培养、引进、使用中的积极作用；建立有效的自我约束和外部监督机制，确保下放的权限接得住、用得好，用不好授权、履责不到位的要问责。要从完善人才管理制度、深化科研经费管理和科研项目管理改革、优化整合人才计划等方面入手，在服务、支持、激励上下更大功夫，把人才从各种体制机制束缚中解放出来，放手让他们把才华和能量充分释放出来。要健全人才评价体系，坚决破除“四唯”现象，切实解决简单以人才“帽子”对标薪酬待遇和科研资源分配问题，为“帽子热”降温[①]。

2. 深化科技体制改革攻坚

要开展科技体制改革攻坚，从体制机制上增强科技创新和应急应变能力，突出目标导向、问题导向，抓重点、补短板、强弱项，锚定目标、精准发力、早见成效，加快建立保障高水平科技自立自强的制度体系，提升科技创新体系化能力。支持中关村国家自主创

① 中央组织部人才工作局．深入实施新时代人才强国战略（深入学习贯彻习近平新时代中国特色社会主义思想）[EB/OL–N]．人民网—人民日报，2022–01–13.

新示范区开展高水平科技自立自强先行先试改革[①]。

（三）加快建设国家战略人才力量

战略人才站在国际科技前沿、引领科技自主创新、承担国家战略科技任务，是支撑我国高水平科技自立自强的重要力量，是实施人才强国战略的重中之重。要把建设战略人才力量作为重中之重来抓。加强最适合培养造就创新人才的组织体系建设，探索建立科学家人才管理新机制，面向国家战略科技需求，以国家重大项目、国家实验室，国家重大人才计划为依托[②]，在人工智能、量子信息、集成电路、生命健康、生物育种、空天科技等战略必争领域和重要前沿基础领域，大力培养战略科学家和科技领军人才。

1. 大力培养使用战略科学家

战略科学家是科学帅才，是国家战略人才力量中的“关键少数”，在科技创新活动中起着谋战略、指方向的重要作用。全球进入大科学时代，科学研究的复杂性、系统性、协同性显著增强，战略科学家的重要性日益凸显。坚持实践标准，在国家重大科技任务担纲领衔者中发现遴选具有深厚科学素养、长期奋战在科研第一线，视野开阔，前瞻性判断力、跨学科理解能力、大兵团作战组织领导能力强的科学家。坚持长远眼光，有意识地发现和培养更多具有战略科学家潜质的高层次复合型人才，形成战略科学家成长梯队。党和国家要加强和完善对国家重大科研项目的领导和指导。面向国家战略需求推进院士制度改革，更好发挥广大院士在科研攻关、战略咨询、学科发展和人才培养中的作用。

---

① 习近平主持召开中央全面深化改革委员会第二十二次会议［EB/OL］. 新华网，2021-11-24.

② 吴江，蔡秀萍. 为中国式现代化强化人才支撑［J］. 中国人才，2022（第 11 期）.

2. 打造大批一流科技领军人才和创新团队

科技领军人才是国家战略人才力量的中坚骨干，发挥着挑大梁、带队伍的重要作用。要建立关键核心技术攻关人才特殊调配机制，制订实施专项行动计划，调集领军人才，组建攻坚团队。要优化领军人才发现机制和项目团队遴选机制，探索新的项目组织方式，对领军人才实行人才梯队配套、科研条件配套、管理机制配套的特殊政策。要发挥国家实验室、国家科研机构、高水平研究型大学、科技领军企业的国家队作用，加速集聚、重点支持一流科技领军人才和创新团队。要围绕国家重点领域、重点产业，组织产学研协同攻关，在重大科研任务中培养人才。依托“科技创新 20–30 重大项目”、基础研究和关键核心技术攻关、国防科技创新等重大科技任务，大胆选拔使用长期奋战在科研一线、具有深厚科学素养和优良作风学风的优秀科技人才，支持他们发挥将帅作用，担当领衔重任，组织开展协同攻关，形成科技领军人才成长梯队。要聚焦国家战略需求和前沿科学重大问题，围绕重点领域、重点产业、重大任务，鼓励支持科研人员组建创新团队，构建“分可独立作战、聚可合力攻关”的科研组织模式，开展全链条、跨部门协同攻关，着力实现原始创新和关键核心技术重大突破。高校要发挥学科综合性优势，着力培养关键核心技术攻关领军人才、创新团队，围绕国家重点领域、重点产业，完善产学研联合协同攻关体制机制，让人才在重大科研任务中施展才华、成就事业。

3. 造就规模宏大的青年科技人才队伍

青年人才是科技创新的生力军，是国家战略人才力量的源头活水。要形成教育、科技、人才工作的合力，打造优秀青年人才全链条培养制度[①]。要把培育国家战略人才力量的政策重心放在青年科

① 吴江，蔡秀萍. 为中国式现代化强化人才支撑［J］. 中国人才，2022（第 11 期）.

技人才上，给予他们更多信任、更好帮助、更有力支持，为他们成长和发展搭建舞台、拓展空间，支持他们挑大梁、当主角。在部署科研项目时，提高青年科技人才担纲领衔的比例。各类人才培养引进支持计划要向青年人才倾斜，扩大支持规模，优化支持方式。组织实施高校优秀毕业生接续培养计划，从高校、科研院所、企业遴选高水平导师，赋予高端人才培养任务。更加关心关爱青年科技人才，教育引导他们坚定理想信念、涵养优良学风、厚植学术根基、保持科研定力，在科学研究道路上行稳致远。着力解决青年科技人才事业发展和工作生活中遇到的职称评审、项目申报、薪酬待遇、住房、子女入学等实际困难，有针对性地帮助他们解除后顾之忧，让他们安身、安心、安业。

4. 大力培养青年教师

制定青年人才支持专项，给予青年教师同等学术待遇，大幅提高科研启动经费支持，支持他们牵头组建团队、承担重大科研项目，长期稳定支持一批在自然科学领域取得突出成绩且具有明显创新潜力的青年人才。关注关心青年教师发展，整合拓展资源，提升青年教师素质和潜力。切实让青年教师从繁杂事务性工作中解脱出来，帮助解决青年人才在工作条件、福利待遇、住房、子女入学等方面实际困难，为处于学术生涯初期青年人提供一流学术环境和良好生活保障，让青年学者潜心学术研究、厚积学术底蕴[①]。

5. 培养大批卓越工程师

要探索形成中国特色、世界水平的工程师培养体系，努力建设一支爱党报国、敬业奉献、具有突出技术创新能力、善于解决复杂工程问题的工程师队伍。要调动好高校和企业两个积极性，实现产学研深度融合，推动我国制造业水平向高端迈进。高校要深化工程

① 陈旭，邱勇．高校要成为人才高地和创新高地［EB/OL］．求是网，2021-12-16．

教育改革，加大理工科人才培养分量，探索实行高校和企业联合培养高素质复合型工科人才的有效机制。企业要把培养环节前移，同高校一起设计培养目标、制定培养方案、实施培养过程，实行校企“双导师制”，实现产学研深度融合，解决工程技术人才培养与生产实践脱节突出问题。

6. 遵循人才成长和发展规律

加快建设国家战略人才力量，必须遵循人才培养、使用和发展规律。要针对不同类型、不同阶段科技人才的特点培养和使用人才。要突出政治素质、实践标准、战略眼光、业界公认①，立足科研实践，在科技创新主战场上培养和造就大批高水平科技人才，让更多战略科学家和科技领军人才脱颖而出。优秀科技人才的成长需要崇尚创新、鼓励探索、追求卓越、宽容失败的文化氛围，需要让人才心无旁骛、潜心致研的良好条件和环境。充分认识和遵循科技人才成长和发展规律，加快形成人才辈出、人尽其才的生动局面。

（四）全方位培养、引进、用好人才

1. 强化人才自主培养

抓好战略科学家、顶尖人才、一流科技领军人才和创新团队、卓越工程师、具有创新潜力青年人才、“卡脖子”技术攻关人才、基础研究人才的培养；培养造就大批哲学家、社会科学家、文学艺术家等各方面人才。坚持服务国家战略需求，瞄准科技前沿和关键领域，优化学科专业和人才培养布局，办好世界一流大学和一流学科，为加快建设世界重要人才中心和创新高地提供有力支撑。高校特别是“双一流”大学要发挥培养基础研究人才主力军作用，全方

---

① 中央组织部人才工作局．深入实施新时代人才强国战略（深入学习贯彻习近平新时代中国特色社会主义思想）[EB/OL–N]．人民网—人民日报，2022–01–13.

位谋划基础学科人才培养，建设一批基础学科培养基地，培养高水平复合型人才。制定实施基础研究人才专项，长期稳定支持一批在自然科学领域取得突出成绩且具有明显创新潜力的青年人才。

2. 加大人才对外开放力度

引进是壮大人才队伍、改善人才结构的重要途径。要以更加积极的态度、更加开放的政策、更加有效的措施，依托科技创新高地、优势创新单元和一流设施平台等，加强“高精尖缺”顶尖人才引进。主动发起国际大科学计划和大科学工程，扩大开放合作“朋友圈”，拓展国际交流合作的范围和渠道，努力提高对国际一流人才的吸引力和竞争力，更好汇聚全球智力资源和创新要素。采取多种方式开辟人才走出去培养的新路子，支持更多科技人才走出国门，开展高水平国际学术交流与合作，在国际科技组织中发挥重要作用，积极融入全球创新网络，使人才培养渠道多元化，储备更多人才。

3. 用好用活各类人才

使用是发挥人才作用、推动事业发展的根本所在。要建立以信任为基础的人才使用机制，允许失败、宽容失败；对待急需紧缺特殊人才，要有特殊政策，不求全责备，不论资排辈，不用一把尺子衡量，让有真才实学的人才英雄有用武之地；健全科学家本位的科研组织体系，完善科研任务“揭榜挂帅”“赛马”制度，实行目标导向的“军令状”制度，鼓励科技领军人才挂帅出征。要为各类人才搭建干事创业平台，构建体现知识、技术等创新要素价值的收益分配机制，让事业激励人才，让人才成就事业。

（五）加强党对人才工作的全面领导

1. 加强党的领导

完善党委统一领导，组织部门牵头抓总，职能部门各司其职、密切配合，社会力量广泛参与的人才工作格局。各地区各部门要立足实际、突出重点，解决人才反映强烈的实际问题。要健全政府、社会、单位多元化人才投入机制，加大人才发展投入，提高人才投入效益。各级党委宣传、统战部门，各级政府教育、科技、工信、安全、人社、文旅、国资、金融、外事等部门，要充分发挥职能作用，共同抓好人才工作各项任务落实①。

2. 压实工作责任

要提高政治判断力、政治领悟力、政治执行力，完善党管人才体制机制，把党的政治优势、组织优势转化为人才发展优势；落实人才工作目标责任制，把人才工作成效纳入各级领导班子推动高质量发展的政绩考核，以考核传导压力，以压力推动落实。

3. 强化政治引领

要坚持正确政治方向，加强和改进知识分子工作，鼓励人才深怀爱国之心、砥砺报国之志；加强对人才的思想政治引领和政治吸纳，加大团结凝聚、教育引导、联系服务、表彰奖励和宣传推介力度②，引导广大人才心怀“国之大者”，心系“国家事”、肩扛“国家责”，自觉弘扬科学家精神，坚定不移“听党话、跟党走”，主动担负起时代赋予的使命责任；优化人才表彰奖励制度，加大先进典型宣传力度，在全社会推动形成尊重人才的风尚③。

---

① 习近平．深入实施新时代人才强国战略 加快建设世界重要人才中心和创新高地［J］．求是，2021（第 24 期）．

② 中央组织部人才工作局．深入实施新时代人才强国战略（深入学习贯彻习近平新时代中国特色社会主义思想）［EB/OL-N］．人民网—人民日报，2022-01-13．

③ 习近平．深入实施新时代人才强国战略 加快建设世界重要人才中心和创新高地［J］．求是，2021（第 24 期）．

后　记

由中国社会科学院近代史研究所马平安、福建省人力资源和社会保障厅李启咏两位同志策划发起的“中国国家治理现代化研究丛书”，得到了中国工人出版社的大力支持。该丛书已列入“十四五”国家重点出版物出版规划，我有幸承担撰写《人才发展治理与国家治理现代化》一书。

书稿的框架设计和写作过程得到了相关领域多位资深专家的指导和帮助。2020 年底，拟定书稿写作提纲，征求了原中共福建省委党校二级教授吴贵明同志的意见。2021 年 4 月，应邀赴贵阳市参加贵阳贵安“人才日”系列活动，有幸认识西南大学国家治理学院公共管理系教授、博士生导师王斌同志，在他指导下对书稿框架作了修改。2021 年 5 月，应邀赴河海大学参加“新阶段新格局新治理人才高质量发展”高峰论坛，得到了中国行政体制改革研究会副会长，中国人才研究会原常务副会长，中国人事科学研究院原院长、研究员吴江同志的指导和鼓励。同时，也得到中央人才办人才理论研究基地首席专家、中国（南京）人才发展研究中心常务副主任、中国人才研究会原副会长，河海大学教授、博士生导师赵永乐同志的支持和帮助。书稿的写作还得到福建省人力资源和社会保障厅、福建省人才研究会、福建省退休干部工作指导中心、福建省院士专家工作中心、福建省人事人才研究所、福建省引进人才服务中心、福建省留学人员创业园管理中心等有关单位领导、专家、同事和原福建省人事厅公务员管理处处长卢绍武同志的支持和帮助。从零开始，历时一年多，经过多次较大修改；党的二十大胜利召开之后，又对报告精神作了充分吸收，对本书进行了丰富与完善，最终形成了这部书稿。我国人才发展治理研究权威专家、老朋友吴江同志欣然应约为我的书稿作序。在此一并表示诚挚谢意！

“看似寻常最奇崛，成如容易却艰辛。”（宋 · 王安石：《题张司业诗》）由于相关学术知识积累有限，书中难免存在疏漏或不当之处，恳请广大读者批评指正，以利于将相关研究引向深入。

著　者

2022 年 11 月于福州

主要参考资料

1. 王通讯著:《王通讯人才论集》第 2、3 卷，中国社会科学出版社，2001 年版。

2. 吴江主编:《人才强国战略论》，党建读物出版社，2008 年版。

3. 习近平著:《习近平谈治国理政》第一卷，外文出版社，2014 年版。

4. 叶志坚主编:《文化建设与文化体制改革》，中共中央党校出版社，2015 年版.

5. 中国人才研究会组织编写（主编：何宪）:《人才发展体制机制改革理论与实践研究》，中国人事出版社，2016 年版.

6. 习近平著:《习近平谈治国理政》第二卷，外文出版社，2018 年版。

7. 程同顺等著:《新时代大国治理》，湖北教育出版社，2018 年版。

8. 汪世荣主编:《“枫桥经验”：基层社会治理的实践（第 2 版）》，法律出版社，2018 年版。

9. 本书编写组编著:《〈中共中央关于坚持和完善中国特色社会主义制度、推进国家治理体系和治理能力现代化若干重大问题的决定〉辅导读本》，人民出版社，2019 年版。

10. 田应奎著：《2049：中国治理》，中共中央党校出版社，2019 年版。

11. 刘文富著：《网络社会与公共治理》，中国人民大学出版社，2020 年版。

12. 田雪原著：《大国之策——新中国人口政策回顾与展望》，福建人民出版社，2020 年版。

13. 习近平著：《习近平谈治国理政》第三卷，外文出版社，2020 年版。

14. 刘世军、刘建军等著：《中国之治：国家治理体系与治理能力现代化》，上海人民出版社，2020 年版。

15. 中央党校采访实录编辑室著：《习近平在福州》，中共中央党校出版社，2020 年版。

16. 许耀桐著：《中国之治：国家治理现代化的发展路径》，东方出版社，2020 年版。

17. 刘建军、邓理著：《国家治理现代化：新时代的治国方略》，上海人民出版社，2020 年版。

18. 中共中央党史和文献研究院编：《习近平关于网络强国论述摘编》，中央文献出版社，2021 年版。

19. 本书编写组编著：《党的十九届六中全会〈决议〉学习辅导百问》，党建读物出版社 学习出版社，2021 年版。

20. 中国人事科学研究院编著：《中国人事科学研究报告 2020 年卷（上册）》，中国人事出版社，2021 年版。

21. 马彦涛著：《中国国家治理能力的哲学研究》，国家行政学院出版社，2022 年版。

22. 本书编写组：《闽山闽水物华新——习近平福建足迹（下）》，福建人民出版社 人民出版社，2022 年版。

23. 习近平著：《习近平谈治国理政》第四卷，外文出版社，2022 年版。

24. 中共中央宣传部　国家发展和改革委员会：《习近平经济思想学习纲要》，人民出版社　学习出版社，2022 年版。

25. 本书编写组编著：《党的二十大报告学习辅导百问》，党建读物出版社　学习出版社，2022 年版。